Der europäische verfahrensrechtliche ordre public – Inhalt und Begrenzung

Europäische Hochschulschriften

European University Studies

Publications Universitaires Européennes

Reihe II **Rechtswissenschaft**

Series II Law

Série II Droit

Band/Volume **5516**

Julia Felicitas Jüngst

Der europäische verfahrensrechtliche ordre public – Inhalt und Begrenzung

PL ACADEMIC RESEARCH

Bibliografische Information der Deutschen Nationalbibliothek
Die Deutsche Nationalbibliothek verzeichnet diese Publikation in der Deutschen Nationalbibliografie; detaillierte bibliografische Daten sind im Internet über http://dnb.d-nb.de abrufbar.

Zugl.: Köln, Univ., Diss. 2011

D 38
ISSN 0531-7312
ISBN 978-3-631-63342-7 (Print)
E-ISBN 978-3-653-03646-6 (E-Book)
DOI 10.3726/978-3-653-03646-6

PL Academic Research ist ein Imprint der Peter Lang GmbH.
Peter Lang – Frankfurt am Main · Bern · Bruxelles · New York · Oxford · Warszawa · Wien

Dieses Buch wurde vor Erscheinen peer reviewed.

www.peterlang.de

Meiner Großmutter

Vorwort

Die vorliegende Arbeit wurde im Sommersemester 2011 von der Rechtswissenschaftlichen Fakultät der Universität zu Köln als Dissertation angenommen. Die Literatur befindet sich auf dem Stand von Juni 2013, die Gesetzgebung konnte bis März 2012 berücksichtigt werden.

Meinem Doktorvater Prof. Dr. Heinz-Peter Mansel gebührt großer Dank für die Anregungen zu dieser Arbeit und die stets geduldige Unterstützung und konstruktive Kritik, mit der er diese Arbeit während ihrer Entstehung begleitet hat. Weiterhin gilt ihm mein herzlicher Dank für die zügige Erstellung des Erstgutachtens.

Der Dritte Teil dieser Arbeit entstand während eines Aufenthalts am Centre for European Legal Studies der University of Cambridge, welcher durch die großzügige Unterstützung der Dr. Wilhelm-Westhaus-Stiftung ermöglicht wurde. Mein Dank gilt dafür neben meinem Doktorvater insbesondere Prof. Dr. Richard Fentiman, welcher durch zahlreiche Gespräche zu dem Gelingen des Dritten Teils beigetragen hat.

Dank gebührt ferner Prof. Dr. Michael Grünberger für seine konstruktive Kritik und die rasche Erstellung des Zweitgutachtens.

Meinen Eltern danke aus ich tiefstem Herzen für ihre fortwährend liebevolle Unterstützung, die mir nicht nur während meiner Ausbildung ein sorgenfreies Leben ermöglicht hat. Meiner Mutter gebührt darüber hinaus großer Dank für das Korrekturlesen des Manuskripts.

Herrn Dr. Leonhard Hübner, M. Jur. (Oxon), danke ich für seinen juristischen Rat und das sorgfältige Korrekturlesen des Manuskripts.

Mein größter Dank gilt meinem Ehemann, der mich in jeder Hinsicht liebevoll bei der Erstellung dieser Arbeit unterstützt hat.

Köln, im Juni 2013

Inhaltsverzeichnis

Abkürzungsverzeichnis

a.A.	anderer Ansicht
ABl.	Amtsblatt der Europäischen Gemeinschaften bzw. ab 2003 der Europäischen Union
Abs.	Absatz
AC	Appeal Case
AEUV	Vertrag über die Arbeitsweise der Europäischen Union
a.F.	alte Fassung
AG	Amtsgericht
All. E.R.	All England Law Reports
Alt.	Alternative
Anh.	Anhang
Am.J.Comp.L.	The American Journal of Comparative Law
ArbInt	Arbitration International – Journal of the London Court of International Arbitration
arg.	argumentum
Art (t).	Artikel
ASA	Swiss Arbitration Association
Aus	Australia
Az.	Aktenzeichen
BB	Betriebs-Berater, Zeitschrift für Recht und Wirtschaft
Bd.	Band
Begr.	Begründer
BerGesVR	Berichte der deutschen Gesellschaft für Völkerrecht
BGB	Bürgerliches Gesetzbuch
BGH	Bundesgerichtshof
BGHZ	Entscheidungen des Bundesgerichtshofs in Zivilsachen
BR-Drucks.	Drucksache des Bundesrates

Brüssel IIa-VO	Verordnung (EG) Nr. 2201/2003 des Rates vom 27.11.2003 über die Zuständigkeit und die Anerkennung und Vollstreckung von Entscheidungen in Ehesachen und in Verfahren betreffend die elterliche Verantwortung, ABl. 2003 L 338, 1, geändert ABl. 2004 L 367, 1.
BT-Drucks.	Drucksache des Deutschen Bundestages
BVerfG	Bundesverfassungsgericht
BVerfGE	Entscheidungen des Bundesverfassungsgerichts
CA	Court of Appeal, Cour d'Appel
Can	Canada
Cass.	Cour de Cassation
Ch	The Law Reports, Chancery Division
CFR	Common Frame of Reference
Civ. Div.	Civil Division
C.L.J.	Cambridge Law Journal
COMI	Center of Main Interest
Conn.J.Int'L.	Connecticut Journal of International Law
CPR	Civil Procedure Rules
DCFR	Draft of Common Frame of Reference
ders.	derselbe
d.h.	das heißt
dies.	dieselbe, dieselben
DLR	District Court Law Reports
DNotZ	Deutsche Notar-Zeitschrift
DVBl	Deutsches Verwaltungsblatt
EAG	Europäische Atomgemeinschaft
EG	Europäische Gemeinschaften
EGBGB	Einführungsgesetz zum Bürgerlichen Gesetzbuch
EGInsO	Einführungsgesetz zur Insolvenzordnung vom 5.10.1994 (BGBl. I 2911)
EGMR	Europäischer Gerichtshof für Menschenrechte
EGV	Vertrag zur Gründung der Europäischen Gemeinschaft
Einf.	Einführung
Einl.	Einleitung
EMRK	Europäische Menschenrechtskonvention
endg.	endgültig
et seq.	et sequens

EuBagatellVO	Verordnung (EG) Nr. 861/2007 des Europäischen Parlaments und des Rates vom 11. Juli 2007 über die Einführung eines Verfahrens für geringfügige Forderungen, ABl. 2006 L 199/1.
EuGH	Europäischer Gerichtshof
EuGRZ	Europäische Grundrechte-Zeitschrift
EuGVVO	Verordnung (EG) Nr. 44/2001 des Rates vom 22.12.2000 über die gerichtliche Zuständigkeit und die Anerkennung und Vollstreckung von Entscheidungen in Zivil – und Handelssachen, ABl. 2001 L 12, 1, ber. ABl. L 307, 28, geänd. Abl. 2002 L 225, 13, ABl. 2003, 236, 33, ABl. 2004 L 381, 10 und ABl. 2010 L 328, 36.
EuGVVO-E	Vorschlag der Kommission zur Neufassung der EuGVVO
EuGVÜ	Übereinkommen über die gerichtliche Zuständigkeit und die Vollstreckung gerichtlicher Entscheidungen in Zivil – und Handelssachen vom 27.9.1968, ABl. 1972 L 299, 32; BGBl. 1972 II, 774.
EuInsVO	Verordnung (EG) Nr. 1346/2000 des Rates vom 29.5.2000 über Insolvenzverfahren, ABl. 2000 L 160, 1, geändert ABl. 2003 L 236, 33, ABl. 2005 L 100, 1.
EuLF	European Legal Forum
EuMahnVO	Verordnung (EG) Nr. 1896/2006 des Europäischen Parlaments und des Rates zur Einführung eines Europäischen Mahnverfahrens, ABl. 2006 L 399/1.
EuR	Zeitschrift Europarecht
Europ.Rev.Priv.L.	European Review of Private Law
EuUnterhVO	Verordnung (EG) Nr. 4/2009 des Rates vom 18.12.2008 über die Zuständigkeit, das anwendbare Recht, die Anerkennung und Vollstreckung von Entscheidungen und die Zusammenarbeit in Unterhaltssachen, ABl. 2009 L 7/1.
EuVT	Europäischer Vollstreckungstitel

EuVTVO	Verordnung (EG) Nr. 805/2004 des Europäischen Parlaments und des Rates zur Einführung eines europäischen Vollstreckungstitels für unbestrittene Forderungen, ABl. 2004 L, 143/15; Berichtigung in ABl. 2005 L, 97/64.
EuZPR	Europäisches Zivilprozessrecht
EuZW	Europäische Zeitschrift für Wirtschaftsrecht
EWCA	England and Wales Court of Appeal
EWG	Europäische Wirtschaftsgemeinschaft
EWHC	England and Wales High Court
EWir	Entscheidungen zum Wirtschaftsrecht
f.	folgende
ff.	fortfolgende
FFA	Final Arbitral Award
FamRZ	Zeitschrift für das gesamte Familienrecht
FFr.	französische Francs
FN	Fußnote
Fortf.	Fortführer
FPR	Familie, Partnerschaft und Recht
FS	Festschrift
FSR	Financial Stability Review
GG	Grundgesetz für die Bundesrepublik Deutschland
GBP	englisches Pfund
GmbHG	Gesetz betreffend die Gesellschaft mit beschränkter Haftung
GPR	Zeitschrift für Gemeinschaftsprivatrecht
HausTW-Richtlinie	Richtlinie des Rates vom 20.12.1985 betreffend den Verbraucherschutz im Falle von außerhalb von Geschäftsräumen geschlossenen Verträgen (85/577/EWG)
Hdb	Handbuch
HK	Handkommentar
HL	House of Lords
h.M.	herrschende Meinung
HUNÜ 73	Haager Übereinkommen über die Anerkennung und Vollstreckung von Unterhaltsentscheidungen vom 2.10.1973, BGBl. 1986 II 825.
Hrsg.	Herausgeber
IBA	International Bar Association

IGH	Internationaler Gerichtshof
Inc.	Incorporation
Int' & Comp.L.Q.	International and Comparative Law Quarterly
IPR	Internationales Privatrecht
IPRax	Praxis des Internationalen Privat- und Verfahrensrechts
i.S.d.	im Sinne des bzw. der
i.V.m.	in Verbindung mit
IZPR	Internationales Zivilprozessrecht
IZVR	Internationales Zivilverfahrensrecht
JCMS	Journal of Common Market Studies
JCP-Ed.Gen.	la semaine juridique – Edition générale
J.Priv.L.	Journal of Private International Law
Jura	Juristische Ausbildung
JuS	Juristische Schulung
JZ	Juristen Zeitung
Kap.	Kapitel
KB	The Law Reports, King's Bench
KO	Konkursordnung (jetzt Insolvenzordnung)
KOM	Dokumente der Kommission der Europäischen Union
KSÜ	Haager Übereinkommen über die Zuständigkeit, das anzuwendende Recht, die Anerkennung, Vollstreckung und Zusammenarbeit auf dem Gebiet der elterlichen Verantwortung und der Maßnahmen zum Schutz von Kindern
Kts	Zeitschrift für Insolvenzrecht
lat.	lateinisch
LG	Landgericht
lit.	litera
LKM	Lindenmaier/Möhring: kommentierte BGH-Rechtsprechung
Lloyd's Rep.	Lloyd's Reporter
L.Q.R.	Law Quarterly Review
Ltd.	Limited
LugÜ	Luganer Übereinkommen vom 16.9.1988, ABl. 1988 L 319, 9.
m.w.N.	mit weiteren Nachweisen
n.F.	neue Fassung
NJW	neue Juristische Wochenzeitschrift

NJW-RR	NJW-Rechtssprechungs-Report
No.	number
Nr.	Nummer
NSWSC	Supreme Court of New South Wales
NVwZ	Neue Zeitschrift für Verwaltungsrecht
N.Y.L.Sch.J.Int'L & Comp.L.	New York Law School Journal of International and Comparative Law
NZI	Neue Zeitschrift für das Recht der Insolvenz und Sanierung
ÖJZ	Österreichische Juristenzeitung
OLG	Oberlandesgericht
Ont	Ontario
OR	Ontario Reports
PC	Privy Council
PECL	Principles of European Contract Law
PFA	Partial Final Award
PLN	polnische Zlotys
Q	Question
QB	Queen's Bench
R	Rule
RabelsZ	Rabels Zeitschrift für ausländisches und internationales Privatrecht
Rep.	Reporter
Rev.crit.dr.intern.privé	Revue critique de droit international privé
RIW	Recht der Internationalen Wirtschaft
Rn.	Randnummer
Rom I-VO	Verordnung (EG) Nr. 593/2008 des Europäischen Parlaments und des Rates vom 17. Juni 2008 über das auf vertragliche Schuldverhältnisse anzuwendende Recht, ABl. 2008 L 177, 6.
Rom II-VO	Verordnung (EG) Nr. 864/2007 des Europäischen Parlaments und des Rates vom 11. 7. 2007 über das auf außervertragliche Schuldverhältnisse anzuwendende Recht, ABl. 2007 L 199, 40.
Rs.	Rechtssache
S.	Satz, Seite
s.	siehe
SchiedsVZ	Die neue Zeitschrift für Schiedsverfahren
Slg.	Sammlung

s.o.	siehe oben
StAZ	Das Standesamt – Zeitschrift für Standesamtswesen, Familienrecht, Staatsangehörigkeitsrecht, Personenstandsrecht, internationales Privatrecht des In – und Auslands
Tex.Int'L.J.	Texas International Law Journal
TLR	Times Law Review
Trinity C.L.Rev.	Trinity College Law Review
Tz.	Teilzeichen
u.a.	unter anderem, und andere
UAbs.	Unterabsatz
UNCITRAL	United Nations Commission on International Trade Law
UKHL	United Kingdom House of Lords Decisions
UNIDROIT	Institut international pour l'unification du droit privé
UNÜ	New Yorker Übereinkommen über die Anerkennung und Vollstreckung ausländischer Schiedssprüche vom 10.6.1958, BGBl. 1961 II S. 121.
USD	US-Dollar
v	versus
v.	von, vom
verb.	verbundene
vgl.	vergleiche
VO	Verordnung
Vorb.	Vorbemerkung
VVE	Vertrag über eine Verfassung für Europa
WLR	Weekly Law Reports
WM	Zeitschrift für Wirtschafts – und Bankrecht
WRP	Wettbewerb in Recht und Praxis
Yale L.J.	Yale Law Journal
z.B.	zum Beispiel
ZaÖRV	Zeitschrift für ausländisches öffentliches Recht und Völkerrecht
ZEuP	Zeitschrift für Europäisches Privatrecht
ZEuS	Zeitschrift für europarechtliche Studien
ZfRV	Zeitschrift für Rechtsvergleichung, Internationales Privatrecht und Europarecht
ZInsO	Zeitschrift für das gesamte Insolvenzrecht
ZIP	Zeitschrift für die gesamte Insolvenzpraxis

zit.	zitiert
ZPO	Zivilprozessordnung
ZRP	Zeitschrift für Rechtspolitik
ZVGB	polnisches Zivilverfahrensgesetzbuch vom 17.11.1964
ZVglRWiss	Zeitschrift für vergleichende Rechtswissenschaft
ZZP	Zeitschrift für Zivilprozessordnung

Erster Teil: Der europäische verfahrensrechtliche ordre public

Einleitung

Unter ordre public ist allgemein eine Vorbehaltsklausel zu verstehen, welche eingreift, wenn das Ergebnis der Anwendung eines ausländischen Rechts wesentlichen Grundsätzen des eigenen, inländischen Rechts widerspricht.[1] Innerhalb der Europäischen Union dient der Begriff in erster Linie als Sammelbezeichnung für ein System von Werten, Grundsätzen und Normen, welches für den Zusammenhalt innerhalb der Staaten, für die das System Anwendung findet, unverzichtbar ist.[2] Zwar gibt es in den einzelnen Rechtsgebieten des Internationalen und Europäischen Verfahrensrechts zahlreiche spezielle Vorbehalte, vgl. §§ 328 Abs. 1 Nr. 4, 722 der ZPO[3], Art 34 Nr. 1 der EuGVVO[4], Art. 23 lit. a der Brüssel IIa-VO[5], Art. 27 Nr. 1 des EuGVÜ[6] und des LuGÜ[7], Art. 102 Abs. 1 Nr. 2 des EGInsO[8], Art. 16 der EuInsVO[9], 1059 Abs. 2 Nr. 2 b i.V.m. § 1060 S. 1 ZPO, Art. V Abs. 2 lit. b des UNÜ[10]; der Inhalt dieser Klauseln ist aber letztlich immer ähnlich: Der ordre public als letzte Kontrollinstanz soll den Bereich der inländischen Rechtsordnung schützen, welcher so unantastbar ist, dass er auch im internationalen

1 *V. Hoffmann/Thorn*, § 6 Rn. 136; *Siehr*, § 54, 531; *Kropholler*, § 60 IV 2.; *Kegel/Schurig*, § 22 V, 1064.

2 *Mosler*, Homenaje a D. Antonio de Luna, 374.

3 Zivilprozessordnung.

4 Verordnung (EG) Nr. 44/2001 des Rates vom 22.12.2000 über die gerichtliche Zuständigkeit und die Anerkennung und Vollstreckung von Entscheidungen in Zivil – und Handelssachen, ABl. 2001 L 12, 1, ber. ABl. L 307, 28, geänd. Abl. 2002 L 225, 13, ABl. 2003, 236, 33, ABl. 2004 L 381, 10 und ABl. 2010 L 328, 36 (EuGVVO).

5 Verordnung (EG) Nr. 2201/2003 des Rates vom 27.11.2003 über die Zuständigkeit und die Anerkennung und Vollstreckung von Entscheidungen in Ehesachen und in Verfahren betreffend die elterliche Verantwortung, ABl. 2003 L 338, 1, geändert ABl. 2004 L 367, 1 (Brüssel IIa-VO).

6 Übereinkommen über die gerichtliche Zuständigkeit und die Vollstreckung gerichtlicher Entscheidungen in Zivil – und Handelssachen vom 27.9.1968, ABl. 1972 L 299, 32; BGBl. 1972 II, 774 (EuGVÜ).

7 Luganer Übereinkommen vom 16.9.1988, ABl. 1988 L 319, 9 (LugÜ).

8 Einführungsgesetzes zur Insolvenzordnung.

9 Verordnung (EG) Nr. 1346/2000 des Rates vom 29.5.2000 über Insolvenzverfahren, ABl. 2000 L 160, 1, geändert ABl. 2003 L 236, 33, ABl. 2005 L 100, 1 (EuInsVO).

10 New Yorker Übereinkommen über die Anerkennung und Vollstreckung ausländischer Schiedssprüche vom 10.6.1958, BGBl. 1961 II S. 121 (UNÜ).

Rechtsverkehr zwingend Beachtung finden muss.[11] Im Internationalen Privatrecht (IPR) und im Internationalen Zivilverfahrensrecht (IZVR) steht jedoch die Prämisse der grundsätzlichen *Gleichrangigkeit* zwischen nationalem und ausländischem Recht im Vordergrund;[12] dies gebietet der Grundsatz der *comitas*.[13] Der Schwerpunkt des ordre public im Rahmen der Anerkennung und Vollstreckung ausländischer Entscheidungen liegt grundsätzlich im materiellen Recht.[14] Von Amts wegen ist eine Überprüfung und Berücksichtigung der Vereinbarkeit mit dem ordre public im autonomen Recht nur bei Verletzung unmittelbarer Staatsinteressen geboten.[15] Es wird nicht nur geprüft, ob der Inhalt der Entscheidung den Grundwerten der nationalen Rechtsordnung widerspricht,[16] sondern auch, ob dieser Widerspruch so offensichtlich ist, dass er nicht zu tolerieren ist. Im europäischen Verfahrensrecht spielt der ordre public eine Rolle im Hinblick auf die Anerkennung und Vollstreckung von ausländischen Entscheidungen und Schiedssprüchen.

Der Inhalt des ordre public unterliegt dabei dem Wandel gesellschaftlicher Wertevorstellungen.[17] Gelangt der Vorbehalt des ordre public im europäischen Verfahrensrecht zur Anwendung, so ist die Rechtsfolge die Verweigerung der Anerkennung der ausländischen Entscheidung bzw. des Schiedsspruchs, was gleichzeitig zur Folge hat, dass die Entscheidung oder der Schiedsspruch nicht vollstreckt werden kann.[18]

Neben Deutschland kennen viele kontinentaleuropäische Staaten einen nationalen ordre public in Bezug auf die Anerkennung ausländischer Entscheidungen im autonomen Recht,[19] in Osteuropa ist die ordre public-Kontrolle in verschiedenen Rechtshilfeverträgen abgeschafft worden.[20] Im Hinblick auf die fortschreitende Rechtsvereinheitlichung in der Europäischen Union, welche im Zusammenhang mit dem Vertrag von Lissabon[21] Angelpunkt der rechtspolitischen Diskussion war und ist, stellt sich die Frage, was der vom Gerichtshof der

11 *Kegel/Schurig*, § 16 I, 516.

12 *Martiny*, in: Europäisches Gemeinschaftsrecht und Internationales Privatrecht, S. 212; im Hinblick auf das Kollisionsrecht *S. Lorenz*, in: Bamberger/Roth, 3. Auflage 2012, Art. 6 Rn. 1.

13 MüKO-BGB/*Sonnenberger*, Einl. IPR, Rn. 100.

14 *Schack*, IZVR, Rn. 867, 958.

15 BGHZ 34, 149; vgl. *Martiny*, Hdb. IZVR Bd. III/1 Kap. I, Rn. 292.

16 *Geimer*, Rn. 2913.

17 *V. Hoffmann/Thorn*, § 6 Rn. 141; vgl. auch: *Mansel*, BerGesVR 43 (2007), 199; *Mosler*, Homenaje a D. Antonio de Luna, 381.

18 Vgl. *v. Hoffmann/Thorn*, § 3 Rn. 169.

19 Vgl. m.w.N. *Bruns*, JZ 1999, 280.

20 *Laptew*, IPRax 2004, 495-497; weiterführend zur Anerkennung und Vollstreckung ausländischer Entscheidungen in Russland *Kurzynsky-Singer*, WIRO 2010, 265 ff.

21 Vertrag von Lissabon zur Änderung des Vertrags über die Europäische Union und des Vertrags zur Gründung der Europäischen Gemeinschaft, ABl. 2007 C 306, 1 ff.

Europäischen Union (EuGH) entwickelte europäische ordre public zum Inhalt hat. Darüber hinaus ist zu überprüfen, inwieweit es nach dem Inkrafttreten des Vertrags von Lissabon am 01.12.2009 zukünftig noch einer Vorbehaltsklausel zum Schutz des europäischen Wertesystems bedarf oder ob *de lege ferenda* eine Abschaffung des Vorbehalts wünschenswert ist.

Gang der Untersuchung

Ziel des Ersten Teils dieser Arbeit ist es, die Bedeutung und Struktur des ordre public – Vorbehalts im Europäischen Zivilverfahrensrecht zu erläutern. Dabei geht die Untersuchung insbesondere auf die Strukturen der einzelnen Vorschriften und auf das Verhältnis von vereinheitlichtem Recht zu autonomen Regelungen ein. Im Rahmen der Definition des Begriffs des europäischen ordre public werden sowohl einzelne Entscheidungen des EuGH als auch Entscheidungen deutscher nationaler Gerichte dargestellt, welche jeweils im Hinblick auf ihre Bedeutung für die Entwicklung des europäischen ordre public untersucht werden. Im weiteren Verlauf werden die jeweiligen Voraussetzungen für einen Verstoß gegen den ordre public erläutert, Fallbeispiele dargestellt sowie auf Besonderheiten und Problemstellungen, welche mit den einzelnen Klauseln verbunden sind, hingewiesen. Den Schwerpunkt bildet der europäische Rechtsraum sowie die Begrenzung und Inhaltsausfüllung des Rechtsinstituts des ordre public, wobei insbesondere auf die Rolle des EuGH bei der Entwicklung der Klausel in den Entscheidungen *Krombach*, *Renault, Eco Swiss, Apostolides/ Orams* und *Gambazzi* eingegangen wird, sowie ferner im Rahmen der Inhaltsausfüllung des europäischen ordre public das Verhältnis von EuGH und dem Europäischen Gerichtshof für Menschenrechte (EGMR) beleuchtet wird. Anschließend wird ein Ausblick auf eine mögliche Entwicklung des europäischen ordre public nach Inkrafttreten des Vertrags von Lissabon gegeben. In diesem Zusammenhang wird insbesondere darauf eingegangen, ob nach dem Vertrag von Lissabon ein Avancieren des EuGH zu einer obersten Kontrollinstanz auch im Verhältnis zum deutschen Bundesgerichtshof (BGH) angenommen werden muss. Im Rahmen des Ersten Teils beinhaltet die Arbeit zudem eine sachgegliederte Rechtssprechungsübersicht aus deutscher Perspektive. Schließlich wird im Rahmen des Inhalts und der Begrenzung des europäischen verfahrensrechtlichen ordre public auf die Ausgestaltung der Konventionsbindung der Europäischen Menschenrechtskonvention (EMRK)[22] nach dem Vertrag von Lissabon eingegangen und in diesem Zusammenhang noch einmal die Auswirkung des

22 BGBl. II S. 1055=UNTS Bd. 213 S. 221.

Vertrags von Lissabon für eine mögliche Rechtsprechungsdivergenz beschrieben.

Im Zweiten Teil der Untersuchung werden drei wichtige Regelungen des europäischen verfahrensrechtlichen ordre public im europäischen Zivilverfahrensrecht – Art. 34 Nr. 1 EuGVVO, Art. 26 EuInsVO und Art. 23 lit. a) Brüssel IIa-VO – beispielhaft dargestellt und zueinander in Relation gesetzt, wobei insbesondere auf die Besonderheiten der Vorbehaltsklausel in ihrer jeweiligen Erscheinungsform hingewiesen wird.

Gegenstand des Dritten Teils ist ein Länderbericht Englands und Wales. Die Arbeit behandelt dabei zunächst den Inhalt und die Anwendung des ordre public im autonomen englischen Recht, um anschließend auf das Verhältnis von Unionsrecht und englischem *Common Law* einzugehen. In diesem Zusammenhang wird die englische Wahrnehmung des europäischen verfahrensrechtlichen ordre public dargestellt. Weiterhin wird die Rechtsprechung des EuGH im Zusammenhang mit Rechtsinstituten des englischen *Common Law* aus der Perspektive des englischen Rechts beschrieben.

Der Vierte Teil der Untersuchung beinhaltet schließlich die Abschaffung des verfahrensrechtlichen ordre public *de lege ferenda*. Zunächst wird die diskutierte Abschaffung des Exequaturverfahrens im Allgemeinen erläutert, um sodann auf den Verzicht des ordre public im Besonderen eingehen zu können. In diesem Zusammenhang beschreibt die Arbeit den aktuellen Vorschlag der Kommission zur Neufassung der EuGVVO und nimmt eine Bewertung hinsichtlich der vorgeschlagenen Abschaffung des Exequaturverfahrens und der ordre public-Klausel vor. Für die Beantwortung der Frage, ob eine Abschaffung des verfahrensrechtlichen ordre public zulässig und erstrebenswert ist, wird die erfolgte Abschaffung der Vorbehaltsklausel innerhalb anderer EG-Verordnungen beispielhaft dargestellt, um daraus Schlüsse für den Verzicht auf das Rechtsinstituts innerhalb der EuGVVO ziehen zu können. Für eine weitere Bewertung der Bedeutung des ordre public im Europäischen Zivilverfahrensrecht werden aktuelle Entscheidungen des EuGH dargestellt. Alsdann wird die Abschaffung des ordre public auf ihre Vereinbarkeit mit den Menschenrechten und mit geltendem Verfassungsrecht überprüft. Auch werden rechtspolitische Begründungsansätze dargestellt. Schließlich erfolgt ein kurzer Ausblick auf die Zukunft der Vorbehaltsklausel.

§ 1: Begriffe und Strukturen

A. Internationales und Europäisches Verfahrensrecht

Das Internationale Zivilverfahrensrecht fasst als Sammelbegriff prozessuale Fragen zusammen, welche sich aus einem Auslandsbezug von Streitgegenstand oder Parteien ergeben. Es stellt in dieser Funktion kein Kollisionsrecht dar, sondern regelt in materieller verfahrensrechtlicher Hinsicht das Verfahren in einem bestimmten Fall mit Auslandsbezug.[23] Unter Kollisionsrecht im räumlichen Sinne versteht man dagegen das Internationale Privatrecht im engeren Sinne, welches die Anwendung materieller Rechte verschiedener geographischer Gebiete regelt.[24] Das Internationale Zivilverfahrensrecht besteht zum einen aus autonomem, nationalem Recht. Im deutschen Recht wird das Internationale Zivilverfahrensrecht jedoch nicht in Verbindung mit dem jeweiligen Internationalen Privatrecht geregelt, sondern in zahlreichen Normen innerhalb der jeweiligen Verfahrensgesetze.[25] Aber das Internationale Zivilverfahrensrecht hat seinen Ursprung zum anderen auch in Staatsverträgen, die die Rechtshilfe bzw. die Anerkennung und Vollstreckung von Entscheidungen betreffen.[26]

Auch im Bereich des Internationalen Zivilverfahrensrechts kommt dem sekundären Unionsrecht zunehmend größere Bedeutung zu. So genießen die Regelungen des sekundären Unionsrechts Vorrang vor nationalem Recht und in den meisten Fällen auch Vorrang vor Staatsverträgen der einzelnen Mitgliedsstaaten untereinander.[27] Somit vereinheitlicht das zunächst völkervertraglich angelegte, jedoch seit dem Vertrag von Amsterdam in Verordnungen in Erscheinung tretende, europäische Verfahrensrecht Bereiche des zuvor nationalen oder völkervertraglichen Internationalen Zivilverfahrensrechts.[28]

Auf dem Gebiet des Internationalen Zivilverfahrensrechts gibt es weiterhin zahlreiche multilaterale und bilaterale Staatsverträge. Die Mehrzahl dieser Abkommen betrifft – abgesehen von der Schiedsgerichtsbarkeit – die Rechtshilfe oder die Anerkennung und Vollstreckung von Entscheidungen.[29] In allen vom Deutschen Reich oder der Bundesrepublik Deutschland abgeschlossenen noch in Kraft befindlichen Abkommen dieser Art finden sich ordre public-Vorbe-

---

23 *Rauscher*, S. 335.
24 *Kegel/Schurig*, § 1 VII 1., S. 26; *Kropholler*, § 1 I 3.; *v. Hoffmann/Thorn*, § 1 Rn. 34; *Rauscher*, S. 1.
25 *Kropholler*, § 56 III 1.
26 *Kropholler*, § 56 III 3.
27 *Schack*, IZVR, Rn. 62 f.; *Kropholler*, § 56 III.
28 *Rauscher*, S. 335.
29 *Kropholler*, § 56 III 3.

halte.[30] In der Praxis sind jedoch die meisten der bestehenden elf bilateralen Anerkennungs – und Vollstreckungsverträge nahezu bedeutungslos geworden: Soweit beide Staaten auch Vertragsstaaten der EuGVVO sind, beansprucht diese gemäß Art. 69 EuGVVO auch dann vorrangige Anwendung, wenn der bilaterale Staatsvertrag in seiner Anwendung günstiger wäre. Sind beide Vertragsparteien Mitgliedsstaaten des LugÜ, so ist dieses, ähnlich die EuGVVO, gemäß Art. 55 LugÜ vorrangig anzuwenden. Das EuGVÜ ist im Verhältnis zu Dänemark noch von Bedeutung und im Falle einer Konkurrenz ebenfalls vorrangig. Größere Bedeutung kommt heutzutage nur noch den Verträgen mit Israel und Tunesien zu, welche von den oben dargestellten Konkurrenzen nicht betroffen sind.[31]

Multilaterale Verträge sind aufgrund der Tatsache, dass sie im Gegensatz zum autonomen Prozessrecht teilweise mit Hilfe des Günstigkeitsprinzip auch im Verhältnis zur EuGVVO, dem EuGVÜ oder dem LugÜ angewendet werden können, in der Praxis bedeutend.[32] So ist Deutschland z.B. Vertragsstaat des *Haager Übereinkommen über die Anerkennung und Vollstreckung von Unterhaltsentscheidungen,* welches am 1. 4. 1987 in Kraft getreten ist.[33] Gerade im Verhältnis zum autonomen deutschen Prozessrecht sind die Regelungen dieses Übereinkommens oft günstiger, als dass sie weniger strenge Voraussetzungen aufstellen, so dass das Übereinkommen bedingt durch das Günstigkeitsprinzip vorrangig anzuwenden ist.[34]

Im Verhältnis der EU-Mitgliedsstaaten[35] wird der ordre public im autonomen Anerkennungs – bzw. Vollstreckbarkeitsrecht dagegen fast vollständig von den entsprechenden Regelungen der EuGVVO, der EuVTVO und der Brüssel IIa-VO verdrängt: Für insolvenzrechtliche Verfahren greift die EuInsVO vorrangig ein, im Verhältnis von Deutschland und Dänemark ist das EuGVÜ als staatsvertragliche Vereinbarung anzuwenden. Bei Sachverhalten, welche das Verhältnis von Deutschland zu Norwegen, Island und der Schweiz betreffen, gilt das LugÜ. Seinen wesentlichen Anwendungsbereich hat § 328 ZPO dementsprechend nur noch

---

30 Z.B. Art. 4 Abs. 1 des deutsch-schweizerischen Anerkennungs – und Vollstreckungsabkommen vom 2.11.1929, RGBl. 1930 II, S. 1066; Art. 2 Abs. 1 des deutsch-belgischen Anerkennungs – und Vollstreckungsabkommen vom 30.6.1958, BGBl. 1959 II, S. 766; Art. 3 Nr. 1 des deutsch-griechischen Anerkennungs – und Vollstreckungsabkommen vom 4.11.1961, BGBl. 1963 II, S. 110; für eine umfassende Auflistung vgl. *Jayme/Hausmann*, Beck'sche Textausgaben, Internationales Privat – und Verfahrensrecht, 14. Auflage Stand Okt. 2008, S. 610 FN 1; so auch *Völker*, S. 44.

31 Vgl. dazu nur: Stein/Jonas/ZPO/*Roth,* § 328 Rn. 42.

32 Stein/Jonas/ZPO/*Roth,* § 328 Rn. 45 ff.

33 BGBl. 1986 II 826.

34 Stein/Jonas/ZPO/*Roth,* § 328 Rn. 52.

35 EG-Beitrittsvertragsgesetz vom 18.9.2003, BGBl. II 1408.

im Rechtsverkehr zwischen Deutschland und Drittstaaten, zu denen kein Staatsvertrag besteht.[36]

Die Anwendung von § 328 ZPO neben einem Staatsvertrag kann jedoch durchaus möglich sein, wenn durch die Anwendung von § 328 ZPO weniger strenge Voraussetzungen aufgestellt werden (Günstigkeitsprinzip).[37], dies gilt allerdings nicht im Geltungsbereich des Unionsrechts.[38]

B. Die Vorbehaltsklausel im autonomen deutschen Recht

I. Grundsatz des Verbotes der révision au fond

Grundsätzlich dürfen Richter in Deutschland die Richtigkeit einer ausländischen Entscheidung nicht nachprüfen.[39] Dies beinhaltet das Verbot der *révision au fond*, normiert in § 723 Abs. 1 ZPO, welches besagt, dass die ausländische Entscheidung keiner allgemeinen Nachprüfung auf ihre Gesetzmäßigkeit unterworfen wird.[40] Durch dieses Verbot soll eine anerkennungsfreundliche Rechtspraxis gewährleistet bleiben und der Rechtspraxis fremder Rechtsordnungen Akzeptanz entgegen gebracht werden. Das Verbot der *révision au fond* wird im deutschen autonomen Recht der ZPO nur in § 723 Abs. 1 ZPO erwähnt, gilt aber unstreitig auch für die Anerkennung ausländischer Urteile.[41] Für Staatsverträge gilt das Verbot ebenso. Ohne das Verbot wäre die Anerkennung ausländischer Entscheidungen insofern von geringer Bedeutung, als dass man jederzeit ein neues Verfahren im Inland einleiten könnte und so völlig unabhängig von der Entscheidung des ausländischen Richters wäre.[42] Im Zusammenhang mit dem Recht der Europäischen Union stellt sich die Frage, ob das Verbot der *révision au fond* jedwede Nachprüfung des Ergebnisses des ausländischen Gerichts ausschließt oder ob bei der Verletzung von Unionsrecht eine Ausnahme von diesem Verbot gemacht werden muss.[43] Diese Frage ist zu verneinen, da der faktische Anwendungsvorrang dem Unionsrecht zwar ein schwereres Gewicht als dem nationalen Recht

---

36 Zum Verhältnis zum UnionsR vgl. insb.: Stein/Jonas/ZPO/*Roth*, § 328 Rn. 41.

37 BGH NJW 1987, 3083, 3084; BayOLG NJW-RR 1990, 842, 843; *Matscher*, ZZP 103 (1990) 294, 310 ff.

38 Musielak/*Stadler*, ZPO, § 328 Rn. 3.

39 Musielak/*Stadler*, ZPO, § 328 Rn. 23.

40 *Kropholler*, § 60 IV 1.c.

41 Zöller/*Geimer*, § 328 Rn. 208; Baumbach/Lauterbach/Albers/Hartmann, § 328 Rn. 30; *Kropholler*, § 60 IV 1.c.

42 *Kropholler*, § 60 IV 1.c.

43 Ähnlich *Thoma*, S. 173.

verleiht,[44] aus diesem Grunde allein können jedoch nicht Grundlagenstrukturen innerhalb des europäischen Zivilverfahrensrecht verändert werden.[45]

In Einzelfällen muss jedoch eine Ausnahme von diesem Verbot zugelassen werden und zwar dann, wenn wichtige Interessen eine Durchbrechung des Grundsatzes des Verbotes der *révision au fond* dringend gebieten.[46] Wann eine solche Durchbrechung des Verbotsgrundsatzes erforderlich ist, bestimmt sich mit Hilfe des ordre public. Der Grundsatz des ordre public im internationalen, wie auch im europäischen Zivilverfahrensrecht, ist damit ein Korrektiv überschießender Anerkennung und Vollstreckung ausländischer Urteile.

II. Ausprägungen des ordre public

Der ordre public beinhaltet verschiedenste Ausprägungen, was sich auch in der Vielfalt der existierenden Begrifflichkeiten widerspiegelt. Im Folgenden soll ein Überblick über diejenigen Begrifflichkeiten gegeben werden, die im Rahmen dieser Arbeit von Bedeutung sind.[47]

1. Negativer und positiver ordre public

Zu Beginn ist zwischen dem Inhalt des ordre public und der Funktion des ordre public als Vorbehaltsklausel zu unterscheiden.[48] In diesem Zusammenhang spricht man von einer Differenzierung zwischen *negativem* und *positivem ordre public.* Kann es im inhaltlichen Sinne keinen negativen ordre public geben,[49] so ist hinsichtlich der Funktion der Klausel sowohl eine negative, in Form eines Abwehrens ausländischer Normen, als auch eine positive, in Form eines unbedingten Durchsetzens inländischer unverzichtbarer Rechtsstandards, denkbar.[50] Darunter sind regelmäßig Normen mit öffentlichrechtlichem Charakter oder aber solche, die besondere sozial – oder wirtschaftspolitische Ziele verfolgen, zu verstehen.[51] Diese positive Erscheinungsform des ordre public im Kollisionsrecht wird heute nicht mehr unter den ordre public gefasst, sondern als Sonderanknüp-

44 Vgl. *Herdegen,* § 10, Rn. 1 ff.

45 EuGH, Urteil vom 11.5.2000, Rs. C-38/98, *Renault/Maxicar,* Slg. 2000 I-2973, Rn. 32; *Thoma,* S. 173.

46 *Geimer,* IZPR, Rn. 2910 f.

47 Grundlegend zu den Begrifflichkeiten und der Dogmatik des ordre public vgl. die Dissertation von *Völker,* Zur Dogmatik des ordre public, 1997.

48 MüKo/ *Sonnenberger,* Art. 6 EGBGB Rn. 17.

49 Vgl. nur: MüKo/ *Sonnenberger,* Art. 6 EGBGB Rn. 3, 17.

50 *Ferid,* IPR, Rn. 3-12; *Zitelmann,* Band I, S. 317 ff.; *Kropholler,* § 36 I.

51 *Kropholler,* § 36 I.

fung bzw. versteckte Kollisionsnorm bezeichnet, sogenannte *lois d'application immédiate.*[52]

2. Materiellrechtlicher und verfahrensrechtlicher ordre public

Unterschieden wird weiter zwischen dem *materiellrechtlichen* und dem *verfahrensrechtlichen* ordre public.[53] Dabei bezeichnet der materiellrechtliche ordre public den unverzichtbaren Normbereich der Sachrechtsordnung, auf Grund dessen das Anwendungsergebnis fremder Sachnormen oder aber die Anerkennung bzw. Vollstreckbarkeit ausländischer Entscheidungen abgewehrt wird.[54] Der verfahrensrechtliche ordre public in der streitigen Gerichtsbarkeit bezogen auf das Erkenntnis – und Vollstreckungsverfahren, welcher im Mittelpunkt der vorliegenden Arbeit steht, ist darauf gerichtet, die unverzichtbaren Grundsätze des inländischen Verfahrensrechts im Rahmen der Anerkennung und Vollstreckung ausländischer Urteile zu schützen. Innerhalb dieser Ausprägung des ordre public wird sodann weiter zwischen dem *anerkennungsrechtlichen* und dem *vollstreckungsrechtlichen* ordre public unterschieden.[55]

3. Anerkennungsrechtlicher und vollstreckungsrechtlicher ordre public

a) anerkennungsrechtlicher ordre public im autonomen deutschen Recht, § 328 Abs. 1 Nr. 4 ZPO

Die zentrale Vorschrift für die Anerkennung ausländischer Urteile im autonomen deutschen Recht ist § 328 Abs. 1 Nr. 4 ZPO. Danach ist die Anerkennung eines Urteils ausgeschlossen, wenn diese „zu einem Ergebnis führt, das mit den wesentlichen Grundsätzen des deutschen Rechts offensichtlich unvereinbar ist, insbesondere wenn die Anerkennung mit den Grundrechten unvereinbar ist."

(1) Struktur der Norm

Strukturell entspricht der ordre public im Internationalen Zivilverfahrensrecht dem kollisionsrechtlichen Vorbehalt in Art. 6 EGBGB,[56] allerdings ist das Anwendungsfeld des ordre public im Anerkennungsrecht nach h.M.[57] weiter, als das

52 *Kropholler,* § 36 I; ausführlich *Thoma,* S. 222 f.
53 Müko/*Sonnenberger,* Art. 6 EGBGB Rn. 21; *Hohloch,* FS Kropholler, 811.
54 Müko/*Sonnenberger,* Art. 6 EGBGB Rn. 21.
55 Vgl. *Kropholler,* § 60 IV 2.
56 Thomas/Putzo/ZPO/*Hüßtege,* § 328 Rn. 15; *Bruns,* JZ 1999, 279.
57 Vgl. BGHZ 118, 312, 328 ff; MüKo/*Sonnenberger,* Art. 6 EGBGB Rn. 22; *Geimer,* IZPR, Rn. 23.

des kollisionsrechtlichen ordre public. Überdies gleicht § 328 I Nr. 4 ZPO trotz anderer Formulierung inhaltlich der Vorschrift des Art. 34 Nr. 1 EuGVVO bzw. des Art. 27 Nr. 1 EuGVÜ,[58] auf welche im weiteren Verlauf der Arbeit noch eingegangen werden wird.

(2) Anerkennungsvoraussetzungen

Bei der anzuerkennenden Entscheidung muss es sich um eine Zivil – oder Handelssache handeln. Dies wird zwar im autonomen Prozessrecht nicht klar festgelegt, gilt aber wie in Anerkennungsverträgen und im Unionsrecht auch für § 328 ZPO.[59] Für den Begriff der Zivil – und Handelssache empfiehlt sich eine weite Auslegung, so dass auch kartellrechtliche Entscheidungen mit eingeschlossen werden.[60]

Grundsätzlich erfolgt die Anerkennung eines ausländischen Urteils in Deutschland kraft Gesetzes. Soweit die Voraussetzungen zur Anerkennung eines ausländischen Urteils vorliegen, werden die Wirkungen des ausländischen Urteils auf das Inland erstreckt, ohne dass es eines besonderen Anerkennungsaktes bedarf.[61] Besteht der Verdacht eines Verstoßes gegen den ordre public, kann die Anerkennung zu versagen sein: Der ordre public-Vorbehalt in § 328 Abs. 1 Nr. 4 ZPO bildet eine Ausnahme zu dem Verbot der *révision au fond*, so dass das Ergebnis und auch das vorangegangene Verfahren des anzuerkennenden Urteils in eng zu ziehenden Grenzen über den Versagungsgrund der Verletzung der ordre public-Klausel nachgeprüft werden können.[62] Entscheidend für eine Überprüfung gem. § 328 Abs. 1 Nr. 4 ZPO ist nach h.M. der Zeitpunkt der Anerkennungsentscheidung des deutschen Gerichts.[63]

(3) Inhalt der Vorbehaltsklausel

(a) Allgemeines

Mit Hilfe des anerkennungsrechtlichen ordre public in § 328 Abs. 1 Nr. 4 ZPO wird das dem ausländischen Urteil vorausgegangene Verfahren hinsichtlich seiner Vereinbarkeit mit denen aus inländischer Sicht unverzichtbaren Grundsätzen (verfahrensrechtlicher ordre public) sowie das Ergebnis der anzuerkennenden

---

58 Stein/Jonas/ZPO/*Roth*, § 328 Rn. 100.

59 Musielak/ *Stadler*, ZPO, § 328 Rn. 6.

60 Zöller/*Geimer*, § 328 Rn. 80; Stein/Jonas/ZPO/*Wagner*, Art. 1 EuGVVO Rn. 2 mit FN 4 und weiteren Nachweisen.

61 *Geimer*, IZPR, Rn. 2797.

62 Stein/Jonas/ZPO/*Roth*, § 328 Rn. 29.

63 BGHZ 138, 331 (335); BGH NJW 1980, 529 (531); OLG Düsseldorf FamRZ 1982, 534; OLG Stuttgart FamRZ 2005, 636; MüKo-ZPO/*Gottwald*, § 328 Rn. 9; Thomas/Putzo/*Hüßtege*, § 328 Rn. 15; *v. Hoffmann/Thorn*, § 3 Rn. 174.

Entscheidung auf seine Vereinbarkeit mit den unabdingbaren Grundsätzen des deutschen Rechts kontrolliert (materiellrechtlicher ordre public).[64]

Die Anwendung des ordre public setzt nach h.M.[65] eine Inlandsbeziehung voraus, wobei dieser Inlandsbezug nicht dadurch hergestellt wird, dass die Anerkennung im Inland begehrt wird. Der Zweitrichter hat vielmehr zu prüfen, ob der Sachverhalt des ausländischen Urteils den nötigen Inlandsbezug aufweist. Nur wenn eine Inlandsbeziehung vorliegt, kann eine Kontrolle der ausländischen Entscheidung hinsichtlich ihrer Vereinbarkeit mit deutschem Recht vorgenommen werden, da nur bei dem Vorliegen eines Inlandsbezuges der eine Kontrolle rechtfertigende Bezug zum Anerkennungsforum gegeben ist.

(b) Präklusion

Um sich auf den Vorbehalt des verfahrensrechtlichen ordre public berufen zu können, muss die betroffene Partei nach h.M.[66], da es in den meisten Fällen um die Wahrung individueller Gerechtigkeit geht, zunächst alle im Ursprungsgericht vorhandenen Rechtsmittel und Rechtsbehelfe eingelegt haben, welche eine Beseitigung des Verfahrensfehlers ermöglichen könnten. Ist dies nicht der Fall, wird sie in ihrem Recht, sich auf einen Verstoß gegen den ordre public zu berufen – so bislang Rechtsprechung und Literatur – präkludiert.[67]

Im neueren Schrifttum finden sich hinsichtlich der Präklusion jedoch davon abweichende Ansichten:[68] So soll das Verhalten der jeweiligen Partei nur in den Fällen erheblich sein, in denen es um die vom deutschen Richter vorzunehmende Wertung der Vereinbarkeit mit dem deutschen Recht geht. Erst, wenn auch nach deutschem Recht ein Untätigbleiben der Partei nicht hinnehmbar erscheint, soll die zwingende Notwendigkeit bestehen, im Zweitverfahren die Berufung auf den ordre public-Vorbehalt zu versagen. Bei dieser Herangehensweise kommt es auch nicht mehr darauf an, ob im Erstprozess die Möglichkeit der Stellungnahme für den Beklagten bestanden hat.[69]

Für diese neuere Auffassung spricht, dass mit dem genannten Ansatz Parteien davor geschützt werden können, dass durch Unkenntnis bedingtes Aushar-

---

64 Vgl. Musielak/ *Stadler*, ZPO, § 328 Rn. 25.

65 Zöller/*Geimer*, § 328 Rn. 243; *Völker*, S. 232; BGHZ 118, 348; *Martiny*, Hdb. IZVR III/1, Rn. 1027; *Kropholler*, § 60 IV 2.

66 *Geimer*, IZPR, Rn. 2955; *Martiny*, Hdb. IZVR, Bd. III/2, Kap. II, Rn. 99; *Roth*, IPRax 1989, 14 ff. (17).

67 BGH NJW 1997, 2051, 2052; BayObLG FamRZ 2002, 1638; 2001, 1622, 1623; KG FamRZ 2004, 275; *Zöller/Geimer*, § 328 Rn. 227; *Thomas/Putzo/Hüßtege*, § 328 Rn. 16; *Geimer*, IZPR, Rn. 2955; *Staudinger*, EuLF 2004, 275.

68 Musielak/*Stadler*, ZPO, § 328 Rn. 29 mit Verweis auf *Schütze* und *Schack*.

69 *Schack*, IZVR, Rn. 866; Musielak/*Stadler*, ZPO, § 328 Rn. 29.

ren zu einem Verlust der Verteidigungsrechte führt. Denn die Präklusion ist eine scharfe Sanktion, die nur bei vorwerfbarem Verhalten gerechtfertigt ist und dem Beklagten nicht eine unzumutbare Beschränkung seines Rechts auf rechtliches Gehör auferlegen soll. Aus diesem Grund kennen die Präklusionsvorschriften in der ZPO auch einen Verschuldensvorbehalt.[70] Indes bleibt zu beachten, dass eine ordre public-Prüfung für den Fall der Verletzung unmittelbarer Staatsinteressen ohnehin von Amts wegen durchzuführen ist, so dass die vorstehende Argumentation nicht vollständig zu überzeugen vermag. Zwar ist das Erfordernis der amtswegigen Prüfung im deutschen Zivilprozess zugegebenermaßen eher selten. Die Verletzung unmittelbarer Staatsinteressen im Falle einer Anerkennung der ausländischen Entscheidung muss aber eine solche Prüfung von Amts wegen nach sich ziehen, da sich der Anerkennungs – und Vollstreckungsstaat durch die Anerkennung einer z.B. gegen die EMRK verstoßende Entscheidung selbst der Vertragsverletzung strafbar machen kann, indem er durch die erfolgte Anerkennung das der ausländischen Entscheidung innewohnende Unrecht manifestiert.

(c) Maßstab der Überprüfung – ordre public interne und international?

Zunächst stellt sich die Frage nach dem abstrakten Maßstab der ordre public-Prüfung im autonomen Recht. Im Kollisionsrecht unterscheidet der BGH[71] zwischen einem ordre public *interne* und einem ordre public *international.* Diese aus dem französischen Recht stammende Differenzierung wird auf das Internationale Zivilverfahrensrecht übertragen.[72] Unter dem ordre public *interne* sollen die innerstaatlich zwingenden Normen zu verstehen sein, während der ordre public *international* dem kollisionsrechtlichen Vorbehalt des Art. 6 EGBGB entspricht.[73] Übertragen auf die Norm des § 328 Abs. 1 Nr. 4 ZPO im autonomen Recht bedeutet dies, dass im Rahmen der Anerkennungsprüfung Urteilen nicht schon deshalb die Anerkennung versagt wird, weil diese in einem Verfahren ergangen sind, welches von zwingenden Vorschriften des deutschen Verfahrensrechts abgewichen ist. Ein Versagungsgrund ist demnach nur dann anzunehmen, wenn dem Urteil des ausländischen Gerichts ein Verfahren vorausgegangen ist, welches von den Grundprinzipien des deutschen Prozessrechts in einem solchen Maße abweicht, dass nach der deutschen Rechtsordnung das Urteil als nicht rechtsstaatlich ergangen angesehen werden muss.[74]

---

70 Maunz/Dürig/*Schmidt-Aßmann,* Art. 103 Rn. 128-131.

71 BGHZ 48, 327.

72 MüKo/*Sonnenberger,* IPR Einl. Rn. 204; *Batiffol/Lagarde I* Rn. 354; vgl. zum ordre public im französischen Recht *Lagarde,* Recherches sur l'ordre public en droit international privé, 1959; *v. Hoffmann/Thorn,* § 6 Rn. 146.

73 *V. Hoffmann/Thorn,* § 6 Rn. 146.

74 BGHZ 48, 327, 331.

Hiergegen wenden sich Teile der Literatur[75] mit der Begründung, dass es zwar im Verfahrensrecht einer enger gefassten Vorbehaltsklausel (also anerkennungsfreundlicheren) als im Kollisionsrecht bedürfe,[76] eine derartige Begrifflichkeit jedoch deshalb keinen Sinn mache, da die meisten ordre public-Bestimmungen ohnehin nur für Sachverhalte mit Auslandsberührung Anwendung fänden.[77]

Andere Stimmen der Literatur[78] sprechen sich mit der Begründung mit dem BGH für die Differenzierung aus, dass es sich bei der Differenzierung zwischen einem ordre public *interne* und einem ordre public *international* grundlegend nur um Begrifflichkeiten handele. Von Bedeutung sei letztlich, dass der Maßstab bei der Anerkennung ausländischer Entscheidungen liberaler zu handhaben sei als der Maßstab bei der Prüfung, ob Parteien innerstaatlich zwingendes Recht verletzt haben.

Mit dem BGH ist von einer Differenzierung auszugehen. Aufgrund der Tatsache, dass im Internationalen Zivilverfahrensrecht eine anerkennungsfreundliche Praxis gehandhabt werden soll, müssen im Verhältnis zu ausländischen Entscheidungen andere, liberalere und eben international ausgerichtete Maßstäbe gelten; zu diesem Ergebnis gelangen schlussendlich beide oben genannten Auffassungen.[79] Fragen der Begrifflichkeit sind nicht entscheidend und somit auch kein Argument gegen die höchstrichterliche Rechtsprechung. Vielmehr kommt es auf die inhaltliche Ausgestaltung des Begriffs an. Die Struktur des ordre public *international* weist im Hinblick auf den internationalen Rechtsverkehr eine hohe Praktikabilität auf und ist weltweit anerkannt. Im Anerkennungsrecht ist eine Prüfung der Vorbehaltsklausel somit am Maßstab des ordre public *international* vorzunehmen.

(4) Verstoß gegen den anerkennungssrechtlichen ordre public, § 328 Abs. 1 Nr. 4 ZPO

Verstöße gegen den verfahrensrechtlichen ordre public sind eher selten und kommen nur in Betracht, sofern eklatante Mängel im Verfahren offenbar werden.[80] Die Anerkennung ist nach § 328 Abs. 1 Nr. 4 ZPO zu versagen, sofern das erststaatliche Verfahren nicht mit den Grundsätzen des deutschen Prozessrechts zu vereinbaren ist.[81] Maßstab der verfahrensrechtlichen ordre public-Kontrolle sind – nach dem oben Gesagten – nicht einzelne Normen des inländischen Verfahrensrechts,

75 *Kornblum,* NJW 1987, 1106; *Völker,* S. 256 f.; *Sandrock,* FS Sonnenberger 2004, 619.
76 Vgl. *Kornblum,* NJW 1987, 1105.
77 *Sandrock,* FS Sonnenberger 2004, 620.
78 *V. Winterfeld,* NJW 1987, 3059 (3060); *Raeschke-Kessler/Berger,* Rn. 1002; *Marx,* S. 80.
79 Vgl. zu diesem Ergebnis auch PG/*Völzmann-Stickelbrock,* § 328 ZPO Rn. 23.
80 Stein/Jonas/ZPO/*Roth,* § 328 Rn. 112.
81 BGHZ 48, 327; *v. Hoffmann/Thorn,* § 3 Rn. 166.

sondern die dahinter stehenden Verfahrensgrundsätze, da es um die Prüfung eines ordre public *international* geht. Demgegenüber führt die bloße Verschiedenheit der Verfahrensordnungen nicht zu einem Verstoß gegen den anerkennungsrechtlichen ordre public, da nicht davon ausgegangen werden kann, dass ausländische Gerichte ihre Verfahren nach deutschen Grundsätzen ausrichten. So besteht z.B. kein Grund, den ordre public zu bemühen, wenn das ausländische Gericht ausschließlich mit Laien besetzt ist, wie es bei den französischen Handelsgerichten der Fall ist.[82] Auch ist kein Verstoß in der bloßen fehlenden oder mangelhaften Zustellung einer ausländischen Entscheidung zu sehen.[83] Derartige Verfahrensunterschiede sind grundsätzlich hinzunehmen, da es nicht Sinn und Zweck des Anerkennungsrechts ist, jegliche Unterschiede zu ausländischen Rechtsordnungen als ordre public-widrig zu deklarieren. Der Grundsatz des ordre public, der aus nationalstaatlicher Sicht die Funktion einer „Notbremse" erfüllt, soll vielmehr erst dann eingreifen, wenn rechtsstaatlichen Anforderungen nicht mehr entsprochen wird.[84] Hierzu gehören beispielsweise der Grundsatz der Unabhängigkeit und Unparteilichkeit des Gerichts, sowie die in den Justizgrundrechten der Artt. 102-104 GG geregelten Mindestvoraussetzungen für ein faires Verfahren, der Grundsatz der Waffengleichheit und die Gewährleistung rechtlichen Gehörs.[85] Die Verletzung rechtlichen Gehörs ist insoweit als eigenständiger Anerkennungsversagungsgrund zu sehen, soweit die Verletzung nur die Verfahrenseinleitung betrifft, vgl. § 328 Abs. 1 Nr. 2 ZPO, Art. 34 Nr. 2 EuGVVO. In allen anderen Verfahrensstadien ist die Gewährung rechtlichen Gehörs Teil des ordre public.[86]

Als Verstoß gegen den ordre public gelten z.B. *antisuit injunctions*, da die ausländischen Klageverbote, die Deutschland vorbehaltene Entscheidung abnehmen, ob inländische Gerichte entscheiden sollen oder nicht.[87] Diese Art von Untersagungsanordnung richtet sich zwar in erster Linie an den Kläger des ausländischen Verfahrens, indirekt greift sie jedoch massiv in die Zuständigkeit des ausländischen Gerichts ein und verstößt damit gegen den ordre public.[88] Hierdurch können grundrechtsgleiche Rechte betroffen sein, da die deutsche Verfassung das Recht auf einen gesetzlichen Richter gewährt, welches durch ein derartiges Klageverbot beeinträchtigt wird, vgl. Art. 101 Abs. 1 S. 2 GG.

82 *Geimer/Schütze,* Internationale Urteilsanerkennung I/1, 126; *Geimer,* IZPR, Rn. 2952.

83 *Geimer,* IZPR, Rn. 2944, 2960.

84 Vgl. BGH, Beschluss v. 21.3.1990, NJW 1990, 2201.

85 BGH, Urteil v. 19.9.1977, NJW 1978, 1114 f. (1115); BGHZ 118, 312ff (321); BGH, Beschluss v. 29.6.2000, JZ 2000, 1067f.; *Geimer,* Anerkennung ausländischer Entscheidungen, S. 135; *Martiny,* Hdb. IZVR, Bd. III/2, Kap. II, Rn. 98; *Roth,* IPRax 1989, 14 ff (17); Rauscher/*Leible,* EuZPR, Art. 34 Brüssel I-VO, Rn 14.

86 *Georganti,* S. 62.

87 *Schack,* IZVR, Rn. 863; zur Vereinbarkeit mit dem EuGVÜ *Mansel,* EuZW 1996, 335 ff.; vgl. Dritter Teil § 2 B. II.

88 *Nagel/Gottwald,* § 5, Rn. 301.

b) Vollstreckungsrechtlicher ordre public, §§ 722, 723 ZPO

Die Vollstreckbarkeit ausländischer Entscheidungen wird im deutschen autonomen Recht gesondert durch einen inländischen Hoheitsakt verliehen. Der ausländische Titel erhält diese im autonomen Recht durch ein deutsches Vollstreckungsurteil gemäß §§ 722 ff. ZPO oder aber in einem vereinfachten Beschlussverfahren.[89] § 723 ZPO regelt, welche Voraussetzungen für den Erlass eines Vollstreckungsurteils erfüllt sein müssen; es gilt gemäß § 723 Abs. 1 ZPO das Verbot der *révision au fond.* Die Vollstreckbarerklärung ist jedoch bei Verletzung wichtiger deutscher Rechtsgrundsätze wegen Verstoßes gegen den ordre public zu verweigern, § 723 Abs. 2 S. 2 iVm § 328 Abs. 1 Nr. 4 ZPO.[90] Hinsichtlich der Prüfung eines solchen Verstoßes ist auf die Ausführungen zu § 328 Abs. 1 Nr. 4 ZPO zu verweisen.

4. Voller und abgeschwächter ordre public

Die weitergehende Unterscheidung zwischen *vollem* und *abgeschwächtem* ordre public bezieht sich indes ausschließlich auf den materiellrechtlichen Teil des anerkennungsrechtlichen ordre public und zielt auf eine Differenzierung hinsichtlich der Intensität der Vorbehaltsklausel ab.[91] Vollständig soll der ordre public nach dieser Unterscheidung im Rahmen des Erkenntnisverfahrens, also bei der direkten Anwendung ausländischen Rechts, eingreifen. Dagegen wird ihm im Anerkennungs – und Vollstreckungsverfahren, d.h. bei der indirekten Anwendung ausländischen Rechts, lediglich eine abgeschwächte Wirkung zugemessen, sogenannter *effet atténué de la réconnaissance* des ordre public im Rahmen der Anerkennung und Vollstreckung ausländischer Entscheidungen.[92] Worin die Abschwächung der Vorbehaltsklausel im Einzelnen bestehen soll, darüber ist man sich in der Literatur jedoch nicht ganz einig. Während teilweise eine solche Differenzierung schlechthin abgelehnt wird,[93] sprechen sich Teile der Literatur[94] für den großzügigeren Maßstab bei der Urteilsanerkennung an sich aus. Wiederum

89 *Schack,* IZVR, Rn. 895.

90 Vgl. zum Ganzen: MüKo-ZPO/*Gottwald,* § 723 Rn. 2.

91 BGHZ 140, 395=NJW 1999, 2372; vgl. *Geimer/Schütze,* EuZVR, Art. 34 EuGVVO Rn. 19; *Kropholler,* § 60 IV 2.; *Völker,* S. 51 ff.

92 Müko/*Sonnenberger,* Art. 6 EGBGB Rn. 22; *Geimer,* IZPR, Rn. 2912; s. die ausführliche Zusammenfassung des Diskussionsstandes bei: *Völker,* S. 51 ff.; *Basedow,* FS Sonnenberger, 299; *Schwank,* FS Sandrock, 883, 892.

93 *Leipold,* FS Stoll, 636; *Völker,* S. 254.

94 MüKo/*Sonnenberger,* Art. 6 EGBGB Rn. 22; *Baur/Stürner/Bruns,* Rn. 55.55; *Martiny,* Hdb IZVR III/1 Rn 1014, S. 458; *Roth,* JZ 1999, 1119.

andere[95] verstehen unter einer abgeschwächten Wirkung, dass der Normenbestand, auf welchen ein Verstoß gegen den anerkennungsrechtlichen ordre public gestützt werden könnte, im Bereich des Anerkennungsrechts enger zu fassen sei, als im Bereich des ordre public im Kollisionsrecht.

Auch in diesem Zusammenhang ist darauf hinzuweisen, dass komplizierte Begrifflichkeiten die Definition nicht erleichtern, sondern vielmehr erschweren.[96] Im Rahmen der Anerkennung ausländischer Entscheidungen empfiehlt sich eine anerkennungsfreundliche Handhabung der ordre public-Klausel, um nicht über den Umweg des ordre public das Verbot der *révision au fond* zu umgehen. Somit sind beide Ansätze in der Lehre, die sich für eine abgeschwächte Wirkung des anerkennungsrechtlichen ordre public aussprechen, zustimmungswürdig und schließen einander auch nicht aus. Denn geht man mit dem einen Teil der Literatur von einem großzügigeren Ansatz bei der Urteilsanerkennung aus, so ist auch automatisch der Bestand der Normen, welche eine Anerkennung zunichte machen können, auf wesentliche Grundpfeiler der jeweiligen *lex fori* zu beschränken.

C. Der europäische ordre public

Der ordre public ist zwar nationalen Ursprungs, jedoch gewinnt auch er aufgrund der zunehmenden Europäisierung des Rechts immer mehr europäische Inhalte, so dass immer mehr von einem *europäischen* ordre public gesprochen wird.[97] Da das Thema der vorliegenden Arbeit der europäische verfahrensrechtliche ordre public ist, bleibt zu erläutern, was unter dem schon viel besprochenen *europäischen* ordre public zu verstehen ist:

I. Begriffsbestimmung anhand des Exequaturmodells

Um die europäische Variante des ordre public zu beschreiben, gibt es mannigfaltige Begrifflichkeiten, welche von *europäischer ordre public, gemeineuropäischer ordre public* bis zu *l 'ordre public européen* reichen. Die Definition des nicht leicht greifbaren Rechtsinstitutes des europäischen ordre public erscheint schwierig. Diese Tatsache spiegelt sich auch in der Uneinigkeit hinsichtlich der Begrifflichkeiten in Literatur und Rechtsprechung wider.[98]

95 *Geimer*, IZPR, Rn. 27.
96 So im Ergebnis auch: *Leipold*, FS Stoll, 636.
97 Vgl. *Martiny*, FS Sonnenberger 2004, 523; *Völker*, S. 286; *Bruns*, JZ 1999, 279.
98 Vgl. dazu: *Martiny*, FS Sonnenberger 2004, 523; zu der grundlegenden Problematik des „als Spielwiese der Wissenschaft dienenden Begriffs-overkill" im Bereich des ordre public: *Völker*, S. 303 f.

Die Vorschriften des Europäischen Verfahrensrechts regeln im Kern die Verhältnisse unter den Mitgliedsstaaten.[99] Grundprinzipien hierbei waren lange Zeit zum einen das Exequaturmodell[100] und zum anderen das Prinzip der unmittelbaren Vollstreckung.[101] Unter dem Gesichtspunkt der Begriffsbestimmung des europäischen ordre public ist hier nur das Exequaturverfahren zu erläutern, da die Besonderheit des Prinzips der unmittelbaren Vollstreckung gerade darin zu sehen ist, dass keine ordre public-Prüfung mehr erfolgt.

Nach dem Exequaturmodell sind Entscheidungen ausländischer Gerichte Äußerungen der Hoheitsgewalt eines fremden Staates, welche für eine Wirkungserstreckung in anderen Mitgliedsstaaten einer Anerkennung und Vollstreckbarerklärung bedürfen.[102] Im Geltungsbereich der EuGVVO erfolgt im ersten Verfahrensabschnitt über die Vollstreckbarerklärung von Amts wegen keine Prüfung von Gründen, welche einer Vollstreckung entgegenstehen könnten, vgl. Art. 41 S. 1 EuGVVO.[103] Die zur Begründung des Antrags vorgelegten Dokumente können von dem zuständigen Gericht oder der Behörde nur in formaler Hinsicht geprüft werden.[104] Hier kommt der ordre public insbesondere dann zum Tragen, wenn das Ergebnis der ausländischen Entscheidung aufgrund ihres Inhalts (materiellrechtlicher ordre public) oder wegen ihres Zustandekommens (verfahrensrechtlicher ordre public) untragbar wäre.

Für eine europäische Definition des ordre public ist nach dieser strukturellen Herangehensweise das Zugrundelegen einer bestimmten Rechtsgrundlage erforderlich.[105] Denn die Bestimmung einer Kompetenznorm, auf welche der europäische ordre public als normativer Ursprung gestützt werden könnte, hilft bei der Einordnung in das Rechtssystem. Erster Anknüpfungspunkt für eine solche Rechtsgrundlage soll Art. 65 EGV, welcher durch den Vertrag von Lissabon in die neue Kompetenzvorschrift des Art. 81 AEUV[106] verschoben wurde,[107] darstellen. Mit Hilfe von Art. 81 AEUV als Einfallstor soll die Definition der Vorbehaltsklausel ermöglicht werden.[108]

---

99 *Martiny*, in: FS Sonnenberger, S. 529.

100 Von *exequatur*, lat.: es möge vollstreckt werden. Zur Diskussion um die Abschaffung des Exequaturverfahrens vgl. Vierter Teil.

101 *Rauscher*, S. 474; vgl. zum Begriff des Exequaturverfahrens *Hohloch*, FS Kropholler, S. 809.

102 Vgl. *v. Hoffmann/Thorn*, § 3 Rn. 179, 185; zur Herkunft des Begriffs s. *Cuniberti/Rueda*, RabelsZ 2011, 287.

103 *Kropholler*, § 60 VI 2. b).

104 *Kropholler*, § 60 VI 2. b).

105 *Martiny*, FS Sonnenberger, S. 531.

106 Vertrag über die allgemeine Arbeitsweise der Europäischen Union

107 *Hess*, EuZPR, § 2 Rn. 92.

108 *Martiny*, FS Sonnenberger, S. 531 noch zu Art. 65 EGV a.F. In diesem Zusammenhang wird im weiteren Verlauf der Arbeit zu klären sein, wieweit die Kompetenz aus Art. 81 AEUV wirklich reicht und ob es möglicherweise Einschränkungen im Zusammenhang mit der Subsidiaritätsklausel des Art. 5 EUV in der Fassung des Vertrags von Lissabon geben muss.

Art. 81 AEUV regelt ab dem 1.12.2009 die justizielle Zusammenarbeit in Zivilsachen und beinhaltet in diesem Zusammenhang in Absatz 1 Satz 1 eine Ermächtigung zur Ergreifung von Maßnahmen, welche eine derartige Zusammenarbeit weiterhin ermöglichen sollen, vgl. Art. 81 Abs. 1 S. 1 AEUV. Die kompetenzielle Lage des alten Art. 65 EGV wird im Kern jedoch weitergeführt.[109] Zu der Frage, was durch die justizielle Zusammenarbeit angestrebt werden soll, gibt Art. 3 Abs. 2 EUV einen konkreten Anhaltspunkt: Primäres Ziel nach Art. 3 Abs. 2 EUV (n.F.) ist die Errichtung eines Raums der Freiheit, der Sicherheit und des Rechts, vgl. Art. 3 EUV. Da es zu der Definition der europäischen Variante des ordre public einer bestimmten Rechtgrundlage bedarf und diese aus dem Unionsrecht zu gewinnen ist,[110] besteht möglicherweise nun eine gewisse Neigung dahingehend, diesen europäischen, schwer greifbaren ordre public mit dem leichter auszumachenden *primärrechtlichen* Verwandten des ordre public gleichzusetzen. Wichtig ist es in diesem Zusammenhang jedoch gerade zwischen dem Begriff der *öffentlichen Ordnung* im Primärrecht und dem europäischen ordre public zu differenzieren.[111] Dies bedeutet aber nicht, dass die Maxime aus Art. 3 EUV bei der Auslegung des europäischen ordre public außer Acht zu lassen ist.

Wird dies zu einer ersten (groben) Definition des europäischen ordre public zu Grunde gelegt, so ergibt sich als Zwischenergebnis, dass die europäische Vorbehaltsklausel in ihrer Wirkung eine Balance zwischen Freiheit im Sinne der Urteilsfreizügigkeit, Sicherheit in Form von Rechtssicherheit und Verfahrensgarantien sowie dem mühelosen Zugang des EU-Bürgers zu den Gerichten, wahren muss. Dies mag einen ersten Ansatzpunkt für eine Definition darstellen, ermöglicht jedoch keine Erkenntnisse darüber, woher diese Begrifflichkeit stammt, was genau Inhalt einer solchen Vorbehaltsklausel ist, und wer die Kompetenz der Auslegung inne hat. Diese Fragen gilt es folglich zu beantworten.

II. Bestimmungsversuche der Literatur

Angesichts der Entwicklungen der letzten Jahrzehnte hinsichtlich einer Vereinheitlichung der europäischen Rechtsgrundsätze, welche in Form des Vertrags von Lissabon ihren aktuellen Höhepunkt gefunden haben, scheint die Verneinung jeglicher Existenz eines europäischen ordre public schlicht undenkbar. Ob man aber von einer eigenständigen Existenz des europäischen ordre public, losgelöst von der nationalen Vorbehaltsklausel ausgeht, hängt vor allem davon ab, wie man die Ordnung der europäischen Union wahrnimmt. Gesteht man dem europäischen

109 *Hess*, EuZPR, § 2 Rn. 92.
110 Vgl. *Sonnenberger*, RIW 2002, 497.
111 *Völker*, S. 287; vgl. dazu S. 54.

Recht wie *Basedow* lediglich eine „korrigierende und komplementäre Funktion im marginalen Bereich"[112] zu, so ist davon auszugehen, dass die europäische Dimension des ordre public eher als Ausprägung des nationalen Vorbehalts wahrgenommen wird, als eine davon zu unterscheidende europäisch geprägte Vorbehaltsklausel. Anders sieht es aus, wenn man die Gegenwart und Zukunft Europas unter dem Gesichtspunkt der Vereinheitlichung betrachtet und davon ausgeht, dass nationale Rechtsordnung mit der Existenz eines europäischen Rechtssystems immer mehr an Bedeutung verlieren. Zusammenfassend ist für die Definition des europäischen ordre public sowohl ausschlaggebend, inwieweit der ordre public zum heutigen Zeitpunkt „ein europäisches und/oder nationales Konzept ist" als auch inwieweit dies Bedeutung für die Praxis entfaltet.[113] Im Folgenden soll daher ein Überblick über die bestehenden Auffassungen in der Wissenschaft gegeben werden.

1. Der europäische ordre public als Teil des nationalen ordre public

Reichelt[114] beschrieb den europäischen ordre public im Jahre 1975 als gekennzeichnet durch eine rechtsvergleichende Auslegungsmethode und daher eine „Zwischenstufe zwischen nationalem und völkerrechtlichem ordre public"[115] darstellendes Phänomen. Nach der Ansicht von *Reichelt*, die sich allerdings auf das autonome Kollisionsrecht bezieht, ist unter europäischem ordre public nur der jeweilige nationale ordre public „der in der Frage stehenden Rechtsordnung" zu verstehen. Die Bezeichnung als *europäisch* solle dabei nicht die territoriale Anbindung, „als vielmehr die Auslegungsmethode" charakterisieren. Die Auslegung sei dabei rechtsvergleichend innerhalb der Mitgliedsstaaten vorzunehmen. Eben dieser rechtsvergleichende Ansatz sei es auch, welcher den europäischen ordre public vom nationalen ordre public unterscheide. Somit sei der europäische ordre public als Zwischenstufe zwischen nationalem und völkerrechtlichen ordre public zu bezeichnen. Es handele sich beim europäischen ordre public gleichsam um „eine Drittwirkung des jeweiligen nationalen ordre public innerhalb der Staatengemeinschaft.[116]

Wie auch *Martiny*[117], teilen viele in der Lehre die Auffassung, dass der europäische ordre public lediglich einen gemeinschaftsrechtlichen Aspekt der natio-

112 *Basedow*, FS Sonnenberger, 293.

113 *Martiny*, FS Sonnenberger, 523 f.

114 *Reichelt*, „Europäischer" ordre public im autonomen Kollisionsrecht, in: ZfRV 16 (1975), S. 217-226.

115 *Reichelt*, ZfRV 1975, 217 ff., 221 ff.

116 *Reichelt*, ZfRV 16 (1975), 225.

117 *Martiny*, in: Europäisches Gemeinschaftsrecht und Internationales Privatrecht, S. 211, 220 f.

nalen Vorbehaltsklausel darstelle.[118] So erläutert *Martiny* im Jahre 1990, dass allein die Begriffsschöpfung europäischer ordre public nicht ausreiche, um die in den einzelnen Mitgliedsstaaten bestehenden Unterschiede zu „überwölben".[119] Weiter definiert er, dass unter *gemeineuropäischem ordre public* „eine an gemeinschaftsrechtlichen Grenzen orientierte Anwendung der Vorbehaltsklausel" zu verstehen sei.[120]

2. Eigenständigkeit einer europäischen Vorbehaltsklausel

Beachtlich ist auch, dass im Rahmen des Kollisionsrechts vor Erlass der Rom II-VO[121] darüber beraten wurde, eine eigenständige von der nationalen Vorbehaltsklausel losgelöste ordre public-Klausel in die Verordnung aufzunehmen.[122] Es sollte somit eine europäische und eine nationale Klausel geben, welche völlig unabhängig voneinander existieren. Nach dem Kommissionsentwurf vom 22.7.2003 sollte die Rom II-VO so nicht die Anwendung der Vorschriften des damaligen Gemeinschaftsrechts berühren, „die der Anwendung der *lex fori* oder des in dieser Verordnung bezeichneten Rechts entgegenstehen".[123] Ursache für diesen Vorschlag der Kommission war die Annahme, dass die von einem *gemeinschaftsrechtlichen* ordre public geschützten wesentlichen Grundsätze nicht auch von dem aktuellen Art. 26 der Rom II-VO erfasst seien.[124] Letztlich kam es jedoch zu dem – zustimmungswürdigen – Ergebnis von der Einführung einer zusätzlichen, geschriebenen Vorbehaltsklausel abzusehen, was damit begründet wurde, dass der gemeinschaftsrechtliche ordre public Bestandteil des Rechts der Mitgliedsstaaten sei und somit „ein integrales Element des mitgliedsstaatlichen Rechts" bilde.[125] Unter gemeinschaftsrechtlicher ordre public ist – nach Ansicht *Junkers* – ein auf Europarecht basierender Vorbehalt und nicht ein *gemeineuropäischer* Vorbehalt zu verstehen.[126] Die Abgrenzung von einer *gemeineuropäischen* Klausel soll herausstellen, dass unter *europäischem* ordre public nicht ein nationaler ordre public zu verstehen ist, welcher aber nur zum Wohle der Euro-

---

118 Müko/*Sonnenberger,* Art. 6 EGBGB, Rn. 65f; *Sonneberger,* RIW 2002, 497; *Jayme,* Methoden der Konkretisierung, S. 53; *Kropholler,* § 36 III 2. c); *v. Bar/Mankowski,* IPR I, § 7 Rn. 271 f.; *Iversen,* in: *Brödermann/Iversen,* Rn. 746 m.w.N.

119 *Martiny,* in: Europäisches Gemeinschaftsrecht und Internationales Privatrecht, S. 229.

120 *Martiny,* FS Sonnenberger, 533 FN 58.

121 Verordnung (EG) Nr. 864/2007 des europäischen Parlaments und des Rates vom 11. Juli 2007 über das auf außervertragliche Schuldverhältnisse anzuwendende Recht (Rom II-VO), ABl. EU L 199, 40.

122 MüKo/*Junker,* Art. 26 Rom II-VO Rn. 2.

123 KOM(2003) 427 endg. S. 42 f. (Art. 23 Abs. 1, 3. Spiegelstrich).

124 Vgl. MüKo/*Junker,* Art. 26 Rom II-VO Rn. 4.

125 KOM(2003) 427 endg. S. 31; MüKo/*Junker,* Art. 26 Rom II-VO Rn. 4.

126 MüKo/*Junker,* Art. 26 Rom II-VO Rn. 4.

päischen Union eingesetzt werden soll.[127] Diese Überlegungen können durchaus auf das Verfahrensrecht übertragen werden.[128]

Bereits im Jahre 1962 hatte sich *von Brunn*[129] implizit für eine solche eigenständige europäische Variante des ordre public ausgesprochen, welche allein „durch eine Veränderung der allgemeinen Auffassungen und der staatspolitisches Zielsetzungen" ohne das Erfordernis einer Gesetzesänderung entstanden sei. Der ordre public sei ein Bereich, in welchem es zur Rechtsvereinheitlichung keines Legislativsakts bedürfe, so dass innerhalb der EWG nach *von Brunn* bereits 1962 ein europäischer ordre public existierte, „welcher allen Mitgliedsstaaten gemeinsam ist"[130] und wessen Anwendungsfeld immer mehr „auf die Kollision von Rechtsordnungen verschiedener Blöcke"[131] zu beschränken sei.[132]

Die Ausführungen von *Moser* gehen ebenfalls in diese Richtung. Er definiert den europäischen ordre public als „regionalen, auf eine europäische Staatengruppe beschränkten ordre public, der sich daraus erklärt, dass in den Mitgliedsländern dieser Staatengruppe gewisse übereinstimmende ideologische Wertevorstellungen herrschen".[133] Inhaltlich füllt *Moser* den europäischen ordre public mit den Inhalten der EMRK und dem Diskriminierungsverbot aus.[134] Die Tatsache, dass *Moser* von der Eigenständigkeit einer europäischen Vorbehaltsklausel ausgeht, zeigt sich auch darin, dass er feststellt, kein Vertragsstaat könne sich auf einen eigenen abweichenden ordre public berufen, da im Geltungsbereich der Konvention ausschließlich der europäische ordre public Anwendung finden dürfe.[135]

Nach Ansicht *Stürners* ist die Existenz eines eigenständigen europäischen ordre public ebenfalls zu bejahen.[136] *Stürner* stützt dies jedoch anders als *von Brunn* auf die Rechtsfortbildung innerhalb der Europäischen Union. Diese Ausprägung der Vorbehaltsklausel sei durch die Besonderheiten der europäischen Rechtshierarchie entstanden, welche das nationale Recht „durch zahlreiche Normen, Grundfreiheiten und Rechtsprinzipien des primären Gemeinschaftsrechts überlagert".[137] In diesem Rahmen wache der EuGH „über die Achtung des Gemeinschaftsrechts

---

127 Zum gemeineuropäischen ordre public s. *Föhlisch,* Der gemeineuropäische ordre public, 1997.

128 Vgl. unten S. 48 f.

129 *V. Brunn,* NJW 1962, 988.

130 *V. Brunn,* NJW 1962, 988.

131 *V. Brunn,* NJW 1962, 989.

132 Zwar wird diese Auffassung in abgeschwächter Form auch heutzutage noch zu vertreten sein, die Formulierung von *v. Brunn* ist jedoch eindeutig der der Blockbildung in der Situation des Kalten Krieges geschuldet. Zu diesem Ergebnis gelangt auch *Völker,* S. 301 FN 1537.

133 *Moser,* ÖJZ 1974, 651.

134 *Moser,* ÖJZ 1974, 651.

135 *Moser,* ÖJZ 1974, 652.

136 Vgl. *Stürner,* FS 50 Jahre BGH, 683, 687.

137 *Stürner,* FS 50 Jahre BGH, 687.

und über die gemeinschaftskonforme Handhabung des Ordre Public."[138] *Stürner* folgert aus dieser Erkenntnis einen vierstufigen Prüfungsaufbau, welcher auf einer ersten Kontrollstufe von dem traditionellen nationalen ordre public ausgeht, um dann auf der folgenden Prüfungsstufe zu fragen, ob diese nationalen Voraussetzungen mit den europäischen Parametern zu vereinbaren sind.[139] Die darauf folgende Etappe soll der Überprüfung dienen, ob das abweichende Recht des anderen EU-Staates einen Widerspruch zum Gemeinschaftsrecht aufweist.[140] In einem letzten vierten Schritt soll schließlich zu kontrollieren sein, ob die jeweilige Entscheidung „mit EU-Recht und eigenem Recht übereinstimmt oder eher ein „Ausreißer" ist."[141]

Auch *Basedow* kommt nach einer Auseinandersetzung mit der bis 2004 entstandenen europäischen Rechtssprechung zu dem Ergebnis, „dass der europäische ordre public, verstanden als Inbegriff wesentlicher Rechtsgrundsätze des europäischen Rechts, neben dem nationalen ordre public eine durchaus eigenständige Rolle spielt".[142] Insbesondere die Entscheidung des EuGH im Falle *Krombach* verdeutliche, dass das europäische Recht selbst einen zu beachtenden ordre public geltend mache und dem nationalen Recht eben keinen Spielraum mehr belasse.[143]

III. Der europäische ordre public in der Rechtsprechung des EuGH

Nachdem in den vorstehenden Erläuterungen zunächst der Meinungsstand und schließlich die Argumente für die Existenz eines europäischen ordre public als Ausprägung der nationalen Vorbehaltsklausel aufgezählt wurden, wird im Folgenden darauf eingegangen, wie der europäische ordre public in der Rechtsprechung des EuGH entstanden ist. Wichtigste Entscheidung des EuGH zum europäischen ordre public ist die bereits erwähnte *Krombach*-Entscheidung, weshalb eine zumindest kurze Auseinandersetzung mit dieser schon viel und oft beschriebenen Entscheidung erfolgen soll.

---

138 *Stürner,* FS 50 Jahre BGH, 688.

139 *Stürner,* FS 50 Jahre BGH, 688.

140 *Stürner,* FS 50 Jahre BGH, 688.

141 *Stürner,* FS 50 Jahre BGH, 688.

142 *Basedow,* FS Sonnenberger, 317.

143 *Basedow,* FS Sonnenberger, 318; ebenfalls zu der Eigenständigkeit eines europäischen ordre public im Sinne *Basedows*: *Kroll,* StAZ 2007, 335.

1. Der Fall Dieter Krombach v. André Bamberski[144]

a) Tatbestand

Der deutsche Staatsbürger *Dieter Krombach* verabreichte 1982 seiner Stieftochter *Kalinka*, ihrerseits französische Staatsbürgerin, nachdem diese sich wiederholt über Schwächezustände beklagt hatte und darüber dass sie trotz längeren Aufenthalten in der Sonne keine ausreichende Bräune erzielen könne, eine Injektion Kobalt-Ferrcilit, welche in anämischen Fällen verwendet wird. Nachdem Herr *Krombach* das Mädchen am nächsten Morgen tot auffand, versuchte er vergeblich es wiederzubeleben. In Deutschland leitete man ein Ermittlungsverfahren bezüglich der Beteiligung *Krombachs* am Tod *Kalinkas* ein, jedoch stellte man das Verfahren aufgrund von mangelnden Beweisen ein. Der leibliche Vater, *André Bamberski* wandte sich daraufhin an die französischen Gerichte, welche sich aufgrund der französischen Staatsbürgerschaft *Kalinkas* auch für zuständig erklärten. Im folgenden Verfahren[145] verhandelte die *Cour d'Assises de Paris* gemäß Artt. 627 ff. sowie gemäß Art. 630 *Code de Procédure Pénale* (französische Strafprozessordnung) in Abwesenheit des Angeklagten *Krombach* und lehnte die Verteidigung/Vertretung durch seine Prozessbevollmächtigten ab, um sowohl in der anhängigen Straf – als auch in der Zivilsache das Urteil ohne Anhörung der Verteidigung zu fällen. In dem Urteil aus März 1995 wurde *Krombach* vom französischen Gerichtshof wegen Körperverletzung mit fahrlässiger Todesfolge schuldig gesprochen und zu fünfzehn Jahren Haft verurteilt. Darüber hinaus verurteilte das französische Schwurgericht im Adhäsionsverfahren den Angeklagten *Krombach* zur Zahlung von 350.000 FFr Schadensersatz als Wiedergutmachung und zur Erstattung der Gerichtskosten. Nach der französischen Prozessordnung war *Krombach* aufgrund seiner Abwesenheit während des Prozesses nicht berechtigt, gegen dieses Urteil Revision einzulegen. Aufgrund des Anerkennungs – und Vollstreckungsantrags der zivilrechtlichen Entscheidung von Seiten *Bamberskis* und des darauf erfolgten Urteils des LG Kempen legte *Krombach* zunächst Berufung und nach Zurückweisung Beschwerde vor dem BGH ein. Dieser setzte das Verfahren aus und legte dem EuGH zwei Fragen zur Vorabentscheidung vor. Die Fragen betrafen beide die Auslegung des Begriffs des ordre public im Rahmen des EuGVÜ. Die erste Frage hatte dabei zum Gegenstand, ob die Tatsache, dass die Zuständigkeit des französischen Gerichts für die Schadensersatzklage auf einem exorbitanten Gerichtsstand beruhte, einen Verstoß gegen den ordre public darstelle. Gegenstand der zweiten Frage war, ob das Gericht des Vollstreckungsstaates im Rahmen der ordre public-Klausel be-

144 EuGH, Urteil vom 28.3.2000, Rs. C-7/98, *Krombach/Bamberski*, Slg. 2000 I-1935.

145 Zu den Einzelheiten s. *Thoma*, S. 130 f.

rücksichtigen darf, dass dem Beklagten im Ursprungsstaat nicht die Möglichkeit der Verteidigung ohne persönliche Anwesenheit gewährt worden war.

b) Entscheidung des EuGH

Die erste Frage verneinte der EuGH mit dem Hinweis auf das Verbot der *révision au fond* und die Tatsache, dass die Regelungen über die Zuständigkeit nur in den Fällen des Art. 28 I EuGVÜ zu den prägenden Elementen des ordre public gehören.[146] Hinsichtlich der zweiten Frage führte der EuGH zunächst die Voraussetzungen für ein Eingreifen der Vorbehaltsklausel auf und ging im Weiteren auf die Bedeutung der Verteidigungsrechte für den verfahrensrechtlichen ordre public ein.[147] In diesem Zusammenhang griff der EuGH auf die in Art. 6 EMRK enthaltenen Garantien zurück und stellte die Bedeutung des Rechts auf ein faires Verfahren mit seiner Eigenschaft als Grundsatz des europäischen Gemeinschaftsrechts heraus. Vor diesem Hintergrund beantwortete der Gerichtshof die zweite Frage dergestalt, dass die Versagung der Verteidigung einen ordre public-Verstoß darstelle.[148]

c) Auswirkungen auf den europäischen verfahrensrechtlichen ordre public

Der Fall *Krombach* ist nicht nur hinsichtlich der Thematik der zukünftigen Beibehaltung des ordre public-Vorbehalts interessant, als dass die Verurteilung von *Krombach* aufgrund der Versagung des rechtlichen Gehörs gegenüber einem Angeklagten, der sich dem Strafprozess nicht gestellt hatte und die daraus resultierende Verurteilung zu Schadensersatz im Annexverfahren dazu führte, dass der EuGH Frankreich ein menschenrechtswidriges Urteil unter Bemühung von Art. 27 Nr. 1 EuGVÜ bescheinigte. Es ist vielmehr auch die Tatsache hervorzuheben, dass Herr *Krombach* der durch die EuVTVO dem Beklagten auferlegte Pflicht, sich in Zivilsachen vor den Gerichten des Ursprungsmitgliedstaates zu verteidigen, insofern gar nicht gerecht werden konnte, als er sich dadurch dem Risiko einer langjährigen Haftstrafe ausgesetzt hätte.[149] Zudem war das Urteil am Maßstab der französischen Prozessrechtslage nicht zu beanstanden gewesen, weshalb Rechtsbehelfe vor französischen Gerichten aussichtslos waren.[150] Weiterhin ist nach *Krombach* festzustellen, dass der jeweilige nationale ordre public ebenfalls

146 EuGH, Urteil vom 28.3.2000, Rs. C-7/98, *Krombach/Bamberski*, Slg. 2000 I-1935, Rn. 31-33.
147 EuGH, Urteil vom 28.3.2000, Rs. C-7/98, *Krombach/Bamberski*, Slg. 2000 I-1935, Rn. 36 ff.
148 EuGH, Urteil vom 28.3.2000, Rs. C-7/98, *Krombach/Bamberski*, Slg. 2000 I-1935, Rn. 25, 39 f.
149 Vgl. dazu *Rauscher*, Der Europ. Vollstreckungstitel, Rn. 25. Es handelt sich hierbei um eine hypothetische Überlegung, als dass die Verordnung zum Urteilszeitpunkt 1995 noch nicht in Kraft getreten war.
150 Vgl. *Rauscher*, Der Europ. Vollstreckungstitel, Rn. 25.

Beeinflussung findet, indem er nur in einer Weise anzuwenden ist, welche das Auseinanderklaffen von nationaler Rechtsanwendung und menschenrechtlichen Verpflichtungen verhindert.[151] Auch zeigt die Entscheidung des EuGH auf, dass eine Beibehaltung des ordre public in einem zunehmend europäisierten Kollisionsrecht sinnvoll ist.[152] Abschließend lässt sich der Fall *Krombach* als Wegweiser in eine Zeit verstehen, in welcher supranationale Standards die Bestimmung des nationalen ordre public prägen sollen. Das Gericht formulierte in dieser Entscheidung zum ersten Mal im Internationalen Verfahrensrecht, dass der Vorbehalt des ordre public in einem jeden Mitgliedsstaat nicht mehr rein national zu bemessen sei, sondern auch die internationalen Verpflichtungen des jeweiligen Mitgliedsstaates zu achten seien.[153] Darüber hinaus macht die Entscheidung des Gerichtshofs im Falle *Krombach* deutlich, dass der Bedarf einer Absicherung des Vollstreckungsschuldners in den Fällen besteht, in denen im Falle einer Vollstreckung ein schwerer Verstoß gegen wesentliche Grundsätze des Vollstreckungsstaats anzunehmen ist.[154]

d) Auswirkungen auf das französische nationale Recht

Nach dem Urteil des EuGH und der Verurteilung Frankreichs durch den EGMR[155], in dem der EGMR die Konventionswidrigkeit der französischen Strafprozessordnung feststellte, ergriff Frankreich die erforderlichen Maßnahmen für eine Anpassung der französischen Strafprozessordnung an die Maßstäbe der EMRK.[156]

e) Reaktion des Bundesgerichtshofs

In seinem Beschluss vom 29.6.2000[157] stellte der BGH wider Erwarten auf einen Verstoß gegen das Recht auf rechtliches Gehör nach Art. 103 GG ab, anstatt auf die Unvereinbarkeit der verfahrensrechtlichen Vorschriften mit der EMRK einzugehen.[158] Durch die fehlende Erwähnung der EMRK und ein ausschließliches Abstellen auf die nationale Verfassung kann man in dem Beschluss des BGH den Versuch einer Nationalisierung des soeben erst durch den EuGH konkretisierten europäischen ordre public erblicken.[159] *Thoma* erwähnt in dem Zusammenhang

151 *Scholz*, IPRax 2008, 216.
152 *Jayme*, Der nationale ordre public und die europ. Integration, S. 31.
153 *Thoma*, S. 134.
154 *Beaumont/Johnston*, IPRax 2010, 106.
155 Krombach v. Frankreich vom 13.2.2001 (Nr. 29731/96, in: Slg. 2001-II).
156 Sogenannte *Loi No 2000-516 du 15/06/2000.*
157 BGH, Beschluss vom 29.6.2000 – IX ZB 23/97, BGHZ 144, 390.
158 *Thoma*, S. 149.
159 Vgl. *Thoma*, S. 149; s. auch die Anmerkung von *Piekenbrock*, IPRax 2000, 364-366.

mit der Entscheidung des BGH die Begriffe „nationalistischer Provinzialismus" und „Beschränktheit".[160] Diese plakative Kritik erscheint jedoch zu weitgehend. Zumindest ist davon auszugehen, dass der BGH die Bedeutung des Falles *Krombach* für das europäische Zivilprozessrecht erheblich unterschätzt haben dürfte. So zeigt die Berufung des BGH auf die nationale Verfassung auf, dass der BGH weiterhin von einer rein nationalen Vorbehaltsklausel ausgeht und nicht erkannt hat, welche Veränderung die Klausel des ordre public durch die Entscheidung des EuGH in Krombach erfahren hat. Denn durch die Integration der in Art. 6 EMRK enthaltenen Garantien in den nationalen verfahrensrechtlichen ordre public führte der EuGH eine gemeinschaftsrechtliche Ausprägung der nationalen verfahrensrechtlichen Klausel herbei, von welcher im Anwendungsbereich des Gemeinschaftsrechts auch Gebrauch gemacht werden soll.

2. Der Fall Régie nationale des usines Renault SA v. Maxicar SpA und Orazio Formento[161]

Beinahe ebenso entscheidend wie das Urteil des Gerichtshofs in der Sache *Krombach*, ist das Urteil im Falle *Renault v. Maxicar und Formento* für die Entwicklung des europäischen ordre public, als dass der Gerichtshof in dieser Entscheidung explizit auf das Verhältnis von nationalem ordre public und Gemeinschaftsrecht einging.

a) Tatbestand

Der Geschäftsführer der italienischen Gesellschaft *Maxicar*, Herr *Formento*, ließ Ersatzteile für Fahrzeuge der Marke *Renault* nachbauen, an denen der Klägerin nach französischem Recht ein Geschmacksmusterrecht zustand. Die *Cour d' Appel de Dijon* verurteilte ihn daher strafrechtlich wegen Fälschung und im Adhäsionsverfahren zu einer Schadensersatzzahlung an *Renault* in Höhe von 100.000 FFr. Die Beklagten wandten gegen den Antrag auf Vollstreckbarerklärung des Urteils in Italien ein, dass nach italienischem Recht die Ersatzteile für Kraftfahrzeuge nicht geschützt würden und der Nachbau dieser Teile insofern auch eine freie wettbewerbliche Tätigkeit sei. Ferner führten sie an, dass die Firma *Renault* durch die Berufung auf das französische Schutzrecht ihre marktbeherrschende Stellung bei der Lieferung von Ersatzteilen für die eigenen Fahrzeuge ausnutze. Durch den dadurch bedingten Verstoß gegen Art. 82 EGV dürfe auch der zivilrechtliche Teil des französischen Urteils daher nicht in Italien vollstreckt werden. Das italienische Gericht setzte das Verfahren aus und legte dem EuGH drei Fra-

160 *Thoma*, S. 149.

161 EuGH, Urteil vom 11.5.2000, Rs. C-38/98, *Renault/Maxicar*, Slg. 2000 I-2973.

gen zur Vorabentscheidung vor. Diese Fragen hatten die Auslegung von Art. 27 Abs. 1 EuGVÜ im Lichte der Artt. 30, 36 und 86 EGV (a.F.) zum Gegenstand, wobei die dritte Frage, welche vom Gerichtshof als erste beantwortet wurde und deren Beantwortung die ersten beiden Fragen hinfällig werden ließ,[162] die Auslegung des ordre public-Vorbehalts hinsichtlich der Frage, ob der Begriff des ordre public die Wettbewerbs – und Warenverkehrsfreiheit umfasst, betraf. Dabei ging es im Kern darum, ob der Inhaber eines Schutzrechts oder geistigen Eigentums dazu berechtigt ist, sowohl die Herstellung als auch den Verkauf und den Export von Karosserieteilen für Kraftfahrzeuge zum Weiterverkauf in andere Mitgliedsstaaten zu untersagen.[163]

b) Entscheidung des EuGH

Der Gerichtshof entschied auf die Vorlage des italienischen Gerichts, dass im Grundsatz jeder Mitgliedsstaat im Verfahren der Vollstreckung selbst die Anforderungen festlegen könne, die sich nach seinen innerstaatlichen Anschauungen als Teil des nationalen ordre public darstellen und daher die Voraussetzungen für die Vollstreckung eines ausländischen Urteils bilden.[164] Zu beachten sei jedoch, dass Art. 27 Nr. 1 EuGVÜ (jetzt Art. 34 Nr. 1 EuGVVO) ein Hindernis für eines der grundlegenden Ziele des Übereinkommens darstelle und daher eng auszulegen sei.[165] In diesem Zusammenhang sei es Sache des EuGH, die Grenzen zu bestimmen, innerhalb derer sich das Gericht des Vollstreckungsstaats auf seinen nationalen ordre public berufen kann.[166] Nur eine offensichtliche Verletzung einer in der Rechtsordnung des Vollstreckungsstaates als wesentlich wahrgenommenen Rechtsnorm könne einen Verstoß gegen Art. 27 Nr. 1 EuGVÜ begründen.[167] Auch dürfe das Gericht des Vollstreckungsstaates die Anerkennung einer Entscheidung nicht deshalb verweigern, weil es der Auffassung ist, dass in der Entscheidung nationales oder Gemeinschaftsrecht falsch angewendet wurde.[168] In einem solchen Falle sei vielmehr davon auszugehen, dass das Rechtsbehelfsverfahren des Mitgliedsstaates in Kombination mit der Möglichkeit der Vorlage zur Vorabentscheidung den Bürgern eine ausreichende Garantie biete.[169] Der angebliche Verstoß des französischen Gerichts gegen Art. 82 EGV stelle indes keinen solchen offensichtlichen Verstoß gegen wesentliche Grundsätze dar, so

162 EuGH, Urteil vom 11.5.2000, Rs. C-38/98, *Renault/Maxicar,* Slg. 2000 I-2973, Rn. 16.
163 Vgl. *Thoma,* S. 164.
164 EuGH, Urteil vom 11.5.2000, Rs. C-38/98, *Renault/Maxicar,* Slg. 2000 I-2973, Rn. 27.
165 EuGH, Urteil vom 11.5.2000, Rs. C-38/98, *Renault/Maxicar,* Slg. 2000 I-2973, Rn. 26.
166 EuGH, Urteil vom 11.5.2000, Rs. C-38/98, *Renault/Maxicar,* Slg. 2000 I-2973, Rn. 28.
167 EuGH, Urteil vom 11.5.2000, Rs. C-38/98, *Renault/Maxicar,* Slg. 2000 I-2973, Rn. 30.
168 EuGH, Urteil vom 11.5.2000, Rs. C-38/98, *Renault/Maxicar,* Slg. 2000 I-2973, Rn. 33.
169 EuGH, Urteil vom 11.5.2000, Rs. C-38/98, *Renault/Maxicar,* Slg. 2000 I-2973, Rn. 33.

dass Italien als Vollstreckungsland die Vollstreckung des Urteils nicht aus diesem Grunde verweigern dürfe.[170] Die Entscheidung des EuGH hatte folglich zum Ergebnis, dass kein Verstoß gegen den ordre public vorlag.

c) Bedeutung für den europäischen ordre public

Die Entscheidung des EuGH in der Sache *Renault/Maxicar* hatte – anders als die Entscheidung des Gerichtshof in der Sache *Krombach* – nicht die fundamentalen Verfahrensgarantien zum Gegenstand, sondern vielmehr den Inhalt des materiellrechtlichen ordre public im Internationalen Privat – und Verfahrensrecht, speziell im Hinblick auf das nationale italienische Recht.[171] Wie auch in der Rechtssache *Eco Swiss*[172] erlangt die Entscheidung des Gerichtshofs in *Renault* dabei insbesondere Bedeutung im Hinblick auf die ausdrückliche Positionierung des Unionsrechts, welches wesentliche Werte zu denen der nationalen Vorbehaltsklauseln beiträgt und diese auf diese Weise ausgestaltet und weiter formt.[173] In diesem Zusammenhang kommt nach den Ausführungen des EuGH ein Verstoß gegen Unionsrecht einem Verstoß gegen wesentliche Grundsätze der nationalen Rechtsordnung gleich, da die Harmonisierung der einzelnen mitgliedsstaatlichen Rechtsordnungen durch das Unionsrecht eine Anwendung und Einhaltung seiner Bestimmungen durch die Mitgliedsstaaten voraussetzt.[174] Damit macht der Gerichtshof deutlich, dass auch im traditionell nationalen ordre public – aus Gründen des Vorrangs des EU-Rechts – immer Unionsrecht enthalten ist.[175] Der EuGH folgt jedoch auch in der Entscheidung *Renault* seinem in *Krombach* entwickelten Gedankengang, indem das Ziel der Freizügigkeit der Entscheidungen zwar wieder bestätigt wird, aber gerade aus diesem Grund auch eine enge Auslegungsmethodik der Vorbehaltsklausel zur Sicherung der Ziele des EuGVÜ gefordert wird.[176] Auch weist der EuGH – wie schon in *Krombach* – darauf hin, dass bloße Interpretationsschwächen nationaler Normen, aber eben auch solcher des Unionsrechts, nicht ausreichen, um einen ordre public Verstoß zu begründen.[177]

---

170 EuGH, Urteil vom 11.5.2000, Rs. C-38/98, *Renault/Maxicar,* Slg. 2000 I-2973, Rn. 34.

171 Vgl. *Jayme/Kohler,* IPRax 2000, 460; so auch: *Thoma*, S. 169.

172 EuGH, Urteil vom 1.6.1999, Rs. C-126/97, *Eco Swiss,* Slg. 1999, I-3055.

173 Zum Vorrang des damaligen Gemeinschaftsrechts vgl. EuGH, Urteil vom 15.7.1964, Rs. C-6/64, *Costa/Ennel,* Slg. 1964 I-1251 (1269 ff.).

174 *Jayme/Kohler,* IPRax 2000, 460; *Thoma*, S. 168.

175 Vgl. *Thoma,* S. 168; zum Vorrang des Unionsrechts s. weiter: *Herdegen*, § 10 Rn. 1 ff.; zur beschränkten Kontrollbefugnis des BVerfG: *Koenig/Haratsch/Pechstein,* Rn. 122 ff.

176 EuGH, Urteil vom 11.5.2000, Rs. C-38/98, *Renault/Maxicar,* Slg. 2000 I-2973, Rn. 26; vgl. auch: *Leipold,* FS Stoll, 628.

177 EuGH, Urteil vom 11.5.2000, Rs. C-38/98, *Renault/Maxicar,* Slg. 2000 I-2973, Rn. 28; EuGH, Urteil vom 28.3.2000, Rs. C-7/98, *Krombach/Bamberski,* Slg. 2000 I-1935, Rn. 36

Thoma kritisiert in ihrer Arbeit ferner die Ungenauigkeit in der Formulierung des Gerichtshofs hinsichtlich der Fragestellung, ob im Fall *Renault* das Vorliegen eines ordre public Verstoßes verneint wurde, weil die angebliche Verletzung nicht grundlegend bzw. offensichtlich genug war oder ob die Warenverkehrs – bzw. Wettbewerbsfreiheit für nationale Rechtsordnungen der Mitgliedsstaaten keine grundlegenden Prinzipien darstellten.[178] *Thoma* gelangt jedoch zu dem zustimmungswürdigen Ergebnis, dass die Ungenauigkeit sich nur auf den Wortlaut der Urteilsfindung beziehe, inhaltlich aber deutlich auszumachen sei, dass der EuGH in der Rechtssache *Renault* implizit anerkenne, dass die Grundfreiheiten (in diesem konkreten Fall die Warenverkehrs – bzw. Wettbewerbsfreiheit) einen Teil des nationalen italienischen ordre public bilden.[179] Insofern ist aus der Verneinung des Verstoßes gegen den ordre public nicht darauf zu schließen, dass die Grundfreiheiten nicht als grundlegende Wertevorstellung des nationalen Rechts wahrgenommen werden. Diese Erkenntnis lässt sich selbstverständlich auch auf die nationalen Vorbehaltsklauseln der anderen Mitgliedstaaten der Union übertragen.

3. Der Fall Eco Swiss China Time Ltd. v. Benetton International NV[180]

Anders als in den Entscheidungen *Krombach* und *Renault* hatte die Entscheidung des EuGH in *Eco Swiss* die Inhaltsbestimmung des nationalen schiedsrechtlichen ordre public auf Gemeinschaftsebene zum Gegenstand. In dieser Entscheidung wird folglich zum europäischen verfahrensrechtlichen ordre public in der besonderen Verfahrensart des Schiedsrechts Stellung genommen, weshalb die Darstellung des Falles für die folgende Untersuchung wichtig ist, um die etwaigen Besonderheiten der Vorbehaltsklausel im Hinblick auf das Internationale Schiedsrecht herausarbeiten zu können.

a) Das Internationale Schiedsrecht

Um die Besonderheiten der Entscheidung des Gerichtshofs in *Eco Swiss* besser herausstellen zu können, empfiehlt sich zunächst eine kurze Auseinandersetzung mit dem Verfahren des Internationalen Schiedsrechts im Allgemeinen, um anschließend auf die Besonderheiten des ordre public innerhalb dieser Verfahrensart eingehen zu können.

Das Schiedsrecht ist eine private Form der Gerichtsbarkeit, welche echte streitentscheidende Funktionen innehat und als solche in der deutschen ZPO in den

178 *Thoma*, S. 177.

179 *Thoma*, S. 179.

180 EuGH, Urteil vom 1.6.1999, Rs. C-126/97, *Eco Swiss*, Slg. 1999, I-3055.

§§ 1025 ff. ZPO geregelt ist. So können die Parteien eines Schiedsverfahrens auf den von der Verfassung garantierten gesetzlichen Richter verzichten (Art. 101 GG) und zur Entscheidung für bestimmte Streitigkeiten die Zuständigkeit eines Schiedsgerichts anstelle eines staatlichen Gerichts vereinbaren.[181] Gegenüber einem staatlichen Verfahren bietet die Schiedsgerichtsbarkeit große Vorteile, welche vor allem bei grenzüberstreitenden Handelskonflikten offenbar werden: Im internationalen Wirtschaftsverkehr wird es in der Regel vermieden, Streitigkeiten in einem Heimatland von beteiligten Parteien klären zu lassen; die Parteien sind bemüht, keiner Partei das „Heimspiel"-Privileg zukommen zu lassen. Das Schiedsverfahren hat den Vorteil, dass eine freie Orts – und Sprachwahl möglich ist; zudem kann das Verfahren frei gestaltet werden und auch materiell erhalten die Parteien durch die Wahl eines Schiedsverfahrens einen großen Entscheidungsfreiraum. Weiterhin haben die Parteien die Möglichkeit, einen Schiedsrichter aus einem neutralen Drittland zu wählen, um so die Unabhängigkeit im Verfahren sicherzustellen. Das Schiedsgericht kennt insofern keine *lex fori*. Daher müssen die Schiedsrichter für den Fall, dass die Parteien kein Recht gewählt haben, das anwendbare Recht nach eigenem Ermessen bestimmen. Auch wenn das Schiedsrecht der staatlichen Gerichtsbarkeit gleichgestellt ist, besteht dennoch die Notwendigkeit der staatlichen Anerkennung bzw. Vollstreckbarerklärung, vgl. §§ 1060 f. ZPO.[182]

Die internationale Schiedsgerichtsbarkeit ist sehr offen für transnationale Konzepte.[183] Hierunter sind z.B. die Regelungen der ICC (international chamber of commerce) oder die UNIDROIT Principles, aber auch die Regeln der *lex mercatoria* zu verstehen. Insgesamt kommt den in diesem Bereich tätigen international ausgerichteten Institutionen eine besondere Bedeutung zu: Unter den zahlreichen Vereinigungen sind die ICC mit Sitz in Paris sowie die AAA (American Arbitration Association) mit Sitz in New York hervorzuheben: Beide Einrichtungen sind Schiedsinstitutionen, nicht aber Schiedsgerichte und übernehmen verwaltende und organisatorische Funktionen.[184]

(1) Der Anwendungsbereich der EuGVVO

Das Internationale Schiedsrecht ist vom Anwendungsbereich der EuGVVO nach Art. 1 Abs. 2 lit. d EuGVVO, wie zuletzt in den Entscheidungen *West Tankers*[185]

---

181 *Schütze*, Rn. 6.

182 Vgl. zum Ganzen: MüKo-ZPO/*Münch*, Vor § 1025 Rn. 34; *Raeschke-Kessler*, FS Schlosser 2005, 714 f.; *Schütze*, SchiedsVZ 2007, S. 122.

183 Vgl. *Schäfer*, JURA 2004, 155.

184 MüKo-ZPO/*Münch*, Vor § 1025 Rn. 85 ff.

185 EuGH, Urteil v. 10.2.2009, Rs. C-185/07, *Allianz/West Tankers*, Slg. 2009 I-663=NJW 2009, 1655.

und *Wadi Sudr*[186] aufgezeigt wurde, grundsätzlich ausgenommen.[187] Ursachen für den Ausschluss der internationalen Schiedsgerichtsbarkeit aus dem Anwendungsbereich der EuGVVO sind zweierlei: Zum einen die Tatsache, dass es schlichtweg kein Regelungsbedürfnis für eine Einbeziehung der Schiedsklausel in den Anwendungsbereich der Verordnung gab, zum anderen die Befürchtung, dass es zu schwierigen Überschneidungen mit dem *New Yorker Übereinkommen vom 10. Juni 1958 über die Anerkennung und Vollstreckung ausländischer Schiedssprüche* (UNÜ)[188] kommen würde.[189] Der EuGH wies jedoch ausdrücklich daraufhin, dass auch Verfahren, die grundsätzlich nicht in den Anwendungsbereich der EuGVVO einbezogen sind, Auswirkungen haben könnten, welche die EuGVVO in ihrer praktischen Wirksamkeit (*effet utile)* beeinträchtigen könnten und welche im Übrigen gegen den Grundsatz des gegenseitigen Vertrauens verstoßen würde.[190] Die Entscheidung des EuGH in der Sache *West Tankers* stellt klar, dass eine gerichtliche Entscheidung auch dann in den sachlichen Anwendungsbereich der EuGVVO fällt, wenn die Zuständigkeit des Gerichtes, von der Wirksamkeit oder der Reichweite einer zwischen den Parteien geschlossenen Schiedsvereinbarung abhängt.[191] Die dadurch entstehenden Überschneidungen in den Anwendungsbereichen von EuGVVO und UNÜ sind für die Thematik der Abschaffung des ordre public im Verfahrensrecht bedeutend, was im Vierten Teil der Arbeit aufzuzeigen sein wird.[192]

(2) Merkmal der Internationalität im Schiedsrecht

Nach h.A. gibt es ein Internationales Schiedsrecht, bzw. internationale Schiedssprüche im wörtlichen Sinne nicht.[193] Jedes Schiedsverfahren und jeder Schiedsspruch ist nur einer bestimmten Rechtsordnung zugehörig, auch dann, wenn es sich um Sachverhalte mit Auslandsbezug handelt.[194] Um eine Internationalität im

---

186 *The Wadi Sudr* [2009] EWCA Civ 1397.

187 Dazu: *Markus/Giroud,* 28 ASA Bulletin 2/2010, 232; *Steinbrück,* ZEuP 2010, 171; *Balthasar/Richers,* RIW 2009, 351; *Schlosser,* SchiedsVZ 2009, 130.

188 BGBl. 1961 II S. 121; vgl. zum Verhältnis des Internationalen Schiedsrechts zur EuGVVO *Beaumont/Johnston,* (2010) 6 J. Priv.L., 264.

189 *Markus/Giroud,* 28 ASA Bulletin 2/2010, 232 f; zum Ausnahmetatbestand des Art. 1 Abs. 2 lit. d EuGVVO vgl. *Steinbrück,* ZEuP 2010, 172-174.

190 EuGH, Urteil vom 27.4.2004, Rs. C-159/02, *Turner/Grovit,* Slg. 2004 I-3565, Rn. 29 zum *effet utile*, Rn. 25 zum *Grundsatz des gegenseitigen Vertrauens.*

191 EuGH, Urteil vom 10.2.2009, Rs. C-185/07, *Allianz/West Tankers,* Slg. 2009 I-663, Rn. 25 ff.; vgl. auch *Balthasar/Richers,* RIW 2009, 355.

192 S. 189 f. im Zusammenhang mit dem Vorschlag der Kommission zur Neufassung der EuGVVO.

193 *Schwab/Walter,* Kap. 30, Rn. 8.

194 *Münzberg,* S.178; *Schlosser,* Internationale Schiedsgerichtsbarkeit I, Rn. 197 ff; *Schwab/Walter,* Kap. 30, Rn. 8.

wörtlichen Sinne herzustellen, müssten sich die Parteien eines schiedsrechtliche Verfahrens von den jeweiligen nationalen Normen lösen. Dies wäre allerdings nur möglich, wenn es eine supranationale Rechtsordnung sowohl für das materielle als auch für das prozessuale Recht im Schiedsrecht gäbe.[195] Das deutsche Recht folgt in Anlehnung an das UNCITRAL[196]-Modellgesetz dem Territorialitätsprinzip, welches die Verankerung eines Schiedsverfahrens in einer bestimmten nationalen Rechtsordnung fordert.[197] Bejaht wird die Internationalität eines Schiedsverfahrens aus deutscher Sicht, sofern der jeweilige Sachverhalt aufgrund des Streitgegenstandes, der Parteien, der Schiedsrichter, des Schiedsortes oder des Verfahrens an sich ein Fall mit Auslandsberührung ist.[198]

(3) Regelungen des ordre public im Internationalen Schiedsrecht

(a) Überblick

Wie auch im Internationalen Zivilverfahrensrecht kommt dem ordre public bei der Anerkennung und Vollstreckung von Schiedssprüchen Bedeutung zu. Am Maßstab der Klausel werden die anzuerkennenden internationalen Schiedsvereinbarungen sowie Schiedssprüche geprüft. Auch das ausländische bzw. internationale Verfahren kann Gegenstand der ordre public-Kontrolle sein.

§ 1061 Abs. 1 S. 1 ZPO verweist für die Anerkennung und Vollstreckung ausländischer Schiedssprüche deklaratorisch auf das UNÜ.[199] Das Übereinkommen gilt auch im Verhältnis zu Nichtvertragsstaaten und ohne Rücksicht auf das Prinzip der Gegenseitigkeit.[200] Neben dem UNÜ gibt es im Internationalen Schiedsrecht zahlreiche bi – und multilaterale Verträge. Die Regelungen der bi – und multilateralen Übereinkommen bleiben von der Geltung des UNÜ unberührt, vgl. § 1061 Abs. 1 S. 2 ZPO. Dies ist durch ihren völkerrechtlichen Geltungsvorrang zu erklären, welcher durch einfaches Recht – wie das UNÜ – nicht beseitigt werden kann. Insofern kann das deutsche Gericht auf anerkennungsfreundlichere Überein – oder Abkommen sowie nationales Recht *in toto* zurückgreifen, auch ohne dass sich die Parteien darauf berufen müssen.[201] Allerdings sind die meisten dieser bi – und multilateralen Vertäge in der Praxis relativ bedeutungslos geworden.[202]

195 Vgl. *Schwab/Walter,* Kap. 41, Rn. 21.

196 Zum Hintergrund der UNCITRAL s. *Hollander/Graham,* in: Pannen, Teil 4 Rn. 2.

197 Zöller/*Geimer,* § 1061 Rn. 11; vgl. zu den Einzelheiten des Modellgesetzes *Alvarez de Pfeifle,* S. 33 ff; zum *Territorialitätsprinzip* s. *Horn,* SchiedsVZ 2008, 212.

198 *Schlosser,* Schiedsgerichtsbarkeit, S. 17, Rn. 37; *Barber,* S. 10; *Weise,* S. 34.

199 BGBl. 1961 II S. 121; vgl. zum Verhältnis des Internationalen Schiedsrechts zur EuGVVO *Beaumont/Johnston,* (2010) 6 J. Priv.L., 264.

200 MüKo-ZPO/*Münch,* § 1061 Rn. 4.

201 BGH v. 23.2.2006, WM 2006, 1460.

202 Vgl. zum Ganzen nur: MüKo-ZPO/*Münch,* § 1061 Rn. 9.

Art. V Abs. 2 lit. b UNÜ beinhaltet einen ordre public-Vorbehalt, welcher dem des § 1059 Abs. 2 Nr. 2 lit. b ZPO entspricht.[203] Art. V Abs. 2 lit. b UNÜ unterscheidet sich von der Formulierung des autonomen ordre public in § 1059 Abs. Nr. 2 lit. b ZPO insofern, als dass für eine Überprüfung des Vorbehalts stärker auf das Entscheidungsergebnis abgestellt wird.[204] Nach Art. V Abs. 2 lit. b UNÜ kann die Anerkennung bzw. Vollstreckung eines Schiedsspruchs verweigert werden, wenn dieser als solcher gegen die öffentliche Ordnung des Anerkennungsstaates widerspricht. Der ordre public greift ebenso wie im Internationalen Zivilverfahrensrecht ein, sofern Gerechtigkeitsvorstellungen oder bedeutsame politische Interessen Deutschlands der Anerkennung eines auf einer anderen Rechtsordnung basierenden Schiedsspruchs entgegenstehen.[205] Entscheidend ist dabei der in Deutschland geltende Mindeststandart der Verfahrensgerechtigkeit,[206] Grundrechte sind miteinbezogen.[207] Zu berücksichtigen sind nur solche Normen, welche die Grundlagen des staatlichen oder wirtschaftlichen Lebens berühren und aufgrund bestimmter staats – oder wirtschaftspolitischer Anschauungen oder elementarer Gerechtigkeitsvorstellungen erlassen worden sind.[208]

So ist die bloße Verkennung von Formvorschriften (z.B. § 313 BGB, § 15 Abs. 3 GmbHG) nicht ausreichend, um einen ausländischen Schiedsspruch aufzuheben. Wie im Internationalen Zivilverfahrensrecht kommt es darauf an, ob das Ergebnis der Anerkennung des Schiedsspruchs gegen den ordre public verstößt und nicht, ob Normen falsch angewendet wurden.[209]

Art. V Abs. 2 lit. b UNÜ ist von Amts wegen zu prüfen und nicht präkludierbar.[210] Das Merkmal der Offensichtlichkeit des Verstoßes wird im Schiedsrecht zwar nicht gefordert, dennoch darf die Anerkennung bzw. Vollstreckung eines Schiedsspruchs nur versagt werden, wenn festgestellt werden kann, dass ein Verstoß gegen den ordre public tatsächlich vorliegt. Die Beweislast dafür trägt der Vollstreckungsgegner.[211] Entscheidend für die Beurteilung der Vorbehaltsklausel „ist der Zeitpunkt der letzten mündlichen Verhandlung im Aufhebungsverfahren."[212] Veränderungen der Normen oder Anschauungen, welche bis dahin eingetreten sind, sind noch heranzuziehen.[213]

---

203 *Schwab/Walter,* Kap. 30, Rn. 20.
204 Stein/Jonas/ZPO/*Schlosser,* Anhang § 1061, Rn. 134.
205 Stein/Jonas/ZPO/*Schlosser,* Anhang § 1061, Rn. 135.
206 *Geimer,* IZPR, Rn. 3910.
207 MüKo-ZPO/*Münch,* § 1059 Rn. 20.
208 BGHZ 27, 249, 254; *Schwab/*Walter, Kap. 24, Rn. 37 m.w.N.
209 BGH, Urteil vom 4.7.1969, NJW 1969, 1760; zu § 15 Abs. 3 GmbHG *Loritz,* DNotZ 2000, 90 ff.
210 Musielak/*Voit,* ZPO, § 1061 Rn. 23.
211 MüKo-ZPO/*Gottwald,* Art. V UNÜ Rn. 47.
212 BGHZ 30, 89, 97; 52, 184, 192; 138, 331, 335.
213 MüKo-ZPO/*Münch,* § 1059 Rn. 20.

(b) Maßstab der Überprüfung des ordre public im Internationalen Schiedsrecht

Der Maßstab für den ordre public im Schiedsrecht ist auch in Deutschland primär der *lex fori* zu entnehmen.[214] Der Ausgangspunkt von den Maßstäben der *lex fori* bedeutet jedoch nicht, dass der ordre public internationaler Rechtsbeziehungen unabhängig von besonderen Regelungen des internationalen Handels zu sehen ist. Im Internationalen Schiedsrecht kann einem Schiedsspruch die Anerkennung verweigert werden, der, wenn er nur über einen inländischen Sachverhalt entscheiden sollte, anerkannt werden müsste, falls der Inhalt der Entscheidung oder der Hergang des vorangegangenen Verfahrens im „groben Widerspruch" zu den Bedürfnissen des internationalen Wirtschaftsverkehrs stehen.[215]

Wie auch im Internationalen Zivilverfahrensrecht, ist es daher strittig, welcher Maßstab auf den ordre public im Internationalen Schiedsverfahren anzuwenden ist.[216] Auch hier gibt es Stimmen[217], welche eine Unterscheidung von *interne* und *international* mit der Begründung für sachfremd halten, dass eine solche Differenzierung dem Wortlaut der ZPO keineswegs zu entnehmen sei. Weiterhin sei die Unterscheidung inhaltlich nicht haltbar, da auch ausländische Schiedssprüche nach inländischem materiellem Recht und inländische Schiedssprüche im Gegenzug nach ausländischem Recht gefällt werden könnten.[218] Befürworter der Unterscheidung zwischen einem ordre public *interne* und einem ordre public *international*, begründen die Anwendbarkeit des internationalen und damit anerkennungsfreundlicheren ordre public für das Internationale Schiedsrecht mit dem Bestreben, die Funktionalität und Effektivität der internationalen Schiedsgerichtsbarkeit zu gewährleisten. Ausländische Schiedssprüche sollen nur dann einer inländischen ordre public-Prüfung unterworfen werden, wenn eine Gefahr für wesentliche Grundwerte des inländischen Rechtssystems zu befürchten ist.[219]

Im Internationalen Schiedsrecht erscheint – wie auch im Internationalen Zivilverfahrensrecht – eine Differenzierung sinnvoll. Gerade im Internationalen Schiedsrecht sind ausländische Schiedssprüche am Maßstab eines ordre public *international* zu messen, da eine Berührung mit der deutschen Rechtsordnung häufig allein durch den Willen der Parteien bedingt ist, Deutschland als neutralen Sitz des Schiedsverfahrens zu wählen.[220] Insofern haben die deutschen Gerich-

214 BTDrucks 13/5274, S. 59.

215 Stein/Jonas/ZPO/*Schlosser,* Anhang § 1061, Rn. 136, 145 ff.

216 Vgl. zum IZVR S. 12 f.

217 *Sandrock,* FS Sonnenberger 2004, 627; *Kornblum,* NJW 1987, 1106.

218 *Sandrock,* FS Sonnenberger 2004, 630.

219 *Weise,* S. 166; *Raeschke-Kessler/Berger,* Rn. 1002; *Berger,* International EconomicArbitration, S. 632, 672.

220 Vgl. *Raeschke-Kessler/Berger,* Rn. 1002.

te nur ein sehr begrenztes Interesse an einer eingehenden Überprüfung.[221] Aber auch die Parteien sind weniger schutzwürdig, da sie das anzuwendende Recht selbst gewählt haben. Dies spricht insofern für einen großzügigeren Maßstab bei der Anerkennung ausländischer Schiedssprüche, da keine Partei wider Willen mit ausländischen Rechtsgrundsätzen konfrontiert wird. Für eine anerkennungsfreundliche Handhabung der Klausel im Rahmen des Art. V Abs. 2 lit. b UNÜ spricht desweiteren der Grundsatz größtmöglicher Finalität im Schiedsrecht, wonach die Kontrolle des Schiedsspruchs durch die deutschen Gerichte begrenzt sein muss. In der Praxis wird die Rüge des ordre public nämlich häufig dazu gebraucht, den Gerichten die sonst nicht zugelassene uneingeschränkte Prüfungskompetenz (Verbot der *révision au fond*) zukommen zu lassen,[222] um einen nicht vorteilhaften Schiedsspruch zu überprüfen und den Grundsatz der Finalität des Schiedsspruches zu umgehen. Daher führen nur Verstöße gegen den ordre public *international* dazu, einem ausländischen Schiedsspruch die Anerkennung zu verweigern.[223]

(c) Besonderheiten gegenüber dem ordre public im Internationalen Zivilverfahrensrecht

Beide Vorbehalte überprüfen, ob die Art und Weise wie ein sich außerhalb der deutschen staatlichen Gewalt befindender Spruchkörper Interessenskonflikte gelöst hat, mit den unerschütterlichen Grundsätzen des deutschen Rechts zu vereinbaren ist. Bedingt durch die beschriebenen Besonderheiten im schiedsgerichtlichen Verfahren gibt es dennoch Abweichungen, welche im Folgenden dargestellt werden.

(d) Differenzierung zwischen prozessualem/ materiellem ordre public?

Zunächst ist fraglich, ob wie im Internationalen Zivilverfahrensrecht zwischen dem materiellrechtlichen und dem verfahrensrechtlichen ordre public zu unterscheiden ist.[224] Nach *Berger*[225] sprechen zwei Argumente gegen die Ausweitung des ordre public auf prozessuale Verstöße. Zum einen gäbe es im Schiedsrecht letztlich nur zwei Verfahrensprinzipien; der Grundsatz des rechtlichen Gehörs und das Gleichbehandlungsgebot der Parteien. Weiterhin sei es möglich, dass die

---

221 Vgl. *Harbst,* SchiedsVZ 2007, 23; vgl. BGHZ 98, 70f.; BGHZ 110, 104; *Baur,* S. 15 f.; *v. Winterfeld,* NJW 1987, 3059, 3060.

222 Zur *révision au fond* im Schiedsrecht *Berger,* Private Dispute Resolution, S. 682 Rn. 29-14; *Horn,* SchiedsVZ 2008, 216.

223 *Raeschke-Kessler/Berger,* Rn. 1002; *Ostendorf,* SchiedsVZ 2010, 242.

224 Vgl. hierzu die Ausführungen zu § 328 Abs. 1 Nr. 4 ZPO.

225 *Berger,* International Economic Arbitration, 677.

speziellen Aufhebungs – und Anerkennungsversagungsgründe durch eine Ausweitung des ordre public auf prozessuale Verstöße umgangen würden. Diese Gefahr besteht zweifelsohne. Dennoch ist dieser Argumentation zu entgegnen, dass die beiden beschriebenen Verfahrensprinzipien Bestandteile des verfassungsrechtlich verankerten Rechtsstaatsprinzips und als solche ebenso schützenswert sind wie materielle Prinzipien. Gerade die Tatsache, dass es sich hierbei um Prinzipien von Verfassungsrang handelt, lässt es nur schwer erträglich erscheinen, diese im Zusammenhang mit der Anerkennung ausländischer Schiedssprüche grundsätzlich außer Acht zu lassen. Der Befürchtung, die Anerkennung eines verfahrensrechtlichen ordre public führe zu einer Umgehung der spezifischen Aufhebungs – bzw. Anerkennungsversagungsgründe der § 1059 ZPO und Art. V UNÜ, ließe sich mit der Annahme eines Subsidiaritätsverhältnisses zwischen verfahrensrechtlichem ordre puplic und gesetzlichen Regelungen begegnen. Demnach würde Verfahrensintegrität in erster Linie durch die spezialgesetzlichen Regelungen der § 1059 ZPO und Art. V UNÜ gewährleistet, subsidiär käme jedoch der verfahrensrechtliche ordre public zur Anwendung. Die hier vorgeschlagene Vorgehensweise wäre im Übrigen bereits deshalb keine unzulässige Umgehung des gesetzgeberischen Willens, da es sich – wie bereits erörtert – um Prinzipien von Verfassungsrang handelt, in deren Lichte das einfache Recht ohnehin auszulegen ist.[226]

(e) Berücksichtigung hypothetischer Anerkennungsforen

Problematisch ist im Hinblick auf die Berücksichtigung des ordre public weiterhin, dass – sofern kein Schiedsort vereinbart wurde – während eines internationalen Schiedsverfahrens nie mit Sicherheit festgestellt werden kann, wo der zu erlassene Schiedsspruch letztendlich vollstreckt werden soll. Das Forum für die Anerkennung und Vollstreckung internationaler Schiedssprüche richtet sich dann ausschließlich nach der Entscheidung des Gläubigers des Verfahrens und ist folglich in der Regel davon abhängig, wo dieser seinen Sitz bzw. sein Vermögen hat. Um nicht die Anerkennung und Vollstreckbarkeit des Schiedsspruchs aufgrund eines etwaigen ordre public-Verstoßes zu gefährden, muss der Schiedsrichter deshalb schon während des laufenden Verfahrens den ordre public aller hypothetischen Vollstreckungs – bzw. Anerkennungsforen beachten.[227]

226 Stein/Jonas/ZPO/*Schlosser*, Anhang § 1061, Rn. 137.
227 Vgl. dazu: *Schroeder*, S. 180.

(f) Vereinbarkeit von auf lex mercatoria beruhenden Schiedssprüchen mit dem ordre public

Aufgrund der wachsenden Bedeutung des transnationalen Rechts[228] im internationalen Wirtschaftsverkehr drängt sich die Frage auf, inwiefern auf *lex mercatoria* beruhende Schiedssprüche mit dem ordre public zu vereinbaren sind. Maßgeblich hierfür ist, wie die *lex mercatoria* zu qualifizieren ist.

Die Lehre von der *lex mercatoria* besagt, dass die *societas mercatorum* selbst regelsetzend tätig werden kann.[229] Hinsichtlich ihrer dogmatischen Struktur und Qualifikation herrscht weitgehend Uneinigkeit. Vertreten wird in Literatur und Wirtschaft alles von AGB im weitesten Sinne, über den Handelsbrauch bis zum Gewohnheitsrecht und der völligen Verleugnung einer Existenz.[230] Nicht streitig ist dagegen die Tatsache, dass im Rahmen der Internationalisierung des Wirtschaftsrechts und damit auch verbunden mit der des Schiedsrechts, ein internationales Praxisrecht entstanden ist, welches Teil bzw. Quelle der *lex mercatoria* ist.[231] In diesem Zusammenhang ist auf die Rechtsquellenproblematik der *lex mercatoria* hinzuweisen.[232] So werden hinsichtlich der Normmaterien, aus denen sich die *lex mercatoria* zusammensetzt, zwei Grundrichtungen vertreten:[233] Nach der weiten Sichtweise[234] wird unter der *lex mercatoria* die Gesamtheit eines einheitlichen materiellen Rechts verstanden, welches der effektiven Regelung der internationalen Wirtschaftsbeziehungen dient.[235] Die begriffliche Bestimmung der *lex mercatoria* wird bei dieser Ansicht ausgehend von dem Regelungsgegenstand bestimmt, ohne Rücksichtnahme auf die Art ihrer Quellen.[236] Die engere Sichtweise[237] der *lex mercatoria* differenziert im Hinblick auf die nationalen Rechtsordnungen und Rechtssätze und legt prägend das Verständnis eines *„he-*

228 Zur Bildung von transnationalem Recht s. *Raeschke-Kessler,* 26 ASA Bulletin 1/2008, 3.

229 Vgl. *Berger,* JZ 1999, 371; zur Entwicklung vgl. *ders.,* The Creeping Codification of the New Lex Mercatoria, S. 1-6; zur Terminologie S. 61 f.

230 Zum Meinungsstand s. MüKo/*Martiny,* Art. 3 Rom I-VO Rn. 36 ff; *Zumbansen,* RabelsZ 67 (2003), 637 ff.; *Stein,* Lex mercatoria; *Mertens,* FS-Odersky, S. 857 ff.; *Berger,* Formalisierte oder „schleichende" Kodifizierung des transnationalen Wirtschaftsrechts.

231 Vgl. *Berger,* Formalisierte oder „schleichende", S. 34.; vgl. *Ritlewski,* SchiedsVZ 2007, 132.

232 *Schütze,* IZPR in der ZPO, § 293 Rn. 10; *Mertens,* FS-Odersky, S. 859; *Ritlewski,* SchiedsVZ 2007, 132; grundlegend *Stein,* Lex Mercatoria, S. 184 ff.; *Berger,* Formalisierte oder „schleichende", S. 85 ff.

233 *Stein,* Lex Mercatoria, S. 184, 200 f.

234 *Schmitthoff,* FS Dölle, 257 ff.; *ders.,* RabelsZ 28 (1964), 47 ff.; *Dasser,* S. 43 ff.; *Weise,* S. 85 ff.; vgl. m.w.N. *Stein,* Lex Mercatoria, S. 184.

235 *Stein,* Lex Mercatoria, S. 184.

236 *Stein,* Lex Mercatoria, S. 185.

237 *Stein,* Lex mercatoria, S. 187 ff.; *Berger,* Formalisierte oder „schleichende", S. 85 ff.

ranwachsenden transnationalen Handelsgewohnheitsrechts“[238] zur Definition zu Grunde. Das nach dieser Auffassung zur *lex mercatoria* zu zählende Recht, beinhaltet nur solche Normen, welche sich nicht einem bestimmten staatlichen Recht zuordnen lassen, sondern vielmehr einem *„selbstgeschaffenen Spontanrecht des internationalen Wirtschaftsrechts“* entstammen.[239]

Der Berührungspunkt von Staat und *lex mercatoria* ist das Internationale Schiedsrecht, genauer gesagt, die Anerkennung und Vollstreckbarkeit eines Schiedsspruches sowie dessen Aufhebbarkeit nach der jeweiligen inländischen Rechtsordnung.[240] Doch auch die materiellen Vorschriften dieses Praxisrechts werden nicht a-national angewandt, vielmehr verbindet sie eine „Nabelschnur (…), und sei sie noch so dünn und lang“[241] mit dem nationalen Recht des jeweiligen Staates.[242] Letztlich ist die *lex mercatoria* zumindest in einem Punkt der staatlichen Rechtsordnung unterzuordnen;[243] einen vollstreckbaren Titel kann sie nämlich nicht ermöglichen, dazu bedarf sie der Vollstreckungsorgane des jeweiligen Staates.[244]

Fraglich ist, ob ein Schiedsspruch auf der Grundlage der *lex mercatoria* gegen den ordre public verstößt. Zunächst ist zwischen zwei Konstellationen zu unterscheiden: In der ersten haben die Parteien die *lex mercatoria* als Vertragsstatut vereinbart.[245] Geht man davon aus, dass die *lex mercatoria* im Rahmen des internationalen Wirtschaftsrechts als Ausdruck der Parteiautonomie als Vertragsstatut gewählt werden kann, so verstößt ein ausländischer Schiedsspruch, der auf *lex* mercatoria beruht, konsequenterweise auch nicht gegen den deutschen ordre public (arg. Art. V Abs. 1 lit. d UNÜ).[246] In der zweiten Konstellation besteht keine Vereinbarung hinsichtlich der Anwendbarkeit der *lex mercatoria.*[247] Wenn der Schiedsrichter ohne eine Vereinbarung der Parteien die *lex mercatoria* anwendet, löst er sich willkürlich vom staatlichen Recht und entzieht sich damit jeglichen Bewertungsmaßstäben.[248] Hierdurch weitet er seinen Entscheidungsspielraum

238 *Stein,* Lex Mercatoria, S. 185.

239 *Stein,* Lex Mercatoria, S. 185.

240 *Ritlewski,* SchiedsVZ 2007, 133.

241 *Mertens,* FS Odersky 1996, 869.

242 *Ritlewski,* SchiedsVZ 2007, 133.

243 *Schwab/Walter,* Kap. 41, Rn. 21; *v. Bar/Mankowski,* IPR I, § 2 Rn. 75 ff; *Schlosser,* Rn. 197; ferner: *Spickhoff,* RabelsZ 56 (1992), 125 ff.

244 *Ritlewski,* SchiedsVZ 2007, 133.

245 Es ist äußerst problematisch, ob dies möglich ist; vgl. zum Streitstand MüKo/*Martiny,* Art. 3 Rom I-VO, Rn. 36 ff. m.w.N.; zu der niederländischen Regelung, welche als erste die Wahl der *lex mercatoria* als Schiedsstatut gestattete: *Berger,* International Economic Arbitration, 556 f.

246 So auch: *Dasser,* S. 287; *Weise,* S. 167; MüKo-ZPO/*Gottwald,* Art. V UNÜ, Rn. 53; *Mertens,* FS Odersky 1996, S. 869.

247 Vgl. dazu: *Derains,* in: Berger, The Practice of Transnational Law, S. 50.

248 *Spickhoff,* RabelsZ 56 (1992), 136 ff.; auch: *Schwab/Walter,* Kap. 41, Rn. 21.

in einem Maße aus, das nicht mehr als zulässig betrachtet werden kann. Dies widerspricht Grundsätzen des deutschen Rechts derart, dass von einem Verstoß gegen den ordre public ausgegangen werden kann.[249] Das ist damit zu begründen, dass der Schiedsrichter bei diesem *voie directe* seine vertragliche Verpflichtung zu einem anerkennungsfähigen Schiedsspruch verletzen würde.[250] Anerkennung und Vollstreckbarkeit derartiger Schiedssprüche sind somit in Deutschland nicht möglich. [251] In der Praxis ist es daher sinnvoll, eine Ermächtigung der Schiedsrichter hinsichtlich einer Verwendung der *lex mercatoria* in den Schiedsvertrag aufzunehmen und abzusichern, dass der Ort, an dem der Schiedsspruch ergeht, entweder eine Billigkeitsentscheidung zulässt oder aber die *lex mercatoria* als solche anerkennt.[252]

International (Frankreich, England und Österreich)[253] werden auf *lex mercatoria* beruhende Schiedssprüche meist anerkannt.[254] So wurde in der Entscheidung des englischen *Court of Appeal*[255] ein ausschließlich auf die *lex mercatoria* gestützter Schiedsspruch für vollstreckbar erklärt und ein Verstoß gegen den englischen ordre public verneint.

Im Rahmen der Diskussion, ob die *lex mercatoria* zu einer Umgehung von Normen mit ordre public-Gehalt führen würde, da sie im Falle einer Anwendung den Parteien ermögliche, sich zwingenden Normen von sozial – oder wirtschaftspolitischer Relevanz zu entziehen, stellt sich die Frage, ob man durch die fortschreitende Akzeptanz der selbigen nicht sogar im internationalen Wirtschaftsrecht von der Entstehung eines transnationalen ordre public sprechen kann.[256] Dieser soll unter Verzicht auf den ordre public international inhaltlich auf die fundamentalen Grundsätze – wie z.B. die schiedsrichterliche Unparteilichkeit – reduziert werden, welche in allen Rechtsordnungen präsent sind.[257] Durch einen transnationalen ordre public würde ein faktisch denationalisierter Prüfungsmaßstab möglich. Auch ein solcher Vorbehalt würde jedoch Teile des ordre public *international* in sich aufnehmen, da nur so eine flächendeckende Akzeptanz von staatlicher Seite ermöglicht würde.[258]

---

249 *Ritlewski,* SchiedsVZ 2007, 135; *Haas,* S. 97.

250 *Ritlewski,* SchiedsVZ 2007, 135.

251 *Schwab/Walter,* Kap. 41, Rn. 21; MüKo-ZPO/*Gottwald,* Art. V UNÜ, Rn. 24.

252 *Weise,* S. 168.

253 Vgl. *Schwab/Walter,* Kap. 41, FN 144.

254 *Triebel/Petzold,* RIW 1988, 250; *Weise,* S. 173.

255 *Deutsche Schachtbau – und Tiefbaugesellschaft mbH v. Ras Al Khaimah National Oil Co.*[1987] 2 All E.R. 1987, 769 ff.

256 *Berger,* Formalisierte oder „schleichende“, S. 73; einen transnationalen ordre public *als Faktum* voraussetzend *Horn,* SchiedsVZ 2008, 213; vgl. dazu auch *Prechal/Shelkoplyas,* (2004) 5 Europ.Rev.Priv.L., 601.

257 *Wilke,* S. 86, 90; vgl. auch: *Berger,* International Economic Arbitration, S. 535.

258 Vgl. *Berger,* International Economic Arbitration, S. 673.

Konkrete Ansätze für die Ausgestaltung eines transnationalen ordre public enthält die *ILA Resolution on Public Policy as a Bar to Enforcement of International Arbitral Awards*[259] von April 2002.[260] Die Resolution stellt den Abschluss einer Studie zum Inhalt und der Anwendung des ordre public auf internationale Schiedssprüche dar. Inwieweit eine Umsetzung auf internationaler Ebene erfolgen wird, wird sich jedoch erst in der Zukunft zeigen; eine Umsetzung für den Bereich des internationalen Wirtschaftsrechts wäre zumindest wünschenswert.[261] Die Verwendung vereinheitlichter ordre public-Inhalte würde zu einem größeren Maß an Rechtssicherheit und auch zu einer Vereinfachung für die Schiedsrichter sorgen. So müssten diese z.B. keine hypothetischen Anerkennungsforen in ihre Überlegungen mehr einbeziehen.

(g) „Angriffsintensität" des ordre public im Schiedsrecht

Wie oben gesagt,[262] gilt im Internationalen Schiedsrecht der ordre public *international.*[263] Fraglich ist, ob aufgrund der Tatsache, dass ausländische Schiedssprüche leichter als ausländische Urteile anerkannt werden können, darauf zu schließen ist, dass der Vorbehalt des ordre public auch erst später eingreift. Argumentiert wird, dass sich das Internationale Schiedsrecht vor dem Hintergrund internationaler Handelsbeziehungen entwickelt habe und so eine liberalere ordre public-Prüfung als gegenüber Urteilen angezeigt sei.[264] Durch die Unterzeichnung der Schiedsklausel verzichten die Parteien auf einen Teil des Schutzes durch die staatliche Justiz. Diese Unterwerfung geschieht freiwillig und meist aus Gründen der größeren Sachkunde, einem höheren Maß an Diskretion und – zumindest in der Theorie – auch leichterer internationaler Durchsetzung.[265] Dieser Zielsetzung wäre mit einer geringen Eingriffsschwelle des ordre public-Vorbehalts nicht gedient, um nicht gar von einer kontraproduktiven Wirkung der nachträglichen ordre public-Rüge zu sprechen. Eine im Verhältnis zum Internationalen Zivilverfahrensrecht noch anerkennungsfreundlichere Handhabung des ordre public-Vorbehalts würde somit den Interessen der betroffenen Parteien, die sich bewusst einem nicht-staatlichen Regime unterstellt haben, am ehesten gerecht. Dieser Vorgehensweise stehen – wie oben bereits erläutert – auch keine Interessen des Anerkennungsstaates entgegen, da die Wahl des Schiedsortes regelmäßig

259 Abgedruckt in: 19 ArbInt 2 (2003), 213-215.

260 Dazu: *Raeschke-Kessler,* ASA Bulletin 1/2008, 3 ff.

261 Die Frage, ob es transnationales Verfahrensrecht geben kann, bejahend: *Raeschke-Kessler,* ASA Bulletin 1/2008, 16.

262 Vgl. oben S. 34 f.

263 Vgl. *Horn,* SchiedsVZ 2008, 210.

264 *Koch,* S. 187.

265 *Völker,* S. 259.

von dem Willen der Parteien abhängt und der betreffende Staat somit zufällig betroffen ist.[266] Danach kann davon ausgegangen werden, dass die Hürde des ordre public für staatliche Urteile zumindest etwas schwieriger als für ausländische Schiedssprüche zu nehmen ist. Gerade weil das Internationale Schiedsrecht von der unionsrechtlichen Justiz zu unterscheiden ist, findet die Entscheidung des EuGH betreffend der Inhalte eines europäischen schiedsrechtlichen ordre public in der Sache *Eco Swiss*, welche die gerichtliche Nachprüfung eines niederländischen Schiedsspruchs zum Gegenstand hatte, immer noch große Beachtung.

b) Tatbestand

Die Gesellschaft *Benetton* mit Sitz in Amsterdam schloß im Jahre 1986 einen Lizenzvertrag für einen Zeitraum von acht Jahren mit der Firma *Eco Swiss*, welche ihren Sitz in Hongkong hat, sowie der in New York ansässigen *Bulova Watch Company Inc.* Durch diesen Vertrag erhielt *Eco Swiss* das Recht, Armbanduhren und sonstige Uhren mit der Aufschrift „Benetton by Bulova" herzustellen, welche dann durch *Eco Swiss* und *Bulova* verkauft werden konnten. Die Parteien bestimmten, dass sämtliche Rechtsstreitigkeiten oder Auseinandersetzungen durch ein Schiedsgerichtsverfahren nach den Regeln des *Nedelandse Arbitrage Instituut* (Niederländisches Institut für Schiedsgerichtsbarkeit) beizulegen seien und das anzuwendende Recht niederländisches Recht sei. Im Jahre 1991 kündigte *Benetton* den Vertrag einseitig, also drei Jahre vor Ende der ursprünglichen vereinbarten Laufzeit des Vertrags. Die Parteien leiteten aufgrund der vorzeitigen Kündigung ein Schiedsverfahren ein. Nach dem Erlass zweier Schiedssprüche, welche *Benetton* im Ergebnis aufgaben, *Eco Swiss* und *Bulova* Schadensersatz für die erlittenen Schäden, welche sich aufgrund der vorzeitigen Kündigung ergeben hatten, zu zahlen (*Partial Final Award* – PFA), sowie die Kosten der beiden Verfahren zu tragen und die Höhe des Schadensersatzes auf 23 750 000 USD bezifferten (*Final Arbitral Award* – FAA), beantragte *Benetton* am 14.7.1995 bei der *Rechtsbank tes-Gravenhage* die Aufhebung beider Schiedssprüche und die Aussetzung der Vollstreckung des FAA bis zur endgültigen Entscheidung über den Antrag mit der Begründung, dass die Schiedssprüche ordre public-widrig seien, da der Lizenzvertrag nach Art. 85 EGV nichtig sei. Im Schiedsverfahren war jedoch die Möglichkeit eines solchen Verstoßes weder von den Parteien noch vom Schiedsrichter angesprochen worden. Die *Rechtsbank* wies diesen Antrag mit Entscheidung vom 2.10.1996 zurück, worauf Benetton Berufung beim *Gerechtshof Den Haag* einlegte. Außerdem beantragte *Benetton*, die Vollstreckung

266 Zur Frage der Zulässigkeit der Wahl ausländischem Recht auch bei fehlendem Auslandsbezug und ausländischem Schiedsort vgl. *Ostendorf*, SchiedsVZ 2010, 234 ff; allgemein zur *lex arbitri* s. *Horn*, SchiedsVZ 2008, 211.

des FAA auszusetzen und hilfsweise *Eco Swiss* zu einer Sicherheitsleistung zu verpflichten. In dem darauf folgenden Beschluss vom 19.9.1995 gab die *Rechtsbank* jedoch lediglich dem Hilfsantrag statt. Gegen diese Entscheidung wurde von *Benetton* wiederum Berufung eingelegt, was dazu führte, dass der *Gerechtshof* dem Hauptantrag im Wesentlichen statt gab mit der Begründung, dass Art. 81 EGV[267] zur öffentlichen Ordnung im Sinne des Art. 1065 Abs. 1 lit. e niederländischer Zivilprozessordnung gehöre. Weiterhin stellte der *Gerechtshof* fest, dass *Benetton* die Aufhebungsklage gegen den PFA nach Ablauf der gesetzlich vorgesehenen Frist erhoben habe, dies aber eine inhaltliche Prüfung hinsichtlich der Vereinbarkeit des Vertrags mit den europäischen Wettbewerbsgrundsätzen nicht verbiete. Dies ergebe sich daraus, dass der Schiedsspruch, der die Höhe des Schadensersatzes festlege, einer gegen Art. 81 EGV verstoßenden Klausel Wirksamkeit verliehen habe. Der Lizenzvertrag ermöglichte den Parteien eine Marktaufteilung in der Gestalt, dass *Eco Swiss* keine Uhrmacherwaren in Italien und *Bulova* keine entsprechenden Gegenstände in anderen Mitgliedsstaaten der Gemeinschaft verkaufen durfte und war nicht bei der Kommission angemeldet worden. Eco Swiss legte gegen diese Entscheidung Kassationsbeschwerde beim *Hoge Raad* ein, auf welche *Benetton* eine Anschlusskassationsbeschwerde folgen ließ. Im Ergebnis setzte der *Hoge Raad* mit Beschluss vom 21.3.1997 das Verfahren aus und legte dem Gerichtshof fünf Fragen zur Vorabentscheidung vor.[268] Für die Bestimmung des europäischen ordre public im Schiedsrecht sind die Antworten des EuGH auf die zweite Frage maßgeblich. Diese Frage hatte zum Gegenstand, ob ein nationales Gericht, welches mit einer Klage auf Aufhebung eines Schiedsspruchs befasst ist, dieser Klage stattgeben muss, wenn es der Auffassung ist, dass der Schiedsspruch im Widerspruch zu Art. 81 EGV steht, obwohl das Gericht nach seinem nationalen Verfahrensrecht einer solchen Klage nur bei Vorliegen bestimmter, zahlenmäßig beschränkter Gründe stattgeben darf. Zu diesen Gründen zählt der Verstoß gegen den ordre public, wobei für einen solchen nicht ausreichend ist, dass aufgrund des Inhalts oder der Vollstreckung des Schiedsspruchs eine Verbotsbestimmung des nationalen Wettbewerbsrechts unangewendet bleibt.[269]

c) Entscheidung des EuGH

Der EuGH wies daraufhin, dass in einem solchen Fall die ordentlichen Gerichte durchaus Fragen des Gemeinschaftsrechts zu prüfen hätten, insbesondere im Fall

---

267 In der Fassung bis zum 30.9.2009, jetzt Art. 101 AEUV.

268 Für die Formulierungen der Vorabentscheidungsfragen siehe EuGH, Urteil vom 1.6.1999, Rs. C-126/97, *Eco Swiss*, Slg. 1999 I-3055, Rn. 30.

269 Vgl. EuGH, Urteil vom 1.6.1999, Rs. C-126/97, *Eco Swiss,* Slg. 1999 I-3055, Rn. 31.

der Überprüfung eines Schiedsspruchs, welche ihnen obliegt, wenn sie aufgrund eines durch die nationalen Vorschriften gewährten Rechtsbehelfs zuständig geworden sind.[270] In diesem Zusammenhang könnte es auch im Rahmen der Überprüfung von Schiedssprüchen erforderlich sein, den Europäischen Gerichtshof gemäß Art. 234 EGV (a.F.) anzurufen.[271] Hervorzuheben ist auch die Aussage des EuGH hinsichtlich der Gewährleistung der Effizienz des Schiedsverfahrens, der durch einen eingeschränkten Prüfungsmaßstab und der Tatsache, dass Schiedssprüche nur in außergewöhnlichen Fällen nicht anerkannt oder aufgehoben werden können, Folge getragen wird.[272] Ähnlich wie auch schon in der Entscheidung *van Schijndel*[273] stellt der EuGH klar, dass Art. 81 EGV (a.F.), jetzt Art. 101 AEUV, eine grundlegende Bestimmung der Unionsrechtsordnung darstellt, welche als solche Teil des ordre public ist.[274] Abschließend zur zweiten Vorlagefrage antwortete der EuGH, dass ein nationales Gericht einer Klage auf Aufhebung eines Schiedsspruches stattgeben muss, sofern es der Überzeugung ist, dass der Schiedsspruch Art. 81 EGV (a.F.) widerspricht und es „nach seinem nationalen Verfahrensrecht im Fall der Verletzung nationaler Rechtsvorschriften, die der öffentlichen Ordnung zuzurechnen sind, einer Aufhebungsklage stattzugeben hätte."[275] Der EuGH begründete dieses Ergebnis mit dem Hinweis, dass Art. 81 EGV (a.F.) als Vorschrift betrachtet werden kann, die der öffentlichen Ordnung im Sinne des erwähnten Übereinkommens zuzurechnen ist.[276] Generalanwalt *Saggio* hatte in seinen Schlussanträgen – zu einem ähnlichen Ergebnis kommend – vorgeschlagen, eine solche Beschränkung der Aufhebung für die Vorschriften des unionsrechtlichen Wettbewerbsrecht als Verstoß gegen den Grundsatz des effektiven Rechtsschutzes zu werten[277] oder aber alternativ Art. 81 EGV (a.F.) der „öffentlichen Ordnung der Gemeinschaft"[278] zuzuordnen. Weiter stellte der Gerichtshof fest, dass Schiedsrichter, anders als staatliche Gerichte, nicht Fragen zur

---

270 EuGH, Urteil vom 1.6.1999, Rs. C-126/97, *Eco Swiss,* Slg. 1999 I-3055, Rn. 32 mit Verweis auf EuGH, Urteil vom 23.3.1982, Rs. C-102/81, *Nordsee,* Slg. 1982 I-1096, Rn. 14.

271 EuGH, Urteil vom 1.6.1999, Rs. C-126/97, *Eco Swiss,* Slg. 1999 I-3055, Rn. 33.

272 EuGH, Urteil vom 1.6.1999, Rs. C-126/97, *Eco Swiss,* Slg. 1999 I-3055, Rn. 35.

273 EuGH, Urteil vom 14.12.1995, verb. Rs. C-430/93, 431/93, *van Schijndel und van Veen/Stichting Pensioenfonds voor Fysiotherapeuten,* Slg. 1995 I-4705.

274 EuGH, Urteil vom 1.6.1999, Rs. C-126/97, *Eco Swiss,* Slg. 1999 I-3055, Rn. 36-37; vgl. auch *Remien,* FS Kropholler, S. 874; *Horn,* SchiedsVZ 2008, 210, 215.

275 EuGH, Urteil vom 1.6.1999, Rs. C-126/97, *Eco Swiss,* Slg. 1999 I-3055, Rn. 41 – Art. 234 EGV entspricht Art. 267 AEUV.

276 EuGH, Urteil vom 1.6.1999, Rs. C-126/97, *Eco Swiss,* Slg. 1999 I-3055, Rn. 39.

277 Schlussanträge Generalanwalt Saggio vom 25.2.1999 – Rs. C-126/97, *Eco Swiss,* Slg. 1999 I-3055, Rn. 35 ff.

278 Schlussanträge Generalanwalt Saggio vom 25.2.1999 – Rs. C-126/97, *Eco Swiss,* Slg. 1999 I – 3055, Rn. 38.

Auslegung des Unionsrechts nach Art. 234 EGV (a.F.) vorlegen können.[279] Daher legte der EuGH über die Zuordnung des Art. 81 EGV (a.F.) zum ordre public hinausgehend dar, dass Fragen betreffend der Auslegung von Art. 81 EGV (a.F.) durch die für die Überprüfung der Wirksamkeit von Schiedssprüchen zuständigen nationalen Gerichte untersucht und auch von diesen zur Vorabentscheidung vorgelegt werden können.[280] Ergebnis der Entscheidung des EuGH ist demnach, dass Schiedssprüchen, welche das Kartellrecht der Europäischen Union verletzen, unter Heranziehung des ordre public die Anerkennung zu verweigern ist.

d) Auswirkungen und Bedeutung für den europäischen ordre public im Schiedsrecht

In *Eco Swiss* bestätigt der EuGH nochmals die fundamentale Bedeutung der EG-Wettbewerbsvorschriften für die Europäische Union und führt damit die in *van Schijndel* begonnene Rechtsprechung weiter.[281] Dem EuGH gelang es in dieser Entscheidung einen Teil des Inhalts des nationalen schiedsrechtlichen ordre public (hier des niederländischen) auf Gemeinschaftsebene zu bestimmen,[282] was letztlich zu einer Bestimmung des Inhalts eines europäischen verfahrensrechtlichen ordre public im Schiedsrecht führte.[283] Bestandteile eben dieses ordre public in seiner positiven Erscheinungsform im Sinne zwingender Eingriffnormen (*lois de police*), welcher sich grundsätzlich nach den Vorschriften des UNÜ richtet,[284] sind nach *Eco Swiss* auch die Vorschriften des EG-Wettbewerbsrechts, als dass diese grundlegende Bestimmungen darstellen, welche auf der Ebene der Überprüfung der Schiedssprüche durch nationale Gerichte von Bedeutung sind.[285] Insofern stellt die Entscheidung des Gerichtshofs verbindliche Kriterien für die Kontrolle von Schiedssprüchen aus dem Kartellrecht seitens der mitgliedsstaatlichen Gerichte auf.[286] Allerdings geht der Gerichtshof nicht darauf ein, ob der schiedsrechtliche ordre public des betreffenden Mitgliedsstaates in der Form des negativen ordre public betroffen ist, welcher die Anwendung ausländischer Rechtsnormen abwehrt, deren Anwendung zu einer unerträglichen Verletzung von Grundwertungen des betreffenden nationalen Rechts führen

279 EuGH, Urteil vom 1.6.1999, Rs. C-126/97, *Eco Swiss,* Slg. 1999 I-3055, Rn. 40.
280 EuGH, Urteil vom 1.6.1999, Rs. C-126/97, *Eco Swiss,* Slg. 1999 I-3055, Rn. 40.
281 *Weyer,* EuR 2000, 149; *Thoma,* S. 193; *Remien,* FS Kropholler, 882.
282 Meessen, in: Loewenheim/Meessen/Riesenkampff, Rn. 131; Philip, in: Law and Justice in a multistate world, 527-530.
283 Ähnlich: *Weyer,* EuR 2000, 163 f.
284 Vgl. S. 32 f.
285 EuGH, Urteil vom 1.6.1999, Rs. C-126/97, *Eco Swiss,* Slg. 1999 I-3055, Rn. 36, 37-39; *Eilmannsberger,* SchiedsVZ 2006, 6.
286 *Spiegel,* EuZW 1999, 569.

würde oder ob auch der weiter reichende positive ordre public, in Form zwingender Eingriffsnormen, zur Anwendung gelangt.[287] Er beschränkt sich auf die Klassifizierung des Kartellverbots als grundlegende Bestimmung, „die für die Erfüllung der Aufgaben der Gemeinschaft und insbesondere für das Funktionieren des Binnenmarktes unerlässlich ist".[288] Aufgrund der Tatsache, dass die ordre public-Kontrolle erst auf der Ebene der nationalen Gerichte erfolgt, ist die nicht erfolgte Differenzierung zwischen positivem und negativem ordre public überzeugend.[289]

Zu berücksichtigen ist jedoch, dass die Schiedsgerichtsbarkeit, wie oben erläutert, ein alternatives Konfliktlösungsverfahren ist, welches privater Natur ist. Insofern entfalten die Regeln des Unionsrechts nicht die gleichen Wirkungen wie in der übrigen Zivilgerichtsbarkeit. Denn die Verpflichtungen aus Art. 5 AEUV binden nur die exekutiven, gesetzgebenden und richterlichen Organe in den Mitgliedsstaaten, nicht aber ein vertragliches Schiedsgericht.[290] Diese Tatsache war möglicherweise ursächlich für die schwer verständliche Formulierung des EuGH hinsichtlich einer „Kann"-Überprüfung von Schiedssprüchen durch die staatlichen Gerichte.[291] Diese Formulierung mag zwar den Nachteil einer uneinheitlichen nationalen Rechtsprechung in der Gemeinschaft mit sich gebracht haben, ermöglicht aber bis heute eine flexiblere und weitere Handhabung der Vorbehaltsklausel im Schiedsrecht. Denn die Wortwahl „kann" lässt darauf schließen, dass hinsichtlich der Überprüfung auf den Einzelfall abzustellen ist und die Regelungen des Unionsrechts in der Praxis der Schiedsgerichte nicht eine solche Bindungswirkung entfalten werden, wie in der staatlichen Gerichtsbarkeit.

Die Erläuterungen des EuGH im Falle *Eco Swiss* zeigen weiterhin auf, dass dem unionsrechtlichen europäischen ordre public eine ergänzende Rolle gegenüber dem nationalen Vorbehalt zu kommt.[292] Denn zunächst ist es Sache der nationalen Gerichte zu prüfen, ob eine Anrufung des Gerichtshofs nach Art. 267 AEUV zu erfolgen hat, um eine Auslegung oder Beurteilung der Gültigkeit von gemeinschaftsrechtlichen Bestimmungen zu erhalten.[293] Damit wird von der Idee her – wie später auch in *Krombach*[294] – den nationalen Gerichten zunächst ein

287 *Eilmannsberger,* SchiedsVZ 2006, 14.

288 EuGH, Urteil vom 1.6.1999, Rs. C-126/97, *Eco Swiss,* Slg. 1999 I-3055, Rn. 36.

289 *Eilmannsberger,* SchiedsVZ 2006, 14.

290 EuGH, Urteil vom 1.6.1999, Rs. C-126/97, *Eco Swiss,* Slg. 1999 I-3055, Rn. 34; noch zum EGV: *Thoma,* S. 190; *Schütze,* SchiedsVZ 2007, 123.

291 Vgl. EuGH, Urteil vom 1.6.1999, Rs. C-126/97, *Eco Swiss,* Slg. 1999 I-3055, Rn. 40; so auch *Spiegel,* EuZW 1999, 569.

292 EuGH, Urteil vom 1.6.1999, Rs. C-126/97, *Eco Swiss,* Slg. 1999 I-3055, Rn. 33; ähnlich: *Giannopoulos,* S. 153.

293 EuGH, Urteil vom 1.6.1999, Rs. C-126/97, *Eco Swiss,* Slg. 1999 I-3055, Rn. 33.

294 EuGH, Urteil vom 28.3.2000, Rs. C-7/98, *Krombach/Bamberski,* Slg. 2000 I-1935, Rn. 23.

Freiraum im Rahmen der ordre public-Prüfung zugestanden, über dessen Grenzen der Gerichtshof wacht.[295] Anders als in der zeitlich nachfolgenden *Renault*-Entscheidung stammt in der Entscheidung *Eco Swiss* zwar nur eine der drei Vertragsparteien aus der Europäischen Union; der Lizenzvertrag, welcher letztlich ursächlich für die Vorlage an den EuGH war, hatte indes mitgliedsstaatliches Recht zum Inhalt und war infolge dessen unmittelbar mit den Regelungen der Europäischen Union verbunden. Die Entscheidung des Gerichtshofs zeigt folglich auf, dass auch punktuelle Anknüpfungen an das Unionsrecht ausreichend sind, um dessen Anwendungsvorrang zu konstatieren.

Der europäische ordre public des Schiedsrechts unterscheidet sich von dem des europäischen Zivilverfahrensrecht dahingehend, dass die Besonderheiten des Schiedsverfahrens in die Anwendung des Vorbehalts einfließen. Dem Grundsatz der Finalität des Schiedsspruches folgend sprach sich der Gerichtshof auch gegen eine umfassende *révision au fond* im Rahmen des Verfahrens zur Anerkennung und Vollstreckung von Schiedssprüchen aus.[296]

Auch wenn die Entscheidung im Falle *Eco Swiss* einen Meilenstein in der Rechtsprechung des EuGH zum europäischen ordre public-Vorbehalt darstellt, brachte die Entscheidung des Gerichtshof einige Konflikte mit sich. Einerseits ist problematisch, dass die Entscheidung des EuGH in *Eco Swiss* bedingt durch das Abstellen des Gerichtshofs auf die nationale Rechtslage in den EG-Mitgliedsstaaten unterschiedlich berücksichtigt wird.[297] So unterzogen die deutsche[298] und die belgische[299] Justiz Schiedssprüche im Zusammenhang mit der Einhaltung von Art. 81 EGV (a.F.) einer Inhaltskontrolle nach dem UNÜ; die französischen Gerichte überprüfen die Schiedssprüche aber lediglich anhand von nationalem Recht.[300] Eine solche Handhabung scheint aber mit dem Gebot der einheitlichen Geltung des Unionsrechts nicht zu vereinbaren zu sein.[301] Denn sie hat zur Konsequenz, dass sich die Fragestellung aufdrängt, ob jeder Mitgliedsstaat einen eigenständigen europäischen ordre public-Vorbehalt prägen darf, welche klar verneint werden sollte. Vielmehr sollte das Gütesiegel „europäisch" grundsätzlich für Vereinheitlichung stehen, was bezogen auf eine europäische Vorbehaltsklausel ebenfalls gilt. Andererseits steht der vom EuGH eingeräumte reduzier-

295 EuGH, Urteil vom 28.3.2000, Rs. C-7/98, *Krombach/Bamberski*, Slg. 2000 I-1935, Rn. 23.
296 Vgl. EuGH, Urteil vom 1.6.1999, Rs. C-126/97, *Eco Swiss*, Slg. 1999 I-3055, Rn. 35.
297 *Hess*, EuZPR, § 11 Rn. 15; auch: *Kasolowsky/Steup*, SchiedsVZ 2008, 73.
298 OLG Düsseldorf, 15.7.2002, NJOZ 2002, 2480; a.A. OLG Jena, 8.8.2007, SchiedsVZ 2008, 44.
299 Vgl. *Kalowsky/Steup*, SchiedsVZ 2008, 72, 75.
300 *Hess*, EuZPR , § 11 Rn. 15 FN 73.
301 EuGH, Urteil vom 1.6.1999, Rs. C-126/97, *Eco Swiss*, Slg. I-3055. Der EuGH wies in der genannten Entscheidung darauf hin, dass die Überprüfungsmaßstäbe aufgrund der Ratifikation des UNÜ durch alle Mitgliedsstaaten einheitlich gelten, vgl. *Hess*, EuZPR , § 11 Rn. 15; *Giannopoulos*, S. 150; *Weyer*, EuR 2000, 158.

te Kontrollmaßstab im Widerspruch zum Effektivitätsprinzip, welches für die Schiedsgerichtsbarkeit von herausragender Bedeutung ist.[302]

In diesem Zusammenhang stellt sich damit wieder die Frage, ob die Entwicklung einheitlicher zivilrechtlicher Verfahrensregeln durch den EuGH sinnvoll wäre, was einer uneinheitlichen Rechtsprechung durch die Mitgliedsstaaten Einhalt gebieten würde. Es liegt auf der Hand, dass der Vorbehalt des ordre public je nach dem Zusammenhang, in welchem er zu prüfen ist, andere Bedeutung entfalten kann und damit auch eine andere Wirkung erzielen kann. Auch sind die Einzelheiten der Anwendung der Klausel insbesondere im Internationalen Schiedsrecht strittig.[303] Eine umfassende Vereinheitlichung wie sie erforderlich wäre, um Rechtsprechungsdivergenzen gänzlich zu vermeiden, erscheint zum jetzigen Zeitpunkt nicht denkbar. Denn die einzelnen Verfahrensordnungen sind so unterschiedlich, dass eine Vereinheitlichung in Form einer Angleichung schlicht nicht praktikabel erscheint.[304] Die Schaffung eines die nationalen Verfahrensordnungen vollständig verdrängenden europäischen Systems wäre zudem mit dem Subsidiaritätsprinzip nicht zu vereinbaren. Verwandt mit der genannten Problematik ist auch die Gefahr des sogenannten *forum shopping*.[305] So fordert die deutsche Justiz[306] und die weit überwiegende Meinung in der Literatur[307] eine uneingeschränkte Überprüfung des Schiedsspruchs über das Einfallstor des ordre public-Einwandes; wie das *Thalés*-Urteil des *Cour d'Appel de Paris*[308] zeigt, ist dies in Frankreich nicht üblich. Dies könnte dazu führen, dass Parteien, die die Finalität des Schiedsspruchs sichern möchten, ihren Schiedsort nach Frankreich verlegen, um Nachteilen, die sich aus den Besonderheiten nationaler Schiedsverfahren ergeben könnten, aus dem Weg zu gehen.

Wie der EuGH in *Eco Swiss* unter Berufung auf seine Rechtsprechung in *Nordsee*[309] aufzeigte, sind Schiedsgerichte nicht vorlageberechtigt.[310] Zu begründen ist dies in dogmatischer Hinsicht damit, dass Schiedsgerichte außerhalb des Gerichtssystems der Gemeinschaft stehen.[311] Die praktische Erwägung des Gerichtshofs mag auch die Verhinderung einer „*congestion of court*“ gewesen

302 *Hess,* EuZPR , § 11 Rn. 15.
303 Vgl. dazu *Weyer,* EuR 2000, 164 f. inbesondere FN 142 m.w.N.
304 *Weyer,* EuR 2000, 164.
305 *Niggemann,* SchiedsVZ 2005, 272.
306 Seit BGH NJW 1972, 2180.
307 *Schwab/Walter,* Kap. 24 Rn. 45, S. 221; *Schlosser,* in: *Stein/Jonas,* Anhang § 1061 ZPO Rn. 138; *Niggemann,* SchiedsVZ 2005, 272 f.
308 C.A. Paris, 18.11.2004, JCP-Ed.Gen. 2005, S. 570.
309 EuGH, Urteil vom 23.3.1982, Rs. C-102/81, *Nordsee,* Slg. 1982 I-1096, Rn. 10-12
310 EuGH, Urteil vom 1.6.1999, Rs. C-126/97, *Eco Swiss,* Slg. 1999 I-3055, Rn. 34.
311 Im Zusammenhang mit der Entscheidung *Asturcom, Hilbig,* SchiedsVZ 2010, 77; *Spiegel,* EuZW 1999, 569.

sein.[312] Feststeht jedenfalls, dass über die „goldene Brücke“[313] der staatlichen Gerichte eine Überprüfung der Vereinbarkeit von Schiedssprüchen mit Unionsrecht zumindest stattfinden kann, auch wenn durch die fehlende Vorlagemöglichkeit die Einheit der Rechtsanwendung nur über einen Umweg gewahrt werden kann.[314]

IV. Funktion des europäischen verfahrensrechtlichen ordre public

Weiterhin stellt sich die Frage, welche Funktion dem europäischen verfahrensrechtlichen ordre public im Detail zukommt. In diesem Zusammenhang finden sich drei Ebenen der möglichen Rechtskollisionen, in welchen das Rechtsinstitut des europäischen ordre public Rechtsfolgen entfalten kann.

1. Negative Funktion

Zunächst ist die negative Funktion des europäischen ordre public zu benennen.[315] Darunter versteht man, wie oben bereits dargestellt, die Abwehr ausländischen Rechts – sowie in Bezug auf den verfahrensrechtlichen ordre public – die Versagung der Anerkennung. Diese negative Funktion ist auch im Hinblick auf die europäische Ausprägung des nationalen ordre public zu bejahen, zu berücksichtigen ist jedoch die Tatsache, dass hier aufgrund der Existenz eines gemeinsamen Binnenmarktes und dem Grundsatz der Freizügigkeit von Entscheidungen innerhalb des Europäischen Internationalen Verfahrensrecht eine restriktive Handhabung zu beachten ist.[316]

2. Im Hinblick auf die Durchsetzung von Unionsrecht am Beispiel der Gran Canaria-Fälle

Keinesfalls ist es Sinn und Zweck des europäischen verfahrensrechtlichen ordre public, die ordnungsgemäße Anwendung des Unionsrechts zu sichern oder zu sanktionieren.[317] Diese Erkenntnis war ursprünglich im Rahmen der Recht-

312 *Schütze,* SchiedsVZ 2007, 123; vgl. zu den weiteren Argumenten gegen eine Vorlageberechtigung die Sammlung bei *Kornblum,* Jahrbuch für Praxis der Schiedsgerichtsbarkeit 1988, 103 ff.

313 *Schütze,* SchiedsVZ 2007, 123.

314 Vgl. *Spiegel,* EuZW 1999, 569, der zu Recht darauf hinweist, dass nur ein kleiner Teil der Schiedssprüche vor staatliche Gerichte gebracht wird.

315 *Martiny,* FS Sonnenberger, 539.

316 *Martiny,* FS Sonnenberger, 539.

317 *Iversen,* in: Brödermann/Iversen, Rn. 1023; *Thoma,* S. 174.

sprechung im Zusammenhang mit den *Gran-Canaria*-Fälle gewonnen worden und bezog sich auf den materiellrechtlichen ordre public in Art. 6 EGBGB.[318] In diesen Fällen hatten deutsche Staatsangehörige auf der Insel Gran Canaria in Spanien Haushaltsgegenstände von einem in Spanien ansässigen Verkäufer erworben. Dieser veräußerte die Waren eines deutschen Unternehmens mit in deutscher Sprache verfassten Kaufverträgen unter Abtretung der Kaufpreisforderung an den deutschen Hersteller. Ausgangspunkt der Diskussion war die Problematik der nicht fristgemäßen Umsetzung der Richtlinie des Rates vom 20.12.1985 betreffend den Verbraucherschutz im Falle von außerhalb von Geschäftsräumen geschlossenen Verträgen[319] seitens Spaniens.[320]

Die Überwachung der ordnungsgemäßen Anwendung von Unionsrecht ist Sache der europäischen Kommission.[321] Darüber hinaus gibt es andere Verfahren, wie beispielsweise das Vorabentscheidungsverfahren nach Art. 267 AEUV, welche den EU-Bürger in Form einer Rechtsgarantie schützen.[322] So soll die Vorbehaltsklausel nicht bei jeder unangemessenen Anwendung oder Nichtanwendung des Unionsrechts bemüht werden.[323] Dennoch sind Vorschriften des Unionsrechts innerhalb der europäischen verfahrensrechtlichen ordre public-Prüfung zu berücksichtigen.[324] Der Anwendungsvorrang des Unionsrechts verhindert die Anwendung von nationalen Rechtsvorschriften, wenn das Ergebnis der Rechtsanwendung innerhalb des Anwendungsbereichs des Unionsrechts diesem widerspricht und hiermit schlicht nicht zu vereinbaren ist.[325] Zu differenzieren ist danach, ob den unionsrechtlichen Bestimmungen das der ordre public-Prüfung innewohnende Kriterium der Wesentlichkeit beigemessen werden kann.[326] Dieses Kriterium dürfte dann erfüllt sein, wenn eine Unvereinbarkeit mit Vorschriften des unmittelbar anwendbaren Unionsrechts besteht. Die *Gran-Canaria*-Fälle hatten jedoch die Umsetzung von Richtlinien zum Gegenstand. Ob die fristgerechte Umsetzung von Richtlinien als solche ein wesentlicher Grundsatz des Unionsrechts ist, welcher im Rahmen des ordre public beachtet werden muss und mithin

318 Vgl. zu diesem Themenkomplex: *Backert,* Kollisionsrechtlicher Verbraucherschutz im Mosaik der Sonderanknüpfungen des deutschen internationalen Schuldvertragsrechts, 2000; *Mankowski,* IPRax 1991, 305 ff.

319 Richtlinie 85/577 des Rates vom 20.12.1985 betreffend den Verbraucherschutz im Falle von außerhalb von Geschäftsräumen geschlossenen Verträgen, L 372/31 vom 31.12.1985.

320 Vgl. ausführlich zu richtlinienwidrigem Recht und IPR *Iversen,* in: *Brödermann/Iversen,* Rn. 768 ff; im Überblick: *Thoma,* S. 180 ff.

321 *Iversen,* in: Brödermann/Iversen, Rn. 1024.

322 *Kropholler/v. Hein,* EuZPR, Art. 34 Rn. 9.

323 *Thoma,* S. 176.

324 Vgl. dazu § 3 hinsichtlich des Inhalts des europäischen verfahrensrechtlichen ordre public; *Basedow,* FS Sonnenberger, 300 ff; MüKo/*Sonnenberger,* Einl. IPR Rn. 207.

325 MüKo/*Sonnenberger,* Einl. IPR Rn. 209; *Thoma,* S. 182.

326 *Iversen,* in: Brödermann/Iversen, Rn. 1021.

bei Nichteinhaltung auch grundsätzlich zu einem Eingreifen der Vorbehaltsklausel führt,[327] ist streitig.

a) Ansichten in der Literatur

Im Schrifttum findet sich hierzu die Ansicht, dass die Nicht-Umsetzung einer Richtlinie im Sachstatut die Heranziehung der Vorbehaltsklausel gegenüber anderen Mitgliedsstaaten rechtfertigen kann.[328] Das richtlinienwidrige mitgliedstaatliche Recht widerspräche dann einem unionsrechtlichen ordre public, „wenn die betreffenden Regelungen materiell für das Gemeinschaftsrecht von fundamentaler Bedeutung sind"[329], was im Fall der Gran-Canaria-Fälle hinsichtlich der HausTW-Richtlinie abgelehnt wurde.

Dagegen wird in teleologischer Hinsicht eingewendet, dass der ordre public nicht der Disziplinierung der Mitgliedsstaaten diene.[330] Nach dem EGV (jetzt AEUV) sei die Überwachung der Richtlinienumsetzung Aufgabe der Kommission, weshalb diese ausschließliche Kontrollfunktion auch bei der Anwendung des ordre public-Vorbehalts respektiert werden müsse.[331] Die Umsetzungsverpflichtung als solche könne jedoch schon deshalb keinen wesentlichen Grundsatz des Unionsrechts darstellen, da die Umsetzung von Richtlinien und die dazugehörige Verpflichtung nicht ausdrücklich geregelt seien.[332]

b) Stellungnahme

Kommission und Mitgliedsstaaten können zwar ein Vertragsverletzungsverfahren nach Art. 258 AEUV einleiten, sofern festgestellt wird, dass eine Richtlinie nicht umgesetzt wurde.[333] Eine wirksame Möglichkeit der Sanktion für den Fall der Nichtumsetzung gibt es im Unionsrecht bislang jedoch nicht, da das Vertragsverletzungsverfahren keine Maßnahmen zur Vollstreckung von Entscheidungen des

327 Den Einwand des ordre public in Einzelfällen für anwendbar haltend, *Spickhoff*, in: Bamberger/Roth, 2. Auflage 2008, Art. 29 EGBGB Rn. 15; *Staudinger*, in: Ferrari/Kieninger/Mankowski, Internationales Vertragsrecht, Art. 29 EGBGB Rn. 24; Richtlinien nicht *per se* vom ordre public erfasst haltend, MüKo/*Sonnenberger*, Einl. IPR Rn. 209; eine Anwendung der Grundsätze der *fraus legis* für vielversprechender haltend *S. Lorenz*, in: Bamberger/Roth, 3. Auflage 2012, Einl. IPR Rn. 31; den ordre public ganz ausschließend *Thoma*, S. 182.

328 *Steindorff*, EuR 1981, 434; *Kothe*, EuZW 1990, 156.

329 *Iversen*, in: Brödermann/Iversen, Rn. 1037.

330 *Thoma*, S. 174; *Ebke*, in: Europäisches Gemeinschaftsrecht und Internationales Privatrecht, 100.

331 *Paefgen*, WRP 1991, 453.

332 *Iversen*, in: Brödermann/Iversen, Rn. 1039.

333 *Borchardt*, in: Hdb des EU-Wirtschaftsrechts, P.I.c) Rn. 18; *Ortlepp*, S. 103 vor dem Inkrafttreten des Vertrags von Lissabon.

EuGH vorsieht. Das Vertragsverletzungsverfahren resultiert – sofern der Klage stattgegeben wurde – in einem Urteil, in welchem der EuGH den Gegenstand der Vertragsverletzung feststellt. Aufgrund der Tatsache, dass es sich um ein Feststellungsurteil handelt, hebt das Urteil als solches jedoch weder die vertragswidrige Maßnahme auf, noch schreibt es dem angeklagten Mitgliedsstaat die Beseitigung des vertragswidrigen Zustandes verbindlich vor.[334] Der Rückgriff auf die Vorbehaltsklausel des ordre public, welcher als „generelles Einfallstor für vorrangiges Recht“ gilt,[335] scheint somit auf den ersten Blick nicht abwegig. Allerdings soll dieses Einfallstor eben nur als *ultima ratio* gebraucht werden und nicht zu einer Disziplinierungsmaschinerie im Bereich der Umsetzung von Unionsrecht degradiert werden. Die Kompetenzen der Kommission werden Jahr um Jahr weiter ausgedehnt, um so den Prozess der Vereinheitlichung der Europäischen Union vorantreiben zu können. Letztlich sollte diesem Phänomen mit Zurückhaltung hinsichtlich Disziplinarmaßnahmen in Bezug auf die fehlende Umsetzung von Richtlinien begegnet werden und nicht über den ordre public versucht werden, weiter in die Souveränität der Mitgliedsstaaten einzugreifen. Denn Richtlinien sind das unionsrechtliche Instrument zur Rechtsangleichung innerhalb der Union.[336] Die Richtlinie wird der Verordnung vielfach vorgezogen, da sie sich flexibel in die mitgliedstaatlichen Rechtsordnungen einfügt, anstatt diese zu verdrängen und so eine sanfte Vereinheitlichung ermöglicht. Der ordre public-Vorbehalt sollte somit nicht im Hinblick auf die nicht-fristgemäße Umsetzung von Richtlinien bemüht werden, um diese Flexibilität nicht zu stören. Dies zeigt auch die Rechtsprechung des EuGH zur horizontalen unmittelbaren Richtlinienwirkung auf.[337] Vor der Geltendmachung des ordre public-Einwandes ist daher zu prüfen, ob die betreffende Vorschrift des Mitgliedsstaates richtlinienkonform ausgelegt werden kann.[338] Für den Fall, dass dies möglich ist, scheidet die Heranziehung der Vorbehaltsklausel ebenso wie im Bereich von harmonisiertem Recht aus.[339]

Anders verhält es sich jedoch, wenn das Unionssrecht in einer ausländischen Entscheidung gar nicht beachtet wurde.[340] In dieser Konstellation wirkt EU-Recht

---

334 *Borchardt,* in: Hdb des EU-Wirtschaftsrechts, P.I.h) Rn. 44; *P. Karpenstein/U. Karpenstein,* in: Grabitz/Hilf, Art. 228 Rn. 6.

335 BGH 14.10.1992, NJW 1993, 849; *v. Brunn,* NJW 1962, 986; *Iversen,* in: Brödermann/Iversen, Rn. 1014 m.w.N.

336 Zu den unterschiedlichen Modalitäten der Rechtsangleichung vgl. *v. Danwitz,* ZEuP 2010, 465 ff.; 471.

337 EuGH, Urteil vom 26.2.1986, *Marshall I,* Rs. C-154/84; Slg. 1986, 723 ff, EuGH, Urteil vom 12.5.1987, *Traen,* Rs. C-J037/85, Slg. 1987, 2141ff; Rn. 49; *Iversen,* in: Brödermann/Iversen, Rn. 1041.

338 MüKo/*Sonnenberger,* Einl. IPR Rn. 210; *Wiedmann,* in: Gebauer/Wiedmann, Kap. 2 Rn. 8, 18 ff; *Iversen,* in: Brödermann/Iversen, Rn. 1063.

339 MüKo/*Sonnenberger,* Einl. IPR Rn. 210.

340 BGH NJW 1969, 978; MüKo/*Sonnenberger,* Einl. IPR Rn. 209 FN 721 m.w.N.

dann nicht unmittelbar, sondern es bedarf für die Versagung der Anerkennung dieser unionsrechtswidrigen Entscheidung des Vorbehalts des ordre public.[341] Diese Konstellation ist jedoch klar von der der nicht fristgemäßen Richtlinienumsetzung abzugrenzen.

3. Im Verhältnis zu Drittstaaten

Seit der Entscheidung *Renault/Maxicar* ist deutlich, dass die Anerkennung und Vollstreckung von Urteilen aus Mitgliedsstaaten vom EuGH anders bewertet wird als die Anerkennung und Vollstreckung von Urteilen aus Drittstaaten, für welche das Unionsrecht eben keine verbindliche Wirkung zeigt.[342] Hier stellt sich einerseits die Frage, ob der europäische ordre public im Verhältnis zu Unionsstaaten mit größerer Zurückhaltung angewendet werden sollte als im Verhältnis zu Staaten, welche nicht Mitglied der Europäischen Union sind. Darüber hinaus ist zu prüfen, ob und wenn ja inwieweit der europäische ordre public auch im Verhältnis zu Drittstaaten Anwendung finden kann.

Bedingt durch die Tatsache, dass die Mitgliedsstaaten demokratische Rechtsstaaten sind, welche allesamt die prozessualen Mindeststandards von Art. 6 EMRK einhalten müssen, ist die erste Frage zu bejahen.[343] Denn wenn ein in den Ansätzen vereinheitlichtes Grundverständnis von Recht und Unrecht anzuerkennen ist, kann eine Anwendung des ordre public nur sehr restriktiv erfolgen, um die Urteilsfreizügigkeit nicht einzuschränken.[344] Andererseits wird auch argumentiert, dass keine Abschwächung in der Wirkung des ordre public gegenüber Drittstaaten anzuerkennen sei.[345] Möglicherweise schließen sich diese Ansätze jedoch nicht aus, da jeder Fall seine Besonderheiten enthält und daher eine abstrakte Auslegung schwierig erscheint.[346] Denn wichtig ist vor allem die Tatsache, dass innerhalb der Mitgliedsstaaten ein Eingreifen des ordre public nur in Ausnahmefällen möglich sein kann. Damit muss aber nicht gleichzeitig eine Abschwächung in der Geltung zu Drittstaaten gemeint sein. Vielmehr ist es auch möglich die Aussage *Basedows,* dass keine schwächere Wirkung des ordre public gegenüber Drittstaaten anzuerkennen sei, in der Weise zu verstehen, dass für Drittstaaten keine anderen Maßstäbe gelten sollen.

---

341 Vgl. BGH NJW 1969, 978 zu Art. 85 EWG-Vertrag.

342 *Basedow*, FS Sonnenberger, 315.

343 Vgl. dazu auch: *Kropholler/v. Hein,* EuZPR, Art. 34 EuGVVO Rn.14.

344 *Hess,* § 6 Rn. 203; *Kropholler,* § 60 IV 2; *Iversen,* in: *Brödermann/Iversen,* Rn. 755, welcher sich noch zu der – sich inzwischen wohl nicht mehr stellenden Frage – des Anwendungsverbots unter Mtgliedsstaaten äußert; *Völker,* S. 300.

345 *Basedow*, FS Sonnenberger, 313 m.w.N.

346 So auch: *Thoma,* S. 147.

Auf die zweite Frage gibt *Martiny* eine plausible Antwort: *Martiny*[347] stellt im Hinblick auf diese Frage fest, dass für den Fall, dass der Anwendungsbereich des Unionsrechts nicht eröffnet sei, auf die jeweilige nationale Vorbehaltsklausel abzustellen sei, über die dann letztlich aufgrund des Stellenwerts des Unionsrechts für die nationalen Rechtsordnungen der Mitgliedsstaaten ebenfalls die Grundwerte des Unionsrechts auch im Rahmen der – an sich – nationalen ordre public-Prüfung zu beachten seien.

4. *Im Verhältnis zum nationalen ordre public*

Nachdem vorstehend[348] ein Überblick über die Rechtsprechung des EuGH zum europäischen verfahrensrechtlichen ordre public gewährt wurde, stellt sich die Frage der Abgrenzung dieser europäischen Ausprägung des ordre public von der rein nationalen – sofern es eine solche noch geben kann – Vorbehaltsklausel im Verfahrensrecht. Letztlich geht es hierbei um die Frage eines Anwendungsvorrangs.

Die nationale Vorbehaltsklausel ist, wie es der Wortlaut nahelegt, in der jeweiligen *lex fori* verankert, vgl. Art. 6 EGBGB. Indes erfährt diese nationale Klausel im Laufe der fortschreitenden Rechtsvereinheitlichung zunehmende Prägung und Inhaltsausfüllung durch Rechtsinhalte des Unionsrechts.[349] Im Falle einer Kollision zwischen nationalem Recht und Unionsrecht hat auch im Rahmen der ordre public-Kontrolle das Unionsrecht stets Geltungsvorrang.[350] So ist es bedingt durch die fortschreitende Vergemeinschaftung nicht mehr möglich von einem rein nationalen ordre public zu sprechen. Vielmehr ist es richtig, dass Unionsrecht wie nationales Recht bindend wirkt und im Rahmen der Normenpyramide selbigem sogar vorgeht und aus diesem Grund auch im Rahmen des nationalen ordre public Berücksichtigung finden muss.[351] Dies führt dazu, dass der nationale ordre public in seiner ursprünglichen Bedeutung schon heute zumindest im Verfahrensrecht immer weiter verdrängt wird und an dessen Stelle mehr und mehr sein europäischer „Verwandter“ tritt. Dennoch ist aufgrund der Verschiedenheit der Rechtsordnungen zum jetzigen Zeitpunkt noch davon auszugehen, dass es noch immer Bereiche des Rechts gibt, welche noch nicht wesentlich vom Unionsrecht geprägt sind. Gerade innerhalb dieser Bereiche ist anzunehmen, dass es gar nicht zu Konflikten zwischen nationaler und europäischer Vorbehaltsklausel kommen kann, da Unionsrecht keine Anwendung findet und so die nationale

347 *Martiny*, Europäisches Gemeinschaftsrecht und internationales Privatrecht, S. 222.

348 S. 22 f.

349 *Martiny*, FS Sonnenberger, S. 533.

350 *Stürner*, FS 50 Jahre BGH, S. 687 f.; *Föhlisch*, S. 17 ff.

351 *Martiny*, FS Sonnenberger, S. 533.

Klausel des ordre public anzuwenden ist.[352] Folglich korrigiert der europäische Vorbehalt den nationalen ordre public und beschneidet ihn in seinen kollisionsrechtlichen Wirkungen.[353] Ebenso geht der europäische ordre public aber auch weiter als der nationale Vorbehalt, indem er an den Stellen, an denen nationale Rechtsanschauungen weniger streng („laxer“) als die grundlegenden Wertungen des europäischen Rechts sind, die Durchsetzung des Unionsrechts fordert.[354]

5. Abgrenzung: Der primärrechtliche ordre public

Wie bereits erwähnt,[355] ist unter europäischem ordre public keinesfalls der primärrechtliche Begriff der öffentlichen Ordnung zu verstehen, wie er für die Arbeitnehmerfreizügigkeit in Art. 45 Abs. 3 AEUV, für die Niederlassungsfreiheit in Art. 49 AEUV über Art. 52 AEUV und für die Dienstleistungsfreiheit nach Art. 56 AEUV über den Umweg des Art. 62 AEUV enthalten ist.[356] Der dort vorkommende Begriff der öffentlichen Ordnung – häufig flankiert von den Begriffen *Sicherheit* und *Gesundheit*, vgl. Art. 45 Abs. 3 AEUV – hat eine andere Funktion als der Vorbehalt im Internationalen Zivilverfahrensrecht. Im Primärrecht besteht die Aufgabe der Vorbehaltsklausel darin, Gesetzgebungszuständigkeiten und Rangkollisionen zu klären, als Regelwerk in einem Über-/Unterordnungsverhältnis bedingt durch den Vorrang des Unionsrechts. Im Vergleich dazu steht im Internationalen Privatrecht/Internationalen Zivilverfahrensrecht – wie bereits gesagt –[357] die Prämisse der grundsätzlichen *Gleichrangigkeit* zwischen nationalem und ausländischem Recht im Vordergrund.[358] Im Europäischen Zivilprozessrecht ist zu beachten, dass aufgrund des Anwendungsvorrangs von Europarecht die Prämisse der Gleichrangigkeit zwar nicht wörtlich zu nehmen ist, aber indirekt auch zutrifft, wenn man beachtet, das die wesentlichen Grundsätze des Unionsrechts auch im Rahmen des nationalen Rechts ihre Geltung beanspruchen.

Ähnlich ist an der Struktur des primärrechtlichen ordre public jedoch der Befund, dass auch hier eine Grenzziehung erfolgt, als dass Belange der öffentlichen Ordnung weder das Funktionieren des Gemeinsamen Marktes stören noch zu einer willkürlichen Diskriminierung beitragen dürfen.[359]

---

352 Vgl. *Martiny,* FS Sonnenberger, S. 533.

353 Vgl. *Kropholler/v. Hein,* EuZPR, Art. 34 Rn. 5 ff.

354 *Basedow,* FS Sonnenberger 2004, 318.

355 S. 16 f.

356 Noch zum EGV: *Martiny,* in: Europäisches Gemeinschaftsrecht und Internationales Privatrecht, S. 212; *Völker,* S. 287 f.; *Iversen,* in: *Brödermann/Iversen,* Rn. 753 FN 391.

357 Vgl. S. 2.

358 *Martiny,* in: Europäisches Gemeinschaftsrecht und Internationales Privatrecht, S. 212.

359 *Martiny,* in: Europäisches Gemeinschaftsrecht und Internationales Privatrecht, S. 212.

V. Versuch einer Standortbestimmung

Für die Annahme der Existenz eines eigenständigen europäischen ordre public spricht die Tatsache, dass entsprechende ordre public-Klauseln in europäischen Verordnungen enthalten sind und diese zwangsläufig mit Inhalten des autonomen europäischen Rechts gefüllt werden müssen. Insbesondere vor dem Hintergrund des Anwendungsvorrangs des Unionsrechts ließe sich ein systematisches Argument zugunsten der Eigenständigkeit des europäischen ordre public von den jeweiligen nationalen Vorbehalten ableiten. Dies ergibt sich aus einem Umkehrschluss zu den Inhalten der Vorbehaltsklauseln in den nationalen Rechtsordnungen, welche eben auch national geprägt sind. Dass hierbei auch Inhalte des Unionsrechts gemeint sein müssen, erklärt sich aus dem Anwendungsvorrang des Unionsrechts vor nationalem Recht.[360] Auch ist die Entwicklung der Vorbehaltsklausel in Richtung einer europäischen Vorbehaltsklausel in der Rechtsprechung des EuGH, insbesondere in den Entscheidungen *Krombach*[361] und *Renault*[362] eindeutig zu erkennen.

Nichtsdestotrotz erscheint es sinnvoller zu einem Zeitpunkt, in dem noch lange nicht von einer umfassenden Rechtsvereinheitlichung in Europa auszugehen ist, unter *europäischem ordre public* eine unionsrechtliche Ausprägung der jeweiligen nationalen Vorbehaltsklausel zu erkennen. Dies bedeutet, dass der europäische verfahrensrechtliche ordre public primär national ausgefüllt wird, also sich je nach Mitgliedsstaat unterscheidet. Es ist aufgrund der Unterschiedlichkeit der Rechtsordnungen noch nicht davon auszugehen, dass nationale Eigenarten vollkommen von einem vereinheitlichten Vorbehalt zurückgedrängt werden können.[363] Dies ergibt sich auch aus der Tatsache, dass es zu der Annahme eines europäischen, den nationalen ordre public in jeglicher Hinsicht vollständig verdrängenden ordre public zunächst eine Vereinheitlichung der den jeweiligen nationalen ordre public ausfüllenden Grundsätze geben müsse.[364] In diesem Zusammenhang besteht auch im Zivilverfahrensrecht kein vollständig vereinheitlichter Standard innerhalb der EU. Und auch wenn der EuGH in *Krombach* und *Renault* den europäischen ordre public inhaltlich ausgefüllt hat, so hat er sich mit keinem Wort positiv zu der Tatsache geäußert, dass der europäische ordre public völlig losgelöst von nationalen Inhalten zu sehen sei und in diesem

---

360 Vgl. zu diesem Thema: MüKo/*Sonnenberger*, Einl. IPR Rn. 206 f.

361 EuGH, Urteil vom 28.3.2000, Rs. C-7/98, *Krombach/Bamberski*, Slg. 2000 I-1935.

362 EuGH, Urteil vom 11.5.2000, Rs. C-38/98, *Renault/Maxicar*, Slg. 2000 I-2973.

363 So im Ergebnis auch: *Martiny*, FS Sonnenberger, 527; *Kohler*, in: *Baur/Mansel*, S. 147, 156; *Thoma*, S. 150; vgl. zu der Frage des einheitlichen Rechtsraums innerhalb der EU *Hohloch*, FS Kropholler, 814.

364 *Sonnenberger*, RIW 2002, 497; *Wagner*, IPRax 2002, 90.

Zusammenhang auch die Begrenzung seiner Auslegungskompetenz deutlich gemacht.[365]

Letztlich entfaltet das Unionsrecht seine Wirkung bedingt durch den Anwendungsvorrang in jedem Fall, sei es über eine nationale Vorbehaltsklausel mit unionsrechtlicher Ausprägung, sei es als eigenständiger europäischer ordre public.[366] Dass es sich dabei allerdings dann um einen europäischen ordre public und nicht um einen sogenannten „internationalen ordre public völkerrechtlicher Provenienz“[367] handelt, verdeutlichen folgende Umstände: Das heutige Europarecht besteht zu einem Großteil aus Völkerrecht. Somit erscheint es möglich, von einer völkerrechtlichen Herkunft des europäischen ordre public zu sprechen. Zu berücksichtigen ist jedoch, dass dies den europäischen ordre public sehr einseitig beschreibt, da die nationalen Rechtsordnungen keinerlei Erwähnung finden und auch nicht beachtet wird, dass das Sekundärrecht, zu dem die Verordnungen, welche ihrerseits die auszufüllenden ordre public-Vorbehalte enthalten, zählen, nicht ohne weiteres als Völkerrecht bezeichnet werden können.[368] Neben den fundamentalen Werten der Union ist für den europäischen ordre public entscheidend, dass auch die jeweiligen Inhalte der nationalen Vorbehaltsklauseln einbezogen werden. Daher ist auch *Reichelt* hinsichtlich des rechtsvergleichenden Elements des europäischen ordre public zuzustimmen. Denn wie sonst soll Vereinheitlichung auf einem Kontinent wie Europa vorangetrieben werden? Die Rechtsvergleichung als Weg der Verständigung und somit auch Mittel zur Vereinheitlichung hat daher auch der EuGH herangezogen, um die Gemeinschaftsgrundrechte aus den Verfassungen der Mitgliedsstaaten abzuleiten.[369]

Die Auffassung *Basedows*[370], dass der europäische ordre public losgelöst von der nationalen Vorbehaltsklausel zu sehen ist, überzeugt im Ergebnis folglich nicht. Gegen das von ihm ins Feld geführte Argument, in *Krombach* hätte der nationale Vorbehalt dem europäischen weichen müssen, spricht die Tatsache, dass der BGH im Rahmen der Anerkennung ausländischer Entscheidungen Bezug auf Art. 103 GG der nationalen und eben nicht europäischen Verfassung bzw. zu

365 EuGH, Urteil vom 28.3.2000, Rs. C-7/98, *Krombach/Bamberski*, Slg. 2000 I-1935, Rn. 22, 23; EuGH, Urteil vom 11.5.2000, Rs. C-38/98, *Renault/Maxicar*, Slg. 2000 I-2973, Rn. 27, 28.

366 So auch: *Iversen*, in: *Brödermann/Iversen*, Rn. 747.

367 *Martiny*, in: Europäisches Gemeinschaftsrecht und Internationales Privatrecht, S. 221 m.w.N. Hinter dieser Umschreibung steht wohl die Annahme, dass bestimmte zwingende Normen des Völkerrechts den Inhalt des nationalen ordre public aller Staaten bilden und staatliches Recht, welches diesen Grundsätzen widerspricht, über die Kollisionsregeln nicht angewendet werden soll.

368 Zur Abgrenzung des völkerrechtlichen ordre public zum internationalen ordre public vgl. *Kokott*, BerGesVR 38 (1998), S. 73 ff.

369 EuGH, Urteil vom 13.7.1989, Rs. C-5/88, *Wachauf*, Slg. 1989, 2609, Rn. 17 unter Verweis auf *Hauer*, Rs. C-44/79, Slg. 1979, 3727; *Philippi*, ZEuS 2000, 100.

370 *Basedow*, FS Sonnenberger, 293.

diesem Zeitpunkt wenigstens Art. 6 der EMRK genommen hat. Zweifelsohne ist diese Vorgehensweise des BGH nicht zu begrüßen,[371] jedoch zeigt sie, dass von einer vollständigen Europäisierung zumindest in *Krombach* nicht die Rede sein kann.

Der Ansatz von *von Brunn* ist noch vehementer abzulehnen, da keine Vorschrift im Rahmen einer Rechtsordnung lediglich durch Veränderungen der allgemeinen Auffassungen entstehen kann. Das verbietet allein das Bedürfnis nach Rechtssicherheit und Überprüfbarkeit von Recht. Die Konsequenz der Annahme eines jegliche nationale Wertungen entbehrenden nationalen ordre public ist (zwangslogisch) die Verdrängung der jeweiligen nationalen Klausel im Anwendungsbereich des Unionsrechts.

Schließlich spricht insbesondere die Rechtsprechung des EuGH sowohl in *Krombach* als auch in den folgenden Entscheidungen ebenfalls dafür, eine Definition des europäischen verfahrensrechtlichen ordre public nicht losgelöst von den nationalen Verfahrensgarantien vorzunehmen. Der EuGH wies ausdrücklich in der genannten Entscheidung darauf hin, dass er eben nicht die Inhalte der nationalen Vorbehalte bestimme, sondern lediglich über die Grenzen wache, innerhalb derer sich die Mitgliedsstaaten auf den Vorbehalt stützen dürfen.[372] In diesem Zusammenhang scheint die Bezeichnung des nationalen ordre public als *„Arkanbereich“* eines jeden Staates sehr passend.[373]

D. Zwischenergebnis zu Begriff und Struktur

1. Die Vorbehaltsklausel wurde in Begriff und Struktur maßgeblich durch die Rechtsprechungskultur des EuGH geprägt. In seiner *Krombach*-Entscheidung wies der EuGH darauf hin, dass die Werte des Art. 6 EMRK, in der Bedeutung des Rechts auf ein faires Verfahren, einen Grundsatz des Europäischen Unionsrechts darstellen. Als solche tragen sie zu der inhaltlichen Ausfüllung des europäischen verfahrensrechtlichen ordre public bei. Damit stellte der EuGH zum ersten Mal in seiner Rechtsprechung heraus, dass die Vorbehaltsklausel nicht mehr rein national zu bemessen ist. Diese Erkenntnis führt der EuGH in der Entscheidung *Renault/Maxicar* fort, welche ihren Schwerpunkt jedoch auf der inhaltlichen Ausfüllung des materiellrechtlichen ordre public hat.

---

371 Zu der Kritik an dem Beschluss des BGH s. S. 25 f.

372 Grundlegend: EuGH, Urteil vom 28.3.2000, Rs. C-7/98, *Krombach*/Bamberski, Slg. 2000 I-1935= NJW 2000, 1853 Rn. 23.

373 *V. Bar/Mankowski*, IPR I, § 7 Rn. 273 zwar zum Verhältnis von staatsvertraglichem und autonomem ordre public, diese Bezeichnung ist jedoch auf das europäische Zivilverfahrensrecht übertragbar.

2. Der europäische verfahrensrechtliche ordre public ist in seiner Eigenschaft als Vorbehalt des Europäischen Zivilprozessrechts von dem primärrechtlichen ordre public abzugrenzen, welcher bedingt durch den Vorrang des Unionsrechts Rangkollisionen in einem Über-/Unterordnungsverhältnis beheben soll. Der Vorbehalt, sowohl des IPR als auch des IZVR, ist an der Prämisse der grundsätzlichen Gleichrangigkeit orientiert.
3. Im Internationalen Schiedsverfahrensrecht hat die ordre public-Klausel grundsätzlich die gleiche Funktion wie im Internationalen Zivilverfahrensrecht. Es gilt der ordre public *international*. Aufgrund dessen, dass sich die Parteien jedoch freiwillig dem Verfahren unterwerfen, ist eine restriktivere Handhabung der Klausel im Internationalen Schiedsverfahrensrecht zu befürworten.
4. Der EuGH führt in seiner *Eco Swiss*-Entscheidung die in *van Schijndel* begonnene Rechtsprechung weiter und bestätigt damit die fundamentale Bedeutung der europäischen Wettbewerbsvorschriften für die Europäische Union. Die Bestimmung des nationalen schiedsrechtlichen ordre public führt mittelbar zu einer Inhaltsbestimmung des europäischen verfahrensrechtlichen ordre public im Schiedsrecht. Diese hat zum Ergebnis, dass die Vorschriften des unionsrechtlichen Wettbewerbsrechts Teil der Vorbehaltsklausel sind.

§ 2: Rechtsprechungsübersicht aus deutscher Perspektive: Entscheidungen zum (europäischen) verfahrensrechtlichen ordre public

Nachdem bereits ein Überblick über die für die Entwicklung des europäischen verfahrensrechtlichen ordre public in den Entscheidungen des EuGH gegeben wurde, erfolgt nun eine Darstellung der wichtigsten Entscheidungen zu diesem Thema aus der Perspektive der deutschen nationalen Gerichte. Dazu ist zunächst darauf hinzuweisen, dass es nur wenige Entscheidungen des BGH gibt, welche ausländischen Entscheidungen die Anerkennung – und Vollstreckung aus Gründen eines Verstoßes gegen den verfahrensrechtlichen ordre public verweigern.[374] Dies ist zum einen darauf zurückzuführen, dass sich der BGH eben nicht auf eine punktuelle Rechtsvergleichung beschränkt, sondern im Rahmen der ordre public-Kontrolle stets darum bemüht war und ist, das Gesamtsystem der jeweiligen fremden Rechtsordnung in seine Bewertung einzubeziehen.[375] Zum anderen lässt sich dieses Phänomen mit dem Grundsatz der Anerkennungsfreundlichkeit im internationalen Zivilprozess erklären.

374 *Stürner*, FS 50 Jahre BGH, 680.
375 *Stürner*, FS 50 Jahre BGH, 680, 682 f.

Die folgenden Entscheidungen ermöglichen einen Überblick über die Bedeutung des europäischen verfahrensrechtlichen ordre public für die Praxis und gewähren – bedingt durch die Vielfalt der behandelten Gesetzesmaterialien – einen Einblick in die Funktionen der Vorbehaltsklausel. Beides ist für die vorliegende Untersuchung wichtig, um die Tatsache, dass unter europäischem ordre public auch nationale Werte zu verstehen sind, zu verdeutlichen.

Die Entscheidungen der nationalen Gerichte sind jedoch nicht in ihrer Allgemeinheit zu betrachten, sondern in zwei sachlich und systematisch unterschiedliche Gruppen aufzuspalten. Die Gliederung stellt dabei auf der ersten Ebene auf die Herausarbeitung des Kriteriums der Offensichtlichkeit des Verstoßes von Seiten der nationalen Gerichte ab, um dann auf der zweiten Ebene die von den nationalen Gerichten vorgenommene Inhaltsbestimmung des europäischen verfahrensrechtlichen ordre public verbunden mit einer Abgrenzung zum nationalen bzw. internen ordre public zu beleuchten.

A. Das Kriterium des offensichtlichen Verstoßes gegen wesentliche Grundsätze des deutschen Rechts

Nach den in § 1 der vorliegenden Arbeit erläuterten Grundsätzen erfordert die Annahme eines Verstoßes gegen den verfahrensrechtlichen ordre public einen offensichtlichen Verstoß gegen wesentliche Grundsätze des nationalen Rechts. Wie die nachfolgend besprochenen beiden Beschlüsse des BGH aus den letzten Jahren verdeutlichen, scheint die Rechtsprechung eine positive Entwicklung von einer manchmal ungenauen Prüfung der einzelnen Voraussetzungen zu einer systematischen und anerkennungsfreundlichen Handhabung der Vorbehaltsklausel genommen zu haben. Auch wenn das Thema der vorliegenden Arbeit der verfahrensrechtliche ordre public ist, wird hier Bezug auf zwei Entscheidungen genommen, welche den materiellen ordre public betreffen, jedoch das Kriterium der Offensichtlichkeit eines Verstoßes sehr gut verdeutlichen.

I. Die Unverhältnismäßigkeit einer Entscheidung

Die zu bewertende Entscheidung stellt im Zusammenhang mit der Entscheidung *Krombach*[376] und der Entscheidung zum Prozessbetrug[377] die dritte Entscheidung des BGH dar, welche die Anerkennung einer ausländischen Entscheidung aufgrund eines Verstoßes gegen den ordre public ablehnt.[378]

376 EuGH, Urteil vom 28.3.200, Rs. C-7/98, *Krombach/Bamberski*, Slg. 2000 I-1935.
377 BGH, 10.7.1986 – IX ZB 27/86, NJW –RR 1987, 377.
378 *Becker*, S. 138, 140 f.

1. Tatbestand und Entscheidung-„Sonntag“

Gegenstand der Entscheidung des BGH[379] war zunächst die Haftungsfreistellung der gesetzlichen Unfallversicherung nach §§ 636, 637 RVO als Bestandteil des ordre public.[380]

Das Landgericht Bozen verurteilte den Lehrer einer Schulklasse nach einem tödlichen Unfall eines Schülers auf der Klassenfahrt nach Südtirol wegen fahrlässiger Tötung. Auf die Klage der Hinterbliebenen im Adhäsionsverfahren erkannte das italienische Gericht Schadensersatzansprüche zu. Der Schuldner legte gegen die Vollstreckung in Deutschland Beschwerde beim OLG ein und verkündete dem Land Baden-Württemberg den Streit. Dies begründete er damit, dass ihm für den Fall des Unterliegens ein beamtenrechtlicher Anspruch auf Freistellung von dern Schadensersatzpflicht gegen das Land zustehe. Das OLG wies seine Beschwerde zurück. Der Schuldner und das Land Baden-Württemberg legten Rechtsbeschwerde beim BGH ein. Dieser setzte das Verfahren aus und legte dem EuGH Fragen zur Vorabentscheidung vor. Dabei stand insbesondere die Anwendbarkeit der EuGVÜ auf den Sachverhalt in Rede.[381]

Die Zweifel, die hinsichtlich der Anwendbarkeit des EuGVÜ auf derartige Ansprüche bestanden, räumte der EuGH in der Entscheidung *Sonntag*[382] aus. Der BGH lehnte in dem auf das Vorlageverfahren folgenden Beschluss die Vollstreckung mit Hinweis auf einen Verstoß gegen den deutschen ordre public ab. Dieser Verstoß bestand darin, dass die Hinterbliebenen des durch eine gesetzliche Unfallversicherung Versicherten für dessen in Italien erlittenen Unfall, welcher von dem Versicherungsschutz gedeckt war, in Italien ein Urteil auf Ersatz von Personenschäden gegen eine Person erwirkt hatten, welche gemäß der §§ 636, 637 RVO von der Haftung freigestellt war.[383] Nach Ansicht des BGH ist eine derartige persönliche Haftung eines Beamten mit dem Regresssystem der deutschen gesetzlichen Unfallversicherung nicht zu vereinbaren.[384]

2. Bedeutung für den ordre public

Die schon zahlreich beschriebene Entscheidung des BGH findet allerorts Kritik.[385] Die vorgetragene Kritik fußt zum einen auf der Tatsache, dass der BGH

379 BGH, 16.9.1993 – IX ZB 82/90 (Stuttgart), NJW 1993, 3269 ff.

380 *Becker,* S. 143.

381 EuGH, Urteil vom 21.4.1993, Rs. C-172/91, *Sonntag/Waidmann,* Slg. 1993 I-1963=NJW 1993, 2091.

382 EuGH, Urteil vom 21.4.1993, Rs. C-172/91, *Sonntag/Waidmann,* Slg. 1993 I-1963.

383 BGHZ 123, 268=BGH NJW 1993, 3269 (4. Leitsatz).

384 Vgl. *Hess,* § 6 Rn. 207.

385 Vgl. z.B. *Basedow,* IPRax 1994, 85; *Hess,* § 6 Rn. 207; *Newton,* The Uniform Interpretation of the Brussels and Lugano Conventions, S. 403 f.; a.A. *Eichenhofer,* JZ 1994, 258 f.

nicht prüft, ob gegen wesentliche Grundsätze des deutschen Rechts in offensichtlicher Weise verstoßen wurde.[386] Gerade aber dies ist Voraussetzung für eine systematische Prüfung des verfahrensrechtlichen ordre public. Zum anderen wird betont, dass der BGH in diesem Beschluss versucht habe, das zwingende deutsche Amtshaftungsrecht vom Anwendungsbereich der EuGVVO auszunehmen und so eine „Abschirmung“ von der Rechtsprechung des EuGH zu erreichen.[387] Denn die Tatsache, dass der Haftungsgläubiger vor einem ausländischen Recht Ansprüche zuerkannt bekommt, welche das inländische Gericht abgelehnt hätte, genügt nicht für die Annahme eines Verstoßes gegen den verfahrensrechtlichen ordre public. Darüber hinaus ist die Entscheidung auch nicht verhältnismäßig, da jegliche Anerkennung versagt wird und nicht darauf eingegangen wird, inwiefern das italienische Urteil einzuschränken wäre, um eine Anerkennung doch noch zu ermöglichen.[388] In späteren Entscheidungen[389] wird die Rechtsprechung des BGH sich in zuzustimmender Weise dahingehend ändern, dass nur dem über die Grundsätze des deutschen Schadensersatzes hinausgehenden Betrag die Anerkennung verweigert wird.[390]

II. Die Bedeutung der Grundrechte im Rahmen des Merkmals der Offensichtlichkeit

Im Gegensatz zur der Entscheidung des BGH im Fall *Sonntag*, betraf die folgende Entscheidung[391] im Kern die Bedeutung der Grundrechte im Rahmen des ordre public. Der BGH zeigt auf, dass auch im Rahmen der Beachtung der Grundrechte das Merkmal der Offensichtlichkeit eines Verstoßes gegeben sein muss, um einen Verstoß gegen den ordre public annehmen zu können.

1. Tatbestand und Entscheidung

Gegenstand der Entscheidung war die Vollstreckbarerklärung eines Beschlusses des Landgerichts Straßburg vom 19.11.1992 im Rahmen einer einstweiligen Verfügung. In diesem Verfahren waren ein Bürge und die Hauptschuldnerin nach französischem Recht gesamtschuldnerisch zur Zahlung von 461.939,38 FFr zuzüglich Zinsen in Höhe von 11,5 % verurteilt worden. Der französische Bürge hatte sich im Alter von 21 Jahren für die Rückzahlung eines Darlehens, wel-

---

386 *Basedow,* IPRax 1994, 85.
387 *Hess,* § 6 Rn. 207.
388 *Basedow,* IPRax 1994, 86;
389 Vgl. BGHZ 118, 312, 320.
390 Vgl. zu der Bedeutung der Entscheidung auch *Hohloch,* FS Kropholler, 817.
391 BGH, 24.2.1999 – IX ZB 2/98.

ches seiner Schwester gewährt worden war, verbürgt. Zu dem Zeitpunkt des Eingehens der Bürgschaftsverpflichtung wohnte er in Frankreich und arbeitete in Deutschland; später zog er nach Deutschland um, weshalb die Gläubigerin auch die Vollstreckung in der Bundesrepublik beantragte. Das OLG Karlsruhe hatte der Beschwerde des Vollstreckungsschuldners gegen die Erteilung der Vollstreckungsklausel wegen Verstoßes gegen den deutschen ordre public stattgegeben.[392] Dabei bezog es sich auf die Rechtsprechung des BGH zu Bürgschaften von Familienangehörigen, um daraus die Unvereinbarkeit der französischen Entscheidung mit dem ordre public abzuleiten.

Die Entscheidung des BGH hatte dagegen zum Ergebnis, dass kein Verstoß gegen den ordre public im Sinne von Art. 27 Nr. 1 EuGVÜ vorläge.[393] In diesem Beschluss äußerte sich der BGH zur Konkretisierung des ordre public im Sinne von Art. 27 Nr. 1 EuGVÜ.[394] Ursache für das Verneinen eines Verstoßes gegen den ordre public seitens des BGH war die Tatsache, dass die Vollstreckbarerklärung des Beschlusses des LG Straßburg nach Ansicht des BGH nicht zu einem Ergebnis führte, welches offensichtlich gegen wesentliche Grundsätze des deutschen Rechts verstoße, da (insbesondere) kein Verstoß gegen die Grundrechte des Schuldners anzunehmen sei[395] und somit die Voraussetzungen für die Annahme eines Verstoßes nicht gegeben seien. Dies begründete der BGH damit, dass im Vollstreckungsverfahren der Sachverhalt nicht mehr streng nach § 138 Abs. 1 BGB geprüft werden dürfe, ob das in Frage stehende Urteil deutschen Vorstellungen entspreche.[396] Abzustellen sei darauf, ob die ausländische Entscheidung den Schuldner bezüglich der Zahlungsaufforderung in seiner Handlungsfreiheit in verfassungswidriger Weise einschränke.[397] In diesem Zusammenhang legte der BGH sehr strenge Maßstäbe an, so dass eine Erfüllung dieser Voraussetzungen verneint werden musste.[398] Der BGH verwies die Rechtssache wegen Verletzung rechtlichen Gehörs gemäß Art. 27 Nr. 2 EuGVÜ an das OLG Karlsruhe zurück, da nach dem Vorbringen des Schuldners das Anerkennungshindernis zu bejahen war.[399]

2. Stellungnahme

Auffällig an dieser Entscheidung des BGH ist, dass der BGH auf rein „funktionsbedingte Wertungen des Vollstreckungsrechts“ abstellt und materiellrechtliche

392 BGH JZ 1999, 1117.
393 BGH JZ 1999, 1118.
394 Vgl. *Leipold,* FS Stoll, 628.
395 BGH NJW 1999, 2373 B.II.2.b)bb).
396 BGH NJW 1999, 2372 B.II.2.a).
397 Vgl. auch *Leipold,* FS Stoll, 629.
398 Vgl. zu den angelegten Maßstäben: *Leipold,* FS Stoll, 629.
399 Vgl. *Schulze,* IPRax 1999, 343, 346.

Wertungen beinahe vollständig ausgeblendet werden.[400] Im Rahmen der ordre public-Prüfung seien die rechtlich tatsächlich eintretenden Folgen der Vollstreckung für die Person des Schuldners ausschlaggebend für die Versagung der Anerkennung und eben nicht die Wertungen rechtlicher Art, welche hinter der ausländischen Entscheidung stehen.[401] Hinsichtlich des Zeitpunkts dieser Bewertung sei auf die Verhältnisse „im Zeitpunkt der letzten tatsächlichen Entscheidung über die Vollstreckbarerklärung abzustellen".[402] Im Unterschied zur *Sonntag*-Entscheidung nahm der BGH in dieser Entscheidung eine systematische Prüfung der Voraussetzungen, welche für einen eventuellen Verstoß gegeben sein müssten, unter Berücksichtigung des richtigen Zeitpunkts vor. Auch wird deutlich, dass der BGH hier bereits eine anerkennungsfreundlichere Entscheidungsfindung anstrebt, als noch in der *Sonntag*-Entscheidung. Das Abstellen auf die rechtlich tatsächlich eintretenden Folgen statt der Berücksichtigung der ausländischen Entscheidungsfindung, welche einer verbotenen *révision au fond* nahe käme, führt dazu, dass eben nur offensichtliche Verstöße gegen den ordre public sanktioniert werden und sich nicht über das Verbot der *révision au fond* hinweggesetzt wird. Damit werden Eigenarten ausländischer Verfahrensordnungen grundsätzlich akzeptiert und nur im Falle eines vermuteten eklatanten Widerspruchs überprüft.

B. Inhaltsbestimmung des europäischen verfahrensrechtlichen ordre public verbunden mit einer Abgrenzung zum nationalen bzw. internen ordre public

Die Inhaltsbestimmung des europäischen verfahrensrechtlichen ordre public erscheint schon in der Theorie verwirrend und schwer verständlich.[403] Daher ist es nicht verwunderlich, dass es aus deutscher nationaler Perspektive nicht immer gelingt, exakt auf die einzelnen Bestandteile der Vorbehaltsklausel einzugehen und zu berücksichtigen, dass auch in diesem Zusammenhang im Anwendungsbereich des Unionsrechts der Vorrang des Unionsrechts zu beachten ist. Die nachfolgend untersuchten Entscheidungen zeichnen die Inhaltsbestimmung des europäischen verfahrensrechtlichen ordre public nach.

400 *Schulze,* IPRax 1999, 344, 347.
401 *Schulze,* IPRax 1999, 345.
402 BGH NJW 1999, 2373 B.II.2.b)bb).
403 Vgl. die Ausführungen auf S. 18 ff.

I. Das Verfahrensgrundrecht auf rechtliches Gehör als Bestandteil des ordre public

1. Tatbestand

In dem Beschluss des BGH[404] ging es um die Frage der Anerkennungszuständigkeit US-amerikanischer Bundesgerichte sowie um Zustellungsfragen im deutsch-amerikanischen Verhältnis.[405] Die Klägerin hatte auf Schadensersatz aus einem Liefergeschäft vor einem US-Bundesgericht im Staat Wisconsin geklagt und in diesem Zusammenhang ein Versäumnisurteil gegen die amerikanische Vertragspartnerin sowie deren deutschen Geschäftsleiter und alleinigen Anteilseigner erzielt. Eine Ladung der Beklagten nach Zustellung der Klage zum Verhandlungstermin war mangels Einlassung nicht erfolgt. Dieses Versäumnisurteil sollte auf Betreiben der Klägerin in Deutschland für vollstreckbar erklärt werden, wobei die Anerkennungszuständigkeit des US-Bundesgerichts auf den Vermögensgerichtsstand nach § 23 S. 1 1. Alt. ZPO zurückgeführt wurde, da die in Deutschland wohnenden Beklagten ein Grundstück in den USA besaßen. Mangels staatsvertraglicher Regelungen zur Anerkennung und Vollstreckung hatte der BGH die Prüfung anhand der §§ 328, 722 ZPO vorzunehmen.

2. Entscheidung des BGH

Für den in Rede stehenden Überblick der Rechtsprechung zum verfahrensrechtlichen ordre public sind die Ausführungen des OLG Hamm bzw. des BGH zur Anerkennungszuständigkeit nicht entscheidend, so dass im Folgenden nur auf die Ausführungen des BGH zu § 328 Abs. 1 Nr. 4 ZPO Bezug genommen wird: Der BGH prüfte zunächst, ob die Tatsache, dass die Beklagten nicht zu der Verhandlung geladen wurden, einen Verstoß gegen den ordre public darstelle.[406] Ein solcher Verstoß gegen den verfahrensrechtlichen ordre public wurde mit der Begründung verneint, dass dieser zwar das Verfahrensgrundrecht auf rechtliches Gehör gemäß Art. 103 GG enthalte, selbiges Grundrecht sich aber keinesfalls auf eine bestimmte verfahrensrechtliche Ausgestaltung erstrecke, sondern es vielmehr darauf ankomme, dass der Beteiligte in der Lage gewesen sei, auf den Verfahrensablauf aktiv einzuwirken.[407] Für die im vorliegenden Fall gegebene Situation, dass der Beklagte diese Möglichkeit habe, obliege es ihm selbst, seine

404 BGH, 29.4.1999 – IX ZR 263/97 (OLG Hamm), BGH NJW 1999, 3198 ff.
405 *Stürner/Bormann*, JZ 2000, 81.
406 BGH NJW 1999, 3200.
407 BGH NJW 1999, 3200; vgl. BGHZ 48, 330.

Rechte ordnungsgemäß wahrzunehmen.[408] Der Beklagte habe nach Zustellung der Klageschrift die Möglichkeit gehabt, aktiv auf den Prozesshergang Einfluss zu üben.[409] Wenn er diese Möglichkeit aber nicht wahrnehme, so könne er sich auch nicht auf einen Verstoß gegen Art. 103 GG berufen.[410]

Weiterhin untersuchte der BGH, ob ein Verstoß gegen den verfahrensrechtlichen ordre public unter dem Blickwinkel des Prozessbetrugs gegeben sei, was er jedoch auf Grund der Tatsache, dass sich die Beklagten nicht eingelassen haben, von vornherein verneinte.[411]

3. Stellungnahme

In der hier erörteten Entscheidung nimmt der BGH insoweit eine inhaltliche Ausgestaltung des ordre public-Vorbehaltes vor, als dass Verfassungsgarantien des Grundgesetzes, namentlich das Verfahrensgrundrecht auf rechtliches Gehör, für maßgeblich erklärt werden. Die anerkennungsfreundliche Entscheidung verdient bereits deshalb Zustimmung, da in dem konkreten Verfahren das Verfahrensgrundrecht auf rechtliches Gehör nicht verletzt worden war.[412] Denn der Beklagte hätte die Möglichkeit gehabt auf den Verfahrensablauf aktiv einzuwirken, um für die ordnungsgemäße Wahrnehmung seiner Rechte zu sorgen.[413] Insofern kam es auf die Beantwortung der Frage, ob im Anerkennungsverfahren von einer Präklusion auszugehen war oder nicht, nicht mehr an.[414]

Zustimmung verdient der BGH auch im Hinblick auf die inhaltliche Ausgestaltung des ordre public-Vorbehaltes. Denn nur wenn die nationalen Gerichte sich an der inhaltlichen Ausgestaltung der Klausel beteiligen, kann auf lange Sicht die überwiegende Anerkennungsfreundlichkeit von Entscheidungen sichergestellt werden. Schließlich erscheint auch die Tatsache, dass der BGH hier auf Art. 103 GG und nicht auf Art. 6 Abs. 1 EMRK abstellte, nicht bedenklich, da kein rein mitgliedsstaatlicher Sachverhalt gegeben war und mangels staatsvertraglicher Vorschriften auch eine Prüfung anhand der deutschen nationalen Verfahrensordnung erfolgt.[415] Zwar hätte der BGH auch die Prüfung anhand des Maßstabes von

---

408 BGH NJW 1999, 3201; vgl. BGHZ 118, 321.

409 BGH NJW 1999, 3200.

410 BGH NJW 1999, 3201.

411 BGH NJW 1999, 3202 f.

412 So im Ergebnis auch: *Haas,* IPRax 2001, 200.

413 BGH NJW 1999, 3201.

414 Vgl. *Haas,* IPRax 2001, 200.

415 Vgl. zu der kompetenzrechtlichen Situation nach dem Vertrag von Lissabon *Gsell/Netzer,* IPRax 2010, 407; die Begründung eines Verstoßes anhand deutscher Verfahrensgrundrechte in der Rechtssache *Krombach* kritisierend *Hess,* IPRax 2001, 303 und ablehnende Stellungnahme zur Ansicht von *Hess,* vgl. *Becker,* S. 135.

Art. 6 EMRK prüfen können, als dass insbesondere dann, wenn der Urteilsstaat nicht Mitgliedsstaat der EMKR ist, den Anerkennungsstaat, vorliegend also die Bundesrepublik Deutschland, eine Pflicht trifft, Art. 6 EMRK zu wahren.[416] Eine Anwendung von Art. 6 EMRK muss jedoch dann nicht erfolgen, wenn das nach den Maßstäben der Konvention geforderte Minimum auch unter Anwendung der deutschen Grundrechte sichergestellt ist. In der vorliegenden Entscheidung führte der Gerichtshof auch die in BGHZ 118, 312, 320 f. entwickelten Ansätze fort, indem er für die Anerkennung des Urteils darauf abstellte, ob eine solche zu einem Ergebnis führen würde, welches mit wesentlichen Grundsätzen des deutschen Rechts offensichtlich unvereinbar wäre.[417] Der Beschluss stellt somit ein anerkennungsfreundliches Beispiel für die Rechtsprechung des BGH zum verfahrensrechtlichen ordre public dar und ist folglich positiv zu bewerten.

II. Die Beachtung von Art. 6 Abs. 1 EMRK innerhalb des verfahrensrechtlichen ordre public

Die Entscheidung des OLG Hamburg[418] zeigt auf, dass die Anwendung von Art. 6 EMRK in der nationalen Rechtsprechung zurückhaltend erfolgt.

1. Tatbestand

Ein italienisches Unternehmen wurde in einer deutschen Zeitschrift beschuldigt, spanisches Olivenöl in Deutschland als italienisches Originalprodukt zu vertreiben. Daraufhin erwirkten das in Rede stehende Unternehmen und sein Rechtsnachfolger vor dem Zivilgericht in Imperia (Italien) ein Urteil, welches den Verfasser des Artikels sowie den Chefredakteur und den Verleger der Zeitung gesamtschuldnerisch zur Zahlung von Schadensersatz in Höhe von 50.000 € verurteilte. Der Verleger wurde darüber hinaus zu einer Entschädigungszahlung in Höhe von 10.000 € nach Art. 12 des italienischen Gesetzes Nr. 47 verurteilt. Die Antragsgegner legten gegen das Urteil Berufung ein und die Berufungsverhandlung wurde auf das Jahr 2011 terminiert. Das LG Hamburg erklärte das Urteil für vollstreckbar. Die hiergegen gerichtete Beschwerde der Antragsgegner unter Geltendmachung des ordre public-Einwandes nach Art. 34 Nr.1 EuGVVO vor dem OLG Hamburg war nicht erfolgreich.[419]

416 Vgl. EGMR, Urteil vom 20.7.2001, *Pellegrini/Italien*, Slg. 2001-VIII; ausführlich zur Auswirkung dieser Entscheidung auf den verfahrensrechtlichen ordre public s. *Thoma*, S. 95 ff. m.w.N.

417 *Roth*, ZZP 112 (1999), 491.

418 OLG Hamburg, 18.11.2008 – 6 W 50/08.

419 Zur Zusammenfassung des Tatbestands vgl. *Spegele*, EuLF 2009 II-14.

2. Entscheidung des OLG Hamburg

Die Zurückweisung der Beschwerde begründete das OLG damit, dass kein Verstoß gegen den ordre public vorliege.[420] In der Prüfung des von den Antragstellern erhobenen ordre public-Einwandes unterschied das OLG inhaltlich zwischen dem verfahrensrechtlichen und dem materiellrechtlichen ordre public. Hinsichtlich ersterer Ausprägung ging das Gericht auf die lange Verfahrensdauer ein, stellte aber heraus, dass den Antragsstellern effektiver Rechtsschutz gewährt werden und die Frage eines Verstoßes gegen Art. 6 Abs. 1 EMRK insofern dahinstehen müsse.[421]

In Bezug auf den materiellen ordre public prüfte das Gericht, ob die Tatsache, dass der Gesellschaft Ersatz für immaterielle Schäden zugesprochen wurde, mit dem deutschen ordre public zu vereinbaren sei. Hierbei sei unschädlich, dass der Gesellschaft selbst Ersatz für immaterielle Schäden zugesprochen werde, auch wenn dies dem deutschen Recht fremd wäre.[422] Ein Verstoß gegen den ordre public könne schließlich nur angenommen werde, wenn es durch die Anerkennung und Vollstreckung zu unerträglichen Widersprüchen mit dem deutschen Recht käme. Indes könne auch nach deutscher Rechtsprechung einer Gesellschaft Ehrschutz gewährt werden, wenn ihr sozialer Geltungsanspruch in ihrem Aufgabenbereich betroffen würde, was vorliegend zu bejahen sei.[423] Weiter verglich das OLG das italienische Urteil mit Entscheidungen aus dem anglo-amerikanischen Rechtskreis auf Zuerkennung von sogenannten *punitive damages,* welche wegen Verstoßes gegen den deutschen ordre public nicht anerkannt werden können.[424] Das OLG kam zu dem Ergebnis, dass die vorliegend zugesprochene Entschädigung damit jedoch nicht vergleichbar sei, da sie nach dem Gesetzeswortlaut schwerpunktmäßig auf Wiedergutmachung und nicht auf Bestrafung abziele.[425] Darüber hinaus sei die zugesprochene Entschädigung schon aufgrund ihrer Höhe nicht mit *punitive damages* zu vergleichen, da die Entschädigung nur ein Fünftel des sonstigen Schadensersatzes betrage.[426]

420 OLG Hamburg, EuLF 2009 II-11 f.

421 OLG Hamburg, EuLF 2009 II-11.

422 OLG Hamburg, EuLF 2009 II-12; BGH NJW 1980, 2807, 2810.

423 OLG Hamburg, EuLF 2009 II-12.

424 OLG Hamburg, EuLF 2009 II-11 f.; zu der Entscheidung des BGH im Hinblick auf *punitive damages* s. BGHZ 118, 312.

425 OLG Hamburg, EuLF 2009 II-12 f.

426 OLG Hamburg, EuLF 2009 II-13.

3. *Stellungnahme*

Richtigerweise differenziert das OLG in seiner Prüfung zwischen materiellem und verfahrensrechtlichem ordre public. Ob jedoch die Verneinung des ordre public-Verstoßes zutreffend ist, erscheint fraglich. Die Schlussfolgerungen des Gerichts zum materiellen ordre public werden dabei nicht bewertet, da dies nicht Thema der vorliegenden Arbeit ist. Zu beachten sind jedoch die Bemerkungen des Gerichts zum verfahrensrechtlichen ordre public im Hinblick auf die lange Verfahrensdauer. So führt das OLG aus, es könne dahinstehen, ob die Verfahrensdauer noch den Anforderungen von Art. 6 Abs. 1 EMRK entspricht.[427] Dies ist insofern zu kritisieren, als dass Art. 6 Abs. 1 EMRK Bestandteil des europäischen verfahrensrechtlichen ordre public ist und damit im Falle eines ordre public-Einwandes auch geprüft werden muss. Ob im Falle einer Prüfung dann ein negatives Ergebnis erzielt wird, steht auf einem anderen Blatt. Die Ausführungen des OLG deuten die Schwierigkeiten der Rechtsprechung hinsichtlich des Inhalts des ordre public an. Es wirkt so, als sei es dem OLG nicht bewusst gewesen, dass aufgrund des Geltungsvorrangs des Unionsrechts dieses die nationale Vorbehaltsklausel ergänzt und erweitert und es insofern sehr wohl auf die Prüfung von Art. 6 Abs. 1 EMRK angekommen wäre. Der Aspekt der Inhaltsbestimmung wird insofern zwar von dem Gericht berücksichtigt, diese gelingt jedoch nur unvollständig und ungenau.

III. Die Eingrenzung des Anwendungsbereichs von europäischen Grundsätzen im Rahmen des nationalen ordre public

1. *Tatbestand und Entscheidung*

In diesem Beschluss des BGH vom 29.1.2009[428] ging es um die Vollstreckbarerklärung eines inländischen Schiedsspruches, der eine Insolvenzforderung feststellte, die nicht vorher in gleicher Weise nach Grund und Betrag zur Insolvenztabelle angemeldet wurde.[429] Diese Tatsache verstößt nach Auffassung des BGH gegen den ordre public und ist nach § 1059 II Nr. 2 lit. b ZPO aufzuheben. Dies begründetet der BGH damit, dass § 87 InsO, welcher die gleichmäßige und gemeinschaftliche Befriedigung aller Insolvenzgläubiger aus dem Schuldnervermögen sicherstellen soll, zum Kern des Insolvenzrechts gehöre und damit auch Teil

---

427 OLG Hamburg, EuLF II-11.

428 BGH, 29.1.2009 – III ZB 88/07 (OLG Köln).

429 BGH NJW 2009, 1747.

des ordre public sei.[430] Da es sich jedoch um einen inländischen Schiedsspruch handelte, sei, wie der BGH ausführt, der ordre public *interne* einschlägig.[431] Für einen inländischen Schiedsspruch gelte aus Gründen der Rechtssicherheit grundsätzlich der engere ordre public *interne*. Die Tatsache, dass der Schiedsrichter ausländischer Staatsangehörigkeit ist, ändere daran nichts.[432]

2. Stellungnahme

Der Beschluss des BGH zeigt wie *BGH, Beschluss vom 29.4.1999 – IX ZR 263/97(OLG Hamm)*[433] auf, dass einheitliche unionsrechtliche Maßstäbe im Rahmen der ordre public-Prüfung vorerst (wohl) nur dort zum Tragen kommen, wo auch europäisches Recht Anwendung finden muss; dort, wo die nationale Rechtsordnung anzuwenden ist, auch weiterhin auf die nationalen Grundsätze im Rahmen der ordre public-Prüfung zurückzugreifen ist. Es ist also festzustellen, dass trotz der fortschreitenden Europäisierung in diesen Fällen eher ein nationaler als ein europäischer Prüfungsmaßstab angelegt wird und insofern noch nicht davon gesprochen werden kann, dass eine Verdrängung der nationalen verfahrensrechtlichen Vorbehaltsklausel durch den europäischen verfahrensrechtlichen ordre public bereits jetzt zu verzeichnen ist. Insbesondere im Hinblick auf die Handhabung des ordre public im Internationalen Schiedsrecht ist es dabei außergewöhnlich, dass nicht auf den großzügigeren ordre public *international* abgestellt wird. Die Bestimmung des Inhalts des europäischen ordre public wird folglich in dieser Entscheidung in Form einer Negativabgrenzung vorgenommen, indem der BGH klarstellt, dass in rein nationalen Sachverhalten auch nur nationale Inhalte den ordre public ausfüllen, was aber nicht bedeuten kann, dass Unionsrecht völlig außer Acht zu lassen ist.

Gerade im Internationalen Schiedsrecht sind ausländische Schiedssprüche am Maßstab eines ordre public *international* zu messen, da eine Berührung mit der deutschen Rechtsordnung häufig allein durch den Willen der Parteien, Deutschland als neutralen Sitz des Schiedsverfahrens zu wählen, bedingt ist.[434] Insofern haben die deutschen Gerichte nur ein sehr begrenztes Interesse an einer eingehenden Kontrollmöglichkeit; die Prüfung anhand eines liberaleren ordre public *international* genügt.[435] Weiterhin besteht das Interesse an der größtmöglichen Finalität des Schiedsspruchs, weshalb die Kontrolle des Schiedsspruchs

430 BGH NJW 2009, 1748 f.

431 BGH NJW 2009, 1749, Rn. 27.

432 BGH NJW 2009, 1749, Rn. 27.

433 BGH NJW 1999, 3198 ff.

434 Vgl. *Raeschke-Kessler/Berger,* Rn. 1002.

435 Vgl. *Harbst,* SchiedsVZ 2007, 23; vgl. BGHZ 98, 70f.; BGHZ 110, 104; *Baur,* S. 15 f.; *v. Winterfeld,* NJW 1987, 3059, 3060.

durch die deutschen Gerichte begrenzt sein muss. Man spricht von einer engen Handhabung der Klausel im Rahmen des Art. V Abs. 2 lit. b UNÜ.[436] In der Praxis wird die Rüge des ordre public – wie bereits gesagt[437] – häufig dazu gebraucht, den Gerichten die sonst nicht zugelassene uneingeschränkte Prüfungskompetenz (Verbot der *révision au fond*) zukommen zu lassen, um einen nicht vorteilhaften Schiedsspruch zu überprüfen und den Grundsatz der Finalität des Schiedsspruches zu umgehen. Daher führen nur Verstöße gegen den ordre public *international* zur Aufhebung eines Schiedsspruchs.[438] Hinzuzufügen ist, dass die Parteien eines Schiedsverfahrens freiwillig diese Form des außerstaatlichen Verfahrens gewählt haben und insofern auch weniger Anspruch auf staatlichen Schutz haben, als Parteien eines staatlichen Gerichtsverfahrens.[439] Im vorliegenden Fall handelte es sich jedoch um inländische Schiedssprüche, so dass aus Gründen der Rechtssicherheit der weniger anerkennungsfreundliche ordre public *interne* Anwendung finden konnte, auch wenn das im Ergebnis (wie bereits gesagt) nicht bedeuten kann, dass das Unionsrecht keine Wirkung entfaltet.

IV. Die Konkretisierung des Schutzbereiches des Rechts auf rechtliches Gehör als Bestandteil des verfahrensrechtlichen ordre public

1. Tatbestand

Der vorliegende Beschluss des BGH[440] betraf die Vollstreckbarkeit einer ausländischen Entscheidung über Vaterschaft und Unterhaltspflicht. Der BGH kam zu dem Ergebnis, dass die ausländische Entscheidung wegen Verstoßes gegen den verfahrensrechtlichen ordre public nach Art. 34 Nr. 1 EuGVVO in Deutschland nicht anzuerkennen sei und daher auch nicht für vollstreckbar erklärt werden könnte.[441] Ausgangspunkt des Rechtsstreits um die Vollstreckbarkeit des Urteils eines polnischen Gerichts vom 3.2.2005 war die nichterfolgte Zustellung der Klage an den Antragsgegner. Die Klage des am 1.8.1999 nichtehelich geborenen Antragstellers auf Feststellung der Vaterschaft und auf Zahlung von Kindesunterhalt wurde dem in Deutschland wohnhaften Antragsgegner am 17.4.2004 im Wege

436 *Wilke,* S. 81.
437 S. 34 f.
438 *Raeschke-Kessler/Berger,* Rn. 1002.
439 Zum Internationalen Schiedsrecht <§ 1 C. III. 3. a)>.
440 BGH, 26.8.2009 – Az XII ZB 169/07 (OLG Köln)=BHGZ 182, 188= BGH NJW 2009, 3306.
441 In Abgrenzung zu: BGH NJW 1986, 2193=FamRZ 1986, 667, BGH NJW 1997, 2051=FamRZ 1997, 491f.

der Rechtshilfe zugestellt. Hinsichtlich der Zustellung im Ausland sieht das polnische Zivilverfahrensgesetzbuch (ZVGB) vom 17.11.1964 in Art. 1135 folgendes Verfahren vor:[442]

Art. 1135.

§ 1. Eine im Ausland wohnhafte Person ist verpflichtet, wenn sie nicht einen in Polen wohnhaften Bevollmächtigten zur Führung einer Rechtssache bestellt hat, einen Zustellungsbevollmächtigten in Polen zu benennen.

§ 2. Wird ein Zustellungsbevollmächtiger nicht benannt, so verbleiben die für die Partei bestimmten gerichtlichen Schriftstücke in den Akten der Sache mit der Wirkung der Zustellung. Die Partei ist hierüber bei der ersten Zusendung zu belehren. Die Partei muss auch über die Möglichkeit zur Einreichung einer Erwiderung auf den das Verfahren einleitenden Schriftsatz und schriftliche Erklärungen belehrt werden sowie darüber, wer zum Bevollmächtigten bestellt werden kann.

Der Antragsgegner benannte weder einen Verfahrensbevollmächtigten noch einen Zustellungsbevollmächtigten in Polen, obwohl er über die Folgen der Untätigkeit belehrt worden war. Folglich wurden keine weiteren Zustellungsversuche vorgenommen. Bei der Vernehmung des Antragsgegners am 20.12.2004 durch das AG G. im Wege der Rechtshilfe hatte der Antragsgegner eingeräumt, die Mutter des Klägers vor mehreren Jahren in K. kennengelernt zu haben und ihr auch eine Übernachtungsmöglichkeit geboten zu haben, zu geschlechtlichem Verkehr sei es indes nicht gekommen. Ferner habe die Frau ihm gegenüber zugegeben, im Bordell gearbeitet zu haben. Als sie später hochschwanger bei ihm erschien, habe er sie ins Krankenhaus gefahren, wo sie entbunden habe. Der Antragsgegner regte ferner die Einholung eines Gutachtens in der Sache an, um zu verhindern, dass aufgrund falscher Angaben der Kindsmutter in Polen seine Vaterschaft festgestellt wurde; darüber hinaus war er bereit sich einer Untersuchung in Deutschland zu unterziehen.

Die Großmutter des Antragsstellers gab in ihrer Anhörung vom 3.2.2005 am polnischen AG zu Protokoll, dass die Kindsmutter ihr aus Deutschland geschrieben habe, dass sie schwanger sei und bei dem Antragsgegner wohne. Bei ihrer Rückkehr nach Polen, als der Antragssteller bereits 16 Monate alt war, hatte sie ihr gegenüber den Antragsgegner „entschlossen“ als den Vater des Kindes benannt. Hinsichtlich des Vorwurfs der Prostitution könne sie keine sicheren Aussagen machen.

442 Zit. nach *Bergmann/Ferid/Henrich,* Internationales Ehe- und Kindschaftsrecht, Länderabschnitt Polen, Stand: 6.5.2009, S. 89.

Nach der Vernehmung der Großmutter des Antragsstellers wurde das Urteil, an den Antragssteller monatlichen Unterhalt von 500 polnischen Zlotys (PLN)[443] ab dem 21.4.2004 zu zahlen, verkündet und mündlich begründet.

2. Entscheidung des BGH

Dem Beschluss des BGH lag die Frage zu Grunde, ob die grobe Verletzung einer Sachaufklärungspflicht anzunehmen ist, wenn das Gericht in einer Abstammungssache kein Sachverständigengutachten einholt und seine Entscheidung einzig auf eine Zeugenaussage vom Hörensagen stützt.

Hinsichtlich der Entscheidungsgründe des BGH ist hervorzuheben, dass wie das OLG nach Ansicht des BGH zu Recht angenommen hatte, in diesem Fall die Anerkennung und Vollstreckung des polnischen Urteils über Kindesunterhalt in Abhängigkeit zu der Anerkennungsfähigkeit zu der getroffenen Vaterschaftsfeststellung steht.[444] Dies sei, wie der BGH ausführt, eine Ausnahme, die damit zu begründen sei, dass der Unterhaltstitel auf der Statusentscheidung beruhe und insofern über die Vaterschaft als Vorfrage mitzuentscheiden sei.[445] Der BGH hebt weiter hervor, dass sowohl nach Art. 36 EuGVVO als auch nach Art. 12 des Haager Übereinkommens über die Anerkennung und Vollstreckung von Unterhaltsentscheidungen vom 2.10.1973 (HUVÜ 73)[446] keine *révision au fond* stattfinden und folglich die Entscheidung nicht in der Sache selbst nach geprüft werden dürfe.[447] Eine Ausnahme von diesem Verbot könne nur bei „besonders gravierenden Verstößen gegen den ordre public" gemacht werden, diese Voraussetzungen seien jedoch im vorliegenden Fall gegeben.[448] Der BGH führt weiter aus, dass die Bestimmungen der EuGVVO neben dem HUVÜ 73 angewandt werden können, vgl. Art. 23 HUVÜ 73.[449] Dies ergebe sich aus dem Günstigkeitsprinzip.[450] Jedoch sei auf die Vorfrage der Anerkennungsfähigkeit des Vaterschaftsfeststellungsurteils weder die EuGVVO, vgl. Art. 1 Abs. 2 a) EuGVVO, noch das HUVÜ 73, vgl. Art. 1 Abs. 1 HUVÜ 73, anwendbar, weshalb sich diese Frage in Ermangelung europarechtlicher Regelungen nach dem autonomen Recht der Bundesrepublik gemäß

443 Dies entspricht in etwa 125 Euro.

444 BGH NJW 2009, 3306 Rn. 12; vgl. dazu: *Martiny*, FamRZ 2008, 1681.

445 BGH NJW 2009, 3306 Rn. 13; anders in Bezug auf Scheidungsurteile, da die Unterhaltspflicht für ein Kind unabhängig von der Ehescheidung der Eltern besteht: BGH NJW–RR 2007, 722 =FamRZ 2007, 717 Rn.17 f.

446 BGBl. 1986 II 825, vgl. zum HUVÜ 73 weiter: *Martiny*, FamRZ 2008, 1685.

447 BGH NJW 2009, 3306 Rn. 14.

448 BGH NJW 2009, 3306 Rn. 14.

449 Vgl. auch (allerdings noch zum EuGVÜ): *Heiderhoff*, IPRax 2004, 99, 100.

450 BGH NJW 2009, 3306 Rn. 16; *Martiny*, FamRZ 2008, 1685.

§ 328 ZPO richte.[451] Der BGH führt weiterhin aus, dass der Grundsatz des rechtlichen Gehörs als Inhalt des verfahrensrechtlichen ordre public auch innerhalb des Vollstreckungsverfahrens gelte, als dass das verfahrenseinleitende Schriftstück ordnungsgemäß und so rechtzeitig zugestellt worden sein müsse, dass der Beklagte die Möglichkeit erhalte, sich hinreichend zu verteidigen.[452] Der BGH weist anschließend auf die in *Renault*[453] aufgestellten Grundsätze zu den Voraussetzungen der Annahme eines Verstoßes gegen den europäischen verfahrensrechtlichen ordre public hin. Dazu stellt er erneut heraus, dass ein Versagungsgrund nur dann bestehe, wenn die ausländische Entscheidung auf Grund eines Verfahrens ergangen ist, welches so erheblich von den Verfahrensgrundsätzen des deutschen Rechts abweicht, dass nicht mehr davon ausgegangen werden kann, dass die Entscheidung im Rahmen eines rechtsstaatlichen Verfahrens ergangen ist.[454] Der BGH konkretisiert ferner den Schutzbereich des Rechts auf rechtliches Gehör, indem er ausführt, dass der Schutzbereich verschiedene verfahrensrechtliche Ausgestaltungen erfasse, da auf die Rechtsgrundsätze des Art. 103 Abs. 1 GG abzustellen sei.[455] Diese darin enthaltenen Rechtsgrundsätze, namentlich das Prinzip der Rechtsstaatlichkeit, das Gebot der Achtung der Menschenwürde und die Grundsätze des *fair trial*, dienen – so der BGH – der „Konkretisierung des gem. Art. 23 Nr. a Brüssel I-VO bzw. Art. 5 Nr. 1 HUVÜ 73 maßgeblichen verfahrensrechtlichen ordre public".[456] Entscheidend ist die Aussage des BGH, welche beinhaltet, dass der Ablauf des Verfahrens im Rahmen der ordre public-Prüfung nur unter Berücksichtigung des Systems und der Struktur des ausländischen Rechts erfolgen könne. Im Rahmen der Feststellung der Vaterschaft gäbe es – so der BGH – jedoch keinen einheitlichen Maßstab dahingehend, wie ein Gericht seine Überzeugung von der Vaterschaft gewinnen müsse.[457] Der BGH führt in diesem Zusammenhang die Bedeutung der Art und Weise des richterlichen Verfahrens an, welche nicht den Prinzipien von Art. 103 Abs. 1 GG widersprechen dürfe.[458] Auch stehe die Tatsache, dass der Antragsgegner kein Rechtsmittel gegen das amtsgerichtliche Urteil eingelegt habe, der Geltendmachung seines Einwandes nicht entgegen, da der Beklagte nach seiner Einvernahme im Wege der Rechtshilfe noch nicht mit einer baldigen Entscheidung rechnen müsse.[459] Insbesondere habe der Antragsgegner keine Kenntnis von der

451 BGH NJW 2009, 3307 Rn. 18 b; *Geimer*, IPRax 2004, 419.
452 BGH NJW 2009, 3308, Rn. 24.
453 EuGH, Urteil vom 11.5.2000, Rs. C-38/98, *Renault/Maxicar*, Slg. 2000 I-2973.
454 BGH NJW 2009, 3308, Rn. 25; Verweis auf EuGH, Urteil vom 11.5.2000, Rs. C-38/98, *Renault/Maxicar*, Slg. 2000 I-2973.
455 BGH NJW 2009, 3308, Rn. 26.
456 BGH NJW 2009, 3308, Rn. 26.
457 BGH NJW 2009, 3308, Rn. 28.
458 BGH NJW 2009, 3308, Rn. 28; BGHZ 48, 327[333] = NJW 1968, 354.
459 BGH NJW 2009, 3309, Rn. 39 ff. ; vgl. *Rauscher*, Anmerkung zu BGH, Beschluss vom 26.08.2009 – XII ZB 169/07 (OLG Köln), LMK 2009, 293153.

Entscheidung gehabt, da sie ihm nicht zugestellt worden sei, weshalb er folglich auch nicht durch seine fehlende Rüge präkludiert werden könne.[460]

3. Stellungnahme

Hinsichtlich der ordre public-Prüfung des BGH ist hervorzuheben, dass der BGH zwar zunächst auf die EuGVVO als europäische Verordnung abstellt und die darin enthaltene Vorbehaltsklausel systematisch prüft. Mangels Anwendbarkeit der EuGVVO nimmt der BGH die ordre public-Prüfung jedoch im Rahmen von § 328 Abs. 1 Nr. 4 ZPO vor. Dies erklärt jedoch nicht, weshalb das Gericht auch auf Art. 103 GG und nicht auf Art. 6 EMRK abstellt. Der Rückgriff auf die nationale Regelung statt der unionsrechtlichen Vorschrift setzt die in der Urteilserwiderung zu *Krombach* begonnene Linie fort.

Die Anerkennung der Statusentscheidung, welche im vorliegenden Beschluss noch nach § 328 ZPO erfolgte, ist mangels europarechtlicher oder völkervertraglicher Regeln ab dem 1.9.2009 nach §§ 108, 109 FamFG vorzunehmen.[461] Der BGH stellt heraus, dass eine auf die bloße Zeugenaussage der Mutter gestützte Abstammungsfeststellung für den Fall, dass die Begutachtung des mutmaßlichen Vaters nicht möglich war, noch keinen Verstoß gegen den verfahrensrechtlichen ordre public darstelle.[462] Im vorliegenden Beschluss stellt es sich anders dar, da der Beklagte jeglichen Geschlechtsverkehr mit der Mutter bestritten hat sowie unbestritten vorgetragen hat, dass die Mutter des Kindes der Prostitution nachgegangen sei und zudem bereit war, jederzeit an einem Abstammungsgutachten mitzuwirken.[463] Mit *Rauscher*[464] ist allerdings davon auszugehen, dass angesichts der technischen kostengünstigen Möglichkeiten der Vaterschaftsfeststellung eine Vereinbarkeit der Abstammungsfeststellung aufgrund von Zeugenaussagen mit dem verfahrensrechtlichen ordre public nur anzunehmen ist, wenn der Puta-tivvater die sachverständige Begutachtung vereitelt. Dies erscheint im Interesse der hohen Bedeutung der „Abstammungswahrheit" für den Einzelnen richtig.[465]

---

460 BGH NJW 2009, 3310, Rn. 41.

461 Vgl. *Rauscher*, Anmerkung zu BGH, Beschluss vom 26.8.2009 – XII ZB 169/07 (OLG Köln), LMK 2009, 293153.

462 BGH NJW 1986, 2193; BGH NJW 1997, 2051.

463 *Henrich*, Anmerkung zu BGH, Beschluss vom 26.8.2009 – XII ZB 169/07 (OLG Köln), NJW 2009, 1821; *Rauscher*, Anmerkung zu BGH, Beschluss vom 26.8.2009 – XII ZB 169/07 (OLG Köln), LMK 2009, 293153.

464 *Rauscher*, Anmerkung zu BGH, Beschluss vom 26.8.2009 – XII ZB 169/07 (OLG Köln), LMK 2009, 293153.

465 Vgl. *Rauscher*, Anmerkung zu BGH, Beschluss vom 26.8.2009 – XII ZB 169/07 (OLG Köln), LMK 2009, 293153.

Im Zusammenhang mit der Konkretisierung des Schutzbereiches des rechtlichen Gehörs erscheint es seltsam, dass der BGH statt auf den ordre public-Vorbehalt in Art. 34 Nr. 1 EuGVVO nun auf Art. 23 lit. a der Brüssel IIa-VO hingewiesen hat. Es ist jedoch davon auszugehen, dass der BGH in der Zitierung die EuGVVO lediglich mit der Brüssel IIa-VO verwechselt und dem keine weitere Bedeutung beizumessen ist.[466]

Wichtig an der Entscheidung ist weiterhin, dass der BGH deutlich macht, dass das Fehlen einer schriftlichen Begründung eines Urteils noch nicht ausreicht, um einen Verstoß gegen den verfahrensrechtlichen ordre public anzunehmen.[467] Denn der ordre public darf im europäischen Zivilverfahrensrecht nur zur Anwendung gelangen, wenn äußerste Grundmaximen der europäischen oder der nationalen Rechtsordnung verletzt werden. Die Tatsache, dass ein Urteil nicht schriftlich begründet wurde, ist sicherlich zu kritisieren, aber lässt allein noch nicht auf ein unfaires Verfahren schließen. Die Ausführungen des BGH zur Rechtsmittelobliegenheit gewähren Hinweise hinsichtlich der Auslegung von Art. 34 Nr. 2 EuGVVO.[468]

C. Zwischenergebnis zu den beschriebenen Entscheidungen

1. Die oben dargestellten Entscheidungen zeigen die Schwierigkeiten einer stringenten und durchgängigen Rechtsprechung bezüglich eines Rechtsinstituts auf, welches dem Wandel des Rechts und der Moralvorstellungen unterworfen ist und durch die Regelungen der Gemeinschaft geprägt und ausgefüllt werden soll.
2. Voraussetzung für die Annahme eines Verstoßes gegen den verfahrensrechtlichen ordre public muss aus deutscher Hinsicht stets die Offensichtlichkeit eines Verstoßes gegen wesentliche Grundsätze des nationalen Rechts sein, wozu aufgrund des Anwendungsvorrangs –innerhalb seines Anwendungsbereichs – auch das Unionsrecht zählt.
3. Die Inhaltsausfüllung des europäischen verfahrensrechtlichen ordre public erfolgt einerseits durch Abgrenzung zum rein nationalen Vorbehalt, andererseits durch die Berücksichtigung der Regelungen des Unionsrechts.
4. Die Entscheidungen des BGH zeigen die Bedeutung des ordre public im europäischen Zivilprozess als letztes Bollwerk zum Schutze wesentlicher Grundpfeiler auf. Verfahrenshergänge wie im Falle der Vaterschaftsfeststellung, über

466 So auch: *Henrich*, FamRZ 2009, 1821.
467 NJW BGH 2009, 3309, Rn. 38.
468 Vgl. *Rauscher*, Anmerkung zu BGH, Beschluss vom 26.8.2009 – XII ZB 169/07 (OLG Köln), LMK 2009, 293153.

die der BGH am 26.8.2009 zu entscheiden hatte, demonstrieren, dass die Zeit für eine Abschaffung des ordre public im europäischen Zivilverfahrensrecht noch nicht reif ist.

5. Im Rahmen der Definition dieser Grundpfeiler fällt auf, dass der BGH auch in den jüngeren Entscheidungen aus dem Jahre 2009 anstatt auf Art. 6 EMRK hinzuweisen, den alt bewährten Hinweis auf Art. 103 GG vorzieht und damit –überspitzt ausgedrückt – eine Renationalisierung bewirkt.

§ 3: Inhalt und Begrenzung des europäischen verfahrensrechtlichen ordre public

A. Inhalt des europäischen verfahrensrechtlichen ordre public

I. Äußerer und innerer Rahmen

Inhaltlich lässt sich der gemeineuropäische ordre public einerseits durch die Marktfreiheiten des primären Unionsrechts, wozu als eine Art fünfte Grundfreiheit die Urteilsfreizügigkeit zu zählen ist,[469] ausfüllen. Andererseits wird die Vorbehaltsklausel durch die Rechtsstaatsprinzipien der EMRK geprägt.[470] Aber auch der Binnenmarkt als solcher ist als ökonomischer Raum ohne Grenzen Bestandteil der Klausel.[471]

Seit dem Inkrafttreten des Vertrags von Lissabon[472] ist darüber hinaus die europäische Grundrechtecharta entscheidend für die inhaltliche Ausfüllung der gemeineuropäischen Klausel.[473] Diese zwingenden Regelungen des Unionsrechts bilden den äußeren Rahmen des europäischen ordre public.[474] Den inneren Rahmen des europäischen ordre public stellen daneben die wesentlichen Rechtsprinzipien der Mitgliedsstaaten, darunter insbesondere die nationalen Verfassungsgarantien dar.[475]

Im Rahmen der europäischen verfahrensrechtlichen ordre public-Prüfung wird die Einhaltung von grundlegenden Forderungen an die Gerechtigkeit des

469 *Prechal/Shelkoplyas,* (2004) 5 Europ.Rev.Priv.L., 601; *Hess,* IPRax 2001, 302, 390.

470 EGMR NJW 2006, 197 (202) Rn. 156; *Hess,* FS Jayme, 350; *Bruns,* JZ 1999, 27; *Heer-Reißmann,* NJW 2006, 193.

471 *Renfert,* S. 157.

472 ABl. Nr. C 306 S. 1, ber. ABl. 2008 Nr. C 111 S. 56 u. ABl. 2009 Nr. C 290 S. 1.

473 Vgl. *Kropholler/v. Hein,* EuZPR, Art. 34 Rn. 8.

474 *Hess,* EuZPR, § 6 Rn. 200.

475 *Hess,* EuZPR, § 6 Rn. 200.

Verfahrens überprüft.[476] In diesem Zusammenhang fließt dann auch die jeweilige nationale Verfahrensordnung des Zweitstaats in den Inhalt der Vorbehaltsklausel ein. Nach Auffassung von *Geimer*[477] werden dabei jedoch nicht konkrete zwingende Verfahrensnormen des Zweitstaates durchgesetzt, sondern die „hinter diesen Normen stehenden grundlegenden Prinzipien der Verfahrensgerechtigkeit."

II. Bedeutung des Grundsatzes der Verhältnismäßigkeit

Fraglich ist, ob darüber hinaus auch der Grundsatz der Verhältnismäßigkeit zu beachten ist, so dass ein Verstoß nur dann anzunehmen sein kann, wenn zu der Störung der öffentlichen Ordnung auch noch eine „hinreichend schwere Gefährdung (...) die ein Grundinteresse der Gesellschaft berührt"[478] angenommen werden kann.[479] Eine solche zusätzliche Voraussetzung der Verhältnismäßigkeit erübrigt sich jedoch, wenn man bedenkt, dass für die neueren ordre public-Vorschriften meist das Erfordernis der *Offensichtlichkeit* eines Verstoßes besteht. Wenn ein solcher Verstoß gegen den ordre public als *offensichtlich* zu bezeichnen ist, dann ist wohl auch anzunehmen, dass die Berufung auf den ordre public zu Beginn auch als *argumentum a maiore ad minus* auch *verhältnismäßig* war. Der Grundsatz der Verhältnismäßigkeit ist folglich im Rahmen der ordre public-Prüfung zwangsläufig zu beachten, auch wenn er nicht isoliert zu berücksichtigen ist.[480]

B. Begrenzung des europäischen verfahrensrechtlichen ordre public

Zu prüfen ist, wie oder durch wen, d.h. durch welches Gericht, die oben beschriebene Inhaltsausfüllung des europäischen verfahrensrechtlichen ordre public vorzunehmen ist. Konkret also, wem die Auslegungskompetenz des europäischen verfahrensrechtlichen ordre public zusteht.[481] Darüber hinaus ist zu prüfen, welche Prinzipien für eine Begrenzung haltbar gemacht werden können.

---

476 *Geimer/Schütze,* EuZVR, Art. 34 EuGVVO Rn. 24.

477 *Geimer/Schütze,* EuZVR, Art. 34 EuGVVO Rn. 24; *Geimer,* JZ 1969, 13, 14.

478 So: *Martiny,* in: Europäisches Gemeinschaftsrecht und Internationales Privatrecht, S. 215.

479 EuGH, Urteil vom 27.10.1977, Rs. C-30/77, *Regina/Pierre Bouchereau,* Slg. 1977 I-1999, Leitsatz 4.

480 Ähnlich: *Prechal/Shelkoplyas,* (2004) 5 Europ.Rev.Priv.L., 602.

481 So auch: *Leipold,* FS Stoll, S. 630 f.

I. Rechtsprechung des BGH

In seinen früheren Entscheidungen äußerte sich der BGH zu dieser Thematik recht deutlich, indem er darlegte, dass die Frage, ob eine aus einem Mitgliedsstaat stammende Entscheidung in der Bundesrepublik Deutschland anzuerkennen und zu vollstrecken und in diesem Zusammenhang mit dem deutschen ordre public zu vereinbaren sei, allein das nationale Recht betreffe und daher auch einzig und allein durch nationale Gerichte zu entscheiden sei und eine Vorlage an den EuGH nicht in Frage komme.[482] In der weiteren Entwicklung seiner Rechtsprechung ließ der BGH diese Frage zunächst offen,[483] um dann in *Krombach*[484], wie oben erläutert, gerade diese Frage dem EuGH vorzulegen. Daraus könnte zu folgern sein, dass der BGH die Auslegung und damit die Begrenzung des Begriffs des ordre public auf den EuGH verlagert sah.[485] Dies wiederum hätte zur Konsequenz, dass der BGH auch in der Vergangenheit keine Kompetenz zur Auslegung des Begriffs gehabt hätte und somit auch schon in vorangegangen Fällen, wie z.B. in der *Bürgenentscheidung*, die Auslegung des ordre public dem EuGH hätte überlassen sollen. In diesem Zusammenhang erscheint es zweckmäßig zwischen den verschiedenen Inhalten des europäischen verfahrensrechtlichen ordre public zu differenzieren: Sowohl hinsichtlich der „fünf“ Grundfreiheiten[486] als auch in Bezug auf die Unionsgrundrechte der Charta, ist das Ergebnis dieser Überlegungen eindeutig: Wie der EuGH in *Krombach* darlegte, hat er über die Grenzen zu wachen, innerhalb derer sich die Mitgliedsstaaten auf den Begriff des ordre public stützen dürfen.[487] Insoweit ist die Auslegungskompetenz des EuGH, was das europäische Zivilprozessrecht angeht, unbestreitbar zu bejahen.[488] Denn in diesem Fall geht es um die unionsrechtliche Komponente des verfahrensrechtlichen ordre public, für welche die Auslegungshoheit bei dem EuGH liegt. Daran ändert es auch nichts, dass der Vorbehalt – wie oben erläutert – grundsätzlich ein nationaler Vorbehalt bleibt. Eine unterschiedliche Verwendung, in Gestalt einer ausschließlich von der Beeinflussung der Mitgliedsstaaten abhängige Auslegung des ordre public, würde den in der EuGVVO verhafteten Vereinheitlichungsgedanken zunichte machen.[489] Die Grenzen des ordre public-Vorbehalts sind insofern einheitsrechtlich

482 BGHZ 75, 167, 171; BGHZ 88, 17, 20; vgl. *Leipold,* FS Stoll, 630.

483 BGHZ 123, 268, 278.

484 EuGH, Urteil vom 28.3.200, Rs. C-7/98, *Krombach/Bamberski,* Slg. 2000 I-1935.

485 *Leipold,* FS Stoll, 630.

486 Vgl. vorherigen Abschnitt, in welchem nach dem Vorschlag von *Hess* die Urteilsfreizügigkeit als fünfte Grundfreiheit bezeichnet wird.

487 EuGH, Urteil vom 28.3.2000, Rs. C-7/98, *Krombach/Bamberski,* Slg. 2000 I-1935, Rn. 23.

488 *Leipold,* FS Stoll, 631.

489 *Martiny,* FS Sonnenberger, S. 532; *Kropholler/v. Hein,* EuZPR, Art. 34 EuGVVO Rn. 5.

durch die Verordnung bestimmt[490] und werden in dieser Gestalt dann vom EuGH überprüft.[491]

Anders verhält sich es sich möglicherweise hinsichtlich der zwei weiteren Maximen, zum einen im Hinblick auf die Rechtsstaatsprinzipien der EMRK und zum anderen im Hinblick auf die nationalen Rechtsordnungen der Mitgliedsstaaten, welche ebenfalls zu der Inhaltsausfüllung des europäischen verfahrensrechtlichen ordre public herangezogen werden sollen. Die nationalen Rechtsordnungen der Mitgliedsstaaten einschließlich der dazugehörigen Verfassungsgrundsätze bleiben in der Lage, die Inhalte ihrer nationalen ordre public Klauseln zu definieren; der EuGH wacht nur über die Grenzen, innerhalb derer dies geschehen darf.[492] Anders dürfte sich dies jedoch im Anwendungsbereich der EuGVVO gestalten.[493] Auch wenn hier das Unionsrecht nur über die internationale Zuständigkeit des jeweiligen nationalen Gerichts befindet und keine Maßstäbe aufstellt, anhand welcher Werte die ordre public-Prüfung durchgeführt werden soll, sollte das Verfahren schon an Unionsgrundrechten – speziell nach Inkrafttreten des Vertrags von Lissabon – zu messen sein, denn im Anwendungsbereich der EuGVVO sind die Mitgliedsstaaten nach Art. 51 Abs. 1 S. 1 GrC an die Unionsgrundrechte gebunden. Ein Rückgriff auf die nationalen Verfassungsprinzipien ist den nationalen Gerichten indes auch im Anwendungsbereich des Unionsrechts nicht verwehrt, soweit diese ein vergleichbares Schutzniveau für den Einzelnen beinhalten, bzw. sogar ein höheres Schutzniveau ermöglichen, vgl. Art. 53 GrC. Auch nach dem Inkrafttreten des Vertrags von Lissabon bleiben die Mitgliedsstaaten neben den nationalen Verfassungsprinzipien an die Vorgaben der EMRK gebunden.[494]

---

490 *Geimer,* IPRax 98, 175; *ders.* ZIP 2000, 859; *Völker* (noch zum EuGVÜ), S. 295; EuGH, Urteil vom 28.3.2000, Rs. C-7/98, *Krombach/Bamberski,* Slg. 2000 I-1935 sowie EuGH, Urteil vom 11.5.2000, Rs. C-38/98, EuGH, Urteil vom 11.5.2000, Rs. C-38/98, *Renault/Maxicar,* Slg. 2000 I-2973.

491 EuGH, Urteil vom 28.3.2000, Rs. C-7/98, *Krombach/Bamberski,* Slg. 2000 I-1935, Rn. 23; EuGH, Urteil vom 11.5.2000, Rs. C-38/98, *Renault/Maxicar,* Slg. 2000 I-2973, Rn. 28; EuGH, Urteil vom 2.4.2009, Rs. C-394/07, *Gambazzi*, Slg. 2009 I-2563, Rn. 26; EuGH, Urteil vom 28.4.2009, Rs. C-420/07, *Apostolides/Orams,* Slg. 2009 I-3571, Rn. 57.

492 EuGH, Urteil vom 28.3.2000, Rs. C-7/98, *Krombach/Bamberski,* Slg. 2000 I-1935, Rn. 23; sowie EuGH, Urteil vom 11.5.2000, Rs. C-38/98, *Renault/Maxicar,* Slg. 2000 I-2973, Rn. 28; EuGH, Urteil vom 2.4.2009, Rs. C-394/07, *Gambazzi*, Slg. 2009 I-2563, Rn. 26; EuGH, Urteil vom 28.4.2009, Rs. C-420/07, *Apostolides/Orams,* Slg. 2009 I-3571, Rn. 57; so auch: *Staudinger*, EuLF 2004, 274.

493 Vgl. *Renfert,* S. 169.

494 *Streinz/Ohler/Herrmann,* S. 124.

II. Rechtsprechungskonkurrenz zwischen EuGH/EGMR – formelle und materielle Divergenz

Da die in der EMRK enthaltenen Regelungen und Garantien nicht ausschließlich vom *Europäischen Gerichtshof für Menschenrechte* (EGMR) ausgelegt werden, sondern vielmehr auch im Rahmen der Rechtsprechung des EuGH und der nationalen Gerichte von Bedeutung sind,[495] stellt sich die Frage, was geschieht, wenn sich diese beiden Gerichte uneinig sind.[496]

Die Bundesrepublik Deutschland ist seit der Ratifizierung der EMRK in den 1950er Jahren der Gerichtsbarkeit der Straßburger Kontrollorgane unterworfen, deren Maßstäbe genauso bindend sind wie diejenigen, welche im deutschen Grundgesetz enthalten sind. Durch die Ratifizierung der EMRK erklärten sich die Mitgliedsstaaten bereit, die in der Konvention enthaltenen Rechte für alle ihrer Jurisdiktion unterstehenden Menschen sicherzustellen.[497] Die damals noch drei Europäischen Gemeinschaften zur Errichtung eines Gemeinsamen Marktes wurden ebenfalls in diesem Zeitraum von sechs Staaten, zu welchen auch die Bundesrepublik zählte, gegründet. [498]

Seit den Entscheidungen *Van Gend & Loos*[499] sowie *Costa/Enel*[500] aus den Jahren 1963 und 1964 stand die Rolle des EuGH in Form einer dynamischen Interpretation der Kompetenzgrundlagen des damaligen Gemeinschaftsrechts fest. Mit Beginn der achtziger Jahre übernahm die Europäische Union mehr und mehr staatsähnliche Hoheitsfunktionen innerhalb der Mitgliedsstaaten, weshalb angesichts der daraus folgenden supranationalen Organisationsstruktur auch der europäische Grundrechtsstandard entwickelt werden musste.[501]

1. Rechtslage bis zum Inkrafttreten des Vertrags von Lissabon

Sowohl die ergangene Judikatur des EuGH als auch die des EGMR sind bindend für die nationalen Gerichte der Mitgliedsstaaten. Für den Schutzbereich der Menschenrechte ist es typisch, dass er jeden umfasst, der der Hoheitsgewalt eines Vertragsstaates unterworfen ist, also nicht von der Nationalität des Einzelnen

495 Vgl. *Kropholler/v. Hein*, EuZPR, Art. 34 EuGVVO Rn. 8; *Stürner*, FS 50 Jahre BGH, 687 ff.; *Hess*, FS Jayme, 354.

496 Vgl. zum Ganzen: *Nina Philippi*, Divergenzen im Grundrechtsschutz zwischen EuGH und EGMR, ZEuS 2000, 97-126; *Stock*, S. 126 ff.

497 *Krüger/Polakiewicz*, EuGRZ 2001, 93.

498 Vgl. zum Ganzen: *Schmahl*, EuR 2008, 0008 ff.

499 EuGH, Urteil vom 5.2.1963, Rs. C-26/62, *van Gend/Loos*, Slg. 1963 I-3.

500 EuGH, Urteil vom 15.7.1964, Rs. C-6/64, *Costa/ENEL*, Slg. 1964 I-1251.

501 Vgl. *Oppermann*, § 2 Rn. 30; § 3 Rn. 1-5; *Schmahl*, EuR 2008, 0011; ähnlich: *Losch/Radau*, ZRP 2000, 84.

abhängt.[502] Umfang und Reichweite der Konventionsrechte der EMRK werden durch Rechsprechung des EGMR ausgelegt, welcher so die Spruchpraxis nationaler Gerichte beeinflusst.[503] Während der Oberste Gerichtshof der Niederlande die Urteile des EGMR für die Auslegung der Konvention als *binding precedents* ansieht, dienten sie in Deutschland ledig als zusätzliches Interpretationsmittel.[504] Beide Gerichtshöfe stehen unabhängig nebeneinander und eine Überprüfung der Rechtsakte des EuGH durch den EGMR findet nicht statt, weil die Gemeinschaft als solche nicht Mitglied der Konvention ist; nur die einzelnen Staaten sind Mitglieder.[505]

Fraglich ist jedoch, was geschieht, wenn sich EuGH und EGMR in letzter Konsequenz uneinig sind und wie sich eine solche Divergenz auf den Inhalt sowie die Begrenzung des europäischen verfahrensrechtlichen ordre public auswirken würde. Divergenzen sind sowohl in *formeller* als auch in *materieller* Hinsicht denkbar. Eine formelle Divergenz ist dann anzunehmen, wenn ein und derselbe Fall vor beide Gerichte gebracht wird und diese dann abweichend von einander entscheiden.[506] Von materieller Divergenz spricht man dagegen, wenn EuGH und EGMR in verschiedenen Fällen abweichende Auslegungen hinsichtlich desselben Grundrechts vornehmen.[507]

Divergenzen in der Rechtsprechung wurden zunächst als rein „theoretisches Problem heruntergespielt“.[508] Gerade die unterschiedliche Auslegung von Art. 6 EMRK hinsichtlich Gegenstand und Reichweite (materielle Divergenz) des aus Art. 6 EMRK abgeleiteten Rechts auf Verweigerung der Zeugenaussage gegen sich selbst spricht aber eine andere Sprache.[509] Die Wertungsdivergenzen sind als solche auch keinesfalls überraschend, da beide Gerichte in unterschiedlichen Strukturen operieren.[510] So prüft der EuGH anders als der EGMR nie allein am Maßstab der Grundrechte, sondern beachtet immer wie sich der Einzelfall in die Struktur der EU als Integrationsorganisation einfügt.[511] Dies ist damit zu erklären, dass der EuGH die Unionsgrundrechte meist durch die abstrakte Auslegung des

502 *Scholz*, IPRax 2008, 216.

503 *Krüger/Polakiewicz,* EuGRZ 2001, 94.

504 *Krüger/Polakiewicz,* EuGRZ 2001, 94.

505 *Philippi,* ZEuS 2000, 98.

506 *Philippi,* ZEuS 2000, 98.

507 *Philippi,* ZEuS 2000, 99.

508 *Krüger/Polakiewicz*, EuGRZ 2001, 97; vgl. *Grabenwarter/Pabel,* in: Stern/Tettinger, S. 88 f., welche die Rechtssprechungsdivergenz zwischen EuGH und EGMR aufgrund von Überschneidungen im Prüfungsmaßstab und Prüfungsgegenstand für folgerichtig halten.

509 Vgl. EuGH, Urteil vom 18.10.1989, Rs. C-374/87, *Orkem v. Kommission*, Slg. 1989 I-3344 und EGMR, Urteil vom 25.2.1993, *Funke v. Frankreich*, Série A Nr. 256-A; hinsichtlich weiterer Beispiele vgl. *Krüger/Polakiewicz*, EuGRZ 2001, 97 f.

510 *Krüger/Polakiewicz*, EuGRZ 2001, 98.

511 *Rohleder,* S. 402; *Krüger/Polakiewicz*, EuGRZ 2001, 98.

Unionsrechts im Vorabentscheidungsverfahren entwickelt, der EGMR dagegen über konkrete Einzelfälle im Individualbeschwerdeverfahren zu entscheiden hat.

Hinsichtlich des europäischen verfahrensrechtlichen ordre public bedeutet dies folgendes: Es ist zwar nicht Sache des EuGH, über den Inhalt der öffentlichen Ordnung eines Mitgliedsstaates zu entscheiden, doch hat er über die Grenzen zu wachen, „innerhalb derer sich das Gericht eines Mitgliedsstaats auf diesen Begriff stützen darf, um der Entscheidung eines Gericht eines anderen Mitgliedsstaates die Anerkennung zu versagen".[512] Dabei definiert der EuGH seine Kontrollkompetenz jedoch nicht weiter, sondern stellt vielmehr auf die Schwere des Verstoßes im Einzelfall ab.[513] Innerhalb dieser Grenzen setzen die Mitgliedsstaaten die Anforderungen an ihren nationalen ordre public dann selbst fest.[514] So sind auch die Bemühungen des EuGH in der Vergangenheit zu verstehen, verfassungsrechtliche Wertungen in Grenzbereichen und damit insbesondere im Hinblick auf den europäischen ordre public solange zu unterlassen, bis auf die Rechtsprechung des EGMR Bezug genommen werden konnte.[515] Möglich war diese „Vermeidungsstrategie" in der Vergangenheit in Fällen, in denen die Lösung eines Sachverhalts bereits gestützt auf die Grundfreiheiten des EGV (a.F.) gelang.[516]

Diese Technik des EuGH wurde bislang kritisch betrachtet. Einerseits führte die offensichtliche Zurückhaltung in Themenbereichen, welche oftmals auch einer abschließenden Klärung bedurft hätten, zu offener Kritik.[517] Andererseits könnte man die Haltung des EuGH auch positiv betrachten, als dass sie eine flexiblere und stringentere Rechtsprechungspraxis ermöglichte. Dies ist dadurch zu erklären, dass durch das Abwarten einer „späteren Weichenstellung"[518] seitens des EGMR Änderungen in der Rechtsprechung des EuGH vermieden werden konnten. Derartige „Kurswechsel" hätten mit an Sicherheit grenzender Wahrscheinlichkeit wiederum zu ausgedehnten Kritikrufen in Richtung des EuGH geführt und nicht dazu beigetragen, ein gegenseitiges Vertrauen der Unionsbürger in die europäische Rechtsprechung zu stärken.[519]

---

512 EuGH, Urteil vom 28.3.2000, Rs. C-7/98, *Krombach/Bamberski,* Slg. 2000 I-1935, Rn. 23; sowie EuGH, Urteil vom 11.5.2000, Rs. C-38/98, *Renault/Maxicar,* Slg. 2000 I-2973, Rn. 28; EuGH, Urteil vom 2.4.2009, Rs. C-394/07, *Gambazzi*, Slg. 2009 I-2563, Rn. 26; EuGH, Urteil vom 28.4.2009, Rs. C-420/07, *Apostolides/Orams,* Slg. 2009 I-3571, Rn. 57; Zöller/*Geimer,* Anh. I Art. 34 EuGVVO Rn. 7.

513 Vgl. bei *Thoma,* S. 168 FN 13.

514 *Staudinger,* EuLF, 274; *Matscher,* IPRax 2001, 431; vgl. auch: EuGH NJW 2000, 2185.

515 Vgl. EuGH, Urteil vom 4.10.1991, Rs. C-159/90, *Grogan,* Slg. 1991, I-4685 =EuZW 1993, 35; auch: *Ruffert,* EuGRZ 2004, 471; *Philippi,* ZEuS 2000, 107; dazu allgemein: *Grabenwarter/Pabel,* in: Stern/Tettinger, S. 89; *Stock,* S. 126 f.

516 So z.B. EuGH, Urteil vom 30.3.1993, Rs. C-168/91, *Konstantinidis,* Slg. 1993 I – 1191; *Gundel,* NJW 2001, 2382.

517 *Gundel,* NJW 2001, 2382.

518 *Gundel,* NJW 2001, 2382.

519 Vgl. zu der Thematik auch: *Matscher,* IPRax 2001, 428 ff.

Bis zum Inkrafttreten des Vertrags von Lissabon blieb der EuGH trotz der materiellen Einflussnahme der EMRK verfahrensrechtlicher „Herr“ über die in Art. 6 Abs. 2 EUV (a.F.) niedergelegten Garantien. Eine unmittelbare Überprüfung von Akten der Unionsorgane durch den EGMR war schon deshalb nicht möglich, weil die EU weder formal Vertragspartei der Konvention war, noch diesen Status im Wege der Funktionsnachfolge erlangt hat.[520] Jedoch machte der EGMR bereits in der Entscheidung *Matthews*[521] deutlich, dass er die Mitgliedsstaaten für Grundrechtsverletzungen durch die Umsetzung und den Vollzug von damaligem Gemeinschaftsrecht zur Verantwortung ziehen würde.[522] In der Entscheidung *Bosphorus* aus dem Jahre 2005[523] entwickelte er dann einen der *Solange*-Rechtsprechung des BVerfG ähnelnden Vorbehalt, indem er seine Kontrollbefugnisse im Verhältnis zur Rechtsprechung des EuGH solange zurück nahm, wie innerhalb der EG die Grundrechte nicht nur in ihrem materiellen Gehalt, sondern auch verfahrensrechtlich in einer der EMRK vergleichbaren Weise geschützt waren.

Die EU verfügt zusätzlich zu den ungeschriebenen mit Gemeinschaftsverfassungsrang geltenen rechtsverbindlichen Unionsgrundrechten seit dem Jahre 2000 über einen umfangreich ausformulierten, allerdings nicht unmittelbar rechtsverbindlichen Grundrechtkatalog – die *europäische Grundrechtecharta.*[524] Ziel der Charta war es nach ihrer Präambel[525] und dem Auftrag des Europäischen Rates von Köln[526] die gemeinsamen Grundrechte und Grundwerte der Mitgliedsstaaten sichtbar zu machen und zugleich zum Ausdruck zu bringen, dass die Europäische Union keinesfalls eine Schicksalsgemeinschaft, sondern vielmehr eine Wertegemeinschaft ist, also ein Zusammenschluß verschiedener Staaten, welchen Grundüberzeugungen und Grundwerte gemeinsam sind. Diese Grundüberzeugungen und Werte können wiederum zur Prägung einer europäischen Identität führen und auch legitimierende Wirkung für das Handeln der Gemeinschaft entfalten.[527] Auch wenn die Charta vor dem Vertrag von Lissabon keine Rechtsverbindlichkeit besaß, kam ihr dennoch eine mittelbar rechtliche Bedeutung angesichts der Selbstverpflichtung von Parlament, Rat und Kommission zu ihrer Beachtung zu.[528] Darüberhinaus diente der Inhalt der Charta als ergänzende Rechtserkennt-

520 *Schmahl,* EuR 2008, 0025.

521 EGMR, Urteil vom 18.2.1999, Nr. 24833/94, *Matthews/Vereinigtes Königreich,* EuGRZ 1999, 308, Rn. 29 ff.

522 Vgl. auch: *Grabenwarter/Pabel,* in: Stern/Tettinger, S. 86 f.

523 EGMR, Urteil vom 30.6.2005, Nr. 45036/98, *Bosphorus,* NJW 2006, 197, Rn. 155; vgl. *Gerards,* S. 209 ff. mit einer ausführlichen Darstellung der Entscheidung.

524 *Pache/Rösch,* EuR 2009, 773.

525 4. Erwägungsgrund der Präambel der Charta; auch *Pache/Rösch,* EuR 2009, 773.

526 Anhang IV der Schlussfolgerungen des Europäischen Rates von Köln am 3./4.6.1999.

527 Näher *Schwarze,* DVBl. 1999, 1684 f. m.w.N.; *Pernice,* DVBl. 2000, 849; *Stock,* S. 171 f.

528 *Streinz/Ohler/Herrman,* 2. Auflage 2008, S. 104.

nisquelle für den Grundrechtsschutz.[529] Auch fand der Inhalt der Charta Berücksichtigung in der Rechtssprechung des EGMR, nationaler Gerichte und des Bundesverfassungsgerichts.[530]

2. Rechtslage nach Inkrafttreten des Vertrags von Lissabon am 1.12.2009

a) Inhalt des Vertrags von Lissabon

Das bestehende Vertragssystem in Form der Drei-Säulen-Struktur wird durch den Vertrag von Lissabon ab dem Zeitpunkt seines Inkrafttretens zum 1.12.2009 grundlegend verändert. Die bestehenden Säulen werden aufgelöst und es wird der EU formell Rechtspersönlichkeit verliehen, welche zuvor in der Weise nicht bestand. Daneben erfolgt eine Umbenennung des EG-Vertrags in *Vertrag über die Arbeitsweise der Europäischen Union* (AEUV) und die Europäische Union tritt gemäß Art. 1 Abs. 3 S. 3 EU (n.F.) anstelle der Europäischen Gemeinschaft, deren Rechtsnachfolgerin sie wird.[531] Als weitere Änderungen ist eine Ausgliederung der *Europäischen Atomgemeinschaft* (EAG) aus dem Verband der EU vorgenommen worden. Diese besteht von nun an unabhängig in institutioneller Verbundenheit mit der EU.

Die rechtlichen Einwirkungsmöglichkeiten der neu gefassten EU werden erheblich gestärkt, indem ihre Zuständigkeiten erweitert und die Kompetenzen der Organe erhöht werden. So gibt es seit der Reform einen Präsidenten des Europäischen Rates, welcher künftig die sogenannten Gipfeltreffen leiten wird und in schwierigen Fragen als Vermittler agieren soll. Darüber hinaus wurde das Amt des Hohen Vertreters der Union für Außenbeziehungen und Sicherheitspolitik geschaffen; eine Art Außenminister der EU.[532] Hinsichtlich der Veränderungen im Bereich der Zuständigkeiten ist insbesondere auf die neuen Zuständigkeiten des Europaparlaments hinzuweisen. Zukünftig ist dieses in beinahe allen Fragen der Gesetzgebung in Form des Mitentscheidungsverfahrens beteiligt, welches durch den Vertrag von Lissabon zum ordentlichen Gesetzgebungsverfahren wird, vgl. Art. 9 a Abs. 1 S. 1 EUV (n.F.).[533] Im Rahmen dieses Verfahrens soll das Europäische Parlament Mitgesetzgeber des Rates bei 95% der gemeinschaftlichen Rechtsakte werden, wodurch die demokratische Legitimität dieser Rechtsakte

---

529 *Pache/Rösch,* EuR 2009, 774; *Streinz/Ohler/Herrman,* 2. Auflage 2008, S. 104.

530 BVerfGE 104, 219-NPD-Verbotsverfahren; BVerfG, Urteil v. 30.4.2003 – 1 PBvU1/02, BVerfGE 107, 409-Fachgerichtlicher Rechtsschutz; BVerfG, 4.5.2004-1 BvR 1892/03, BVerfGE 110, 342-Justizgewährungsanspruch, Wiedereinsetzung in den vorigen Stand; *Streinz/Ohler/Herrman,* 2. Auflage 2008, S. 104.

531 *Pache/Rösch,* NVwZ 2008, 473; vgl. zum Ganzen auch *Reh,* JCMS 2009, S. 625 ff.

532 *Weber,* EuZW 2008, 9, 11.

533 *Weber,* EuZW 2008, 9; *Pache/Rösch,* NVwZ 2008, 475.

erhöht wird.[534] Dies ist damit zu erklären, dass das Parlament eine degressiv proportionale demokratisch legitimierte Vertretung der Bürger der Mitgliedsstaaten darstellt. Aber auch nationale Zuständigkeiten werden durch den Vertrag von Lissabon erweitert: So können zukünftig auch nationale Parlamente Gesetzgebungsverfahren der EU aufhalten, weiterhin gibt es eine europäische Bürgerinitiative, welche in Form der partizipativen Demokratie die EU-Kommission zu dem Vorschlag einer Regelung auf einem bestimmten Gebiet anhalten kann.[535] Bedeutsam ist auch, dass erstmals in der Geschichte der Union ein einzelner Mitgliedsstaat über seinen Austritt aus der Gemeinschaft entscheiden kann.[536]

Mit der Ratifizierung des Vertrags von Lissabon ist die theoretische Möglichkeit für einen zukünftigen Beitritt der Union zur EMRK geschaffen worden, dieser ist jedoch noch nicht erfolgt;[537] wodurch der *Bosphorus*-Vorbehalt zumindest im Verhältnis zu Mitgliedsstaaten jeglicher Grundlage entbehrt. Die EMRK sind weiterhin Teil der allgemeinen Grundsätze des Unionsrecht, vgl. Art. 6 Abs. 3 EUV (n.F.).[538]

Von herausragender Bedeutung für die Thematik des europäischen verfahrensrechtlichen ordre public ist die Tatsache, dass dem Vertrag von Lissabon die europäische Grundrechtecharta vorangestellt wird, welche die europäischen Grundrechte kodifiziert.[539] Damit wird die Charta erstmals rechtsverbindlich[540] und nimmt fortan gemäß Art. 6 Abs. 1 EUV (n.F.) den Rang von Primärrecht ein. Sie wird als integraler Bestandteil des Primärrechts in die europäische Rechtsordnung eingeordnet.[541] Dies wertet die prozessualen Grundrechte (Art. 47 GrC) aber auch die sonstigen Grundrechte (Art. 23 GrC) auf und stellt so für das europäische Zivilverfahrensrecht eine Kodifizierung dar. Diese macht neben der Auslegung der Unionsakte im Sinne der prozessualen Grundrechte auch eine Erfassung des dezentralen Vollzugs des Unionsrechts durch die nationalen Gerichte der Mitgliedsstaaten möglich.[542]

---

534 *Pache/Rösch,* NVwZ 2008, 475.

535 *Schäfer,* in: Hdb des EU-Wirtschaftsrechts, Rn. 450.

536 *Weber*, EuZW 2008, 9, 13.

537 *Ludwig,* EuR 2011, 715.

538 *Streinz/Ohler/Herrmann,* S. 155; *Pache/Rösch,* NVwZ 2008, 474; *Weber*, EuZW 2008, 8.

539 Vgl. zum Bedürfnis eines europäischen Grundrechtskataloges: *Losch/Radau,* ZRP 2000, 84 ff.

540 *Coen,* in: *Lenz/Borchard,* Art. 151 Rn. 5; *Schäfer,* in: Hdb des EU-Wirtschaftsrechts, Rn. 446; *Streinz/Ohler/Herrmann,* S. 123; *Mayer*, EuR 2009 Beiheft 1, 0089; *Weber*, EuZW 2008, 7; *Stock,* S. 170.

541 *V. Bogdandy/v. Bernstorff,* EuR 2010, 141; *Pache/Rösch,* EuR 2009, 775.

542 *Hess,* EuZPR, § 2 Rn. 97, 77.

b) Auswirkungen auf den europäischen ordre public und die Rechtsprechungskonkurrenz von EuGH und EGMR aufgrund des Verbindlichwerdens der Grundrechtecharta

Fraglich ist in diesem Zusammenhang, ob angesichts der dargestellten Änderungen die Ratifizierung und das Inkrafttreten des Vertrags von Lissabon eine Veränderung des europäischen ordre public bewirkt haben. Bedeutend ist die Frage, ob allein das Voranstellen der Grundrechte-Charta und ein Verbindlichwerden derselben eine signifikante Änderung in der Rechtsprechung des EuGH in Bezug auf den ordre public bewirken kann, oder ob dazu der Vereinheitlichungsprozess noch weiter voranschreiten muss.

Bisher musste der EuGH die sogenannten europäischen Grundrechte aus dem kleinsten gemeinsamen Nenner der Mitgliedstaaten ableiten. Die Grundrechtecharta existierte zwar bereits seit dem Jahre 2000, eine verbindliche Gesetzesgrundlage stellte sie indes nicht dar. Gemäß Art. 6 Abs. 1 S. 1 EUV (n.F.) werden die Rechte, Freiheiten und Grundsätze, welche in der am 12.12.2007 in Straßburg angepassten Fassung[543] niedergelegt sind, nun von der Union als rechtsverbindlich anerkannt.[544] Folglich avanciert die Charta von der vormals mittelbaren Rechtsquelle und unterstützend herangezogenen Rechtserkenntnisquelle zur unmittelbaren Quelle des europäischen Grundrechtsschutzes,[545] was als solches wiederum Einfluss auf die Ausgestaltung der Vorbehaltsklausel hat.

Die Grundrechte-Charta beinhaltet die für die Mitgliedsstaaten der EU geltenden Grundrechte, welche Identität und Legitimität der europäischen Union stärken sollen. Aufgeteilt in sechs Kapitel über die Würde des Menschen, Freiheit, Gleichheit, Solidarität, Bürgerrechte sowie Justizgrundrechte, werden alle Rechte ähnlich dem deutschen Grundrechtskatalog in einem Dokument festgehalten.[546] Diese Ähnlichkeit zum deutschen Grundrechtskatalog wird insbesondere hinsichtlich Art. 1 der Charta deutlich, welcher exakt wie Art. 1 des deutschen Grundgesetzes lautet, „Die Würde des Menschen ist unantastbar.“ Dennoch geht die Charta hinsichtlich ihrer Schutzbereiche noch über das deutsche Grundgesetz hinaus, indem auch Bereiche wie Verbraucherschutz, Datenschutz, das Recht auf eine „ordnungsgemäße“ Verwaltung und Rechte zum Schutze von Kindern, Behinderten und alten Menschen von ihr abgedeckt werden.

Insbesondere die Tatsache, dass die Charta nicht alle Mitgliedsstaaten bindet, zeigt auf, dass der europäische ordre public auch nach der Ratifizierung des Vertrags von Lissabon nicht nur zukünftigen rechtlichen, sondern auch weiteren

543 ABl. EG 2007 C 300, 1.

544 *Streinz/Ohler/Herrmann,* S. 121.

545 *Weber,* EuZW 2008, 8; *Mayer,* EuR 2009, Beiheft 1, 0087 ff.; *Pache/Rösch,* EuR 2009, 775.

546 *Streinz/Ohler/Herrmann,* S. 121 f.

gesellschaftspolitischen Wandelungen unterworfen sein wird. So haben Polen, Großbritannien und die Tschechische Republik die Möglichkeit, Ausnahmen von der Zuständigkeit des EuGH hinsichtlich der mit der Charta geschützten Rechte zu erwirken.[547] Darüber hinaus ist die Charta in diesen Staaten nicht justiziabel.[548] Zwar bleibt die Bindung dieser Mitgliedsstaaten an die Gemeinschaftsgrundrechte selbst unberührt. Ein feststehender, unabänderlicher Kontrollmaßstab kann zumindest hinsichtlich dieser Mitgliedsstaaten nicht angenommen werden.[549]

Im Hinblick auf die zukünftige Rechtsprechung des EuGH und insbesondere in Bezug auf etwaige Rechtsprechungskonkurrenzen zwischen EuGH/EGMR lässt sich jedoch erahnen, dass die Ratifizierung des Vertrags von Lissabon ein Mehr an Harmonie und Effektivität schaffen wird, da die oben erwähnten „Verzögerungstaktiken" des EuGH in Zukunft nicht mehr notwendig sein werden.[550] In dieser Hinsicht äußerte sich *Stein* bereits im Jahre 2004, als er auf einen neuen Höhepunkt der „Europäisierung der Grundrechte" hinwies, welcher mit Inkrafttreten der europäischen Verfassung zu beobachten sein würde.[551] Anders äußerten sich *Krüger/Polakiewicz* im Jahre 2001 zu diesem Thema. Sie vertraten die Ansicht, dass bedingt durch das Verbindlichwerden der im Vergleich zur EMRK anders lautenden und anders formulierten Grundrechtscharta die Interpretationsdivergenzen noch vermehrt werden könnten.[552]

Das Ausmaß der Bindungswirkung der Urteile des EGMR für die nationalen Rechtsordnungen wird erhöht, da eine solche nicht mehr nur dann anzunehmen ist, wenn der EuGH seiner Entscheidung die Rechtsprechung des EGMR zugrunde gelegt hat, sondern in jeder Situation, in der Unionsgrundrechte angewendet werden müssen.[553] Dies ergibt sich im Falle eines Beitritts der Union zur EMRK nach Art. 6 Abs. 2 S. 1 EUV (n.F.). Folglich wird es weniger Divergenzen im Bereich der Rechtsprechung zu den Unionsgrundrechten geben, da der EuGH nach dem Beitritt zur EMRK an die Rechtsprechung des EGMR gebunden ist und somit eine einheitliche Auslegung der Grund – und Menschenrechte gewährleistet

547 Zum sog. *opt-out*: *Ludwig,* EUR 2011, 728; *Kokott/Sobotta*, EuGRZ 2010, 270.

548 Vgl. *Streinz/Ohler/Herrmann,* S. 126; so damals auch *Pache/Rösch*, NVwZ 2008, 474 ; a.A. heute *Pache/Rösch,* EuR 2009, 783 f., die in dem Protokoll lediglich den Ausschluss der Ausweitungen von Befugnissen des EuGH und nationalen Gerichten durch die Charta hinsichtlich der Feststellung der Grundrechtswidrigkeit nationaler Maßnahmen und die Begründung neuer einklagbarer Rechte durch Titel IV der Charta sehen.

549 *Streinz/Ohler/Herrmann,* S. 127; vertiefend zu den unterschiedlichen Bewertungsansätzen *Ludwig,* EuR 2011, 729.

550 Ähnlich: *Lavranos,* EuR 2006, 92; *Rohleder,* S. 409.

551 *Stein,* IPRax 2004, 184.

552 *Krüger/Polakiewicz*, EuGRZ 2001, 98 f.

553 Vgl. zum Grundrechtsschutz im europäischen Mehrebenensystem *Rohleder*, S. 409 ff.

sein sollte.[554] Dies wird sich auch bei der Auslegung des europäischen verfahrensrechtlichen ordre public niederschlagen. Denn durch einen Beitritt der Union zur EMRK würde nicht nur eine einseitige materielle Bindung an die EMRK und die Rechtsprechung des EGMR, sondern auch eine völkerrechtliche Bindung der EU im Außenverhältnis entstehen, welche zur Folge hat, dass sich die EU vor dem EGMR für Verstöße gegen die EMRK verantworten muss.[555]

Es wäre jedoch ein Trugschluss anzunehmen, dass allein die Rechtsverbindlichkeit der Charta und der beabsichtigte Beitritt der Union zur EMRK den bisherigen Inhalt des europäischen verfahrensrechtlichen ordre public völlig revolutionieren werden. Weder ist eine menschenrechtliche Inhaltsausfüllung des ordre public neu,[556] noch beinhaltet die Charta vollkommen neue Verbürgungen.[557] Insbesondere die Entscheidung des EuGH in der Rechtssache *Kücükdeveci*[558] aus dem Januar 2010 deutet nicht auf die Aufgabe seiner bisherigen Rechtsprechungslinie hin, als dass die Grundrechte der Charta weiterhin als allgemeine Rechtsgrundsätze, wie schon in der Rechtssache *Krombach*[559], berücksichtigt werden.[560] Jedoch ist es nicht unwahrscheinlich, dass der Vertrag von Lissabon zu einer weiteren Verdrängung nationaler öffentlicher Ordnungen geführt hat, indem die Existenz einer gemeinschaftlichen Verfassung und damit zugleich einer dieser innewohnenden gemeineuropäischen öffentlichen Ordnung betont und damit zu einer weiteren Ausformung des europäischen ordre public beigetragen hat. Gerade der beabsichtigte Beitritt der Union zur EMRK ist ein wichtiger Schritt auf dem Weg zur Schaffung eines kohärenten Menschenrechtsschutzsystems in Europa.[561]

Fraglich ist, wie sich das Verbindlichwerden der Charta auf die Struktur des Grundrechtsschutzes in der EU auswirken wird. Denn im Zusammenhang mit dem Inkrafttreten des Vertrags von Lissabon tritt zu den Grundrechtsordnungen der einzelnen Mitgliedsstaaten und denen der EMRK ein weiterer Grundrechtskatalog in Form der Charta hinzu.[562] Ob dies zu einer Verkomplizierung innerhalb der Rechtsprechung – und damit auch zu einer Verkomplizierung im Rahmen der Prüfung des europäischen verfahrensrechtlichen ordre public – oder aber zu einer

---

554 *Vavranos,* EuR 2006, 80; *Heer-Reißmann,* NJW 2006, 194 ; *Rohleder,* S. 410 f.; *Grabenwarter/ Pabel,* in: Stern/Tettinger, S. 95.

555 *Schaller,* EuR 2006, 665; *Rohleder,* S. 410.

556 *Jayme,* Nationaler ordre public und europ. Integration, S. 275; *Pfeiffer,* FS Jayme Bd. 1, 684; *Kokott,* BerGesVR 38 (1998), 75.

557 *Schaller,* S. 209.

558 EuGH, Urteil vom 19.1.2010, *Kücükdeveci,* Rs. C – 555/07, Slg. 2010 I-365.

559 EuGH, Urteil vom 28.3.2000, Rs. C-7/98, *Krombach/Bamberski,* Slg. 2000 I-1965, Rn. 25.

560 EuGH, Urteil vom 19.1.2010, *Kücükdeveci,* Rs. C – 555/07, Slg. 2010 I-365, Rn. 21.

561 Vgl. *Krüger/Polakiewicz,* EuGRZ 2001, 104; *Munding,* S. 351.

562 *Grabenwarter/Pabel,* in: Stern/Tettinger, S. 90; *Pache/Rösch,* EuR 2009, 785.

Klärung vorheriger Divergenzen gereicht,[563] wird abschließend erst nach einigen Jahren zu sagen sein. Für eine Klärung im europarechtlichen Grundrechtsdreiklang und damit auch hinsichtlich der Anwendung des europäischen verfahrensrechtlichen ordre public spricht jedoch schon jetzt die Tatsache, dass die Charta durch Art. 52 und 53 GrC nicht nur bereits Schrankenregelungen für alle durch die Charta verbürgten Rechte enthält,[564] sondern dass die genannten Regelungen zugleich auch Auslegungsmaßstäbe enthalten, welche zum Ziel haben, eine größtmögliche Kohärenz zwischen Charta und EMRK zu ermöglichen.[565] So stellt Art. 53 GrC gewissermaßen eine Meistbegünstigungsklausel dar, welche gewährleistet, dass im Falle einer Überschneidung verschiedener Grundrechtsordnungen die Charta die anderen Instrumente ergänzt und das jeweils günstigere Recht zur Anwendung gelangt.[566] Das Verbindlichwerden der Charta wird somit voraussichtlich zu einer Klärung der Rechtsprechungsdivergenzen und damit auch zu einem höheren Maß an Tranzparenz im europäischen Grundrechtsdreiklang führen.[567] Auch wird die Existenz von drei unterschiedlichen Grundrechtskategorien innerhalb der Gemeinschaft nicht die quantitative oder qualitative Verdreifachung des europäischen Grundrechtsschutzes bewirken, da inhaltlich die Garantien und Verbürgungen der verschiedenen Grundrechtstypen weitgehend übereinstimmen.[568] Für den europäischen verfahrensrechtlichen ordre public können sich folglich nur positive Veränderungen ergeben, welche in erster Linie in dem erwarteten Mehr an Harmonie und Effektivität für die Rechtssprechungskonkurrenz zwischen EuGH und EGMR zu sehen sind.

III. Über die Pflicht des BGH zur Anwendung der europäischen Grundrechtscharta und ein mögliches Avancieren des EuGH zu einer obersten Kontrollinstanz

In diesem Zusammenhang stellt sich sodann die Frage, inwieweit auch hinsichtlich nationaler Gerichte nach dem Vertrag von Lissabon eine Pflicht zum Rückgriff auf primäres Unionsrecht im Rahmen der ordre public-Kontrolle zu bejahen ist. Verfassungsrechtliche Bedenken aus deutscher Sicht gegen das Zustimmungsgesetz zum Vertrag von Lissabon wies das Bundesverfassungsgericht

563 Vgl. dazu ausführlich *Stock*, S. 173 f.

564 *V. Bogdandy*, JZ 2001, 168; *Callies*, EuZW 2001, 264; *Gerards*, S. 232.

565 *Grabenwarter/Pabel*, in: Stern/Tettinger, S. 91.

566 *Borowsky*, in: Meyer, Kommentar zur Charta der Grundrechte der Europäischen Union, Art. 53 Rn. 14, 3. Auflage 2010; *Grabenwarter/Pabel*, in: Stern/Tettinger, S. 92; *Callies*, EUZW 2001, 267, welcher von einer *Schutzverstärkungsklausel* spricht.

567 *Munding*, S. 353.

568 *Pache/Rösch*, EuR 2009, 785.

in dem Urteil vom 30. Juli 2009 zurück und stellte sich damit wie jeher in den Dienst der europäischen Integration.[569] Betrachtet man die Vorbehaltsklausel des ordre public im nationalen Recht, so könnte einem zunächst der Gedanke kommen, dass es sich hierbei zwangsläufig auch um ein Territorium nationalen Rechts und damit auch nationaler Rechtsprechung handeln müsse.[570] Jedoch wird auch die Reichweite dieses nationalen ordre public vom EuGH überprüft, um eine einheitliche Auslegung im Rahmen der Gemeinschaft zu ermöglichen.[571] Aufgrund des Verbindlichwerdens der Grundrechtscharta könnte somit in Zukunft auch von nationalen Gerichten zu fordern sein, statt auf nationale Verfassungsprinzipien im Rahmen der ordre public – Prüfung auf Gemeinschaftsgrundrechte zurückzugreifen.

1. Nationaler ordre public und die Rolle des EuGH

Der Inhalt eines nationalen ordre public (im Sinne eines ordre public *international*) eines Vertragstaats der europäischen Union kann nicht dem EuGH zur Auslegung vorgelegt werden.[572] Art. 35 Abs. 3 EuGVVO macht jedoch deutlich, dass den Vertragstaaten im Geltungsbereich der Verordnung Grenzen hinsichtlich der Ausprägung ihres jeweiligen nationalen ordre public gesetzt sind. Denn die Tatsache, ob ein bestimmter Umstand als Verstoß gegen den inländischen ordre public gewertet werden darf, kann sehr wohl Gegenstand einer Vorlage an den EuGH sein.[573] Dies mutet zwar mitunter widersprüchlich an, ist es bei näherer Betrachtung aber nicht: Der nationale ordre public ist hinsichtlich seines Inhalts zunächst in der nationalen Rechtsordnung verwurzelt. Darüber kann und soll der EuGH auch nicht befinden, da er ja nur als „Grenzwächter" fungieren soll.[574] Die Frage, ab welchem Zeitpunkt von einem Verstoß gegen den nationalen ordre public eines Mitgliedsstaates auszugehen ist, muss dagegen zwingend vom EuGH beantwortet werden können, um eine einheitliche Auslegung der Verordnungen zu gewährleisten und damit Rechtssicherheit im europäischen Zivilprozessrecht zu schaffen.

Der BGH hatte ursprünglich im Zusammenhang mit dem EuGVÜ den Standpunkt vertreten, dass die Fragestellung, ob eine ausländische Entscheidung zu

---

569 BVerfGE 123, 267; *Gerhardt*, ZRP 2010, 162; vgl. zu der erforderlichen Änderung der Begleitgesetzgebung BGBl. I 2009, 3022 ff.

570 *Völker*, S. 295; *v. Bar/Mankowski*, IPR I, § 7 Rn. 273 spricht von einem *Arkanbereich*.

571 EuGH, Urteil vom 4.12.1974, Rs. C-41/74, *van Duyn*, Slg. 1974 I-1337 Rn. 18 f.

572 BGHZ 75, 167; *Schlosser*, EUZPR, Art. 34-36 EuGVVO Rn. 6.

573 EuGH, Urteil vom 28.3.2000, Rs. C-7/98, *Krombach/Bamberski*, Slg. 2000 I-1935; EuGH, Urteil vom 11.5.2000, Rs. C-38/98, *Renault/Maxicar*, Slg. 2000 I-2973.

574 EuGH, Urteil vom 28.3.2000, Rs. C-7/98, *Krombach/Bamberski*, Slg. 2000 I-1935= NJW 2000, 1853 Rn. 23.

der öffentlichen Ordnung der Bundesrepublik Deutschland in Widerspruch stehe, allein nationales Recht tangieren würde und daher nicht Gegenstand einer Vorlage an den EuGH sein könne.[575] Begründet hat er dies damit, dass dem EuGH keine Kompetenz zukomme, eine bindende Definition der öffentlichen Ordnung der einzelnen Mitgliedsstaaten vorzunehmen.[576] Wie die obige Darstellung der nationalen Rechtsprechung aufzeigt, begründen auch deutsche Gerichte ordre public-Verstöße mit einer Unvereinbarkeit mit der EMRK. Dies wird insbesondere in dem Urteil des OLG Hamburg vom 18.11.2008 deutlich, in dem das Gericht zwar den ordre public nicht umfassend prüft, aber im Bereich des verfahrensrechtlichen Vorbehalts zumindest statt auf Art. 103 GG auf Art. 6 Abs. 1 EMRK abstellt.[577]

Allerdings folgt auch aus dem Vertrag von Lissabon keine Bindung der Mitgliedsstaaten an die Charta in rein nationalen Fällen.[578] Vielmehr ist es so, dass in diesen Fällen „die Charta im Sinne eines widerspruchsfreien Grundrechtsschutzes auch insoweit Ausstrahlungswirkungen entfaltet und von nationalen Gerichten aufgegriffen wird."[579]

Insofern kann auch nicht von einem Avancieren des EuGH zu einer obersten Kontrollinstanz ausgegangen werden. Die Befugnisse des EuGH werden durch den Vertrag von Lissabon nicht wesentlich verändert.[580] Bedeutung hat in diesem Zusammenhang aber der beabsichtigte Beitritt der Union zur EMRK, weshalb, wenn überhaupt im Bereich des Grundrechtsschutzes von dem Avancieren zu einer obersten Kontrollinstanz gesprochen werden soll, damit nur der EGMR – jedenfalls ab dem Zeitpunkt eines Beitritts der Union zur EMRK – gemeint sein kann.[581]

2. Zwischenergebnis

1. Es ist festzuhalten, dass trotz der vorzunehmenden Differenzierung zwischen nationalem und europäischem ordre public, der EuGH letztlich aufgrund des Geltungsvorrangs des Unionsrechts[582] auch im Rahmen des nationalen ordre

575 Vgl. dazu: BGHZ 88, 17 (20); BGHZ 75, 167 (171).
576 BGHZ 88, 17 (20); BGHZ 75, 167 (171); *Völker*, S. 295.
577 OLG Hamburg, EuLF 2009 II-10 ff.
578 *Streinz/Ohler/Herrmann*, S. 124.
579 *Streinz/Ohler/Herrmann*, S. 124; vgl. auch: *Hirsch*, in: Schwarze, Der Verfassungsentwurf des Europäischen Konvents, S. 122 f.
580 *Streinz/Ohler/Herrmann*, S. 71.
581 Dieses Ergebnis andeutend: *Ruffert*, EuGRz 2004, 471; *Heer-Reißmann*, NJW 2006, 194; *Schaller*, EuR 2006, 664; *Stock*, S. 208.
582 *Streinz/Ohler/Herrmann*, S. 6; dazu und zur Konstitutionalisierung des europäischen Privat – und Prozessrechts vgl. *Hess*, JZ 2005, 540.

public Bedeutung erlangt, da er in letzter Instanz über die Grenzen der Vorbehaltsklausel wacht und damit auch den inländischen ordre public im Rahmen der Subsidiaritätsklausel in seinen Wirkungen korrigieren und beschneiden kann.
2. Zum heutigen Zeitpunkt ist noch keine Sperrwirkung der Unionsgrundrechte im rein nationalen Bereich anzunehmen.[583] Nur wenn und soweit Unionsgrundrechte auch das Handeln der Mitgliedsstaaten erfassen, werden die nationalen Grundrechte wegen des Vorrangs des Unionsrechts zurückgedrängt.[584]
3. Es empfiehlt sich jedoch der Rückgriff auf diese gemeineuropäischen Rechtsgrundsätze. Denn Entscheidungen nationaler Gerichte zum ordre public, welche das Ergebnis einer Anerkennungsverweigerung gestützt auf einen Verstoß gegen Unionsgrundrechte beinhalten, rufen weniger Widerstände bei den Herkunftsländern hervor, als solche, welche die Anerkennungsversagung mit einem Verstoß gegen nationale Verfassungsprinzipien begründen.

IV. Prinzipien der Begrenzung

Zu den Prinzipien der Begrenzung des europäischen verfahrensrechtlichen ordre public gehört zunächst die Auslegungskompetenz, welche – wie oben beschrieben – seit dem Beitritt der Union zur EMRK nicht mehr alleinig dem EuGH zusteht, sondern welche vielmehr in Zukunft wohl vorrangig dem EGMR zukommen wird.

Daneben spielt der Vorrang des Unionsrechts eine Rolle bei der Begrenzung des ordre public, da die Vorbehaltsklausel als nationales Bollwerk mit unionsrechtlichen Elementen nicht so gestaltet werden darf, dass sie die Grundfreiheiten im Falle eines Anwendungsfalles beschneidet.

Schließlich ist die Urteilsfreizügigkeit als „fünfte“ Grundfreiheit zu nennen, welche zugleich Inhalt des europäischen verfahrensrechtlichen ordre public ist[585] und den Vorbehalt aus sich selbst heraus begrenzt.

C. Die EMRK und ihre Auswirkungen auf den europäischen verfahrensrechtlichen ordre public

In den Menschenrechten der EMRK findet sich eine über den nationalen Rechtsordnungen stehende Werteordnung. Die EMRK untersagt den Vertragsstaaten

583 Calliess/Ruffert/*Kingreen*, Art. 51 GRCh Rn. 7; *Rohleder*, S. 388 f.
584 *Rohleder*, S. 389.
585 S. oben S. 76.

die vorbehaltslose Anerkennung und Vollstreckbarerklärung ausländischer Entscheidungen. Die in der Konvention enthaltene Werteordnung der demokratischen Rechtsstaaten der Union muss zumindest in ihrem Kernbereich im Verhältnis zu ausländischen Staaten durchgesetzt werden; dies gilt vor allem auch für Drittstaaten.[586] Der Inhalt des ordre public kann daher im Sinne der Europäischen Menschenrechte auch europäisch definiert werden.[587]

Fraglich ist jedoch, inwieweit die EMRK im Rahmen der Anerkennung ihre Bedeutung entfalten: Eine Möglichkeit wäre, dass die Menschenrechte ohne weiteres bei der Anerkennung zu beachten wären. Jedoch ist gem. Art. 41 EuGVVO die ordre public-Prüfung erst im Rechtsbehelfsverfahren der Vollstreckbarkeitserklärung vorzunehmen. Spricht man den Menschenrechten einen überragenden Rang zu und geht man davon aus, dass diese generell zu beachten sind, könnte man auch von einem zusätzlichen, speziell auf die EMRK ausgerichteten Vorbehalt ausgehen.[588] Ein solcher Vorbehalt ist jedoch gesetzlich nicht vorgesehen und auch insofern nicht erforderlich, da der europäische verfahrensrechtliche ordre public durch die EMRK ausgefüllt werden kann. Der EuGH hat bereits in der Entscheidung *Krombach*[589] eine Verbindung zwischen dem Vorbehalt in Art. 27 Nr. 1 EuGVÜ und den europäischen Grundwerten über den Umweg des Art. 6 Abs. 2 (a.F.) EUV geschaffen. Damit ist die EMRK zugleich Bestandteil der Regelung des europäischen ordre public geworden.[590] In dieser Funktion prägt sie den anerkennungsrechtlichen ordre public insbesondere im europäischen Zivilprozessrecht und kann dort auch im Rahmen der speziellen Vorbehaltsklauseln, vgl. Art. 34 Nr. 2 EuGVVO bzw. Art. 27 Nr. 1 EuGVÜ, berücksichtigt werden.[591] Dieser vom EuGH im Jahre 2000 gewählte Umweg über das damalige Gemeinschaftsrecht ist in der Lehre zu Recht als „überraschend"[592] bezeichnet worden, da eine Beachtung der EMRK im Rahmen von Art. 27 Nr. 1 EuGVÜ auch ohne den Weg über das damalige Gemeinschaftsrecht möglich gewesen wäre. Dies ist damit zu begründen, dass die EMRK als gemeinsame Verfassungstradition der Mitgliedsstaaten grundsätzlich bei der Auslegung von Staatsverträgen zu beachten ist, wenn sie als übereinstimmender Bestand von Normen der Vertragsstaaten die Grundlage der autonomen Auslegung des Einheitsrechts darstellt.[593]

586 *Geimer,* IPRax 2006, 298.

587 *Martiny,* FS Sonnenberger 2004, 534; vgl. auch: *Stürner,* FS 50 Jahre BGH, 694.

588 Dazu *Martiny,* FS Sonnenberger 2004, 536, welcher darauf hinweist, dass ein solcher Vorbehalt in den Anerkennungsregeln nicht genannt wurde und die EMRK bisher nur den Rang von einfachem Recht hatte.

589 EuGH 28.3.2000, Rs. C-7/98, *Krombach/Bamberski,* Slg. 2000 I-1935.

590 Vgl. *Martiny,* FS Sonnenberger 2004, 536.

591 *Looschelders,* Art. 6, Rn. 9.

592 *Mansel,* IPRax 2001, 50; auch: *Stolz,* JuS 2002, 542.

593 *Mansel,* IPRax 2001, 50.

Folglich trägt die EMRK in dieser Weise auch „zur Herausbildung“ eines gemeineuropäischen Vorbehalts bei.[594] In diesem Zusammenhang stellt sich dann die Frage, ob die EMRK im europäischen Kollisionsrecht Wirkung nur noch über den ordre public entfalten kann und dies nur in Form von Grenzbestimmungen für die nationale Ausprägung der öffentlichen Ordnung.[595] Diese Frage kann in der vorliegenden Arbeit, welche sich mit dem verfahrensrechtlichen ordre public befasst, nicht beantwortet werden. Nach einer Auseinandersetzung mit Art. 6 EMRK soll daher anhand zwei weiteren Entscheidungen dargestellt werden, in wieweit die Rechtsprechung des EuGH zur Herausbildung eines europäischen verfahrensrechtlichen ordre public beigetragen hat.

I. Bedeutung von Art. 6 EMRK für das europäische Zivilprozessrecht

Als bedeutendste Regelung innerhalb der Konvention für das europäische Zivilprozessrecht ist Art. 6 EMRK zu nennen. Als solche stand die Vorschrift auch zu Zeiten, in denen die europäische Grundrechtscharta noch als unverbindlich galt, im Zentrum der wechselseitigen Verschränkung von EMRK und europäischem Zivilprozessrecht.[596] Denn Art. 6 EMRK enthält ein Mindestmaß an Verfahrensgarantien, welches innerhalb der Mitgliedsstaaten der EMRK nicht unterschritten werden darf. Für die Untersuchung des europäischen verfahrensrechtlichen ordre public ist Art. 6 EMRK insofern von zentraler Bedeutung.[597] Die Vorschrift schützt den Zugang zum Gericht und garantiert sowohl ein effektives Erkenntnisverfahren als auch die Urteilsvollstreckung.[598] Daneben gewährt Art. 6 Abs. 1 EMRK der ausländischen mittellosen Partei einen Anspruch auf Prozesskostenhilfe nach dem Recht des angerufenen Gerichts. Auch wird die Begrenzung exorbitanter Gerichtsstände durch die Garantien von Art. 6 EMRK diskutiert.[599] Darunter versteht man Zuständigkeiten, welche derart weit ausgreifend sind, dass das Verfahren keine nennenswerten Beziehungen zum zuständigen Gericht mehr aufweist.[600] Kern der Problematik dabei ist die mögliche Verletzung des *fair trial*, da die betroffene Partei mit erheblichen Nachteilen wie einem unbekannten Verfahrensrecht und einer fremden Gerichtssprache belastet wird.[601]

594 *Heß,* IPRax 2001, 303.

595 *Jayme*, Nationaler ordre public und europ. Integration, S. 22.

596 Vgl. *Hess*, in: FS Jayme, 344.

597 *Föhlisch,* S. 47.

598 Vgl. für einen rechtsvergleichenden und historischen Überblick *Storskrubb/Ziller,* in: Francioni, Access to Justice as a Human Right, S.178 ff.

599 Vgl. *Hess*, in: FS Jayme, 346 FN 53.

600 Musielak/*Lackmann,* ZPO, VO (EG) 44/2001 [EuGVVO] Artikel 3 Rn. 4.

601 *Hess,* in: FS Jayme, 346.

Darüber hinaus garantiert die Vorschrift die Wahrung rechtlichen Gehörs und die prozessuale Waffengleichheit. Dies beinhaltet, dass jede Partei ausreichend Gelegenheit haben muss, zum Vortrag und zu den Beweisen der gegnerischen Partei Stellung zu nehmen sowie dass das Gericht den Vortrag der Parteien inhaltlich bescheiden muss.[602] Auch enthält die Vorschrift einen Anspruch auf effektiven Rechtsschutz, wobei der EGMR in seiner Rechtsprechung allerdings keine festen Vorgaben hinsichtlich des Zeitraums gibt, sondern auf die Umstände des Einzelfalles abstellt. In diesem Zusammenhang sind neben anderen Faktoren die Schwierigkeit und der Umfang des Falles zu berücksichtigen.

II. Der Fall Apostolides v. Orams[603]

1. Tatbestand

Die britischen Eheleute *Orams* erwarben nach eigenen Angaben gutgläubig ein Grundstück in Kapithos im Bezirk Kyrenio auf der Insel Zypern von einem Dritten. Das betreffende Grundstück stand im Eigentum der Familie von Herrn *Apostolides*, welche es vor der militärischen Invasion der Türkei in Zypern 1974 bewohnte. Damals wurde die Familie gezwungen, ihr Eigentum zu verlassen. Die Familie ließ sich daraufhin in dem von der Regierung kontrollierten Teil der Insel nieder. Nach dem angeblichen Erwerb des Grundstücks von einem Dritten nach den Gesetzen der Türkischen Republik Nordzypern, errichteten die Eheleute Orams ein Ferienhaus auf dem Grundstück, in welchem sie sich häufig aufhielten. Der zyprische Staatsangehörige *Apostolides* erhob Klage gegen die Eheleute *Orams* vor dem *Eparchiako Dikastirio tis Lefkoslas,* gegen welche aufgrund fehlender Anzeige der Verteidigungsbereitschaft am 9. November 2004 ein Versäumnisurteil erging, aufgrund dessen die Eheleuten *Orams* verurteilt wurden, das Landhaus, den Swimmingpool und die Umzäunung, die sie auf dem Grundstück errichtet hatten, abzureißen. Zusätzlich wurde angeordnet, Herrn *Apostolides* unverzüglich uneingeschränktes Eigentum am Grundstück einzuräumen. Schließlich wurden die Eheleute *Orams* zu unterschiedlichen Zahlungen in Form von Schadensersatz sowie entgangenem Gewinn verurteilt.

Nach dem vergeblich erhobenen Einspruch, legten die Eheleute *Orams* ein Rechtsmittel ein, welches zurückgewiesen wurde. Nach dem Antrag von Herrn *Apostolides* die Urteile in England für vollstreckbar zu erklären und einem positiven Beschluss des *High Court of Justice, Queen's Bench Division*, wurde dieser Beschluss nach Einlegung des Rechtsbehelfs der Eheleute *Orams* am 6.9.2006

602 *Peukert*, RabelsZ 61, 600, 613.
603 EuGH, Urteil vom 28.4.2009, Rs. C-420/07, *Apostolides/Orams,* Slg. 2009 I-3571.

vom *High Court of Justice* aufgehoben, wogegen Herr *Apostolides* wiederum einen Rechtsbehelf einlegte. Der *Court of Appeal, Civil Division,* setzte daraufhin das Verfahren aus und legte dem EuGH fünf Fragen zur Vorabentscheidung vor.

Hervorzuheben ist hier die dritte Frage, mit welcher das Gericht wissen wollte, ob der Umstand „dass eine Entscheidung eines Gerichts eines Mitgliedsstaates betreffend ein Grundstück in einem Gebiet dieses Staates, über das seine Regierung keine tatsächliche Kontrolle ausübt, in der Praxis nicht am Ort des Grundstücks vollstreckt werden kann, ein Grund für die Versagung der Anerkennung oder der Vollstreckung nach Art. 34 Nr. 1 der Verordnung Nr. 44/2001 ist".[604]

2. Hintergründe des Falles

Seit der Invasion türkischer Truppen 1974 ist Zypern geteilt. Zwar trat 2004 die Republik Zypern der EU bei, so dass Unionsrecht grundsätzlich vorrangig Anwendung findet. Die Republik Zypern kontrolliert indes faktisch nur den Südteil der Insel, während der Nordteil von der Türkischen Republik Nord-Zypern kontrolliert wird, welche sich in diesem Teil der Insel konstituierte. Diese wird mit Ausnahme der Türkei von der internationalen Gemeinschaft nicht anerkannt. Aus diesem Grund wurde die Anwendung des Unionsrechts im Nordteil durch ein Protokoll zur Beitrittsakte ausgesetzt. Nach Auffassung der Generalanwältin *Kokott* schließt dieses Protokoll jedoch nicht die Anwendung der EuGVVO in einer Rechtssache vor englischen Gerichten aus, welche einen Bezug zu Nord-Zypern aufweist.[605]

3. Rechtliche Bezüge der Entscheidung des EuGH zum Rechtsinstitut des ordre public

Der EuGH führt zur Beantwortung der Frage zunächst an, dass Art. 34 der Verordnung eng auszulegen sei und der ordre public-Vorbehalt der Nr. 1 insofern nur in Ausnahmefällen eine Rolle spielen könne. In diesem Zusammenhang weist er auf seine Rechtsprechung in der Vergangenheit hin und führt diese fort.[606] Wie auch schon in den Entscheidungen *Krombach* und *Renault*[607] stellt der EuGH klar, dass er nicht den Inhalt der öffentlichen Ordnung eines Mitgliedsstaates definiere, jedoch über die Grenzen wachen würde, innerhalb derer sich ein Gericht

---

604 EuGH, Urteil vom 28.4.2009, Rs. C-420/07, *Apostolides/Orams,* Slg. 2009 I-3571, Rn. 53.

605 Vgl. *Redaktion beck-aktuell,* becklink 272805.

606 Vgl. EuGH, Urteil vom 28.4.2009, Rs. C-420/07, *Apostolides/Orams,* Slg. 2009 I-3571, Rn. 55.

607 EuGH, Urteil vom 28.3.2000, Rs. C-7/98, *Krombach/Bamberski,* Slg. 2000, I-1935, Rn. 23; EuGH, Urteil vom 11.5.2000, Rs. C-38/98, *Renault/Maxicar,* Slg. 2000 I-2973, Rn. 28.

eines Mitgliedsstaats auf die Vorbehaltsklausel stützen dürfe.[608] Auch erläutert der Gerichtshof in Fortführung seiner Rechtsprechung das Verbot, die ausländische Entscheidung in der Sache selbst nachzuprüfen, sowie die Anerkennung oder Vollstreckung einer Entscheidung nur deshalb zu versagen, weil die Entscheidung nach dem Recht des Vollstreckungsstaates so niemals ergangen wäre. Auch dürfe keine Nachprüfung von Seiten des Vollstreckungsgerichts hinsichtlich der rechtlichen Würdigung des Gerichts des Ursprungsstaats erfolgen.[609] Die Anwendung der Vorbehaltsklausel komme nur in Betracht, wenn die Anerkennung der in einem anderen Mitgliedstaat ergangenen Entscheidung einen wesentlichen Rechtsgrundsatz verletze und daher in einem nicht hinnehmbaren Widerspruch zur Rechtsordnung des Vollstreckungsstaates stünde. Diese Verletzung müsse weiterhin derart offensichtlich sein, dass nicht das Verbot der *révision au fond* berührt werde.[610] Im Ausgangsfall sei jedoch keine grundlegende Regelung der Rechtsordnung des Vereinigten Königreichs von Großbritannien ersichtlich, gegen die die Anerkennung oder Vollstreckung der fraglichen Entscheidung verstoßen würde.[611] Insofern sei es nicht gerechtfertigt, die Anerkennung und Vollstreckung der ausländischen Entscheidung nur deshalb zu versagen, weil sie in der Praxis nicht am Ort des Grundstücks vollstreckt werden könne.[612] Die Versagung der Vollstreckung könne ferner nicht auf Art. 45 Abs. 1 EuGVVO oder Art. 38 Abs. 1 EuGVVO gestützt werden.[613] Denn auch unter Heranziehung dieser Vorschrift sei es nicht möglich, die Anerkennung oder Vollstreckung der Entscheidung nur deshalb zu versagen, weil das Grundstück, welches Gegenstand des Rechtsstreites ist, in einem Teil des Urteilsstaates liegt, über welchen die Regierung keine tatsächliche Kontrolle ausübe.[614] Einen Verstoß gegen die Vorbehaltsklausel in Art. 34 Nr. 1 EuGVVO verneinte der EuGH daher in der genannten Entscheidung.[615]

608 EuGH, Urteil vom 28.4.2009, Rs. C-420/07, *Apostolides/Orams,* Slg. 2009 I-3571, Rn. 57.
609 EuGH, Urteil vom 28.4.2009, Rs. C-420/07, *Apostolides/Orams,* Slg. 2009 I-3571, Rn. 58.
610 EuGH, Urteil vom 28.4.2009, Rs. C-420/07, *Apostolides/Orams,* Slg. 2009 I-3571, Rn. 59.
611 EuGH, Urteil vom 28.4.2009, Rs. C-420/07, *Apostolides/Orams,* Slg. 2009 I-3571, Rn. 61.
612 EuGH, Urteil vom 28.4.2009, Rs. C-420/07, *Apostolides/Orams,* Slg. 2009 I-3571, Rn. 62.
613 EuGH, Urteil vom 28.4.2009, Rs. C-420/07, *Apostolides/Orams,* Slg. 2009 I-3571, Rn. 62.
614 EuGH, Urteil vom 28.4.2009, Rs. C-420/07, *Apostolides/Orams,* Slg. 2009 I-3571, Rn. 62, 71; vgl. *Mansel/Thorn/Wagner,* IPRax 2010, 16.
615 EuGH, Urteil vom 28.4.2009, Rs. C-420/07, *Apostolides/Orams,* Slg. 2009 I-3571, Rn. 61 f.

III. Der Fall Marco Gambazzi v. Daimler Chrysler Canada Inc. u.a.[616]

Die Entscheidung *Gambazzi* des EuGH aus dem Jahre 2009 verdeutlicht die Divergenzen zwischen Kontinentaleuropa und Großbritannien. Ursächlich für diese Schwierigkeiten in Bezug auf Anerkennung und Vollstreckung sind Rechtsinstitute des *Common Law*, welche dem in Kontinentaleuropa vorherrschendem *Civil Law* zum Teil fremd sind.[617]

1. Tatbestand

Der Schweizer *Marco Gambazzi*, wohnhaft in Lugano, wendete sich im italienischen Ausgangverfahren mit Einspruch gegen den Beschluss des italienischen *Corte d'Appello di Milano,* welcher ein Urteil des englischen *High Court of Justice* für vollstreckbar erklärte.

Die *Chancery Division* des englischen Gerichts hatte gegen Herrn *Gambazzi* auf Veranlassung von *Daimler Chrysler Canada Inc.* und *CIBC Mellon Trust Company* vor Beginn des Hauptsacheverfahrens *freezing* und auch *disclosure orders* erlassen, welche ihm auferlegten, Informationen über sein Vermögen zu offenbaren sowie bestimmte Dokumente vorzulegen. Zwar ließ sich *Gambazzi* nach der Zustellung durch die Schweizer Behörden auf das Verfahren ein, den *disclosure orders* kam er aber nicht vollständig nach, da er diese als im Widerspruch stehend zu seinen anwaltlichen, strafrechtlich bewehrten Geheimhaltungspflichten empfand. So erging weiterhin eine *unless order* gegen Herrn *Gambazzi,* welche beinhaltete, dass sein Verteidigungsvorbringen im Hauptsacheverfahren unberücksichtigt bleibe und er von der weiteren Prozessbeteiligung ausgeschlossen werde, wenn er nicht zu einem bestimmten Zeitpunkt der *disclosure order* nachkäme. Herr *Gambazzi* legte gegen die erteilten *orders* erfolglos Rechtsbehelfe ein und leistete auch der wiederholten *unless order* keine Folge. Dies wertete der *High Court of Justice* als *contempt of court* und schloss Herrn *Gambazzi* in Form eines *debarment* vom Verfahren aus, um ihn dann in einem *default judgement* zur Zahlung von Schadensersatz an *DaimlerChrysler* und *CIBC Mellon* zu verurteilen. Dieses Urteil erklärte der *Corte d'appello die Milano* für in Italien vollstreckbar, wogegen Herr *Gambazzi* wiederum Rechtsmittel einlegte. Darin machte er einen Verstoß gegen Art. 27 Nr. 1 EuGVÜ geltend, da die Entscheidungen des *High Court of Justice* unter Verletzung der Verteidigungsgrundsätze und des Grundsatzes des kontradiktorischen Verfahrens ergangen seien.

Der *Corte d'appello de Milano* setzte das Rechtsmittelverfahren aus und legte diese Frage dem EuGH zur Vorabentscheidung vor.

616 EuGH, Urteil vom 2.4.2009, Rs. C-394/07, *Gambazzi,* Slg. 2009 I-2563, EuZW 2009, 422.

617 Vertiefend Dritter Teil.

2. *Terminologie des englischen Gerichts*

Bevor das Urteil des EuGH in dem Fall *Gambazzi* einer rechtlichen Analyse unterzogen wird, soll zunächst ein Überblick über die angesprochenen Rechtsinstitute des englischen Rechts sowie die hiermit zusammenhängende Terminologie gegeben werden.

a) freezing order/ disclosure order/ unless order

Unter *order* im Allgemeinen ist eine schriftliche Anordnung eines Gerichts oder eines Richters zu verstehen.[618] *Freezing order* ist dabei im vorliegenden Fall als ein Verfügungsverbot zu verstehen. *Disclosure order* bezeichnet dagegen die Anordnung, Informationen und Unterlagen, welche die Hauptsache betreffen, offen zu legen. Die *unless order* bezeichnet im Fall *Gambazzi* einen Beschluss des Gerichts, welcher wörtlich mit „wenn nicht, dann" – Beschluss übersetzt werden könnte. Herrn *Gambazzi* wurde mit diesem Beschluss untersagt, sich weiter am Verfahren zu beteiligen, wenn er nicht vor Ablauf der gesetzten Frist seinen Verpflichtungen zur *disclosure* nachkommen würde.[619]

b) contempt of court

Der Begriff des *contempt of court* bezeichnet die Missachtung einer Anordnung eines Richters oder des Gerichts selbst. Da ein solches Verhalten den reibungslosen Ablauf eines Gerichtsverfahrens stört, ist es strafbar und stellt als solches eines der wichtigsten Disziplinarmittel eines Richters in anglo-amerikanischen Rechtsordnungen dar.[620] Der *contempt of court* befähigt den Richter in Form eines ungeschriebenen Rechts aufgrund der Nichterfüllung seitens des Schuldners, Haft – oder Geldstrafen zu verhängen.[621] Welche Art der Vollstreckungsmöglichkeiten vom Gericht gewählt werden, liegt dabei in seinem pflichtgemäßen Ermessen.[622] Interessant ist in diesem Zusammenhang die Tatsache, dass in England wiederum der von einem ausländischen Gericht erlassene *contempt of court* nicht anerkannt wird, als dass englische Gerichte *„will not enforce foreign revenue, penal or other laws* [...] *through the recognition of a foreign judgment."*[623]

---

618 Black's Law Dictionary, 1206.

619 EuGH, Urteil vom 2.4.2009, Rs. C-394/07, *Gambazzi*, Slg. 2009 I-2563, Rn. 12; EuZW 2009, 422.

620 Vgl. zum Begriff *contempt:* Black's Law Dictionary, 360.

621 *V. Bernstorff*, 3. Teil § 12, S. 167.

622 *V. Bernstorff*, 3. Teil § 12, S. 167.

623 *Cheshire/North/Fawcett*, Private International Law, S. 560 m.w.N.; zu einer rechtsvergleichenden Auseinandersetzung mit dem französischen Recht vgl. *Chesterman*, (1997) 46 Int'l & Comp.L.Q., 521 ff.

c) debarment

Unter *debarment* versteht man allgemein den Ausschluss einer Partei.[624] Im Falle *Gambazzi* ist hiermit der Ausschluss Herrn *Gambazzis* von der weiteren Teilnahme am Verfahren gemeint.

d) default judgement

Dieser beschriebene Ausschluss vom Verfahren hatte zur Konsequenz, dass Herr *Gambazzi* sich nicht verteidigen konnte und folglich, aufgrund seiner Anwesenheit ein *default judgement* erging. Unter einem *default judgement* ist ein Versäumnisurteil zu verstehen.[625]

3. Auswirkung des Falles auf den verfahrensrechtlichen ordre public

In der genannten Entscheidung konkretisierte der EuGH seine im Fall *Krombach* aufgestellten Grundsätze. Speziell ging es dabei um die Beantwortung der Frage, ob die Anerkennung und Vollstreckung einer gerichtlichen Entscheidung unter Rückgriff auf Art. 27 Nr. 1 EuGVÜ verweigert werden kann, wenn der Beklagte von dem Verfahren wegen Nichtbefolgung einer Anordnung des Gericht im gleichen Verfahren ausgeschlossen wurde.[626] Zunächst musste der EuGH in diesem Zusammenhang jedoch prüfen, ob die Entscheidungen des *High Court of Justice* überhaupt Entscheidungen gemäß Art. 25 EuGVÜ waren, was er im Ergebnis bejahte.[627] Im Falle einer Verneinung wäre der Anwendungsbereich des EuGVÜ nicht eröffnet gewesen. Es war von Bedeutung, ob die Grundsätze des kontradiktorischen Verfahrens gewahrt wurden, da Herrn *Gambazzi*, bedingt durch das *debarment,* die Möglichkeit des Erscheinens und Verhandelns vor Gericht genommen wurden. Im Ergebnis kommt es nach Ansicht des EuGH jedoch nicht darauf an, ob ein kontradiktorisches Verfahren tatsächlich stattgefunden hat, sondern, ob das Verfahren als solches einen kontradiktorischen Charakter hatte, also, ob der Beklagte entweder vor oder aber auch nach Erlass der Entscheidung ausreichende Möglichkeit zur Stellungsnahme gehabt hätte.[628] Weiterhin wiederholte der EuGH – wie auch in der Entscheidung *Apostolides/ Orams* – die in *Krombach* aufgestellten Grundsätze zum europäischen verfahrensrechtlichen ordre public in Bezug auf das Erfordernis der Offensichtlichkeit

624 Black's Law Dictionary, 460.

625 Black's Law Dictionary, 480.

626 Vgl. *Sujecki*, EuZW 2009, 424.

627 EuGH, Urteil vom 2.4.2009, Rs. C-394/07, *Gambazzi,* Slg. 2009 I-2563, Rn. 21-25.

628 EuGH, Urteil vom 2.4.2009, Rs. C-394/07, *Gambazzi,* Slg. 2009 I-2563, Rn. 23 f.; *Schlosser,* EuZPR, Art. 32 Rn. 1 ff.; Sujecki, EuZW 2009, 425.

der Rechtsverletzung und der Bedeutung der Verteidigungsrechte nach Art. 6 EMRK.[629]

Hervorzuheben ist die Tatsache, dass die Zuständigkeit der englischen Justiz für diesen Fall ganz und gar nicht offensichtlich war. So bestand letztlich keine Verbindung des Falles zu England abgesehen von der Tatsache, dass eines der Häuser von *Stolzenberg,* einem Mitangeklagten von *Gambazzi,* in London gelegen war.[630] Zu dem Zeitpunkt der Zustellung der Klageschrift im März 1997 war dieses allerdings längst veräußert worden.[631] Um doch noch eine Zuständigkeit der englischen Gerichte herstellen zu können, entschied das *House of Lords*, dass der entscheidende Zeitpunkt für die Bestimmung der Zuständigkeit nach dem sogenannten *domicile* die Ausarbeitung der Klageschrift und nicht die Zustellung derselbigen sei.[632] Dieser Zeitpunkt lag aber bereits im Mai 1996, da das englische Gericht die Zustellung der Klageschrift verschob, um *ex parte* Verhandlungen zu ermöglichen, in welchen die Kläger versuchten das Gericht davon zu überzeugen, eine weltweite *freezing order* zu erlassen.[633] Darüber hinaus wirkten die Kläger darauf ein, dass die Verhandlungen gleichzeitig stattfanden, um sicher zu gehen, dass die Angeklagten dem englischen Verfahren nicht aus dem Grund entgehen konnten, dass parallele Verhandlungen anderswo bereits begonnen hatten.

Nach *Cuniberti*[634] ist die einzige vernünftige Erklärung für die beinahe künstlich anmutende Zuständigkeitserklärung der englischen Gerichte die Verfügbarkeit der sogenannten zwei „Nuklearwaffen" des englischen Zivilverfahrens[635], worunter sowohl *freezing* als auch *disclosure orders* zu verstehen sind.

Nach der englischen Rechtsauffassung ist Ziel der beschriebenen Maßnahmen (s.o.), die Rechtspflege in gerechter und wirksamer Weise zu ermöglichen.[636] Ein solches Ziel kann nach Auffassung des EuGH durchaus die Einschränkung der Verteidigungsrechte rechtfertigen, solange diese Sanktionen nicht „offensichtlich außer Verhältnis zu dem verfolgten Ziel" stehen.[637] Der Ausschluss des Beklagten von der Teilnahme am Verfahren stellt indes die schwerste Einschränkung der Verteidigungsrechte dar, so dass ein solcher Ausschluss nur dann nicht als Verstoß gegen den ordre public betrachtet werden kann, wenn die dadurch erfol-

629 EuGH, Urteil vom 2.4.2009, Rs. C-394/07, *Gambazzi,* Slg. 2009 I-2563, Rn. 27 f.; vgl. dazu: *Thoma,* S. 129ff; *Sujecki,* ZEuP 2008, 460 ff.
630 *Cuniberti,* IPRax 2010, 149.
631 *Cuniberti,* IPRax 2010, 149.
632 *Canada Trust company etc. v. Stolzenberg and Gambazzi and others* (No.2), [2000] 3 WLR 1376, [2002] 1 AC 1 (H.L.); IPRax 2001, 253 mit Anmerkung *Vogenauer.*
633 *Cuniberti,* IPRax 2010, 149.
634 *Cuniberti,* IPRax 2010, 149.
635 Lord Justice *Donaldson* in *Bank Mellat* v. *Nikpour* [1985] FSR 87, 92.
636 EuGH, Urteil vom 2.4.2009, Rs. C-394/07, *Gambazzi,* Slg. 2009 I-2563, Rn. 30.
637 EuGH, Urteil vom 2.4.2009, Rs. C-394/07, *Gambazzi,* Slg. 2009 I-2563, Rn. 32.

gende Einschränkung „sehr hohen Anforderungen genügt".[638] Nach dem EuGH ist bei der Prüfung der Vereinbarkeit der genannten Maßnahmen mit dem ordre public eine Beurteilung und Bewertung des gesamten Verfahrens unter Heranziehung sämtlicher Umstände erforderlich.[639] Der EuGH führt an, dass innerhalb dieser Prüfung das Gericht des Anerkennungsstaates zu untersuchen hat, welche Rechtsbehelfe dem Beklagten zustanden, insbesondere, ob Herrn *Gambazzi* die Möglichkeit der Anfechtung der *unless order* gewährt wurde und ob die Grundsätze des kontradiktorischen Verfahrens und die Gewährung der Verteidigungsrechte gemäß Art. 6 EMRK während seiner Anhörung gewährt wurden.[640] Grenze dieser Überprüfung, so betont der EuGH, sei auch hier die *révision au fond*; eine Beurteilung der Entscheidung des Gerichts des Ursprungslandes bleibt weiterhin nicht vorgesehen.[641] Nach Ansicht von *Schinkels*[642] geht aufgrund der geforderten Gesamtabwägung nicht klar hervor, ob ein ordre public-Verstoß bereits angenommen werden kann, wenn das Gericht des Ursprungslandes die Begründetheit der Anträge, denen das Versäumnisurteil stattgibt, nicht unter Anhörung des Beklagten geprüft hat. Dagegen soll die Tatsache, dass die *disclosure order* ohne Rücksicht auf etwaige Kollisionen mit anwaltlichen Geheimhaltungspflichten des Beklagten ergangen ist, sehr wohl Berücksichtigung im Rahmen Vereinbarkeit mit der öffentlichen Ordnung finden.[643]

4. Entscheidung des EuGH

Der EuGH kam zu dem Ergebnis, dass der Ausschluss des Beklagten von der Verhandlung aufgrund des *debarment* durchaus einen Verstoß gegen das Recht auf rechtliches Gehör darstellen und somit ein Verstoß gegen den ordre public auch bejaht werden könnte, wenn die Umstände des Einzelfalles dies geböten.[644] Das Gericht des um Vollstreckung ersuchten Staates darf den Umstand des Ausschlusses vom Verfahren dann „im Hinblick auf die Ordre-public-Klausel des Art. 27 Nr. 1 [des Brüsseler Übereinkommens] berücksichtigen, wenn es beim Abschluss einer Gesamtwürdigung des Verfahrens und in Anbetracht sämtlicher Umstände zu dem Ergebnis gelangt, dass diese Ausschlussmaßnahme eine offensichtliche und unverhältnismäßige Beeinträchtigung des Anspruchs des Beklagten auf rechtliches Gehör dargestellt hat." [645]

638 EuGH, Urteil vom 2.4.2009, Rs. C-394/07, *Gambazzi,* Slg. 2009 I-2563, Rn. 33.
639 EuGH, Urteil vom 2.4.2009, Rs. C-394/07, *Gambazzi,* Slg. 2009 I-2563, Rn. 48.
640 EuGH, Urteil vom 2.4.2009, Rs. C-394/07, *Gambazzi,* Slg. 2009 I-2563, Rn. 41 f.; 45.
641 EuGH, Urteil vom 2.4.2009, Rs. C-394/07, *Gambazzi,* Slg. 2009 I-2563, Rn. 46.
642 *Schinkels,* LKM 2009, LMK 2009, 289819.
643 *Schinkels,* LKM 2009, LMK 2009, 289819.
644 EuGH, Urteil vom 2.4.2009, Rs. C-394/07, *Gambazzi,* Slg. 2009 I-2563, Rn. 33.
645 EuGH, Urteil vom 2.4.2009, Rs. C-394/07, *Gambazzi,* Slg. 2009 I-2563, Rn. 48.

5. Entscheidung des italienischen Gerichts

Das italienische Berufungsgericht befand am 24.11.2010 im Anschluss an die Entscheidung des EuGH, dass die Entscheidungen der englischen Gerichte aus den Jahren 1998 und 1999 nicht gegen den italienischen ordre public verstoßen und damit in Italien für vollstreckbar erklärt werden können.[646] Ursächlich für diese Entscheidung ist vordergründig, dass *Gambazzi* nach Auffassung des italienischen Gerichts, zugegeben hatte, dass er gehofft habe, im Hinblick auf die Zuständigkeit zu obsiegen und in dieses Verfahren seine sämtlichen Mittel investierte. Dieses Vorgehen hatte zur Folge, dass er vor dem englischen *House of Lords* unterlag. Der Beklagte hatte sich insofern bewusst den Anordnungen der englischen Gerichte widersetzt, um sich auf die Streitigkeit der Zuständigkeit konzentrieren zu können. Weiterhin befand das italienische Gericht die erteilte Sanktion auch als verhältnismäßig, auch wenn das englische Sanktionsmittel des *contempt of court* dem italienischen Verfahrensrecht fremd sei. Diese Annahme begründete das italienische Gericht damit, dass *Gambazzi* wiederholt säumig gewesen sei und es keinen wirklichen Grund für den Beklagten gegeben habe, sich nicht mit den Anordnungen des englischen Gerichts einverstanden zu erklären. Ein solcher Grund ergebe sich insbesondere nicht aufgrund anwaltlicher Geheimhaltungspflichten oder ausländischem, in diesem Falle, schweizerischem Strafrecht. Schließlich sei zu berücksichtigen, dass *Gambazzi* die Sanktion bekannt gewesen sei.[647]

IV. Bewertung

Der europäische verfahrensrechtliche ordre public kann nationale Vorbehalte bisher nicht vollständig verdrängen, vielmehr wird er weitgehend durch nationale Inhalte geprägt. Dies zeigt sich auch in der Entscheidung *Apostolides/Orams*, in welcher das Fehlen einer entgegenstehenden englischen Regelung dazu führt, dass der europäische verfahrensrechtliche ordre public nicht eingreift. Damit ist der ordre public der Europäischen Union auch Teil der inländischen öffentlichen Ordnung.[648] In Bezug auf die Bundesrepublik Deutschland und den deutschen ordre public bedeutet dies, dass über die deutsche Vorbehaltsklausel ebenso international zwingendes europäisches Unionsrecht durchgesetzt wird, wie auch deutsches Recht.[649] So findet auch Sekundärrecht, wie beispielsweise die Richtlinie

646 Abrufbar unter http://conflictoflaws.net/2011/gambazzi-looses-in-milan/.

647 Vgl. *Cuniberti,* Gambazzi looses in Milan, abrufbar unter: http://conflictoflaws.net/2011/gambazzi-looses-in-milan/.

648 *Geimer,* IZPR, Rn. 2969a.

649 Vgl. *Basedow,* FS Sonnenberger 2004, 291; *Martiny,* FS Sonnenberger 2004, 523.

nach Art. 288 AEUV, Berücksichtigung im Rahmen des deutschen, europäisch geprägten ordre public.[650] Aufgrund der zunehmenden Europäisierung und der Annäherung der mitgliedsstaatlichen Rechtsordnungen kann man daher von der Existenz eines europäischen verfahrensrechtlichen ordre public ausgehen, welcher in den jeweiligen nationalen Vorbehalt einfließt.

Hinsichtlich der Entscheidung *Gambazzi* stellt sich indes die Frage, inwieweit das Rechtsinstitut des *contempt of court* sich überhaupt mit dem europäischen Unionsrecht vereinbaren lässt, welchem Disziplinarmittel dieser „Güteklasse" fremd sind.[651] Nach Auffassung des EuGH ist dies zumindest dann der Fall, wenn eine solche Einschränkung sehr hohen Anforderungen genügt.[652] In der gleichen Entscheidung stellte der EuGH fest, dass ein Versäumnisurteil, welches auf einem Verfahrensausschluss des Beklagten beruht, eine Entscheidung im Sinne von Art. 25 EuGVÜ, welcher Art. 32 der EuGVVO entspricht, darstellt. Diese Qualifizierung führt zu der umstrittenen Folgebetrachtung, ob im Falle einer Bestätigung dieser Entscheidung als europäischer Vollstreckungstitel gemäß der EuVTVO trotz Streichung der Vorbehaltsklausel in dieser Verordnung dennoch die Möglichkeit einer Überprüfung bestehen würde, was im Ergebnis wohl abzulehnen ist.[653] Nach der Ansicht von *Schilling*[654] sind die oben beschriebenen Offenbarungspflichten des englischen Verfahrensrechts vor Beginn des Erkenntnisverfahrens für den *Civil Lawyer* zwar ungewohnt, nach menschenrechtlicher Wertung des Art. 6 EMRK jedoch nicht verwerflich, als dass Ziel der *orders* die Herstellung der materiellen Gerechtigkeit zwischen den Parteien sein soll, was durch die beschriebenen Pflichten auch erreicht werden könnte. Dieser Auffassung ist insbesondere vor dem Hintergrund der Akzeptanz nationaler Besonderheiten aufgrund der *comitas* zu zustimmen. Der Ausschluss von *Gambazzi* von dem Verfahren aufgrund der erfolgten Missachtung der Offenbarungsverpflichtungen beschränkte diesen jedoch in seinem Anspruch auf rechtliches Gehör und ist damit menschenrechtlich zu berücksichtigen. Eine derartige Beschneidung des Rechts auf rechtliches Gehör ist nur in dem Rahmen hinnehmbar, wie sie in einer

650 *Geimer,* IZPR, Rn. 2969a; *ders.,* Anerkennung ausländischer Entscheidungen, 139.

651 Nicht zu vereinbaren mit dem Regelungssystem sind nach der Rechtsprechung des EuGH die *forum non conveniens*-Doktrin sowie die *anti-suit-injunction,* vgl. *Steinbrück,* ZEuP 2010, 171 m.w.N. hinsichtlich der Entscheidungen des EuGH in FN 1, 2; *Balthasar/Richers,* RIW 2009, 351. Der BGH hatte in der Entscheidung BGH, Urteil vom 18. 10. 1967 – VIII ZR 145/66, NJW 1968, 354 darauf hingewiesen, dass auf den Einzelfall abzustellen sei und in dem vorliegenden Fall das Disziplinarmittel des *contempt of court* nicht gegen den deutschen ordre public verstoße.

652 EuGH, Urteil vom 2.4.2009 – C-394/07, *Gambazzi,* Slg. 2009 I-2563, Rn. 33.

653 So bereits: *Sujecki,* EuZW 2009, 425 f.; a.A. *Schinkels,* LMK 2009, 289819. Vgl. dazu die Überlegungen im Vierten Teil, S. 204 f.

654 *Schilling,* IPRax 2011, 36 f.

demokratischen Gesellschaft innerhalb der Rechtspflege unabwendbar ist.[655] Der Ausschluss des Schuldners aufgrund eines *contempt of court* nach englischem Recht, hält sich im Falle der vorherigen Verletzung der Offenbarungspflichten, innerhalb des Rahmen dessen, was aus menschenrechtlicher Sicht noch zulässig ist.[656] Dies ist insbesondere vor dem Hintergrund so zu bewerten, dass der Beklagte im Fall um die Konsequenz des Verhaltens wusste und die weitgehende Verkürzung seiner Beklagtenrechte dennoch in Kauf genommen hat. Folglich ist die Entscheidung des italienischen Gerichts zu begrüßen.

Der Fall *Gambazzi* verkörpert weiter ein deutliches Bekenntnis des EuGH dahingehend, die Garantien aus Art. 6 EMRK als Unionsgrundrecht zu verstehen. Damit führt der EuGH seine in *Krombach* begonnene Rechtsprechung fort. Dies führt sodann zu der Frage, ob in Zukunft Verletzungen des rechtlichen Gehörs oder der Gewährleistung eines fairen Verfahrens nach Art. 6 EMRK nicht nur im Rahmen einer nationalen ordre public-Kontrolle zum Tragen kommen, sondern vielmehr im Rahmen einer europäischen ordre public-Prüfung von Bedeutung sein werden.[657]

D. Die Konventionsbindung der EMRK nach dem Vertrag von Lissabon und die Auswirkungen auf den europäischen verfahrensrechtlichen ordre public

Nachdem im Zusammenhang mit den Entscheidungen des Gerichtshofs in den Fällen *Apostolides/Orams* und *Gambazzi* die Auswirkungen der EMRK auf den europäischen verfahrensrechtlichen ordre public beschrieben wurden,[658] soll im Folgenden darauf eingegangen werden, inwieweit formell eine Bindung eben dieses Vorbehalts an die EMRK nach dem Vertrag von Lissabon grundsätzlich besteht und inwieweit sich dies wiederum auf Inhalt und Begrenzung der Vorbehaltsklausel auswirkt,[659] um in der weiteren Untersuchung darauf eingehen zu können, welche Angriffsintensität den Menschenrechten im Rahmen einer Kontrolle des europäischen verfahrensrechtlichen ordre public zukommt. Nicht Gegenstand der vorliegenden Untersuchung soll dagegen der allgemeine menschenrechtliche ordre public sein, wie er vom *Internationalen Gerichtshof* (IGH) anerkannt wird.[660]

655 *Schilling,* IPRax 2011, 36.
656 *Schilling,* IPRax 2011, 36.
657 Vgl. dazu: *Schinkels,* LMK 2009, 289819.
658 S. 95-103.
659 Zum Inhalt des Vertrags von Lissabon vgl. S. 84 f.
660 Zu dem menschenrechtlichen ordre public des IGH s. *Kälin,* BerGesVR 33 (1993), 11.

I. Meinungsbild in der Literatur

1. Inhaltsausfüllung des europäischen verfahrensrechtlichen ordre public durch die EMRK

Schon vor dem Inkrafttreten des Vertrags von Lissabon sprach *Borowsky*[661] davon, dass die EMRK als solche den gesamteuropäischen ordre public widerspiegeln. Dieser Aussage liegt folgender Gedankengang zugrunde: Auf der Ebene des europäischen Primärrechts besteht nach der *Solange*-Rechtsprechung des Bundesverfassungsgerichts ein Grundrechtsschutz, welcher dem Schutzniveau des Grundgesetzes gleichkommt.[662] Die gemeinschaftsrechtlichen Grundrechte wirken allerdings nur im Anwendungsbereich des Unionsrechts, jenseits davon wird das hoheitliche Handeln der Mitgliedsstaaten und ihrer Organen durch die EMRK und die jeweiligen nationalen Verfassungen begrenzt.[663]

Mansel[664] äußerte sich zu diesem Thema dahingehend, dass zum Kernbestand des ordre public „die Verfassung, insbesondere die Grundrechte, sowie das für Deutschland bindende staatsvertragliche Völkerrecht (Art. 59 Abs. 2 GG) und die über Art. 25 GG bindenden allgemeinen Regeln des Völkerrechts[...]“ zählen, womit über die Anwendung von Art. 59 Abs. 2 GG „in jedem Fall auch die Europäische Menschenrechtskonvention als Bestandteil des deutschen ordre public erfasst“ wird.[665]

Vor dem Inkrafttreten des Vertrags von Lissabon problematisierte auch *Föhlisch*[666], ob die nationalen prozessualen Vorbehalte positiv und negativ an Art. 6 EMRK gebunden seien. Die positive Bindung sei zu bejahen, da Art. 6 Abs. 1 EMRK die Mindestanforderungen an das Verfahren des Erststaates stelle, bei deren Nichteinhaltung ein ordre public-Verstoß zu bejahen sei. Einer negativen Bindung im Sinne einer Begrenzung der nationalen Vorbehaltsklauseln der Mitgliedsstaaten auf die Garantien von Art. 6 Abs. 1 EMRK sei im Ergebnis ebenfalls zuzustimmen.[667] *Föhlisch* begründet dies zum einen damit, dass auf diese Weise die zu erstrebende Freizügigkeit der Entscheidungen in der Europäischen Union gefördert werde, zum anderen damit, dass nur so die Rechtssicherheit bei einer ordre public-Kontrolle auf Gemeinschaftsebene gewahrt sei.[668]

---

661 *Borowsky*, in: Meyer, Kommentar zur Charta der Grundrechte der Europäischen Union, Vorbemerkungen vor Art. 51 Rn. 5, 2. Auflage 2006; in diese Richtung gehend *Föhlisch*, S. 47.

662 BVerfGE 102, 147, 166 f.; *Hess*, EuZPR, § 4 Rn. 15, 136.

663 EuGH, Urteil v. 23.9.2008, Rs. C-427/06, *Bartsch/Bosch & Siemens Hausgeräte Altersfürsorge GmbH*, Slg. 2008 I-7245, Rn. 14 ff, 25; *Hess*, EuZPR, § 4 Rn. 15, 136.

664 *Mansel*, BerGesVR 43 (2007), 200.

665 *Mansel*, BerGesVR 43 (2007), 200.

666 Vgl. *Föhlisch*, S. 48.

667 *Föhlisch*, S. 52.

668 *Föhlisch*, S. 48, 51.

Schaller[669] äußerte sich dahingehend, dass der Beitritt der EU zur EMRK eine völkerrechtliche Bindung an die Konvention bedeute. Dies verleihe der EU in einem zweiten Schritt die Kompetenz, ihre eigenen Organe bedingt durch den Beitritt an die EMRK zu binden. Die Gemeinschaft sei aber grundsätzlich nicht dazu befugt, auch die Mitgliedsstaaten einer Bindung an die EMRK zu unterwerfen, da dies zu einer Kompetenzerweiterung führen würde, welche nicht mit Art. I-9 Abs. 2, S. 2 VVE zu vereinbaren sei. Allerdings könne es eine Ausstrahlung der Bindungswirkung der EU an die Konvention in den Bereichen des mitgliedsstaatlichen Rechts geben, welche der EuGH auf die Vereinbarkeit mit Unionsrecht überprüfen kann.[670]

Ebenfalls weit vor dem Inkrafttreten des Vertrags von Lissabon erläuterte die heutige Generalanwältin beim EuGH, *Kokott*[671], ausführlich die Art und Weise der Inhaltsausfüllung des europäischen ordre public. *Kokott* führte aus, dass *ius cogens* und solche Menschenrechte, die den Forumstaat und den Staat, dessen Recht anerkannt oder vollstreckt werden soll, binden, im Rahmen des ordre public beachtet werden müssten, da anderenfalls der Forumstaat Beihilfe zu einer Völkerrechtsverletzung leiste.[672] Unter *ius cogens* versteht man dabei das zwingende allgemeine Völkerrecht.[673] Ebenso seien auch die Menschenrechte, welche nicht Teil des *ius cogens* sind, zur Auslegung des ordre public heranzuziehen; dies folge aus Art. 25 GG.[674] In diesem Sinne plädierte *Kokott* für einen „vermehrten Rückgriff auf die völkerrechtlichen Menschenrechte statt auf die innerstaatlichen Grundrechte bei der Ausfüllung des innerstaatlichen ordre public."[675]

---

669 *Schaller,* EuR 2006, 663.

670 *Schaller,* EuR 2006, 663 und FN 50; sich auf *Schaller* berufend *Rohleder,* S. 398.

671 *Kokott,* BerGesVR 38 (1998), 71 ff.

672 *Kokott,* BerGesVR 38 (1998), 92.

673 *Hillgruber,* in: BeckOK, Art. 1 GG Rn. 57; s. zum zwingenden Völkerrecht Art. 53 des Wiener Übereinkommens über das Recht der Verträge (BGBl. 1985 II S. 927): „Verträge im Widerspruch zu einer zwingenden Norm des allgemeinen Völkerrechts (ius cogens). Ein Vertrag ist nichtig, wenn er im Zeitpunkt seines Abschlusses im Widerspruch zu einer zwingenden Norm des allgemeinen Völkerrechts steht. Im Sinne dieses Übereinkommens ist eine zwingende Norm des allgemeinen Völkerrechts eine Norm, die von der internationalen Staatengemeinschaft in ihrer Gesamtheit angenommen und anerkannt wird als eine Norm, von der nicht abgewichen werden darf und die nur durch eine spätere Norm des allgemeinen Völkerrechts derselben Rechtsnatur geändert werden kann.".

674 *Kokott,* BerGesVR 38 (1998), 93.

675 *Kokott,* BerGesVR 38 (1998), 105; zustimmend *v. Hoffmann* im Sinne einer *menschenrechtlichen Aufladung* des nationalen ordre public, BerGesVR 38 (1998), 125; *Delbrück,* BerGesVR 38 (1998), 130.

Jayme[676] prägte den Begriff der *kulturellen Identität* im Internationalen Privatrecht und stellte in diesem Kontext die These auf, dass das Internationale Privatrecht selbst als *Menschenrecht auf kulturelle Identität* bzw. auf *Diversität* zu sehen sei.[677] Der Begriff der *kulturellen Identität* könne dabei zum einen im Hinblick auf natürliche Personen[678] auszulegen sein, zum anderen könne damit auch die nationale bzw. kulturelle Identität von Staaten gemeint sein.[679] Für die zugrundeliegende Untersuchung ist dabei die Bezugnahme auf die *kulturelle Identität* des Einzelnen maßgeblich, welche als Menschenrecht bei der Ausfüllung des europäischen verfahrensrechtlichen ordre public eine Rolle spielen könnte.

Die Herleitung eines solchen Rechts auf Achtung der kulturellen Identität des Einzelnen stützt *Jayme* zunächst auf die Erklärung der UNESCO-Generalversammlung in Paris zur kulturellen Vielfalt vom 22.11.2001 sowie auf Art. 22 GrC, welcher die Achtung der Union von Vielfalt der Kulturen, Religionen und Sprachen statuiert.[680] *Jayme* leitet das Recht weiter aus Art. 8 Abs. 1 EMRK her, welcher das Recht auf Privat – und Familienleben sowie in einer Ausprägung auch das Recht auf Achtung des eigenen Lebensstils schützt.[681] Schließlich nimmt *Jayme* im Rahmen der Entwicklung des subjektiven Rechts auf Achtung der kulturellen Identität auch Bezug auf die UN-Konvention über die Rechte des Kindes.[682] Auch das Allgemeine Persönlichkeitsrecht aus Art. 2 Abs. 1 i.V.m. Art. 1 Abs. 1 GG sowie die Menschenwürde des Art. 1 Abs. 1 GG und die Religionsfreiheit aus Art. 4 Abs. 1 GG werden von in der Literatur zur Bestimmung des von *Jayme* erstmalig entwickelten Menschenrechts auf kulturelle Identität herangezogen.[683]

---

676 *Jayme*, BerGesVR 38 (1998), S. 117 f.; *ders.* in: *ders.*, Kulturelle Identität und Internationales Privatrecht, S. 6; *ders.*, in: Internationale Juristenvereinigung Osnabrück, Jahresheft 2 (1991/92), 8, 10 ff. ; vgl. *Mansel*, BerGesVR 43 (2007), 142 FN 5 m.w.N.

677 Vgl. *Mankowski*, IPRax 2004, 282.

678 *Jayme*, in: *Jayme*, Kulturelle Identität und Internationales Privatrecht, S. 9.

679 *Jayme*, in: *Jayme*, Kulturelle Identität und Internationales Privatrecht, S. 11; *Mansel*, BerGesVR 43 (2007), 142 f.

680 *Mansel*, BerGesVR 43 (2007), 145 f. m.w.N.

681 *Mankowski*, IPRax 2004, 283.

682 *Mansel*, BerGesVR 43 (2007), 146 ; vgl. *Jayme*, Recueil des cours 251 (1995), 9, 167 f.; *ders.*, IPRax 2000, 165, 169 ; *ders.*, in : *Jayme*, Kulturelle Identität und Internationales Privatrecht, S. 7 f.

683 *Coester-Waltjen*, BerGesVR 38 (1998), 16; *Looschelders*, RabelsZ 65 (2001), 468 f.; *Klingenstein*, Kulturelle Identität und Kindeswohl im deutschen internationalen Adoptionsrecht; *Ende*, IPRax 1998, 244, 245.

3. EMRK und europäischer verfahrensrechtlicher ordre public: „zwei verschiedene Schuhe“

Stöcker[684] äußerte sich weit vor der Ratifizierung des Vertrags von Lissabon im Jahre 1987 dahingehend, dass sich nationaler ordre public und die EMRK auf den ersten Blick zueinander verhielten wie zwei verschiedene Schuhe, die nicht zusammen passten. Diese Aussage ist wahrscheinlich der Tatsache geschuldet, dass der Vorbehalt des ordre public den Juristen zunächst an den internationalprivatrechtlichen Vorbehalt erinnert, wo die Klausel nach traditionellem Verständnis insbesondere in ihrer materiellen Ausprägung vordergründig in der nationalen Rechtsordnung verankert ist.[685] Insofern erschien zumindest in den achtziger Jahren eine Ausfüllung der Vorbehaltsklausel durch europäische Inhalte wie der EMRK noch fremd.

4. Stellungnahme

Art. 6 Abs. 2 EUV (n.F.) ermöglicht theoretisch den Beitritt der EU zu der EMRK, ein solcher Beitritt erfolgte bisher jedoch nicht. Zum jetzigen Zeitpunkt können die Inhalte der EMRK daher nur über Art. 6 Abs. 3 EUV (n.F.) zur Konkretisierung der allgemeinen unionsrechtlichen Grundsätze herangezogen werden.[686] Auch nach einem zukünftigen Beitritt der EU zur EMRK könnten die Mitgliedsstaaten nur im Rahmen der *agency*-Situation an die EMRK unionsrechtlich gebunden werden.[687]

Zudem teilt die EMRK die Wertigkeit des vorrangigen Unionsrechts.[688] Denn der Vertrag von Lissabon in seiner Funktion als völkerrechtlicher Vertrag zur Änderung und grundlegenden Umgestaltung der existierenden Gemeinschaftsverträge bewirkte nicht nur wichtige Reformen in Struktur, Organisation und materiellem Recht.[689] Er veränderte auch das System des europäischen Grundrechtsschutzes sowie die Grundrechtsquellen, die Grundrechtsgeltung und – wie schon oben darauf hingewiesen[690] – das Verhältnis zwischen der EU und ihrer bestehenden Grundrechte zur EMRK.[691] Dies wirkt sich auch auf die Rangwir-

684 *Stöcker,* EuGRZ 1987, 473.

685 Vgl. schon *Niemeyer,* S. 96.

686 *Ludwig,* EUR 2011, 716.

687 Im Bezug auf die Grundrechte: EuGH, Urteil vom 13.7.1989, Rs. C-5/98, *Wachauf,* Slg. 1989 2609, Rn. 19; *Temming,* NJW 2008, 3405.

688 *Hess,* EuZPR, § 2 Rn. 97, 77; *Rohleder,* S. 410; *Schaller,* S. 663; *Pache/Rösch,* EuZW 2008, 519, 520 f.

689 *Pache/Rösch,* EuR 2009, 769; s. oben S. 84 ff.

690 S. 84 ff.

691 Zu den Auswirkungen auf den Grundrechtsschutz vgl. *Pache/Rösch,* EuZW 2008, 519 ff.; speziell zum Vertrag von Lissabon *ders./dies.*, EuR 2009, 769.

kung der EMRK im Unionsrecht aus: Da Art. 6 Abs. 2 EUV (n.F.) dazu keine besonderen Angaben enthält, ist die allgemeine Regelung des Art. 215 AEUV zur dogmatischen Einordnung heranzuziehen.[692] Die EMRK wird nach dem Beitritt der Union zur Konvention folglich als völkerrechtliches Abkommen einen Rang zwischen Primär – und Sekundärrecht einnehmen.[693] Auf den europäischen verfahrensrechtlichen ordre public dürfte sich dies in der Weise auswirken, dass in seinem Anwendungsbereich zwingend die Inhalte der Konvention zu berücksichtigen sind.[694] Nach einem erfolgten Beitritt der Union zur Konvention sollte man daher zukünftig hinsichtlich der oben von *Stöcker* erwähnten Methapher der „zwei Paar Schuhe“ wohl eher von einem Verhältnis von *Fuß* zu *maßgeschneidertem Schuh* sprechen; wobei unter dem Fuß die EMRK und unter dem am Fuß *wie angegossen sitzenden Schuh* der europäische ordre public zu verstehen wäre.

Hervorzuheben ist in diesem Zusammenhang jedoch die Tatsache, dass auch schon vor dem Inkrafttreten des Vertrags von Lissabon der europäische verfahrensrechtliche ordre public zunehmend durch den Rückgriff auf die völkerrechtlichen Menschenrechte konkretisiert wurde:[695] Einen solchen Rückschluss lässt insbesondere das Verfahren nach Art. 33 EMRK zu. Die Vorschrift ermöglicht jedem Vertragsstaat die Anrufung des EGMR aufgrund einer Konventionsverletzung durch einen anderen Staat. Bereits in einem der ersten Verfahren zur Staatenbeschwerde zwischen Österreich und Italien im Jahre 1961 führte die Kommission aus, dass der jeweilige Staat mit der Beschwerde nach Art. 33 EMRK nicht seine eigenen Rechte durchsetze, sondern einen Fall der Verletzung des europäischen ordre public, welcher durch die EMRK gewährleistet wird, geltend mache.[696] Darüberhinaus dehnte die dynamische und evolutive Auslegungsmethode des EGMR die für die Staaten verpflichtenden Menschenrechtsgarantien im Zusammenhang mit der Entwicklung von Schutzpflichten, sogenannten *positive obligations,* aus.[697] Auch zeigen die in § 1 und § 3 des ersten Teils der vorliegenden Untersuchung besprochenen Entscheidungen auf, dass eine inhaltliche Ausgestaltung des ordre public durch die EMRK auch schon in der Vergangenheit vorgenommen wurde.[698]

692 *Pache/Rösch*, EuR 2009, 785.

693 *Pache/Rösch*, EuR 2009, 785.

694 Vgl. allgemein *Stock,* S. 202, welche davon ausgeht, dass die EMRK als *self-executing* Norm ausgestaltet ist; auch: *Schaller,* EuR 2006, 665.

695 A./. I, E 788/60, YB 4, 116, 140; *Frowein/Peukert,* Einf. Rn. 5; *Kokott,* BerGesVR 38 (1998), 77; *Ress,* ZaöRV 64 (2004), 623.

696 A./. I, E 788/60, YB 4, 116, 140; zur Bedeutung der Entscheidung: *Kälin,* BerGesVR 33 (1993), 9; vgl. zur *Verantwortungsfunktion* der EMRK: *Ress,* ZaöRV 64 (2004), 626.

697 *Ress,* ZaöRV 64 (2004), 628.

698 Vgl. S. 22 ff., 26 ff., 92 ff.

Die durch die Rechtsprechung des EuGH vorgenommene inhaltliche Ausfüllung mit den sich aus der EMRK ergebenden Verbürgungen und Rechten führt auch keinesfalls zu einem Kulturimperialismus,[699] denn Menschenrechte sind eben keine sich aus einer nationalen Verfassung ergebenden Grundrechte, welchen anderen Mitgliedsstaaten der EU „aufgedrängt" werden. Vielmehr stellen sie völkerrechtlich anerkannte Regelungen dar, die mit einem zukünftigen Beitritt der Union zur EMRK einen Rang zwischen Primär – und Sekundärrecht einnehmen,[700] und als solche dementsprechend Geltungsvorrang genießen werden. Auch besteht bei einer „menschenrechtlichen Aufladung des ordre public" nicht die Gefahr Art. 1 Abs. 3 GG außer Acht zu lassen,[701] welcher als Bindungsklausel den Vorrang der Grundrechte als Verfassungsrecht und den unmittelbaren Geltungsanspruch gegenüber aller staatlichen Gewalt statuiert.[702] Denn die Gewährleistung der sich aus der EMRK ergebenden Garantien ist längst keine innere Angelegenheit eines jeden Staates mehr, sondern vielmehr eine *„question of international concern"*,[703] mithin eine internationale Angelegenheit.

Zusammenfassend ist damit den oben dargestellten Ausführungen von *Borowsky, Mansel, Schaller* und *Kokott* zuzustimmen, welche alle die Bedeutung der EMRK für eine inhaltliche Ausfüllung einer europäischen Vorbehaltsklausel betonten. Vor einem Inkrafttreten des Vertrags von Lissabon konnte man die Bedeutung der EMRK, wie von *Mansel* aufgezeigt, dogmatisch zumindest über den Umweg von Art. 59 Abs. 2 GG herleiten. Zwar gehen auch die Darstellungen von *Föhlisch* in diese auch in vorliegender Untersuchung vertretene Richtung, anders zu bewerten ist aber die von *Föhlisch* vertretene Idee einer negativen Bindung an die Garantien von Art. 6 Abs. 1 EMRK.[704] Zu einem Zeitpunkt, an dem noch nicht die Rede von einer vollständigen Vereinheitlichung im Rahmen des Zivilprozessrechts sein kann, erscheint eine derartige negative Bindung wie *Föhlisch* sie beschreibt als zu weitgehend.[705] Denn eine Bindung dieser Intensität brächte eine völlige Verdrängung nationaler Verfassungsgarantien mit sich, welche aus deutscher Sicht nur schwer zu ertragen wäre. Dies ist auch vor dem Hintergund der Entscheidungen *Solange II*[706] und *Bananenmarktordnung*[707] des Bundesverfassungsgerichts nicht anders zu bewerten. Zwar betonte auch das Bundesverfassungsgericht in jüngster Vergangenheit die Verankerung der Prinzipien des

699 Vgl. *Kokott,* BerGesVR 38 (1998), 102, 105.
700 *Pache/Rösch,* EuR 2009, 785; *Schaller,* EuR 2006, 665 m.w.N.; *Stock,* S. 201.
701 *V. Hoffmann,* BerGesVR 38 (1998), 125.
702 Maunz/Dürig/ *Herdegen*, Art. 1 Abs. 3 Rn. 1-3;
703 *Ress,* ZaöRV 64 (2004), 625.
704 *Föhlisch,* S. 52.
705 In diese Richtung gehend: *Ress,* ZaöRV 64 (2004), 639.
706 BVerfGE 73, 378-381 – Solange II.
707 BVerfG, Beschluss vom 7.6.2000 – 2 BvL 1/97= BVerfGE 102, 147 – Bananenmarktordnung.

Pluralismus und der Toleranz in der deutschen Verfassung und wies auf den Respekt gegenüber der Eigenständigkeit anderer Rechtsordnungen hin.[708] Doch auch dieser Respekt vor dem ausländischen Recht darf keine Verpflichtung für inländische Hoheitsträger begründen, bei der Anwendung des anderen Rechts gegen nationale Grundrechte zu verstoßen.[709] Denn bedingt durch die Umsetzung von Richtlinien hat das sekundäre Unionssrecht dazu geführt, dass sich ein „nationales Europarecht" herausbildet.[710] Dies ist jedoch nicht im Sinne einer „umgekehrten Solange II-Doktrin"[711] zu verstehen, denn werden die gemeinsamen Wurzeln der Grundrechtsordnungen betrachtet, so kann man von unüberbrückbaren langfristigen Divergenzen nicht ausgehen.[712]

Auch nach dem Inkrafttreten des Vertrags von Lissabon ist der von *Mansel* hergeleitete Umweg über Art. 59 Abs. 2 GG daher zu beschreiten. Denn der Beitritt der Union zur EMRK ist noch nicht erfolgt, sodass die EMRK noch nicht im Rang zwischen Primär – und Sekundärrecht steht.[713]

Das Internationale Privatrecht im Sinne eines *Menschenrechts auf kulturelle Identität* in Bezug auf die Inhaltsausfüllung des menschenrechtlich aufgeladenen europäischen verfahrensrechtlichen ordre public heranzuziehen, ist ein äußerst interessanter Gedanke, der allerdings viel Raum für Fragen und Unsicherheiten lässt.[714] Gewiss wird die „kulturelle Identität [damit] als international sich immer stärker verdichtender Wert und als Argumentationstopos[715] bei der Auslegung der Normen wirksam."[716] Für die Wahrnehmung als selbstständiges Menschenrecht ist die kulturelle Identität jedoch noch nicht stark genug normativ verdichtet.[717] Daran kann auch die Entwicklung nichts ändern, dass die Zahl der Personen mit Migrationshintergrund sowohl in Deutschland als auch in der Europäischen Union wächst und proportional dazu auch die Bedürfnisse des Einzelnen nach Bewahrung von Tradition, Sprache und Religion – zusammengefasst nach *kultu-*

708 Vgl. *Mansel,* BerGesVR 43 (2007), 195 f. mit Hinweis auf BVerfG IPRax 2007, 217, 222 f.; BVerfGE 18, 112, 116 ff.

709 Vgl. *Mansel,* BerGesVR 43 (2007), 196, welcher zudem auf eine mögliche Verletzung von Menschenrechten abstellt.

710 Vgl. *Jayme,* in: *ders.,* Kulturelle Identität und Internationales Privatrecht, S. 12 f. mit Hinweis *Gebauer,* Grundfragen der Europäisierung des Privatrechts – Eine Untersuchung nationaler Ansätze unter Berücksichtigung des italienischen und des deutschen Rechts.

711 BVerfG 73, 339; *Gerhardt,* ZRP 2010, 162.

712 *Gerhardt,* ZRP 2010, 162, welcher vorschlägt den EGMR konzeptionell in die Arbeitsteilung eines europäischen Verfassungsgerichtsverbundes einzubinden. Zum europäischen Verfassungsgerichtsverbund vgl. *Voßkuhle,* NVwZ 2010, 1.

713 Vgl. Art. 218 AEUV; *Schaller,* EuR 2006, 665; *Pache/Rösch,* EuR 2009, 785.

714 *Mansel,* BerGesVR 43 (2007), 146 ff.; *Mankowski,* IPRax 2004, 289 f.

715 Siehe auch *Kropholler,* § 6 III 2, § 39 III 2.

716 *Mansel,* BerGesVR 43 (2007), 148.

717 Vgl. *Mansel,* BerGesVR 43 (2007), 145 ff.

reller Identität – anwachsen.[718] Mit *Mansel* ist folglich davon auszugehen, dass dass die *kulturelle Identität* als gewichtiger Abwägungstopos im Rahmen der ordre public-Prüfung zu beachten und einzubeziehen ist, nicht aber den Rang eines selbstständigen Menschenrechts bekleidet.[719]

Zusammenfassend kann daher gesagt werden, dass die Konventionsbindung der EMRK nach dem Vertrag von Lissabon im Verhältnis zu der vorherigen Rechtslage deutlich verstärkt wurde. Systematisch lässt sich dies mit dem durch den Vertrag von Lissabon unionsrechtlich ermöglichten zukünftigen Beitritt der EU zur Konvention erklären.[720]

II. Wirkung der menschenrechtlichen Verbürgungen im Rahmen eines europäischen verfahrensrechtlichen ordre public

Weiterhin stellt sich die Frage, die im Rahmen der Untersuchung bereits im Hinblick auf das Internationale Zivilverfahrensrecht und das Internationale Schiedsrecht im Allgemeinen beantwortet wurde,[721] welche Wirkung im Besonderen den aus der EMRK erwachsenden Garantien innerhalb der Prüfung eines europäischen verfahrensrechtlichen ordre public zukommt. Mit anderen Worten: Führt die Bindung der Mitgliedsstaaten der EU zu einer uneingeschränkten Geltung der EMRK im Rahmen des europäischen ordre public, oder aber ist insbesondere Drittstaaten gegenüber von einer eher abgeschwächten Wirkung der Konvention auszugehen?

1. Anwendung des durch Menschenrechte inhaltlich ausgefüllten europäischen ordre public gegenüber Vertragsstaaten

Im Verhältnis zu anderen Vertragsstaaten können sämtliche in dem betreffenden Menschenrechtsvertrag niedergelegten Menschenrechte zum Zwecke der Inhaltsausfüllung des europäischen ordre public herangezogen werden. Anderenfalls würde der eine Vertragsstaat von dem anderen Vertragsstaat verlangen, Rechtsvorschriften anzuwenden, welche mit dem von beiden Staaten unterzeich-

718 *Mansel*, BerGesVR 43 (2007), 146, 151; *ders.*, in: *Jayme*, Kulturelle Identität und Internationales Privatrecht, S. 133 f.; vgl. zur Wechselwirkung zwischen kultureller Identität und Integration: *Jayme*, in: *ders.*, Kulturelle Identität und Internationales Privatrecht, S. 5 f.

719 *Mansel*, BerGesVR 43 (2007), 200; vgl. zum Staatsangehörigkeitsprinzip im Zusammenhang mit dem Schutz der kulturellen Identität, *ders.*, in: *Jayme*, Kulturelle Identität und Internationales Privatrecht, S. 119-149.

720 Vgl. *Pache/Rösch*, EuR 2009, 772.

721 Vgl. für das IZVR die Ausführungen auf S. 12, 23 ff., 94 ff.

neten Vertragswerk nicht zu vereinbaren sind.[722] Selbst Vorbehalte gegenüber einzelnen Verbürgungen können die Ausfüllung des ordre public durch eben diese Menschenrechte, gegenüber denen ein Vorbehalt festgehalten wurde, nicht hindern.[723]

Interessant ist die Frage, ob eine solche Bedeutung der Menschenrechte zu einer Verdrängung der nationalen Grundrechte im Rahmen der ordre public-Prüfung führen kann und ob eine solche überhaupt aus deutscher Sicht verfassungsrechtlich zulässig wäre. Dagegen kann eingewendet werden, dass dieser Ansatz dann Probleme aufwirft, wenn das innerstaatliche Recht weiter bzw. strenger als die Menschenrechte schützt. Als Beispiel hierfür sei die im schweizerischen Recht geschützte Wirtschaftsfreiheit genannt, welche international längst nicht so umfassend gewährleistet wird.[724] Im übrigen ist darauf zu verweisen, dass bereits im Zusammenhang mit den Ausführungen von *Föhlisch* eine derartige negative Bindung als zu weitgehend befunden wurde.

Fraglich ist weiterhin zumindest in der Theorie, wie Menschenrechte im Verhältnis zu Vertragsstaaten angewendet werden können, gegenüber denen der andere Vertragsstaat selbst einen Vorbehalt erklärt hat.[725] Auch dies ist über den Grundsatz des *effet utile* möglich, um den Menschenrechten die größmögliche Wirksamkeit zu sichern. Unter *effet utile* ist (im Allgemeinen) die Sicherstellung der praktischen Wirksamkeit und vollen Sinnesentfaltung einer europarechtlichen Norm in der Form zu verstehen, dass die maximale Nutzung der Norm in Richtung europäischer Integration gewährleistet werden kann.[726] Darüberhinaus käme es einem *venire contra factum proprium* gleich, wenn ein Staat sich darauf berufen würde, zwar durch ein Menschenrecht gebunden zu sein, aber aufgrund des erklärten Vorbehalts des anderen Vertragsstaats sein Recht diesem Menschenrecht nicht anpassen zu wollen. [727]

2. gegenüber Drittstaaten

Zu prüfen bleibt, ob der Forumstaat generell alle ihn bindenden Menschenrechte zur Konkretisierung seines nationalen ordre public im Sinne des hier untersuchten europäischen verfahrensrechtlichen ordre public heranziehen kann. Gegen die Heranziehung der Menschenrechte im Rahmen der ordre public-Kontrolle gegenüber Drittstaaten spricht die Tatsache, dass die „in der eigenen Kultur und

722 *Kokott,* BerGesVR 38 (1998), 101.
723 *Kokott,* BerGesVR 38 (1998), 101.
724 *Kälin,* BerGesVR 38 (1998), 128.
725 *Kokott,* BerGesVR 38 (1998), 138.
726 *V. Borgandy/Bast,* S. 38; *Streinz,* Rn. 486, 608; *Haltern,* Rn. 595; *Bieber/Epiney/Haag,* § 8 Rn. 24; *Hakenberg,* Rn. 184.
727 Zum Ganzen: *Kokott,* BerGesVR 38 (1998), 138.

Rechtsordnung niedergelegten Werte" Rechtsverhältnissen, deren Ursprung andere Kulturen und Bräuche sind, nicht aufgezwungen werden sollen.[728] Denn letzlich wäre die EMRK dann ein Vertrag zu Lasten Dritter. Ein Vertrag soll grundsätzlich nur Rechte und Pflichten für die beteiligten Vertragsparteien begründen. Dies gilt auch für das Völkerrecht.[729] Für die Konkretisierung des ordre public auch gegenüber Nicht-Vertragsstaaten spricht allerdings folgendes Argument: Zivilrechtliche Grundsätze lassen sich nicht vollständig auf die Menschenrechte übertragen. Darüberhinaus sind Menschenrechte der EMRK bereits ihrer Konzeption nach universell. Als solche sind sie eben nicht wie nationale Grundrechte in individuellen Rechtsordnungen verwurzelt, sondern im Sinne eines internationalen umfassenden Menschenrechtsschutzes entwickelt worden. Nach der *Pellegrini*[730]-Entscheidung des EGMR trifft den Anerkennungsstaat insbesondere dann, wenn der Urteilsstaat nicht ein Vertragsstaat der EMRK ist, eine Pflicht Art. 6 EMRK zu wahren. Schlussendlich spricht der Grundsatz des *effet utile*[731] ebenfalls für eine Verpflichtung zur Anwendung aller bindenden Menschenrechtsverpflichtungen im Rahmen der ordre public-Kontrolle.[732] Nur indem man von einer Konkretisierung der Vorbehaltsklausel – zumindest in Form einer Ausstrahlungswirkung – auch gegenüber Drittstaaten ausgeht, kann ein universaler Menschenrechtsschutz im Rahmen des internationalen Zivilprozessrechts erreicht werden.

III. Zwischenergebnis

1. Es ist festzuhalten, dass trotz der vorzunehmenden Differenzierung zwischen nationalem und europäischem ordre public, der EuGH letztlich aufgrund des Geltungsvorrangs des Unionsrechts[733] auch im Rahmen des nationalen ordre public Bedeutung erlangt, da er in letzter Instanz über die Grenzen der Vorbehaltsklausel wacht und damit auch den inländischen ordre public im Rahmen der Subsidiaritätsklausel in seinen Wirkungen korrigieren und beschneiden kann.

---

728 *Kokott,* BerGesVR 38 (1998), 102.

729 Dazu auch: *Stock*, S. 120, welche allerdings noch die Situation vor dem beabsichtigten Beitritt der EU zur EMRK beschreibt.

730 Vgl. EGMR, Urteil vom 20.7.2001, *Pellegrini/Italien*, Slg. 2001-VIII; ausführlich zur Auswirkung dieser Entscheidung auf den verfahrensrechtlichen ordre public s. *Thoma*, S. 95 ff. m.w.N.

731 Vgl. zum *effet utile* als Auslegunggrundsatz *Schwarze,* in: Schwarze, Art. 56/57 AEUV Rn. 11; *Gebauer,* in: Gebauer/Wiedmann, Kap. 4 Rn. 7; *Potacs,* EuR 2009, 465 ff.; zur unionsrechtskonformen Auslegung *Stotz,* in: *Riesenhuber*, Europäische Methodenlehre, S. 547.

732 *Kokott,* BerGesVR 38 (1998), 102 f.

733 *Streinz/Ohler/Herrmann,* S. 6; dazu und zur Konstitutionalisierung des europäischen Privat – und Prozessrechts vgl. *Hess,* JZ 2005, 540.

2. Die vorangestellten Betrachtungen lassen die Vorzüge einer über den nationalen ordre public stattfindenden Menschenrechtskontrolle zahlreich erscheinen. Anders als bei einer Kontrolle, welche auf nationale Verfassungprinzipien der einzelnen Mitgliedsstaaten abstellt, kann man so dem Topos des Internationalen Privat – und Zivilverfahrensrechts – die Förderung des internationalen Entscheidungseinklangs – weitaus mehr gerecht werden.[734] Im Rahmen der Inhaltsausfüllung des europäischen verfahrensrechtlichen ordre public kommt es dabei zu einer Art Überlagerung der klassischen Regelung bzw. Durchdringung der eigentlichen Vorbehaltsklausel durch menschenrechtlichen Standards, die so für die traditionell national verankerte Vorbehaltsklausel eine neue Perspektive bringen.[735]
3. Fraglich ist jedoch, ob es universelle Menschenrechte oder lediglich einen sogenannten *body of law*, eine Kodifikationsmasse, gibt, so dass Rechtsklarheit darüber besteht, durch welche Menschenrechte eine Überlagerung der Vorbehaltsklausel anzunehmen ist und welche eher nicht zu berücksichtigen sind. Mag in früheren Jahren die Antwort auf diese Frage zweifelhaft gewesen sein, ist sie es spätestens nach dem ermöglichten Beitritt der EU zur EMRK – welcher zukünftig erfolgen kann – für den europäischen Rechtsraum nicht mehr. Heute lässt sich jedenfalls hinsichtlich der EMRK von der Existenz einer universellen Menschenrechtskodifikation sprechen.
4. Problematisch bleibt die Heterogenität der Staatengemeinschaft, welche zumindest in Gegenwart und naher Zukunft mit unterschiedlichen Auslegungen der einzelnen Verbürgungen zu Divergenzen in Entscheidungen der nationalen Gerichte bei der Auslegung der Menschenrechte führen wird.[736] Erforderlich und wünschenswert ist somit der internationale Diskurs, welcher dazu beitragen soll, einen praktikablen Konsens herausbilden zu können.[737]
5. Der vollen Anwendung der Menschenrechte über die ordre public-Kontrolle kann nicht das Argument der völkerrechtlichen *comity* (Höflichkeit) entgegengehalten werden. Denn insbesondere das deutsche Grundgesetz statuiert in Art. 25 GG das Gebot der Völkerrechtsfreundlichkeit, welches im hiesigen Kontext die weitestgehende Berücksichtigung der Menschenrechte mit sich bringt.[738]
6. Die Nichtanerkennung völkerrechtswidriger Akte über den europäischen verfahrensrechtlichen ordre public bietet neben der fortschreitenden Vereinheit-

734 *V. Hoffmann,* BerGesVR 38 (1998), 129.

735 *Delbrück,* BerGesVR 38 (1998), 130.

736 In diese Richtung weisend vgl.: *Delbrück,* BerGesVR 38 (1998), 130.

737 *Delbrück,* BerGesVR 38 (1998), 131.

738 *Kokott,* BerGesVR 38 (1998), 99; im Zusammenhang mit der Begrenzung der Anwendung eigentlich berufenen Rechts über Art. 6 EGBGB: *Mansel,* BerGesVR 43 (2007), 195.

lichung und Förderung des internationalen Entscheidungseinklangs auch die Möglichkeit, die Durchsetzbarkeit des Völkerrechts in der Praxis zu verstärken.[739]

7. In Übereinstimmung mit dem in § 1 C. V. Gesagten ist von einem europäischen verfahrensrechtlichen ordre public in Form einer nationalen Vorbehaltsklausel auszugehen, welche mit unionsrechtlichen und daher eben auch menschenrechtlichen Elementen „aufgeladen" ist.[740]

IV. Rechtsprechungskonkurrenz II: Auswirkungen des Vertrags von Lissabon auf die Auslegung der EMRK und die Gefahr der materiellen Rechtsprechungsdivergenz

Nachdem oben bereits zu den Entwicklungen im europäischen Grundrechtsschutz nach dem Inkrafttreten des Vertrags von Lissabon Stellung genommen wurde, bietet es sich an, im Zusammenhang mit der Bindungswirkung der EMRK noch einmal die Auswirkung eines möglichen Beitritts der EU zur EMRK auf die Rechtsprechungskonkurrenz zwischen EGMR und BVerfG kurz zusammenzufassen.[741]

Völkerrechtliche Verträge können nach der Rechtsprechung des EuGH unmittelbar anwendbar sein, sofern ihre Systematik und ihre Rechtsnatur eine solche Auslegung zulassen und die einschlägige Regelung eine inhaltlich klare und nicht von Bedingungen abhängige Verpflichtung enthält, deren Erfüllung nicht von dem Erlass eines weiteren Aktes abhängig ist.[742] Geht man davon aus, dass das Gesagte auf die EMRK zutrifft, so steht im Falle eines Beitritts zur Konvention einer unmittelbaren Anwendung der EMRK nichts im Wege.

Aus rechtlicher Perspektive soll der Beitritt der EU zur EMRK die bestehende Gefahr einer materiellen Rechtssprechungsdivergenz zwischen EuGH und EGMR beseitigen, da sich die EU durch einen nunmehr möglichen Beitritt zur EMRK hinsichtlich der Grund – und Menschenrechtsfragen einer externen Kontrolle durch den EGMR unterwerfen würde.[743]

---

739 Ähnlich: *Kokott,* BerGesVR 38 (1998), 137.

740 Vgl. in diese Richtung gehend *v. Hoffmann,* BerGesVR 38 (1998), 140, der davon spricht, dass über den ordre public eine „neue Dimension" hereingekommen ist.

741 Vgl. dazu schon S. 86 ff.

742 EuGH, Verb. Rs. C-300/98 und C-392/98 (Dior), Slg. 2000, I-1307, Rn. 42 m.w.N.; *Schmalenbach,* in: Calliess/Ruffert, EUV/EGV, Art. 300 EGV Rn. 60; *Schaller,* EuR 2006, 665.

743 *Stock,* S. 185.

§ 4: Zusammenfassung der Ergebnisse des Ersten Teils

Der europäische verfahrensrechtliche ordre public ist als unionsrechtliche Ergänzung des jeweiligen nationalen Vorbehalts zu verstehen, welcher in den verschiedenen europäischen Verordnungen des Verfahrensrechts enthalten ist.

Als Bollwerk des Internationalen Zivilverfahrens – und Schiedsrechts erfährt der europäische verfahrensrechtliche ordre public sowohl seine inhaltliche Ausfüllung als auch seine inhaltliche Begrenzung zunächst im Rahmen der Rechtsprechung des EuGH. Ihre Eigenschaft eines *weichen* Rechtsinstituts, welches Interpretation und Auslegung zugänglich ist, zeigt, dass die Vorbehaltsklausel dabei dem Wandel der Zeit unterworfen ist, so dass sich das Phänomen des Systemwechsels im Internationalen Verfahrensrecht in Form der Vereinheitlichung und Europäisierung der nationalen mitgliedsstaatlichen Rechtsordnungen insbesondere auch bei der inhaltlichen Ausfüllung der Klausel widerspiegelt.

Wesentlich für die Inhaltsausfüllung des europäischen verfahrensrechtlichen ordre public ist dabei Art. 6 Abs. 1 EMRK, welcher ab dem Zeitpunkt eines Beitritt der EU zur EMRK den Stellenwert von Unionsrecht innehaben und insofern auch vorrangig zu beachten sein wird. Dennoch finden solange auch die nationalen Verfahrensgrundrechte ihren Niederschlag in der Ausfüllung der europäischen verfahrensrechtlichen Vorbehaltsklausel, bis es zu einer grundlegenden Vereinheitlichung auf europäischer Ebene gekommen ist. Der Vertrag von Lissabon und die damit verbundenen Neuerungen in der Gemeinschaft,[744], wirken sich auf den europäischen verfahrensrechtlichen ordre public aus, indem der Grundrechtsschutz innerhalb der Gemeinschaft modifiziert wird[745] und so die Bedeutung der europäischen Gemeinschaft als Werte – und Rechtsgemeinschaft betont wird.

Das von *Jayme* entwickelte Menschenrecht auf kulturelle Identität sollte als Argumentationstopos betrachtet werden, welcher im Rahmen einer ordre public-Kontrolle Berücksichtigung finden kann.

Die immense Bedeutung der Menschenrechte der EMRK lässt sich anhand ihrer Angriffsintensität auch in Bezug auf Drittstaaten darlegen. In diesem Zusammenhang kann über das Prinzip des *effet utile* eine Anwendung der EMRK gerechtfertigt werden, um eine bestmögliche Geltung der Konvention in Form einer „Sinnesentfaltung" der Konventionsmasse als Normenkörper zu gewährleisten.

744 Hervorzuheben sind hier aus der Fülle der Veränderungen das Verbindlichwerden der Grundrechtecharta sowie der mit dem Inkrafttreten des Vertrags von Lissabon für die Zukunft ermöglichte – jedoch bisher nicht erfolgte – Beitritt der Union zur EMRK.

745 Vgl. S. 86 ff.

Zweiter Teil: Regelungen des ordre public im Unionsrecht

Während die zugrundeliegende Untersuchung im Ersten Teil der Arbeit die begriffliche Einordnung sowie die Ausgestaltung des europäischen verfahrensrechtlichen ordre public in der Rechtsprechung zum Gegenstand hatte, um sodann auf Inhalt und die Art und Weise der Begrenzung der Vorbehaltsklausel eingehen zu können, soll nun im Zweiten Teil der Arbeit ein kurzer beispielhafter Überblick über wichtige Normierungen der Vorbehaltsklausel innerhalb des europäischen Zivilverfahrensrechts gewährt werden.

§ 1: Art. 34 Nr. 1 EuGVVO

Nachdem die Struktur der Vorbehaltsklausel im autonomen Recht bereits erläutert wurde, wird im Folgenden die korrespondierende Regelung im Unionsrecht der EU dargestellt.

A. Allgemeines

Die Verordnung über die gerichtliche Zuständigkeit und die Anerkennung und Vollstreckung von Entscheidungen in Zivil – und Handelssachen (EuGVVO) ist am 1.3.2002 in Kraft getreten und für alle Mitgliedstaaten der EU mit Ausnahme Dänemark innerhalb ihres räumlichen, persönlichen, zeitlichen und sachlichen Geltungsbereich anwendbar, vgl. Artt. 1, 66 EuGVVO.

Auch in der EuGVVO findet sich in Art. 34 Nr. 1 EuGVVO ein ordre public-Vorbehalt, welcher sich auf die Anerkennung von ausländischen Entscheidungen bezieht. Hinsichtlich des Anerkennungsverfahren in der Bundesrepublik Deutschland stellt Art. 34 Nr. 1 EuGVVO auf den Inhalt des deutschen ordre public ab.[746] Insofern kann inhaltlich größtenteils auf die Erläuterungen zu § 328 Abs. 1 Nr. 4 ZPO verwiesen werden. Auch strukturell ähnelt die Vorschrift dem autonomen Vorbehalt in der ZPO – es wird unterschieden zwischen Verfahrens-

746 Thomas/Putzo/*Hüßtege*, Art. 34 EuGVVO, Rn. 2; PG/*Schinkels*, Art. 34 EuGVO Rn. 3; *Kropholler/v. Hein*, EuZPR, Art. 34 EuGVVO Rn. 5.

verstößen und Verstößen gegen materiellrechtliche Grundprinzipien.[747] Der materiellrechtliche Vorbehalt erfasst hierbei sowohl das Kollisionsrecht als auch das Sachrecht des Mitgliedsstaats.[748]

Art. 34 Nr. 1 EuGVVO ist als Auffangtatbestand konzipiert und als solcher immer dann anwendbar, wenn keine der Sondervorschriften aus Artt. 34 Nr. 2-4, 35 Abs. 1, 2 EuGVVO eingreifen.[749]

Für einen Eingriff in den Vorbehalt des Art. 34 Nr. 1 EuGVVO muss die Anerkennung bzw. die Vollstreckbarerklärung ebenfalls offensichtlich der öffentlichen Ordnung des Zweitstaates widersprechen.[750] Art. 34 Nr. 1 EuGVVO ist somit grundsätzlich ein nationaler ordre public-Vorbehalt. Eine unterschiedliche Verwendung, d.h. eine ausschließlich von der Beeinflussung der Mitgliedsstaaten abhängige Auslegung des ordre public, würde jedoch den in der EuGVVO verhafteten Vereinheitlichungsgedanken zunichte machen.[751] Die Grenzen des ordre public-Vorbehalts sind insofern einheitsrechtlich durch die Verordnung bestimmt[752] und werden in dieser Gestalt dann vom EuGH überprüft. In dieser Bedeutung korrigiert er den nationalen ordre public und beschneidet ihn in seinen kollisionsrechtlichen Wirkungen.[753] Ebenso geht der europäische ordre public aber auch weiter als der nationale Vorbehalt, indem er an den Stellen, an denen nationale Rechtsanschauungen laxer als die grundlegenden Wertungen des europäischen Rechts sind, die Durchsetzung des Unionsrechts fordert.[754] Insofern sind auch Richtlinienvorgaben zu berücksichtigen. Wie auch im autonomen Recht ist das Verbot der *révision au fond* zu beachten, vgl. Art. 36 EuGVVO; außerdem ist die fehlerhafte Anwendung europäischen Rechts nicht ausreichend, um einen Verstoß gegen die Vorbehaltsklausel zu begründen.[755] Die Voraussetzungen für das Eingreifen der Vorbehaltsklausel ändern sich folglich nicht dadurch, dass es zu der Kollision nicht mit autonomen, sondern vielmehr mit Unionsrecht gekom-

---

747 Baumbach/Lauterbach/Albers/Hartmann/ZPO, Art. 34 EuGVVO, Rn. 2; *Kropholler/v. Hein,* EuZPR, Art. 34 EuGVVO Rn. 11 f.

748 Vgl. PG/*Schinkels,* Art. 34 EuGVO Rn. 4 mit Beispielen für Verstöße gegen den materiellrechtlichen ordre public; *Kropholler/v. Hein,* EuZPR, Art. 34 Rn. 17.

749 *Schlosser,* EUZPR, Art. 34-36 EuGVVO Rn. 2; *Kropholler/v. Hein,* EuZPR, Art. 34 EuGVVO Rn. 12.

750 Zöller/*Geimer,* Anh I Art. 34 EuGVVO Rn. 7; *Kropholler/v. Hein,* EuZPR, Art. 34 EuGVVO Rn. 4; *Nagel/Gottwald,* § 11 Rn. 29; PG/*Völker,* Art. 34 EuGVO Rn. 2.

751 *Martiny,* FS Sonnenberger, S. 532; *Kropholler/v. Hein,* EuZPR, Art. 34 EuGVVO Rn. 5; Stein/Jonas/ZPO/*Oberhammer,* Art. 34 EuGVVO Rn. 15.

752 *Geimer,* IPRax 98, 175; *ders.* ZIP 2000, 859; *Völker* (noch zum EuGVÜ), S. 295; EuGH, Urteil vom 28.3.2000, Rs. C-7/98, *Krombach/Bamberski,* Slg. 2000 I-1935 sowie EuGH, Urteil vom 11.5.2000, Rs. C-38/98, *Renault/Maxicar,* Slg. 2000 I-2973.

753 S. oben, vgl. *Kropholler/v. Hein,* EuZPR, Art. 34 Rn. 5 f.

754 *Basedow,* FS Sonnenberger 2004, 318; *Mosler,* Homenaje a D. Antonio de Luna, 382.

755 *Geimer/Schütze,* EuZVR, A1 Art. 34, Rn. 44.

men ist,[756] weshalb eine schemenhafte Erläuterung der Dogmatik der Vorbehaltsklausel im autonomen deutschen Recht vorweggenommen wurde.[757] Anders als im autonomen Recht und anders als nach dem EuGVÜ wird der ordre public-Vorbehalt nach der EuGVVO nicht mehr von Amts wegen geprüft, sondern ist nur auf Einrede des Schuldners zu prüfen, da eine Verlagerung der Prüfung in das Rechtsbehelfsverfahren vorgenommen wurde.[758] Innerhalb des Verfahrens der Vollstreckbarerklärung ergibt sich dies aus Art. 41 EuGVVO; für das Anerkennungsverfahren gilt dasselbe.[759] Anders verhält sich die Prüfung jedoch im Zusammenhang des Anwendungsbereichs des EuGVÜ und des LugÜ, wo weiterhin eine Prüfung von Amts wegen in erster Instanz erfolgt.[760] Aufgrund der Tatsache, dass der Versagungsgrund des ordre public sowohl im Rahmen der EuGVVO als auch innerhalb des EuGVÜ/LugÜ als Anerkennungshindernis konstruiert wurde, trägt diejenige Partei die Beweislast, die sich gegen die Anerkennung der Entscheidung wehrt.[761] Ob zusätzlich noch eine Prüfung von Amts wegen bzw. eine Abweisung der Anerkennung bei ganz offensichtlichen Verstößen gegen die öffentliche Ordnung zulässig ist, ist zwar umstritten[762], aber für die Praxis nicht entscheidend: In den allermeisten Fällen wird der Beklagte einen ordre public-Verstoß – sofern ein solcher vorliegt – von sich aus geltend machen.[763]

Die Auslegungskompetenz des EuGH ist im Rahmen der Vorschrift folglich auf zwei Aspekte begrenzt. Zum einen werden die unionsrechtlichen Vorgaben des europäischen ordre public erfasst, zum anderen prüft der Gerichtshof aber auch, ob die Mitgliedsstaaten die Grenzen des Art. 34 Nr. 1 EuGVVO bei der Berücksichtigung des jeweiligen nationalen Vorbehalts gewahrt haben.[764]

B. Verstöße gegen den europäischen verfahrensrechtlichen ordre public

Verstöße gegen den verfahrensrechtlichen ordre public im Rahmen von Art. 34 Nr. 1 EuGVVO sind nur in Ausnahmefällen einer unerträglichen Verletzung we-

756 *Kropholler/v. Hein*, EuZPR, Art. 34 EuGVVO Rn. 9.
757 S. 7 ff.
758 *Nagel/Gottwald*, § 11, Rn. 28.
759 Rauscher/Leible, Art. 34 Rn. 3.
760 *Nagel/Gottwald*, § 11 Rn. 28.
761 OLG Zweibrücken, Beschluss vom 19.9.2005 – 3 W 132/05=NJW-RR 2006, 207.
762 Vgl. zum Meinungsstand *Sujecki*, ZEuP 2008, 464 FN 32 m.w.N.
763 *Wagner*, IPRax 2002, 75, 83.
764 *Hess*, EuZPR, § 6 Rn. 200, S. 345.

sentlicher Rechtsgrundsätze anzunehmen.[765] Angesichts der Tatsache, dass Entscheidungen gemäß Art. 32 EuGVVO in allen Mitgliedsstaaten im Normalfall in einem rechtsstaatlichen Verfahren ergehen, kommt die Annahme eines Verstoßes gegen den europäischen verfahrensrechtlichen ordre public nur selten in Betracht.[766] Ergeben kann sich jedoch eine solche Unvereinbarkeit des erststaatlichen Verfahrens mit den unverzichtbaren Maximen des Verfahrensrechts des Zweitstaats auf zwei Arten:[767] Zum einen kann das Gerichtsverfassungs – und Verfahrensrecht des Erststaats als solches gegen den ordre public verstoßen.[768] Diese Fälle sind auf Grund der Tatsache, dass alle Mitgliedsstaaten über eine rechtsstaatliche Gesetzgebung verfügen, sehr selten.[769] Eine prominente Ausnahme von diesem Grundsatz stellt die Entscheidung *Krombach* dar.[770] Die ordre public-Widrigkeit einer Entscheidung kann sich dabei sowohl aus dem Urteilstenor als auch aus den Entscheidungsgründen selbst ergeben.[771] Zum anderen kann sich der ordre public-Verstoß aus der Handhabung des Verfahrens ergeben, wenn der Richter des Erststaats sein nationales Recht „nicht oder nicht richtig angewandt hat."[772] Diese Fälle von ordre public-Widrigkeit kommen in der Praxis häufiger vor.

§ 2: Art. 26 EuInsVO

A. Allgemeines

Die am 31.5.2002 in Kraft getretene Verordnung VO (EG) 1346/2000[773] regelt erstmals ein einheitliches europäisches Insolvenzrecht, in dessen Anwendungsbereich auch die neu beitretenden Mitgliedsstaaten fallen.[774] Die Verordnung basiert auf den Prinzipien des gegenseitigen Vertrauens und einer grundsätzlichen Anerkennungsfreundlichkeit, weshalb die enthaltene ordre public-Klausel den

765 *Kropholler/v. Hein,* EuZPR, Art. 34 EuGVVO Rn. 12; *Nagel/Gottwald,* § 11 Rn. 30; *Geimer/Schütze,* EuZVR, Art. 34 Rn. 14.

766 *Kropholler/v. Hein,* EuZPR, Art. 34 EuGVVO Rn. 14; *Hohloch,* FS Kropholler, 818.

767 *Geimer/Schütze,* EuZVR, Art. 34 EuGVVO Rn. 28.

768 *Geimer/Schütze,* EuZVR, Art. 34 EuGVVO Rn. 28.

769 *Kropholler/v. Hein,* EuZPR, Art. 34 EuGVVO Rn. 14; *Geimer/Schütze,* EuZVR, Art. 34 EuGVVO Rn. 28.

770 Vgl. weitere Beispiele bei PG/*Schinkels,* Art. 34 EuGVO Rn. 3.

771 *Geimer/Schütze,* EuZVR, Art. 34 EuGVVO Rn. 36.

772 *Geimer/Schütze,* EuZVR, Art. 34 EuGVVO Rn. 29.

773 Verordnung (EG) Nr. 1346/2000 des Rates vom 29.5.2000 über Insolvenzverfahren, ABl. 2000 L 160, 1, geändert ABl. 2003 L 236, 33, ABl. 2005 L 100, 1 (EuInsVO).

774 Uhlenbruck/*Lüer,* Vorb. Rn. 1; vgl. zu den Einzelheiten von Entstehungsgeschichte und Anwendungsbereich der EuInsVO *Carstens,* S. 25 ff.

einzigen Anerkennungsversagungsgrund innerhalb des Anwendungsbereichs der Verordnung darstellt.[775] In diesem Punkt unterscheidet sich die Verordnung damit wesentlich von der EuGVVO. Im europäischen Insolvenzrecht gilt – wie im Anwendungsbereich der EuGVVO[776] – das Verbot der *révision au fond*.[777]

Mit Art. 26 EuInsVO enthält die Verordnung VO EG 1346/2000 aber einen dem in Art. 34 Nr. 1 EuGVVO enthaltenen ähnlichen ordre public-Vorbehalt, was auch damit zu begründen sein mag, dass die EuInsVO strukturell der EuGVVO nachempfunden ist.[778] So verlangt Art. 26 EuInsVO nach seinem Wortlaut auch die Offensichtlichkeit des Widerspruchs zum ordre public.[779] Der Wortlaut der Vorschrift macht folglich deutlich, dass auch im Rahmen der EuInsVO nicht jeder Verstoß gegen Rechtsgrundsätze des Anerkennungsstaates ausreicht, um einen Verstoß gegen die Vorbehaltsklausel des ordre public zu begründen, sondern vielmehr, dass Art. 26 EuInsVO wie die mit ihm verwandten Vorschriften eine Ausnahmevorschrift darstellt, welche eng auszulegen ist.[780] Offensichtlich ist ein Verstoß gegen den ordre public meist dann, wenn sich der Verstoß dem Rechtsanwender unmittelbar erschließt.[781] Der Wortlaut der Vorschrift des Art. 26 EuInsVO „kann sich weigern" legt nahe, dass es auch im Falle eines in Betracht kommenden Verstoßes gegen den ordre public noch im Ermessen des Anerkennungsstaates liegt, ob der Entscheidung tatsächlich die Anerkennung verweigert wird.[782]

Auch im Rahmen des Insolvenzrechts wird zwischen dem materiellrechtlichen und dem verfahrensrechtlichen ordre public differenziert,[783] wobei für die zugrundeliegende Untersuchung nur auf die Inhalte des verfahrensrechtlichen ordre public Bezug zu nehmen ist.[784]

---

775 Vgl. Erwägungsgrund 22 der VO; *Virgós/Garcimartín,* Rn. 400, 403; *Duursma-Kepplinger,* in: Duursma-Kepplinger/Duursma/Chalupsky, Art. 26 Rn. 1; LSZ-*Smid,* Kap. 2 Rn. 2.

776 S. 120.

777 *Duursma-Kepplinger,* in: Duursma-Kepplinger/Duursma/Chalupsky, Art. 26 Rn. 1; LSZ-*Smid,* Kap. 2 Rn. 2.

778 *Hess,* EuZPR, § 9 Rn. 6; MüKo InsO/*Reinhart,* Art. 26 Rn. 7; *Gruber,* in: *Haß/Huber/Heiderhoff,* Art. 26 Rn. 2; *Nerlich,* in: *Nerlich/Römermann*, Art. 26 Rn. 4.

779 *Duursma-Kepplinger,* in: Duursma-Kepplinger/Duursma/Chalupsky, Art. 26 Rn. 11; MüKo-BGB/*Kindler,* Art. 26 Rn. 589; *Paulus,* Europäische Insolvenzverordnung, Art. 26 Rn. 7; MüKo InsO/*Reinhart,* Art. 26 Rn. 7; *Virgós/Garcimartín,* Rn. 404 b); *Carstens,* S. 94.

780 EuGH, Urteil vom 2.5.2006 – Rs. C-341/04, *Eurofood,* Slg. 2006 I-3854, Rn. 59; *Duursma-Kepplinger,* in: Duursma-Kepplinger/Duursma/Chalupsky, Art. 26 Rn. 11; MüKo InsO/*Reinhard,* Art. 26 Rn. 7; *Hess,* EuZPR, § 9 Rn. 6; *Mankowski,* BB 2006, 1758; *Graf,* S. 304.

781 Kübler/Prütting/*Kemper,* InsO, Art. 26 Rn. 4 EuInsVO; *Kemper,* ZIP 2001, 1614; *Carstens,* S. 94.

782 *Riedemann,* in: Pannen, Teil 1 Art. 26 Rn. 2; *Carstens,* S. 94.

783 *Virgós/Garcimartín,* Rn. 405; Rauscher/*Mäsch,* EuZPR/EuIPR, Art. 26 Rn. 10; MüKo InsO/*Reinhart,* Art. 26 Rn. 8 ff.

784 Vgl. zu den Inhalten des materiellrechtlichen ordre public in der EuInsVO *Virgós/Garcimartín,* Rn. 407.

Im Rahmen der Entscheidung *Eurofood*[785] stellte der EuGH klar, dass die Prinzipien des fairen Verfahrens und des rechtlichen Gehörs bereits Teil der allgemeinen Grundsätze des Unionsrechts sind, welche ebenfalls die Versagung einer Anerkennung begründen können.[786] Der Gerichtshof stellte zudem heraus, dass die in der Entscheidung *Krombach* entwickelten Grundsätze, wonach der Gerichtshof zuständig für die Überwachung der Grenzen, innerhalb derer die Mitgliedsstaaten den ordre public ausfüllen, ist und die Annahme eines Verstoßes gegen den ordre public nur bei Offensichtlichkeit gestattet ist, auf die Vorbehaltsklausel in Art. 26 EuInsVO übertragen werden können.[787] Dennoch dürfen die in den Entscheidungen zu Art. 27 Nr. 1 EuGVÜ sowie Art. 34 Nr. 1 EUGVVO des EuGH enthaltenen Grundsätze nicht ohne Anpassung an die Systematik des Insolvenzrechts auf Art. 26 EuInsVO bezogen werden.[788] Denn das Insolvenzverfahren stellt kein kontradiktorisches Verfahren zweier Parteien dar, sondern ist ein Mehrparteienverfahren, an dem ein Insolvenzschuldner und dessen – gegebenenfalls zahlreiche – Gläubigern beteiligt sind.[789] Aus diesem Grund ist hinsichtlich der Handhabung des ordre public auch zwischen dem Insolvenzschuldner auf der einen Seite und dessen Gläubigern auf der anderen Seite zu differenzieren. Das Verhältnis von EuGVVO und EuInsVO wird dabei maßgeblich durch Art. 1 Abs. 2 lit. b) EuGVVO bestimmt, welcher festlegt, dass sich die EuGVVO nicht auf Konkurse, Vergleiche und ähnliche Verfahren erstreckt.[790] Die genannte Negativabgrenzung ist mit Hilfe des positiven Anwendungsbereich der EuInsVO zu bestimmen, weshalb davon gesprochen werden kann, dass beide Verordnungen ergänzend in der Weise ineinander greifen, dass die EuInsVO als *lex specialis* vorrangig innerhalb ihres Anwendungsbereichs zu beachten ist.[791]

Der Inhalt des europäischen insolvenzrechtlichen ordre public ist – wie im übrigen europäischen Zivilprozessrecht – als primär national zu bezeichnen, wobei für die Inhaltsausfüllung insbesondere auf die verfassungsmäßig geschützen Rechte und Freiheiten des Einzelnen innerhalb des Anerkennungsforums absgestellt wird.[792] Darüber hinaus muss sich die Subsumtion nach europäisch-auto-

---

785 EuGH, Urteil vom 2.5.2006, Rs. C-341/04, *Eurofood*, Slg. 2006 I-3854, Rn. 65 ff.

786 EuGH, Urteil vom 2.5.2006, Rs. C-341/04, *Eurofood*, Slg. 2006 I-3854, Rn. 65 f.; MüKo InsO/*Reinhard*, Art. 26 Rn. 8-10; *Schmidt*, ZIP 2007, 405; *Knof*, ZInsO 2007, 635; *Mankowski*, BB 2006, 1758.

787 EuGH, Urteil vom 2.5.2006, Rs. C-341/04, *Eurofood*, Slg. 2006 I-3854, Rn. 63 f. mit Bezug auf die Rn. 23 und 37 der Krombach-Entscheidung.

788 MüKo InsO/*Reinhard*, Art. 26 Rn. 8-10.

789 MüKo InsO/*Reinhard*, Art. 26 Rn. 8-10.

790 *Nerlich*, in: *Nerlich/Römermann*, Art. 1 Rn. 7; *Jauernig/Berger*, § 68 Rn. 9.

791 Vgl. Erwägungsgrund 7 der EuInsVO; *Duursma-Kepplinger*, in: Duursma-Kepplinger/Duursma/Chalupsky, Art. 25 Rn. 18; *Nerlich*, in: *Nerlich/Römermann*, Art. 1 Rn. 7.

792 LSZ-*Smid*, Kap. 2 Rn. 5; *Duursma-Kepplinger*, in: Duursma-Kepplinger/Duursma/Chalupsky, Art. 26 Rn. 5; *Riedemann*, in: Pannen, Teil 1 Art. 26 Rn. 4.

nomen Regeln richten.[793] In diesem Sinne ist vor der Verfahrenseröffnung zwar dem Schuldner rechtliches Gehör zu gewähren,[794] dies gilt aber nicht in gleicher Weise für die Gläubiger des Schuldners.[795] Als Prüfkriterium innerhalb des so konkretisierten europäischen insolvenzrechtlichen ordre public kann zusätzlich auf die Vorschläge der UNCITRAL für die innerstaatliche Gesetzgebung zum Insolvenzrecht zurückgegriffen werden.[796] Das Modellgesetz zu grenzüberschreitenden Insolvenzen zielt darauf ab, „die Staaten dabei zu unterstützen, ihr nationales Insolvenzrecht mit modernen, harmonisierten und fairen Rechtsvorschriften auszurüsten, um die Fälle mit grenzüberschreitenden Insolvenzen effektiver behandeln zu können."[797]

Voraussetzung für das Eingreifen des ordre public-Vorbehalts ist auch im europäischen Insolvenzrecht, dass eine hinreichende Inlandsbeziehung zu der prüfenden Entscheidung besteht.[798] Das Kriterium der ausreichenden Inlandsbeziehung ist regelmäßig dann erfüllt, wenn der Insolvenzschuldner oder der Gläubiger eine Niederlassung im Anerkennungsstaat haben.[799]

Ursprünglich entwickelte der Bundesgerichtshof im Zusammenhang mit dem Internationalen Insolvenzrecht und dem Anerkennungsrecht die sogenannte *Einbettungsformel*[800]. Diese lässt als Generalklausel die Anerkennung nur dann zu, wenn sich die Insolvenz im Ausland in den Gesamtkomplex der deutschen insolvenzrechtlichen Vorschriften und Rechtsgrundsätze einbettet und somit über die genannten Voraussetzungen des internationalen Anerkennungsrechts hinausgeht. Seit dem Inkrafttreten der EuInsVO ist die Formel jedoch als überholt zu betrachten, da durch das Außerkrafttreten von § 237 Abs. 1 KO ein Vorbehalt zugunsten einer Einzelzwangsvollstreckung in inländisches Vermögen entfallen war.[801] Besteht die Möglichkeit der Anerkennung des ausländischen Insolvenzverfahrens, so erfasst dieses Verfahren zugleich auch das inländische Vermögen,

793 *Mankowski,* BB 2006, 1759.

794 Rauscher/*Mäsch,* EuZPR/EuIPR, Art. 26 Rn. 2, 10; *Paulus,* Europäische Insolvenzverordnung, Art. 26 Rn. 13; MüKo InsO/*Reinhart,* Art. 26 Rn. 8-10.

795 MüKo InsO/*Reinhard,* Art. 26 Rn. 8-10; so aber High Court Dublin ZIP 2004, 1223; vgl. dazu auch *Herweg/Tschauner,* EWiR 2004, 599, 600; offen lassend Paulus, Europäische Insolvenzverordnung, Art. 26 Rn. 13.

796 LSZ-*Smid,* Kap. 2 Rn. 8; zum UNICITRAL Modellgesetz s. *Hollander/Graham,* in: Pannen, Teil 4.

797 Mit Hinweis auf die Übersetzung vgl. *Hollander/Graham,* in: Pannen, Teil 4 Rn. 14 FN 48.

798 S. die Ausführungen auf S. 11 zum Kriterium des Inlandsbezugs im Rahmen von § 328 Abs. 1 Nr. 4 ZPO.

799 LSZ-*Smid,* Kap. 2 Rn. 6; *Duursma-Kepplinger,* in: Duursma-Kepplinger/Duursma/Chalupsky, Art. 26 Rn. 3; vgl. *Kemper,* ZIP 2001, 1614.

800 BGHZ 95, 256, 269 f.; *Moltrecht,* RIW 1986, 93 ff; JZ 1986, 91 ff. m Anmerkung *Lüderitz*; *Graf,* S. 310 f.

801 *Graf,* S. 311.

weshalb für die Anwendung deutscher insolvernzrechtlicher Normen, die sich in ein ausländisches Insolvenzverfahren „einbetten" müssten, kaum Raum verbleibt.[802] So enthält die EuInsoVO auch keine entsprechende Bedingung hinsichtlich der Anerkennung von Insolvenzverfahren anderer Mitgliedsstaaten. Folglich ersetzte der Bundesgerichtshof die ehemals verwendete *Einbettungsformel* durch eine Formulierung, welche sich an Art. 26 EuInsVO orientiert und zum Inhalt hat, dass der Anerkennung nicht im Einzelfall zwingende inländische Vorschriften entgegenstehen dürfen.[803]

Portugal[804] erklärte dahingehend einen Vorbehalt zur EuInsVO, dass es die Anwendung des Art. 26 EuInsVO in Betracht ziehe, sofern die portugiesischen Interessen bei der Umwandlung eines vor Eröffnung des Hauptinsolvenzverfahrens eröffneten Partikularinsolvenzverfahrens nicht ausreichend berücksichtigt werden.[805] Dieser Vorbehalt läuft allerdings leer, da die Ausnahmeregelung des ordre public in Art. 26 EuInsVO keine Anwendung auf Rechtsfolgen findet, welche von der Verordnung selbst angeordnet werden.[806]

B. Verstöße gegen den verfahrensrechtlichen ordre public

Aufgrund der hohen Anforderungen, die an die Annahme eines ordre public-Verstoßes gestellt werden, dürfte ein Widerspruch gegen den verfahrensrechtlichen ordre public auch im insolvenzrechtlichen Kontext äußerst selten anzunehmen sein.[807] In diesen seltenen Fällen kann dann möglicherweise an eine Teilbarkeit der Nichtanerkennung zu denken sein.[808] Ein Verstoß gegen den ordre public ist nicht zu bejahen, wenn das ausländische Verfahren die Gläubiger in ihrer Selbstverwaltung beschränkt und die Abwicklung sowie die maßgeblichen Ver-

---

802 *Graf,* S. 311.

803 BGH, 14.11.1996, ZIP 1997, 39 m. Besprechung *Reinhart,* ZIP 1997, 1734 ff; IPRax 1998, 102 m. Aufsatz *Stadler,* IPRax 1998, 91; *Gottwald/Pfaller,* IPRax 1998, 170.

804 Erklärung Portugals zur Anwendung der Art 26, 27 EuInsVO (EG) Nr 1346/2000, 29.5.2000 über Insolvenzverfahren, ABl. C 183,1.

805 Uhlenbruck/*Lüer,* Art. 26 Rn. 10; Kübler/Prütting/*Kemper,* Art. 26 Rn. 9 EuInsVO; *Duursma-Kepplinger/Chalupsky,* in: Duursma-Kepplinger/Duursma/Chalupsky, Art. 37 Rn. 3.

806 Uhlenbruck/*Lüer,* Art. 37 Rn. 7; MüKo InsO/*Reinhart,* Art. 37 Rn. 12; *Virgós/Garcimartín,* Rn. 408.

807 *Virgós/Garcimartín,* Rn. 402; zur Fragestellung, ob das französische Insolvenzplanverfahren dem verfahrensrechtlichen ordre public entspricht: LSZ-*Smid,* Kap. 2 Rn. 12.

808 Rauscher/*Mäsch,* EuZPR/EuIPR, Art. 26 Rn. 18; *Knof,* ZInsO 2007, 635; *Virgós/Garcimartín,* Rn. 412; vgl. zu den Konsequenzen der Anerkennungsverweigerung *Riedemann,* in: Pannen, Teil 1 Art. 26 Rn. 24 ff.

wertungsentscheidungen auf ein Gericht oder eine Behörde überträgt.[809] Auch verstößt der Ausschluß einzelner Gläubiger vom Insolvenzverfahren bei einer verspäteten Anmeldung einer Forderung nicht notwendiger Weise gegen den verfahrensrechtlichen ordre public.[810] Weder das Fehlen einer Entscheidungsbegründung noch die Vermutung, dass die Eröffnungsentscheidung in England durch Täuschung herbeigeführt worden sei, kann einen ordre public-Verstoß begründen.[811] Denn sonst bestünde die Gefahr, dass Art. 16 Abs. 1 EuInsVO, welcher eine *ipso iure* Anerkennung der Eröffnungsentscheidung in allen Mitgliedsstaaten garantieren soll, zur Makulatur wird.[812] Angenommen wird ein Verstoß gegen den verfahrensrechtlichen ordre public im europäischen Insolvenzrecht allerdings dann, wenn der Schuldner des Insolvenzverfahrens gar nicht angehört wurde, da in diesem Fall das Recht auf rechtliches Gehör verletzt wurde.[813] Wie auch im sonstigen europäischen Zivilverfahrensrecht[814] wird das Recht auf rechtliches Gehör im europäischen Insolvenzrecht dabei aus Art. 6 Abs. 1 EMRK hergeleitet. Das Verfahrensgrundrecht auf rechtliches Gehör soll im Rahmen des europäischen Insolvenzrechts bereits vor der Verfahrenseröffnung sicherstellen, dass die Entscheidung, welche vom Insolvenzgericht zu treffen ist, frei von Fehlern ergeht, welche sich daraus ergeben, dass die Sachvorträge der Parteien mangelhaft zur Kenntnis genommen wurden.[815]

Doch auch im Rahmen der Gewährleistung des rechtlichen Gehörs soll nach weit verbreiteter, vom Bundesverfassungsgericht bestätigter Auffassung nicht jede vor Verfahrenseröffnung nicht erfolgte Anhörung des Schuldners einen Verstoß gegen den verfahrensrechtlichen ordre public begründen können.[816] Danach kann von einer Anhörung des Schuldners im Eröffnungsverfahren abgesehen werden, wenn der Aufenthalt des Schuldners nicht ohne größere Schwierigkeiten zu ermitteln ist.[817] Vielmehr reiche die Gewährung des rechtlichen Gehörs im Beschwerdeverfahren aus und könne den zunächst begangenen Verfahrensfehler noch heilen.[818] Diese Einschränkungen sollen nach obig genannter Ansicht auf

---

809 AG Düsseldorf vom 7.4.2004, ZIP 2004, 866; MüKo InsO/*Reinhart,* Art. 26 Rn. 8-10; *Westphal/Wilkens,* EWiR 2004, 909.

810 MüKo InsO/*Reinhart,* Art. 26 Rn. 8-10.

811 So aber zu Unrecht, AG Nürnberg, Beschl. v. 1.10.2006-8034 IN 13/26, ZInsO 2007, 667; in Abgrenzung zu der Entscheidung des AG Nürnberg, *Nerlich,* in: *Nerlich/Römermann,* Art. 26 Rn. 12; *Knof,* ZInsO 2007, 629.

812 *Carstens,* S. 94.

813 *Nerlich,* in: *Nerlich/Römermann,* Art. 26 Rn. 15; *Carstens,* S. 94.

814 S. oben S. 94 f.

815 BVerfG, Beschl. v. 30.9.2001-2 BvR 1338/01 – Kts 2002, 679.

816 BVerfGE 5, 9, 10; einschränkend aber BVerfGE 42, 172, 175; vgl. zu der Fragestellung *Carstens,* S. 94, welcher diese Ansicht richtiger Weise ablehnt.

817 *Puschner,* S. 38; vgl. *Carstens,* S. 95 FN 587.

818 *Vallender,* Kölner Schrift, Rn. 15.

das europäische Insolvenzrecht zu übertragen sein. Zudem wird auch in Teilen der Literatur eine Obliegenheit des Schuldners angenommen, den Verfahrensfehler zunächst im Staat der Verfahrenseröffnung zu beseitigen, um nicht dem Einwand der Präklusion ausgesetzt zu werden.[819]

Die beschriebenen Einschränkungen der Gewährleistung des rechtlichen Gehörs gehen für den Anwendungsbereich des europäischen Insolvenzrechts jedoch zu weit. Eine ausländische Eröffnungsentscheidung, welche einen universellen Vermögensbeschlag bewirkt, darf nicht erfolgen, ohne dass der Schuldner die Möglichkeit einer Anhörung hat. Alles andere widerspricht dem Rechtsgefühl.[820] Eine Präklusion des ordre public-Einwandes infolge des Nicht-Ergreifens von anderen Rechtsbehelfen darf nur dann angenommen werden, wenn eine realistische Chance hinsichtlich der Heilung des Verfahrensfehlers im Rechtsmittelverfahren gegeben ist.[821] Die Verweigerung des Rückgriff auf den ordre public-Vorbehalt würde ansonsten einer Rechtsschutzverweigerung gleichkommen.[822]

C. Forum shopping und ordre public im Internationalen Insolvenzrecht

Diskutiert wird im Rahmen des insolvenzrechtlichen ordre public neuerdings die Problematik des sogenannten *forum shopping,* welches nach Erwägungsgrund Nr. 4 zur Verordnung ausdrücklich im europäischen Insolvenzrecht verhindert werden soll, und die Frage, inwieweit das Rechtsinstitut des ordre public als „Allzweckwaffe gegen *forum shopping* im europäischen Insolvenzrecht" verwendet werden kann.[823]

Der Insolvenzstandort England zieht Unternehmen aus ganz Europa an, was sich damit begründen lässt, dass das englische Sanierungsverfahren einen besonders flexiblen Ruf genießt. Dies ist unter anderem der Tatsache geschuldet, dass der Schuldner oder ein bestimmter Gläubiger großen Einfluss auf die Auswahl des Insolvenzverwalters hat. Zudem gibt es kein mit der strengen deutschen Insolvenantragspflicht vergleichbares Verfahren und bestimmte Tatbestände der Insolvenzanfechtung sind ausgeschlossen. Schließlich ist das englische Sanierungsrecht flexibler als das deutsche.[824]

---

819 *Geimer,* IZPR, Rn. 2955; MüKo Inso/*Reinhart,* Art. 102 EGInsO Rn. 310, 314.

820 *Carstens,* S. 96.

821 *Geimer,* IZPR, Rn. 2955; *Matscher,* IPRax 2001, 436; *Carstens,* S. 96.

822 *Carstens,* S. 96.

823 Vgl. *Knof,* ZInsO 2007, 629.

824 *Vallender,* NZI 2007, 131; *Andres/Grund,* NZI 2007, 138; *Knof,* ZInsO 2007, 630.

Fraglich ist jedoch, ob eine das *forum shopping* ermöglichende freie Rechtswahl im Internationalen Insolvenzrecht überhaupt möglich ist. Art. 4 Abs. 1 EuInsVO enthält eine Sachnormverweisung auf die *lex fori concursus* und statuiert, dass für das Insolvenzverfahren das Insolvenzrecht des Mitgliedsstaates gilt, in welchem das Verfahren eröffnet wurde. Die internationale Zuständigkeit für die Eröffnung des Insolvenzverfahrens richtet sich dabei nach Art. 3 EuInsVO und lässt innerhalb des Anwendungsbereichs der EuInsVO auch keinen Raum für den Rückgriff auf autonomes Recht.[825] Gemäß Art. 3 Abs. 1 EuInsVO sind international für die Eröffnung des Hauptverfahrens die Gerichte des Staates zuständig, in dem der Mittelpunkt der hauptsächlichen Interessen des Schuldners, *center of main interest* (COMI), belegen ist.[826] Theoretisch ist die Frage der Rechtswahlfreiheit damit zu verneinen, da es eben durch die Bestimmung des COMI immer nur eine internationale Zuständigkeit für das Hauptverfahren geben kann.[827] In der Praxis begründet aber Art. 3 EuInsVO einen der Hauptschwachpunkte bei der Verhinderung des *forum shopping.*[828] Dies ist damit zu begründen, dass Gesellschaften und juristische Personen von der Regelung des Art. 3 Abs. 1 Satz 2 EuInsVO Gebrauch machen, wonach bis zum Beweis des Gegenteils vermutet wird, dass unter COMI der Ort zu verstehen ist, an dem die Gesellschaft ihren satzungsgemäßen Sitz hat. Auf tatsächlicher Ebene bestehen damit Spielräume für alle Beteiligten, welche im englischen Recht noch durch den Umstand erweitert werden, dass sich bei einer Eröffnung des Verfahrens im Wege eines *out-of-court appointment* sich die Verfahrenseröffnung ausschließlich auf die Überzeugung der einleitungsberechtigten Gläubiger oder Geschäftsleiter stützen kann, welche das *out-of-court appointment* einleiten.[829] Um die Vermutungswirkung des Art. 3 Abs. 1 Satz 2 EuInsVO nutzen zu können, muss die Gesellschaft also nach England „umziehen".[830] Fraglich ist, ob an dieser Stelle auf den ordre public als Gegensteuerungsmaßnahme[831] zurückgegriffen werden kann.

825 MüKo InsO/*Reinhart,* Art. 3 Rn. 16 EuInsVO; *Bork,* S. 267; *Krebber,* IPRax 2004, 540; *Knof,* ZInsO 2007, 630; a.A. *Duursma-Kepplinger,* in: Duursma-Kepplinger/Duursma/Chalupsky, Art. 1 RdNr. 56; *Mock/Schildt,* ZInsO, 2003, 396, 397; *Paulus,* ZIP 2003, 1726 f.

826 *Jauernig/Berger,* § 68 Rn. 12; *Knof,* ZInsO 2007, 630.

827 *Knof,* ZInsO 2007, 630.

828 *Knof,* ZInsO 2007, 630.

829 Vgl. *Knof,* ZInsO 2007, 630 mit weiteren Einzelheiten; ausführlich: *Müller-Seils,* S. 90 ff.

830 Zu den Rahmenbedingungen und de Problemen, welche dabei entstehen können: *Knof,* ZInsO 2007, 631 f.

831 *Knof,* ZInsO 2007, 632.

I. AG Nürnberg, Beschl. vom 15.8.2006 – 8004 IN 1326/06

Das *AG Nürnberg* verweigerte in dem Fall *Brochier* einer Gesellschaft, welche einen solchen „Umzug" nach England im Wege der Verschmelzung vorgenommen hatte, um in den Genuß der Vorzüge des englischen Rechts zu kommen, die Anerkennung des Eröffnungsbeschlusses des *High Court of Justice* wegen Verstoßes gegen Art. 26 EuInsVO.[832] Das Gericht entschied, dass ein Verstoß gegen den ordre public nach Art. 26 EuInsVO gegeben sei, wenn das Gericht seine Zuständigkeiten nicht eigenständig prüfe, sondern allein anhand unsubstantiierter Behauptungen des Antragsstellers die Eröffnung des Verfahrens festgestellt habe. Weiterhin sei ein ordre public-Verstoß zu bejahen, wenn die Entscheidung auf Angaben des Antragsstellers beruhe, welche mit den Tatsachen nicht übereinstimmen, die Entscheidung ferner nicht begründet und der Insolvenzverwalter darüber hinaus nicht unabhängig sei.[833]

Der EuGH hatte in der Rechtssache *Eurofood* indes festgestellt, dass die einmal festgestellte Zuständigkeit nach Art. 3 EuInsVO von keinem anderen mitgliedsstaatlichen Gericht mehr nachgeprüft werden dürfe.[834] Dies gilt auch in Fällen, in denen die Richtigkeit der festgestellten Zuständigkeit wie im Falle des AG Nürnbergs zweifelhaft ist.[835] In einer solchen Situation ist vielmehr auf die im englischen Recht zur Verfügung stehenden Rechtsbehelfe gegen eine Eröffnungsentscheidung zurückzugreifen.[836] Mit der Entscheidung des AG Nürnberg hängt die Frage eng zusammen, ob das englische Verfahren des *out-of-court appointment* als solches schon gegen den europäischen ordre public verstößt. Dieses Verfahren bietet die Möglichkeit, innerhalb von wenigen Stunden mit unwahren Behauptungen ein Insolvenzverfahren sowie die Einsetzung von Insolvenzverwaltern zu initiieren, ohne dass dafür die Eröffnungs – und Bestellungsvoraussetzungen geprüft oder begründet werden müssen. Die aufgeworfene Frage ist dahingehend zu beantworten, dass nach dem Wortlaut des Art. 26 EuInsVO allein das Ergebnis der Anwendung des ausländischen Rechts Gegenstand der ordre public-Prüfung ist und nicht das ausländische Recht mit seinen Besonderheiten in diese Wertung einzubeziehen ist.[837]

Hinsichtlich der Ausführung des *AG Nürnberg* zu der fehlenden Unabhängigkeit des Insolvenzverwalters ist wiederum auf die Besonderheiten des englischen

832 AG Nürnberg, Beschl. vom 15.8.2006 – 8004 IN 1326/06 NZI 2007, 185.

833 AG Nürnberg, Beschl. vom 15.8.2006 – 8004 IN 1326/06, NZI 2007, 186.

834 EuGH, Urteil vom 2.5.2006, Rs. C-341/04, *Eurofood*, Slg. 2006 I-3854, Rn. 38 ff.

835 *Sabel*, NZI 2004, 127; *Knof*, ZInsO 2007, 634.

836 *Knof*, ZInsO 2007, 634.

837 Rauscher/*Mäsch*, EuZPR/EuIPR, Art. 26 Rn. 4; *Knof*, ZInsO 2007, 634; vgl. auch *Graf*, S. 305, welche grundsätzlich von einem Verstoß gegen den ordre public ausgeht.

Insolvenzrechts hinzuweisen, welches sehr wohl eine *ex officio* Neutralität des *administrator* kennt.[838]

II. Kein Rückgriff auf den ordre public im Rahmen des forum shopping

Die obigen Ausführungen legen nahe, im Falle des *forum shopping* im europäischen Insolvenzrecht nicht zur Abwehr auf den ordre public-Vorbehalt in Art. 16 EuInsVO zurückzugreifen.[839] Eine derartige Abwehrlösung führte in der Praxis zu einem extensiven Gebrauch der Vorbehaltsklausel, was nicht wünschenswert ist, da der Vorbehalt des ordre public grundsätzlich nur *ultima ratio* sein darf.[840] Im Falle des *AG Nürnberg* hätten die deutschen Gläubiger die Möglichkeit gehabt, gegen die englische Eröffnung des Insolvenzverfahrens vorzugehen. In Abkehr von *Jellinek*[841], welcher im Rahmen der zweiseitigen Staatsverträge im Jahre 1953 die Thematik des *forum shopping* als „etwas Peinliches" bezeichnete und die Versagung der Anerkennung wegen Verstoßes gegen den ordre public für naheliegend hielt, ist heute im europäischen Insolvenzrecht das Gegenteil anzunehmen. Denn alleine die Tatsache, dass von den Vorteilen einer ausländischen Rechtsordnung Gebrauch gemacht wird, muss noch nicht gereichen, einen Verstoß gegen die grundlegenden Prinzipien der öffentlichen Ordnung zu begründen. Eine solche Herangehensweise würde die der Verordnung zugrunde liegenden Prinzipien des gegenseitigen Vertrauens und der Gleichwertigkeit der mitgliedsstaatlichen Gerichte verletzen.[842] Es ist jedoch nicht auszuschließen, dass es nicht Einzelfälle geben mag, in denen aufgrund des konkreten Anwendungsergebnis des ausländischen Rechts im Zusammenhang mit *forum shopping* ein Verstoß gegen den verfahrensrechtlichen ordre public nach Art. 26 EuInsVO zu bejahen sein kann. Grundsätzlich ist es aber in Fällen wie denen des *AG Nürnberg* angemessener vor einem Rückgriff auf den ordre public zunächst die im Eröffnungsstaat vorgesehenen Rechtsmittel einzulegen.[843]

---

838 *Knof,* ZInsO 2007, 634; zum Begriff des *administrator* vgl. *Ehricke/Köster/Müller-Seils,* NZI 2003, 415 m.w.N.

839 So auch *Riedemann,* in: Pannen, Teil 1 Art. 26 Rn. 19.

840 Vgl. Rauscher/*Mäsch,* EuZPR/EuIPR, Art. 26 Rn. 3; *Paulus,* NZI 2008, 3; *Laukemann,* RIW 2005, 106; a.A. *Duursma-Kepplinger,* in: Duursma-Kepplinger/Duursma/Chalupsky, Art. 3 Rn. 17.

841 *Jellinek,* Die zweiseitigen Staatsverträge über Anerkennung ausländischer Zivilurteile. Eine kritische Untersuchung, 1953, S. 194.

842 Vgl. zu den genannten Prinzipien *Virgós/Garcimartín,* Rn. 400.

843 *Liersch,* NZI 2004, 272; *Carstens,* S. 98.

§ 3: Art. 23 lit. a) Brüssel II a-VO

A. Allgemeines

Am 1.3.2005 trat die Brüssel IIa-VO[844] in Kraft und ersetzte damit die Verordnung (EG) Nr. 1347/2000.[845] Gegenstand der Verordnung ist folglich das europäische Eheverfahrensrecht. Hinsichtlich der Entscheidungen in Ehesachen übernimmt die Brüssel IIa-VO dabei die Regelungen ihrer Vorgängerin; hinsichtlich der Entscheidungen über den Bereich der elterlichen Verantwortung sieht die Verordnung jedoch einen weiteren sachlichen Anwendungsbereich vor, da der Anwendungsbereich nunmehr nicht nur die gemeinsamen Kinder der Ehegatten erfasst, sondern alle Kinder einbezieht und dies auch in den Fällen, in denen das Verfahren über die elterliche Verantwortung nicht im Zusammenhang mit einer Ehesache steht.[846]

Die Verordnung ist als nationales Recht verdrängender Rechtsakt autonom auszulegen.[847] Wie im Rahmen des Anerkennungsrechts üblich, wird innerhalb der Verordnung zwischen dem verfahrensrechtlichen und dem materiellrechtlichen ordre public differenziert, wobei der verfahrensrechliche ordre public gegenüber den anderen in Art. 23 lit. b) aufgeführten Versagungsgründen als subsidiär zu behandeln ist.[848]

Die in Art. 23 lit. a) Brüssel IIa-VO enthaltene Ausprägung des verfahrensrechtlichen ordre public lässt sich als Versuch einer weiteren Konkretisierung der Vorbehaltsklausel auf Gemeinschaftsebene durch die Bezugnahme auf das Kindeswohl beschreiben, weshalb Art. 23 lit.a) Brüssel IIa-VO beispielhaft erläutert werden soll.[849] Vollständig gleicht lit. a) dabei Art. 23 Abs. 2 lit. d) KSÜ[850]; durch die Nennung des Kindeswohls, unterscheidet sich die Vorschrift von Art. 22 Brüssel IIa-VO, welcher ebenfalls einen ordre public-Vorbehalt enthält.[851]

Auch im Rahmen der Brüssel IIa-VO ist der ordre public primär ein nationaler Vorbehalt, welcher zur Ausfüllung dem Recht des jeweiligen Staates, in welchem

844 Verordnung (EG) Nr. 2201/2003 des Rates vom 27.11.2003 über die Zuständigkeit und die Anerkennung und Vollstreckung von Entscheidungen in Ehesachen und in Verfahren betreffend die elterliche Verantwortung, ABl. 2003 L 338, 1, geändert ABl. 2004 L 367, 1 (Brüssel IIa-VO).

845 ABl. 2003 L 338,1; geändert durch Verordnung (EG) Nr. 2116/2004, ABl. 2004 L 367,1.

846 *Mayr/Czernich,* Rn. 35.

847 FAKomm-FamR/*Rausch*, Vor § 606a ZPO Rn. 5, 3. Auflage 2008.

848 *Holzmann,* S. 241.

849 *Kropholler,* § 36 VI.

850 Rauscher/*ders.*, EuZPR/EuIPR, Art. 23 Brüssel IIa-VO Rn. 4.

851 Rauscher/*ders.*, EuZPR/EuIPR, Art. 23 Brüssel IIa-VO Rn. 4; zu dem Vorbehalt in Art. 22 Brüssel IIa-VO vgl. NK-BGB/*Andrae*, Art. 22 Rn. 3 EheVO 2003.

die Anerkennung begehrt wird, unterliegt. Dies gilt ebenso für das im Rahmen der ordre public-Kontrolle zu untersuchende Kriterium des Kindeswohls.[852]

Wie auch innerhalb der anderen Verfahrensordnungen des europäischen Zivilprozessrechts gilt im Rahmen der Brüssel IIa-VO das Verbot der *révision au fond*, welches ausdrücklich in Art. 26 Abs. 2 Brüssel IIa-VO normiert ist.[853]

B. Die Bedeutung des Kindeswohls im Rahmen der ordre public-Prüfung

Dem Kindeswohl kommt im Rahmen des Art. 23 lit. a) Brüssel IIa-VO eine besondere Bedeutung zu. Daraus folgt jedoch nicht, dass das Kindeswohl als eigenständiger Anerkennungsversagungsgrund neben den ordre public tritt. Auch ist es weder kumulativ nach einem etwaigen ordre public-Verstoß zu prüfen[854] oder als alternativer Anerkennungsversagungsgrund zu behandeln, welcher eine Prüfung in der Sache eröffnen kann.[855] Die Vorschrift des Art. 23 lit. a) Brüssel IIa-VO macht vielmehr deutlich, dass im Rahmen der ordre public-Kontrolle das Kindeswohl als zentrales Kriterium zu berücksichtigen ist.[856] Das Kindeswohl dient im Rahmen der ordre public-Kontrolle als Orientierungshilfe dafür, ob Entscheidungen, die einen ordre public-Verstoß begründen können, abzulehnen sind, oder ob im Hinblick auf das Kindeswohl etwas anderes, wie z.B. die Abänderung einer ausländischen Vorschrift gelten muß.[857] Darüber hinaus offenbart die ausdrückliche Erwähnung des Kindeswohls, dass die Entscheidungen, welche Sorgerechtsverhältnisse betreffen, auch im Anerkennungsstaat an den Kindesbelangen zu orientieren sind, um so die Grundrechtspositionen Minderjähriger bestmöglich gewährleisten zu können.[858] Infolgedessen kann sich das Abwägungskriterium des Kindeswohl für die ordre public-Widrigkeit einer Entscheidung sowohl positiv als auch negativ auswirken.[859]

---

852 Thomas/Putzo/*Hüßtege*, Art. 23 EuEheVO Rn. 1; Rauscher/*ders.*, EuZPR/EuIPR, Art. 23 Brüssel IIa-VO Rn. 4; a.A. *Hess*, EuZPR, § 7 Rn. 78, der von einem einheitlichen Begriff des Kindeswohls innerhalb der Mitgliedsstaaten ausgeht.

853 PG/*Völker*, Art. 27 Brüssel IIa-VO Rn. 12; *Mayr/Czernich*, Rn. 334; *Hess*, EuZPR, § 7 Rn. 49.

854 So aber: Thomas/Putzo/*Hüßtege*, Art. 23 EuEheVO Rn. 1.

855 NK-BGB/Andrae, Art. 23 Rn. 2 EheVo 2003; Rauscher/*ders.*, EuZPR/EuIPR, Art. 23 Brüssel IIa-VO Rn. 4.

856 MüKo-ZPO/*Gottwald*, Art. 23 Rn. 2 EheGVO; Rauscher/*ders.*, EuZPR/EuIPR, Art. 23 Brüssel IIa-VO Rn. 4; *Holzmann*, S. 243.

857 In diese Richtung gehend: *Holzmann*, S. 243.

858 *Holzmann*, S. 244 m.w.N.

859 *Holzmann*, S. 244.

C. Keine restriktive Handhabung des ordre public-Vorbehalts der Brüssel IIa-VO

Anders als bei den ordre public-Vorbehalten in der EuGVVO und in der EuIns-VO, ist es im Rahmen des Art. 23 lit. a) Brüssel II a-VO streitig, ob eine restriktive Handhabung der Klausel zu befürworten ist oder nicht. So mahnen einige Stimmen in der Literatur eine restriktive Handhabung des ordre public auch im Rahmen von Verstößen gegen das Kindeswohl an.[860] Nach dieser Ansicht ist eine „nur" kindeswohlwidrige Entscheidung für die Versagung der Anerkennung nicht ausreichend, vielmehr sei das Anwendungsgebiet des ordre public auf „krasse Fälle" zu beschränken.[861] Für diese Herangehensweise spricht, dass auch im Bereich von Sorgerechtsentscheidungen ein Verstoß gegen den ordre public nur im Falle einer Nichtbeachtung von grundlegenden Prinzipien des Rechts anzunehmen ist.[862] Allerdings liegt es nahe, das Kindeswohl als solches schon als grundlegendes Prinzip zu klassifizieren, so dass für eine restriktive Handhabung wiederum auf die Offensichtlichkeit eines Verstoßes abgestellt werden müsste.[863] Sicherlich kann die Anerkennung im Einzelfall nur dann scheitern, wenn eine Entscheidungsalternative besteht, welche für das Kindeswohl günstiger ist. Es müssen möglicherweise auch Abweichungen von der optimalen Verwirklichung des Kindeswohls aus Sicht des Anerkennungsstaats hingenommen werden.[864] Jedoch sollte dennoch ein hoher Standard des Kindeswohls im Rahmen des Anwendungsbereichs der Verordnung gewährleistet werden, weshalb es nicht als sinnvoll erscheint, dass diejenigen Mitgliedsstaaten, welche bereits hohe Ansprüche an den Schutz des Kindeswohls anlegen, dieses bereits erreichte Schutzniveau zu Gunsten der Freizügigkeit von Entscheidungen innerhalb der EU wieder verlassen.[865] Folglich sollte die Anwendung der ordre public-Klausel im Rahmen der Brüssel IIa-VO keinesfalls restriktiv gehandhabt werden. Vielmehr bietet sich sogar eine eher extensiv ausgestaltete Kontrolle an, auch wenn dies in der Praxis im Rahmen der materiellen ordre public-Prüfung zu einem Hemmnis im Anerkennungsrecht führen mag und sich der ordre public in diesem Zusammenhang wieder einmal als „Störenfried der anzustrebenden Entscheidungsharmonie"[866] gebärdet.

---

860 PG/*Völker,* Art. 27 Brüssel IIa-VO Rn. 6; vgl. noch zur EuEheVO, *Helms,* FamRZ 2001, 263; *Holzmann,* S. 240.

861 PG/*Völker,* Art. 27 Brüssel IIa-VO Rn. 5 f.

862 Rauscher/*ders.*, EuZPR/EuIPR, Art. 23 Brüssel IIa-VO Rn. 5.

863 Rauscher/*ders.*, EuZPR/EuIPR, Art. 23 Brüssel IIa-VO Rn. 5.

864 Rauscher/*ders.*, EuIPR/EuZPR, Art. 23 Brüssel IIa-VO Rn. 5.

865 Rauscher/*ders.*, EuIPR/EuZPR, Art. 23 Brüssel IIa-VO Rn. 5.

866 *Stöcker,* EuGRZ 1987, 475.

§ 4: Zusammenfassung des zweiten Teils

Wie die Auswertung der Rechtsprechung des Gerichtshofs zur Entstehung des europäischen ordre public ergibt, ist auch im Rahmen des europäischen ordre public die verfahrensrechtliche Ausprägung in der Praxis bedeutender als die materiellrechtliche Variante.[867] Dies lässt sich damit erläutern, dass der Einwand des materiellrechtlichen ordre public in der Praxis beinahe nie von Erfolg gekrönt ist, als dass eine Vermutung dahingehend besteht, dass alle in der Europäischen Union gefällten Entscheidungen mit den wesentlichen fundamentalen Prinzipien der Gemeinschaft übereinstimmen.[868] Grund für diese Vermutung ist die Tatsache, dass heutzutage alle Mitgliedsstaaten der Gemeinschaft zugleich auch Mitglieder der EMRK sind. Zugleich stellt die EMRK einen Großteil der europäischen Fundamentalprinzipien und bildet damit einen wesentlichen Bestandteil des ordre public.[869]

Die differenzierte und ausgefeilte Kodifikation des ordre public innerhalb der EuGVVO dient im Rahmen des internationalen Verfahrensrechts bei der Auslegung von ordre public-Normen als Vorbild.[870] Diese Erkenntnis erklärt, warum die Inhalte der Vorbehaltsklauseln im europäischen Verfahrensrecht trotz der Unterschiedlichkeit der Verfahrensordnungen, in welchen sie verankert sind, weitgehend übereinstimmen. Die wenigen Aspekte, durch welche sich die Vorbehaltsklauseln voneinander unterscheiden, sind durch die Eigenart des jeweiligen Rechtsgebiets zu begründen. So ist im Insolvenzrecht der ordre public-Vorbehalt deshalb der einzige Anerkennungsversagungsgrund, weil die Maxime der Universalität und Internationalität der Insolvenzverfahren nicht angegriffen werden soll.[871] Ähnliches gilt auch für das Internationale Schiedsrecht, wo im Rahmen der ordre public-Prüfung der Grundsatz der Finalität beachtet werden soll und daher in vorliegender Untersuchung ein internationaler Prüfungsmaßstab befürwortet wird.[872] Auch wird die extensive Handhabung der Vorbehaltsklausel im Rahmen der Brüssel IIa-VO nicht zufällig vertreten. Eine restriktive Anwendung des ordre public wird dem sensiblen Bereich der elterlichen Verantwortung, welcher äußerst anfällig für Grundrechtsverletzungen ist, nicht gerecht.[873]

---

867 Vgl. dazu: *Hess/Pfeiffer/Schlosser,* The General Report of the Study on the Application of Regulation Brussels I in the Member States, Study JLS/C4/2005/03, Rn. 548; zusammenfassend: *Beaumont/Johnston,* IPRax 2010, 107.

868 *Hess/Pfeiffer/Schlosser,* The General Report of the Study on the Application of Regulation Brussels I in the Member States, Study JLS/C4/2005/03, Rn. 548.

869 *Hess/Pfeiffer/Schlosser,* The General Report of the Study on the Application of Regulation Brussels I in the Member States, Study JLS/C4/2005/03, Rn. 548.

870 *Mankowski,* BB 2006, 1759.

871 LSZ-*Smid,* Kap. 2 Rn. 2.

872 S. 40 f.

873 Ähnlich *Hess,* EuZPR, § 7 Rn. 77.

Die Vereinheitlichung als Topos im Verfahrensrecht hat sich – wie der vorstehende Überblick verdeutlicht – längst in der Kodifikation niedergeschlagen. Fraglich bleibt allerdings, inwieweit der jetzige Stand der Vereinheitlichung insbesondere mit Blick auf das englische *Common Law* reicht und ob er möglicherweise ausreichend ist, um in Zukunft sogar ganz auf die Vorbehaltsklausel des ordre public im Internationalen Zivilverfahrensrecht verzichten zu können. Eine Antwort auf die gestellten Fragen soll im Rahmen der folgenden beiden Teile der Untersuchung gefunden werden.

Dritter Teil: public policy v. ordre public

Zunächst ist zu klären, warum an dieser Stelle der Arbeit der Blick auf das englische Recht gerichtet werden soll. Man könnte sich die Frage stellen, ob eine solche Betrachtung für die Erläuterung eines europäischen verfahrensrechtlichen ordre public überhaupt von Bedeutung ist, da bedingt durch den Anwendungsvorrang des Unionsrechts die Unterschiede eines europäischen verfahrensrechtlichen ordre public zu einer *European public policy in Procedural Law* sich möglicherweise nicht auswirken. Indes ist – wie im Ersten Teil der Arbeit herausgearbeitet wurde – der europäische verfahrensrechtliche ordre public immer noch primär eine in den nationalen Rechtsordnungen verankerte Vorbehaltsklausel, welche durch das Unionsrecht geprägt wird und deren Inhaltsausfüllung vom EuGH überwacht wird.[874] Folglich spielen Unterschiede in nationalen Verfahrensordnungen möglicherweise doch noch eine große Rolle.

Das englische Recht stellt aus der wirtschaftlichen Betrachtung Kontinentaleuropas die wohl wichtigste Rechtsordnung der Welt dar. Beinahe ein Drittel der Weltbevölkerung lebt in Gebieten, welche zu einem unterschiedlichen Maß durch das *Common Law* geprägt wurden.[875] Das englische Recht beeinflusste unter anderem maßgeblich das Recht der Vereinigten Staaten, welche weit nach der Unabhängigkeitserklärung im Jahre 1776 bis zum Zweiten Weltkrieg noch dem englischen Recht in seinen Präzedenzfällen folgten und erst in den fünfziger Jahren eine eigene höchstrichterliche Rechtssprechung entwickelten.[876] Folglich dient das Verständnis des englischen Rechts als Ausgangspunkt in großen Teilen gleichsam dem Verständnis des US-amerikanischen Rechts, auch wenn sich dieses nach seiner Unabhängigkeitserklärung eigenständig weiterentwickelt hat und sich von seinem ursprünglichen Vorbild England mittlerweile entfernt hat.[877]

Im Zusammenhang mit dem kontinentaleuropäischen *Civil Law* kommt es, wie die Entscheidung *Gambazzi* und der nachfolgende Überblick zeigen werden, innerhalb des Europäischen Rechtsraumes wiederholt zu Friktionen zwischen

874 S. 57.

875 *Lord Goff of Chieveley,* (1997) 46 Int'l & Comp.L.Q., 745; *Zweigert/Kötz,* Einführung in die Rechtsvergleichung, S. 214.

876 *V. Bernstorff,* 1. Teil § 1, S. 2.

877 Der schwerwiegenste Unterschied ist sicherlich die Tatsache, dass die USA anderes als England über eine geschriebene Verfassung verfügt, welche das Land federal gliedert und darüber hinaus einen Grundrechtekatalog enthält, welcher die drei Gewalten Legislative, Exekutive und Judikative bindet, vgl. *Zweigert/Kötz,* Einführung in die Rechtsvergleichung, S. 233 ff.

dem Verfahrensrecht des englischen *Common Law* und den kontinentaleuropäischen Verfahrensrechtsordnungen des *Civil Law.*[878] Die Unterschiede sind dabei sowohl im nationalen Verfahrensrecht der Mitgliedsstaaten dieser beiden Rechtssysteme als auch im jeweiligen internationalen Verfahrensrecht mannigfalt.[879] Bedingt durch die Mitgliedsschaft Großbritanniens in der Europäischen Union bietet sich daher ein Ausblick auf die englische Perspektive des europäischen verfahrensrechtlichen ordre public an.

Innerhalb Großbritanniens existieren drei voneinander getrennte Rechtssysteme; England und Wales, Schottland sowie Nordirland. Es ist daher darauf hinzuweisen, dass sich die folgenden Ausführungen auf England und Wales beschränken. Ziel dieser Untersuchung ist es, neben dem berühmten „Blick über den Tellerrand" auch eine umfassendere Bewertung des Inhalts und der Begrenzung des europäischen verfahrensrechtlichen ordre public vornehmen zu können, um auf diese Weise Erkenntnisse für die nachfolgende Diskussion der geplanten Abschaffung des ordre public gewinnen zu können. Der Ausblick wird sodann zeigen, inwieweit sich Dogmatik der englischen Vorbehaltsklausel wirklich von der deutschen unterscheidet.

§ 1: Die englische Perspektive des europäischen verfahrensrechtlichen ordre public

A. Die Bedeutung des ordre public in England und Wales[880]

Um die Bedeutung des ordre public in England nachvollziehen zu können, ist zunächst ein kurzer Überblick, welcher nicht annähernd den Anspruch der Vollständigkeit hat, über das Rechtssystem des englischen *Common Law*[881] im Zusammenhang mit der Anerkennung und Vollstreckung ausländischer Entscheidungen vorzunehmen.

---

878 Für einen Einblick in die Handhabung dieser Problematik durch französische Gerichte s. *Cuniberti,* (2008) 57 Int'l & Comp.L.Q., 25 ff.

879 *Cuniberti,* (2008) 57 Int'l & Comp.L.Q., 25.

880 Die folgenden Ausführungen zum englischen *Common Law* gelten ebenso für Wales, auch wenn auf diese Tatsache nicht im Einzelnen hingewiesen wird.

881 Grundlegend *Clegg,* The Common Law; zu Unterschieden zwischen kontinentaleuropäischem Recht und Common Law, *Samuel,* ZEuP 1995, 375 ff.

I. Die Vollstreckung ausländischer Entscheidungen in England

Aufgrund der parallelen Darstellung zu der im Ersten Teil der Arbeit erläuterten deutschen verfahrensrechtlichen ordre public-Klausel, ist auf die Vollstreckung ausländischer Entscheidungen in England einzugehen. Das *statutory regime* des Vereinigten Königreichs regelt die Vollstreckung ausländischer Entscheidungen, welche aus einem Staat stammen, mit welchem das Vereinigte Königreich ein bilateralen Vollstreckungsabkommen abgeschlossen hat. Die Vollstreckung erfolgt in diesen Fällen nach den Regelungen des *Administration of Justice Act 1920, Part II* und dem *Foreign Judgments (Reciprocal Enforcement) Act 1933.* Die Regelungen dieser nationalen Gesetzgebungsakte, die Teil des *Common Law* sind, werden – wie im deutschen Recht – innerhalb des Anwendungsbereichs des Unionsrechts verdrängt.[882]

II. Die public policy im autonomen englischen Recht (Common Law)

1. Inhalt der Vorbehaltsklausel

Wie auch in den Zivilrechtsordnungen Kontinentaleuropas gibt es im englischen *Common Law* einen ordre public-Vorbehalt, die sogenannte *„public policy"*. An diesem Vorbehalt kann – wie auch im deutschen Recht – die Anerkennung und Vollstreckung von ausländischen Entscheidungen scheitern.[883] Wie im englischen Recht gemeinhin üblich entwickelte sich die Vorbehaltsklausel im Rahmen des *case law.* Während im innerstaatlichen Anwendungsbereich der Klausel den Richtern die Kreation neuer Anwendungsfälle der *public policy* und damit auch die Ausdehnung des Anwendungsbereichs nicht gestattet ist,[884] hat sich das Anwendungsfeld der *public policy* im Internationalen Privatrecht derart ausgeweitet, *„that apparently the judges now feel free to exclude the law of the domicile whenever*[885] *they feel proper to do so in the circumstances."*[886] Eine allgemeine Beschreibung des Inhalts der *public policy* findet sich von *Scarman J*, welcher die Bedeutung der *public policy* derart zusammenfasste, dass *„an English court will refuse to apply a law which outrages its sense of justice and*

882 *Fentiman,* International Commercial Litigation, 18.05 f.

883 *Dicey/Morris/Collins,* The Conflict of Laws, Bd. 1, Rule 44, Rn. 14R-141, S. 629.

884 *Fender v. John-Mildmay* [1938] AC 1 at 40; *Verwaeke v. Smith* [1983] 1 AC 145 at 164 – bereits existierende Prinzipien können auf neue Zusammenhänge angewendet werden; *Cheshire/North/Fawcett,* Private International Law, S. 147.

885 *Russ v. Russ* [1964] P 315.

886 *Cheshire/North/Fawcett,* Private International Law, S. 147.

decency".[887] Wie auch im deutschen autonomen Recht sollte die *public policy* im Internationalen Privatrecht Englands jedoch enger ausgelegt werden als in rein nationalen Sachverhalten.[888]

Anders als das deutsche Recht kennt das englische Recht das Erfordernis des Inlandsbezuges für die Anwendung der englischen *public policy* nicht im ausdrücklichen Sinne.[889] Das im Inlandsbezug enthaltene Prinzip hat indes unter dem Kriterium der *proximity* im Rahmen der Entscheidungsfindung der Richter dennoch Bedeutung im Rahmen der Entscheidung, ob ein Verstoß gegen die *public policy* anzunehmen ist oder nicht.[890] Allerdings ist die Anwendung der *public policy* unter dem englischen *Common Law* nicht untrennbar mit diesem Kriterium verknüpft, als dass die *public policy* auch anwendbar ist, wenn die in Frage stehende Norm eine gemeinsame oder absolute Regel darstellt.[891]

Im Unterschied zum deutschen Recht wird nicht klar zwischen materiellrechtlichem und verfahrensrechtlichem ordre public differenziert;[892] es gibt, wenn man von den speziellen Anerkennungsversagungsgründen des *fraud* und der *natural justice* absieht, auch keine getrennten Regelungen, was durch die *doctrine of precedents* zu begründen ist. Dies bedeutet jedoch nicht, dass keine Fallgruppen für Verstöße gegen die *public policy* im Bereich des englischen *Common Law* geschaffen werden.[893] Innerhalb dieser noch zu beschreibenden Fallgruppen findet eine Differenzierung zwischen Verstößen gegen materiellrechtliche und verfahrensrechtliche Elemente der *public policy* sehr wohl statt. Aus diesem Grunde werden im folgenden sowohl Fallbeispiele zum verfahrensrechtlichen als auch zum materiellrechtlichen ordre public dargestellt.

---

887 *Re Fuld's Estate (No 3)* [1968] P 675 at 698. Ebenfalls zu diesem Thema *Kuwait Airways Corpn v. Iraqui Airways Co (Nos 4 and 5)* [2002] UKHL 19 at [16] (per Lord Nicholls), [2002] 2 AC 883.

888 *Vervaeke v. Smith* [1983] 1 AC 145 at 164 (per Lord Simon); *Kuwait Airways Corpn v. Iraqui Airways Co (Nos 4 and 5)* [2002] UKHL 19 at [114] (per Lord Steyn), *)* [2002] 2 AC 883.

889 *Cheshire/North/Fawcett,* Private International Law, S. 142; *Dicey/Morris/Collins,* The Conflict of Laws, Bd. 1, Rn. 5-003, S. 92; *Mills,* (2008) 4 J.Priv.L, 227. Das Prinzip der Inlandsbeziehung entstammt ursprünglich dem deutschen Internationalen Privatrecht, wurde jedoch mit der Entscheidung des *Cour de Cassation 1re Ch. Civ.* vom 10.02.1993 in das französische Recht aufgenommen, Rev. crit. dr. internat. privé, 82 (4) 1993, 620; vgl. *Muir Watt,* Evidence of an Emergent European Legal Culture, (2001) 36 Tex. Int'l L.J., 547. Für einen rechtsvergleichenden Überblick s. *Hammje,* Droits fondamentaux et ordre public, Rev. crit. dr. internat. privé, 86 (1) 1997,1 ff.

890 *Home Insurance v. Dick* (1930) 281 US 397; *Beach,* 27 Yale L.J. 1917-1918, 662 ff.

891 Vgl. *Mills,* (2008) 4 J.Priv.L, 234, welcher die Entscheidung des Gerichts in *Telnikoff v. Matusevitch,* 702 A2d 230 (Md 1997) kritisiert. In diesem Fall war einem englischen Urteil trotz fehlenden Bezuges zum Staat Maryland aufgrund der dortigen nationalen *public policy* die Anerkennung verweigert worden.

892 Vgl. aber *Newton,* The Uniform Interpretation of Brussels and Lugano Conventions, S. 376.

893 *Mills,* (2008) 4 J.Priv.L, 208.

2. Die Anwendung der public policy in England

a) Geringere Bedeutung als in Deutschland

Die Bedeutung der *public policy* ist im englischen Internationalen Privatrecht weitaus geringer als in Deutschland oder auch Frankreich.[894] Eine Ursache für diese Tatsache mag sein, dass englische Gerichte in vielen Bereichen des Familienrechts unabänderlich nationales Recht anwenden, wohingegen in diesen Fällen in Deutschland die Anwendung des ausländischen Rechts im Falle eines Widerspruchs zur nationalen Ordnung erst an der Vorbehaltsklausel des ordre public scheitert.[895] Der Standardfall für den Einwand der *public policy* im materiellen englischen Recht ist anders als im deutschen Recht daher auch nicht ein solcher des Familienrechts, sondern vielmehr der klassische Fall des Wirtschaftsrechts (*commercial law-case*). Die seltenere Anwendung der Vorbehaltsklausel bedeutet aber nicht, dass das englische Recht bei der Anerkennung ausländischen Rechts internationaler und großzügiger agiert als das deutsche oder das französische Recht; vielmehr ist das Gegenteil der Fall. Die Kollisionsregeln des englischen Internationalen Privatrechts sind an sich bereits mehr *forum-orientated,* sodass viel eher englisches Recht zur Anwendung gelangt.[896] Trotz der geringeren Bedeutung in der Praxis gilt die Vorbehaltsklausel aber auch in England als wichtiges Element des modernen Internationalen Privatrechts,[897] worauf im Vierten Teil im Rahmen der Diskussion um die Abschaffung *de lege ferenda* weiter einzugehen sein wird.[898]

b) Ordre public interne/international

Wie auch das deutsche Internationale Privatrecht kennt das englische Internationale Privatrecht die Differenzierung zwischen *ordre public interne* (*internal public policy*) und *ordre public international* (*international public policy*).[899] Folglich wird, wie im deutschen Internationalen Privatrecht, im Rahmen der Anerkennung ausländischer Entscheidungen ein milderer Überprüfungsmaßstab gewählt, als bei der Überprüfung rein nationaler Sachverhalte. Die Prinzipien der *internal public policy* können jedoch auch Anwendung finden, wenn Zusammenhänge mit ausländischem Recht bestehen, solange das anzuwendende Recht englisches ist.[900]

---

894 *Clarkson/Hill,* The Conflict of Laws, 485.

895 *Morris,* The Conflict of Laws, Rn. 3-003; *Enonchong,* (1996) 45 Int'l & Comp.L.Q., 637 ff.

896 *Enonchong,* (1996) 45 Int'l & Comp.L.Q., 639.

897 *Mills,* (2008) 4 J.Priv.L., 202.

898 S. 225.

899 *Fentiman,* International Commercial Litigation, 3.77.

900 *Fentiman,* International Commercial Litigation, 3.78.

c) Positive und negative Anwendung

Im autonomen englischen Recht wird die Vorbehaltsklausel – wie auch im deutschen autonomen Recht – sowohl positiv als auch negativ angewendet.[901] In der negativen Anwendungsform verhindert die Vorbehaltsklausel die Durchsetzung von vertraglichen Ansprüchen.[902] Die Doktrin der *public policy* kann im englischen Recht somit nicht nur zu der Verweigerung eines Gerichts zur Anerkennung oder Vollstreckung einer ausländischen Entscheidung führen, sondern auch das Gegenteil bewirken, mit anderen Worten, die Vollstreckung von Titeln, die aus einer vertraglichen Beziehung resultieren oder die Anerkennung einer Ehe bewirken, welche nach dem anzuwendenden ausländischen Recht unwirksam wären (positive Wirkung).[903]

3. *Verstöße gegen die public policy*

Die Handhabung der *public policy* hat sich in den vergangenen Jahren dahingehend entwickelt, dass der Einwand der *public policy* noch seltener Anwendung findet, als es ohnehin schon der Fall war.[904] Man spricht insofern von einer *„especially narrow doctrine of public policy"*.[905] Frühere Entscheidungen zur *public policy* zeichnen noch ein anderes Bild.

Der Entscheidung *Re Macartney*[906] lag folgender Sachverhalt zu Grunde: Der in England wohnhafte Beklagter, hatte seine Verlobte in Malta verlassen, wo sie die gemeinsame Tochter zur Welt brachte. Das maltesische Gericht verurteilte den Vater zu Unterhaltszahlungen für seine Tochter, welche nach seinem Tode aus der Erbmasse bis zu dem Ableben des Mädchens fortgesetzt werden sollten. Das englische Gericht lehnte die Vollstreckung der Unterhaltsforderungen des maltesischen Gerichts als gegen die *public policy* verstoßend ab, da das englische Familienrecht keine Unterhaltsforderungen aus Verlöbnis kenne und darüber hinaus die Gewährung eines ewigen Unterhaltsanspruchs eines unehelichen Kindes gegen seinen Erzeuger und dessen Erbmasse nicht anzuerkennen sei. Zudem sei die Entscheidung des maltesischen Gerichts nicht endgültiger Natur und daher nicht anerkennungsfähig. Nach heutigem Verständnis ist die Nichtanerkennung ausländischen Rechts aus Gründen der mangelnden Entsprechung im englischen

901 *Fentiman,* International Commercial Litigation, 3.76

902 *Dynamit A/G v. Rio Tinto Co* [1918] AC 260, 293-294, 297-300, 302; *Re Emery's Investment Trusts* [1959] Ch 410; *De Wutz v. Hendricks* (1824) 2 Bing 314; *Foster v. Driscoll* [1929] 1 KB 470.

903 *Re Helbert Wagg & Co Ltd* [1956] Ch 323, 352.

904 *O'Brien,* Smith's Conflict of Laws, S. 281.

905 *Fentiman,* International Commercial Litigation, 3.73; 5.27.

906 *Re Macartney* [1921] 1 Ch 522.

Recht nicht aktzeptabel.[907] Die beschriebene Entscheidung stellt folglich eine zu extensive und heute überkommene Handhabung der Vorbehaltsklausel dar.[908]

a) Fallgruppen der public policy

Wie auch im deutschen Recht ist, obwohl die Differenzierung von verfahrensrechtlichem und materiellrechtlicher *public policy* nicht so klar erfolgt, dennoch zwischen der Anwendung der Klausel im materiellen Recht, und der Anwendung bei der Anerkennung und Vollstreckung ausländischer Urteile zu unterscheiden. So steht im Rahmen des *Contract Law* als Teil des materiellen Rechts, welches nicht den Focus der Arbeit bildet, die Anwendung der *public policy* meistens im Zusammenhang mit dem Prinzip der *„Illegality"*. Dies beinhaltet, dass titulierte Ansprüche, die aus ausländischen Verträgen resultieren, welche gegen das anzuwendende Recht verstoßen, in England nicht vollstreckt werden können.[909]

Grundsätzlich verweigern englische Gerichte die Anerkennung und Vollstreckung ausländischer Entscheidungen aufgrund sechs verschiedener Fallgruppen, welche einen Verstoß gegen die *public policy* begründen können:

(1) Diskriminierung aufgrund von Rasse oder gesellschaftlichem Status

Die Entscheidung wird wegen Verstoßes gegen die *public policy* nicht anerkannt, wenn das Recht oder das Gesetz, auf welchem sie beruht, anstössig ist. So erkennt das englische Recht keinerlei Entscheidungen an, welche auf ausländischem Recht beruhen, welches aufgrund von Rasse oder gesellschaftlichem Status diskriminierend wirkt.[910] Im Falle *Oppenheimer v. Cattermole*[911] ging es um die Klage eines jüdischen Emigranten im Hinblick auf seine Verpflichtung in England Einkommenssteuer zu zahlen. Angelpunkt des Falles war die Fragestellung, ob *Oppenheimer*, welcher aus Deutschland zu Zeiten des Dritten Reichs geflohen war und 1941 seine deutsche Staatsangehörigkeit aufgrund seiner „Rasse" nach nationalsozialistischer Gesetzgebung aberkannt worden war, dennoch weiterhin im Besitz seiner deutschen Staatsangehörigkeit war. Das Gericht lehnte die Anerkennung des diskriminierenden Aktes des Entzugs der Staatsangehörigkeit unter Berufung auf die *public policy* ab. Die Entscheidung ist insofern von herausragender Bedeutung für die Anwendung der *public policy*, als dass in *Oppen-*

---

907 *Collier,* Conflict of Laws, S. 122.

908 *Collier,* Conflict of Laws, S. 122.

909 *Kahler v. Midland Bank Ltd* [1950] AC 24 HL; *Collier,* Conflict of Laws, S. 212 f.; zur Problematik der Vereinbarkeit dieser Regelung mit der Rom I-VO, vgl. *Fentiman,* International Commercial Litigation, 3.120 ff.

910 *Oppenheimer v. Cattermole* [1976] AC 249, 265, 276-278, 282-283.

911 *Oppenheimer v. Cattermole* [1976] AC 249.

heimer v. Cattermole erstmals Ausnahmen von der *act-of-state-doctrine* für den Falle eines Verstoßes gegen die *public policy* zugelassen wurden. Unter dieser Doktrin versteht man eine kollisionsrechtliche Theorie im nationalen Recht, welche aus Erwägungen von *comity*[912] und *juristic appeasement* die Anwendung des ausländischen Rechts um jeden Fall erzwingen möchte.[913] Die *act-of-state-doctrine* ist folglich Ausdruck gegenseitiger Achtung und gerichtlicher Selbstbeschränkung.[914] Sie bezieht sich auf die Entscheidung in der Sache und entbindet das Gericht von der Aufgabe die Wirksamkeit eines ausländischen Hoheitsaktes nach dem Recht des Forumstaates zu beurteilen.[915] Wäre die Doktrin in *Oppenheimer v. Cattermole* konsequent angewendet worden, hätten die englischen Gerichte die diskriminierende Aberkennung der Staatsangehörigkeit anerkennen müssen.

(2) Beeinträchtigung nationaler Interessen

Ebenfalls werden Entscheidungen als *public policy*-widrig nicht anerkannt, welche na-tionale Interessen beeinträchtigen. Darunter sind Fälle zu verstehen, in denen Verträge vor englischen Gerichten verhandelt werden, welche den Handel mit einem „Staatsfeind“ beinhalten.[916]

(3) Widerspruch gegen die international comity

Auch verstößt die Anerkennung von Entscheidungen, welche im Widerspruch mit der *international comity*[917] stehen, gegen die englische *public policy.*[918] Gemeint sind damit Entscheidungen, die gegen *„good neighbourliness, common courtesy and mutual respect between those who labour in adjoinung judicial vineyards[.]“*[919] verstoßen.

---

912 Vgl. *Collins,* Comity in Modern Private International Law, in: Fawcett, Reform and Development, 89 ff.

913 *Dutta,* RabelsZ 69 (2005), 110.

914 *Ebke,* IPRax 1991, 149 f.

915 *Ebke,* IPRax 1991, 150.

916 *Dynamit AG v. Rio Tinto Co* [1918] AC 260.

917 Dazu: *Collins,* Comity in Modern Private International Law, in: Fawcett, Reform and Development, 89 ff.

918 *Soleymany v. Soleymany* [1999] QB 785 (CA).

919 *British Airways Board v. Laker Airways Ltd* [1984] QB 142 at 185-186 (per Sir John Donaldson MR).

(4) Verstoß gegen Völkerrecht

Wie auch im deutschen Recht, verstößt die Anerkennung von Entscheidungen, welche Völkerrecht verletzen, gegen die *public policy.*[920] Denn das Völkerrecht ist als solches Teil der *public policy,* als dass die *public policy* inhaltlich auch durch Regelungen des Völkerrechts ausgefüllt wird.[921] Der Fall *Kuwait Airways Corporation v. Iraqi Airways* (2002)[922] betraf in diesem Zusammenhang die Überschneidung von Regelungsbereichen des Völkerrechts mit denen des staatlichen Rechts. In der genannten Entscheidung des *House of Lords* wurde die Bedeutung der *public policy* als Einfallstor für das Völkerrecht in das nationale Recht geprägt.[923]

Ohne die in *Oppenheimer v. Cattermole* eingeführte Ausnahmemöglichkeit von der *act-of-state-Doktrin* wäre der Rückgriff auf die *public policy* in diesem Fall gar nicht erst möglich gewesen: Nach der Besetzung des Flughafens in Kuwait wurde die beklagte *Iraqi Airways Company* von der irakischen Regierung angewiesen, zehn zivile Verkehrsflugzeuge der klagenden *Kuwait Airways Corporation* auf das irakische Staatsgebiet zu überführen. Anschließend wurde aufgrund eines Erlasses einer irakischen Resolution die *Kuwait Airways Corporation* zunächst aufgelöst und ihr Vermögen auf die *Iraqi Airways* übertragen. Die *Kuwait Airways Corporation* machte schließlich in England, wo beide Unternehmen einen Standort hatten, Ansprüche auf Schadensersatz und Herausgabe der Flugzeuge geltend. Grundsätzlich hätte nach der im Internationalen Privatrecht auf unbewegliche Sachen anwendbaren *lex rei situs*-Regelung von den englischen Gerichten irakisches Recht angewendet werden müssen. Dies hätte dazu geführt, dass trotz der Unvereinbarkeit mit fundamentalen Grundsätzen des Völkerrechts die *Kuwait Airlines Corporation* keinerlei Handhabe gegen den gegen völkerrechtswidrigen Eigentumsverlust gehabt hätte.[924] Das *House of Lords* gab jedoch der Klage der *Kuwait Airways Corporation* statt. Die Anerkennung der Resolution[925] und der aufgrund dieser erfolgte Eigentumswechsel wurde aufgrund eines Verstoßes gegen die englische *public policy* abgelehnt. Zugleich wurde der gel-

---

920 *Oppenheimer v. Cattermole* [1976] AC 249; *Williams and Humbert v W&H Trademarks* [1986] AC 368; *Lemenda Trading v. African Petroleum Ltd* [1988] QB 488; *Kuwait Airways Corporation v Araqi Airways* [2002] 2 WLR 1353; *Al Jedda v. Secretary of State for Defence* [2009] EWHC 397 (QB), at [68]-[73].

921 *Fentiman,* International Commercial Litigation, 18.31.

922 *Kuwait Airways Corporation v Araqi Airways Co & Anor* [2002] UKHL 19.

923 *Dutta,* RabelsZ 69 (2005), 101.

924 *Thio,* (2002-2003) 18 Conn.J. Int'l L., 587.

925 Die Resolution 369 trat am 17. September 1990 in Kraft und gab die Auflösung der *Kuwait Airlines Compay* sowie die Übertragung ihres vorhandenen Gewinns auf die *Iraqi Airlines Company* vor.

tend gemachte deliktische Anspruch der *Kuwait Airways Corporation* zugestanden, obwohl diese aufgrund der irakischen Resolution aufgelöst worden war.[926] Die Entscheidung zeigt somit auf, dass – wie auch im kontinentaleuropäischen Rechtsraum – die inhaltliche Ausfüllung der Vorbehaltsklausel stark durch internationales Völkerrecht beeinflusst wird und ihrer Funktion als Schutzmechanismus eine große Bedeutung zuzumessen ist.[927]

(5) Contempt of court

Weiterhin werden ausländische Entscheidungen als nicht mit der *public policy* vereinbar angesehen, wenn sie zu einem Zeitpunkt ergangen sind, in welchem sich der Kläger in *contempt of court* befunden hat.[928]

(6) Vollstreckung eines gegen die public policy verstoßenden Anspruchs

Als letzte Fallgruppe sind diejenigen ausländischen Entscheidungen zu benennen, die die Vollstreckung eines vertraglichen Anspruchs zum Gegenstand haben, der aus einem Vertrag resultiert, welcher an sich schon gegen die englische *public policy* verstößt.[929]

b) Exemplary, punitive or manifestly excessive damages[930]

Die Frage, ob die Anerkennung und Vollstreckung einer ausländischen Entscheidung, welche die Verurteilung zur Zahlung von *exemplary, punitive* oder aber *manifestly excessive damages* enthält, unter *Common Law* möglich ist oder aber gegen die *public policy* verstößt, ist bisher nicht abschließend zu beantworten.[931] In der Entscheidung *SA Consortium General Textiles v. Sun and Sand Agen-*

926 Zu einer ausführlichen Besprechung der Entscheidung vgl. *Dutta,* RabelsZ 69 (2005), 100 ff.; *Rensmann,* IPRax 1998, 44 ff.

927 Zur Problematik der Rolle des Völkerrechts als Quelle der inhaltlichen Ausfüllung der *public policy* vgl. *Fentiman,* International Commercial Litigation, 5.26.

928 *Philip Alexander Securities & Futures Ltd v Bamberger* [1997] ILPr 73, 103; bestätigt 104, 115. Zu einer Begriffbestimmung vgl. S. 99.

929 Zu den genannten Fallgruppen vgl. *Fentiman,* International Commercial Litigation, 18.31.

930 Hinter den englischen *exemplary damages* verbirgt sich letztlich dasselbe Rechtsinstitut wie hinter den US-amerikanischen *punitive damages,* vgl. *Mörsdorff-Schulte,* ZVglRWiss 104 (2005), 212 m.w.N. Unter *punitive damages* versteht man Strafschadensersatz, welcher Straf – und Abschreckungszwecken dient, vgl. *Hay,* FS Stoll, 522. *Manifestly excessive damages* bezeichnen Schadensersatzansprüche, welche in ihrer Höhe offenkundig den realen Schaden übersteigen.

931 Vgl. die unterschiedlichen Entscheidungen in *Textiles v. Sun & Sand Agencies Ltd* [1978] QB 279, at p. 299 (UK); *Schnabel v. Lui* [2002] NSWSC 15 (Aus); *Kidron v. Green* (2000) 48 OR (3d) 775 (Ont) (Can); *Beals v. Saldanha* [2003] 3 SCR. 416, (2003) 234 DLR (4th) 1 (Can).

cies Ltd[932] erklärte der *Court of Appeal*, dass die Vollstreckung einer Klage auf *exemplary damages* nicht gegen die *public policy* verstoße: *„nothing contrary to English public policy in enforcing a claim for exemplary damages which is still considered to be in accord with the public policy in the United States and many of the great countries of the Commonwealth."* Aufgrund der Korporierung der EMRK in das nationale englische Recht[933] ist die Vollstreckung einer Entscheidung, welche weit über die Restitution nach englischem Recht hinausgeht (*manifestly excessive sum*), nicht mit der *public policy* vereinbar, als dass sie gegen die EMRK als solche verstoßen würde.[934]

4. An unruly horse?

Wie auch im deutschen Recht ist die *public policy* im englischen *Common Law* nicht auf eine einzelne Kategorie von nicht anzuerkennendem Recht zu beschränken.[935] Dies gilt trotz des Versuches der dargestellten Systematisierung in Fallgruppen. Das Rechtsinstut ist aufgrund seiner weiten Fassung – wie auch der ordre public im deutschen Recht – Wandelungen unterworfen. Aufgrund dieser Tatsache ist die Definition der Vorbehaltsklausel auch im englischen Recht äußerst schwierig. Weitere Konkretisierungen der *public policy*, wie sie seit jeher in den Fallgruppen des *Common Law* entwickelt wurde, sind in der Vergangenheit in der englischen Literatur kritisiert worden, da sie Rechtsunsicherheit schaffen.[936] Im Wesentlichen lässt sich die Kritik bezüglich der Anwendung der Vorbehaltsklausel in zwei zwar von einander getrennte, indes doch verwandte Befürchtungen unterteilen: Zum einen beinhaltet die Anwendung der Vorbehaltsklausel von Seiten eines Gerichts einen hohen Ermessensspielraum, was in einem großen Entscheidungsspielraum der Richter resultiert. Zum anderen ist im Fall einer Anwendung der *public policy* der Inhalt der Vorbehaltsklausel sowie die Konsequenz der Anwendung derselben nicht immer einfach zu identifizieren, so dass dem Rechtsinstitut der *public policy* der Vorwurf der Unberechenbarkeit anhaftet.[937] Zwar erkennen die Gerichte in der Praxis an, dass bei der Anwendung der *public policy* Rücksichtnahme und Zurückhaltung geboten ist; Richtlinien, wie die Begrenzung der Anwendung der Klausel zu erfolgen hat, gibt es allerdings nicht. Dies führt zwar nicht zu dem Ergebnis, dass die Entscheidungen der Gerichte grundsätzlich unvorhersehbar sind, aber dazu, dass die Anwendung der

---

932 *SA Consortium General Txtiles v. Sun and Sand Agencies Ltd* [1978] QB 279 at 300.
933 S. 156.
934 *Dicey/Morris/Collins,* The Conflict of Laws, Bd. 1, Rule 44, 14-146, S. 630 f.
935 *Morris,* The Conflict of Laws, Rn. 3-003.
936 *Mills,* (2008) 4 J.Priv.L., 202.
937 *Mills,* (2008) 4 J.Priv.L., 202.

public policy in einzelnen Fällen des englischen *Common Law* nur äußerst schwer zu kritisieren und damit auch zu beanstanden ist.[938] Zusammengefasst werden kann die Problematik mit dem altbekannten Zitat: *Public policy „is a very unruly horse and when once you get astride it you never know where it will carry you.“*[939] Dieses wurde von *Lord Denning* wie folgt kommentiert: *„With a good man in the saddle, the unruly horse can be kept in control. It can jump over obstacles. It can leap the fences put up by fictions and come down on the side of justice(.)“*[940]

Im Rahmen der geforderten notwendigen Begrenzung des Anwendungsbereichs der *public policy* spielen wie auch in Deutschland verfassungsrechtliche Erwägungen eine große Rolle. Denn auch wenn die *public policy* Gerechtigkeit zwischen den Parteien gewährleisten soll, kann sie aufgrund des Auslegungsspielraums, der den Richtern bei ihrer Anwendung zugestanden wird, gleichsam Raum schaffen für die Anwendung einer *public policy*, welche lediglich Produkt der *„idiosyncratic inferences of a few judicial minds“*[941] ist. Eine solche Handhabung wäre mit der *rule of law*[942] nicht zu vereinbaren. Dazu kommt, dass es der Systematik des *Common Law* widersprechen würde, wenn durch eine exzessive Anwendungspolitik der *public policy* die *binding authority* früherer Entscheidungen, in welchen die Regel entwickelt worden war, untergraben würde.[943]

III. Fraud und natural justice

Zusätzlich zur *public policy* kennt das englische Recht zwei weitere Versagungsgründe für die Anerkennung und Vollstreckung ausländischer Urteile. Diese stellen in England eigenständige Anerkennungsversagungsgründe dar, welche aber nach deutscher Sicht unter den verfahrensrechtlichen ordre public zu subsumieren wären. Unter diesen Anerkennungsversagungsgründen versteht man *fraud* und *natural justice*,[944] welche im Folgenden erläutert werden sollen.

---

938 *Mills,* (2008) 4 J.Priv.L., 203.

939 *Richardson v. Mellish* [1824] 2 Bing 229 at 252.

940 *Enderby Town Football Club Ltd v. The Football Association Ltd* [1971] 1 All ER 215 at 219.

941 *Fender v St John-Mildmay* (1938) AC 1 at 12 zum Thema der nationalen *public policy.*

942 Für eine Definition vgl. Black's Law Dictionary, S. 1448.

943 Vgl. *Mills,* (2008) 4 J.Priv.L., 206 welcher darauf hinweist, dass *„Public policy itself is frequently viewed as not subject to the doctrine of precedent, because of its need to dynamically reflect changes in social values.“*

944 *Newton,* The Uniform Interpretation of the Brussels and Lugano Conventions, S. 383.

1. Begriffsbestimmung

a) Fraud

Der Begriff des *fraud* bezeichnet im *Common Law* jede Art des bösen Glaubens und der gesetzeswidrigen Handlung, die geeignet ist, das Gericht irre zu führen und zu täuschen.[945] Die Auslegung des Begriffs ist damit sehr weit.[946] Er entspricht unter anderem dem deutschen Prozessbetrug.[947] *Fraud* kann dabei sowohl auf Seiten des Gerichts begangen werden, z.B. wenn der Richter bewusst eine falsche Entscheidung trifft, weil er persönliches Interesse an einem bestimmten Ausgang des Verfahrens hat.[948] Auch kann *fraud* auf Seiten der Prozessparteien vorkommen, so z.B. wenn die obsiegende Partei Beweise unterdrückt hat, die ein anderes Ergebnis der Entscheidung bewirkt hätten oder aber gar das Gericht bestochen wird.[949] In *Jet Holdings Ltd v. Patel*[950] wurde ferner klargestellt, dass die Entscheidung des ausländischen Gerichts hinsichtlich der Annahme eines Prozessbetrugs, also ob *fraud* vorliegt oder nicht, für das englische Vollstreckungsgericht nicht bindend ist. Dieses hat folglich die Möglichkeit, eine abweichende Entscheidung zu treffen.

Im autonomen englischen Recht ist der *fraud* ein getrennter Versagungsgrund, weshalb im *Schlosser*-Bericht eine klarstellende Bemerkung hinzugefügt wurde, wonach er im Anwendungsbereich des EuGVÜ/der EuGVVO unter den ordre public-Vorbehalt zu subsumieren sei.[951] Damit ist der *fraud* entweder unter Art. 27 EuGVÜ oder unter Art. 34 Nr. 1 EuGVVO zu subsumieren.

Nach diesem speziellen Versagungsgrund des *Common Law* konnte der Inhalt einer Entscheidung auch dann erneut überprüft werden, wenn keine neuen Beweise für das Vorliegen des Betruges nach Abschluss des Verfahrens bekannt geworden waren.[952] Aufgrund der Tatsache, dass in den meisten Mitgliedsstaaten Prozessbetrug nur geltend gemacht werden kann, sofern dieser auf neuem Beweismaterial begründet ist, welches zum Zeitpunkt der ausländischen Verhandlung

945 *Jet Holdings v. Patel* [1990] I QB 335 (C.A.): „*Every variety of mala fides and mala praxis where one of the parties misleads and deceives the judicial tribunal.*“

946 *Dicey/Morris/Collins,* The Conflict of Laws, Bd. 1, Rn. 14-209, S. 662.

947 *Georganti,* S. 69.

948 *Georganti,* S. 69.

949 *Morris,* The Conflict of Laws, Rn. 7-026.

950 *Jet Holdings v. Patel* [1990] I QB 335 (C.A.).

951 ABl. EG 1979 C Nr. 59, 128, Rn. 192; *Dicey/Morris/Collins,* The Conflict of Laws, Bd. 1, Rn. 14-209, S. 662; *Cheshire/North/Fawcett,* Private International Law, S. 612; *Collier,* Conflict of Laws, S. 168; *O'Brien,* Smith's Conflict of Laws, S. 297; *Georganti,* S. 69.

952 *Owens Bank v. Etoile* [1995] 1 WLR 44, PC; *Newton,* The Uniform Interpretation of the Brussels and Lugano Conventions, S. 417; *Kaye,* Civil Jurisdiction and Enforcement of Foreign Judgments, S. 1445.

noch nicht vorgelegen hatte, gab es in England keinen Gleichlauf zwischen ausländischen und nationalen Entscheidungen. Dieser Missstand wurde aus Gründen des „hohen Standards des Rechts“ innerhalb des Vereinigten Königreichs zunächst hingenommen.[953] Für eine solche nachträgliche Überprüfung war es auch nicht erforderlich, dass der Betrug im Erstprozess tatsächlich vorgebracht wurde[954] oder zumindest die Möglichkeit der Geltendmachung für die sich auf den *fraud* berufene Partei bestanden hätte[955]. Damit wurden unter Anwendung des *fraud* ausländische Entscheidungen großzügiger behandelt als in rein nationalen Fällen. In denen war die Berufung auf *fraud* nur dann zulässig und damit eine Überprüfung gestattet, sofern neues Beweismaterial nach Abschluss des Erstprozesses erlangt wurde, welches entscheidend für den Beweis des *fraud* war.[956] Dem *fraud* kam damit innerhalb des englischen *Common Law* ein besonderer Stellenwert zu.[957]

Im Rahmen der Harmonisierung im Verfahrensrecht musste die Behandlung des *fraud* indes verändert werden, da nach der EuGVVO nicht nur die zurückhaltende Anwendung der ordre public-Klausel geboten ist, sondern die erneute Bewertung des Inhalts einer Entscheidung, aufgrund welcher *fraud* festgestellt wird, gegen das Verbot der *révision au fond* verstößt.[958] In der Entscheidung *Interdesco v. Nullfire*[959] hatten der Kläger einen Rechtsbehelf gegen die Registrierung zur Vollstreckung eines französischen Urteils eingelegt, weil dieses nach Ansicht der Kläger aufgrund gefälschter Beweismittel zu Unrecht zu Gunsten des Antragsstellers erlassen worden war. Das Gericht kam zu dem Ergebnis, dass im Einklang mit Art. 29 und 34 EuGVÜ (Art. 36 und 45 Abs. 2 EuGVVO) die im *Common Law* vorherrschende Anwendungsregel des *fraud* revidiert werden müsse. So dürfe ein englisches Gericht zum einen nicht gegen das Verbot der *révision au fond* verstoßen, indem es den Inhalt der ausländischen Entscheidung erneut nachprüfe. Darüber hinaus müsse das englische Gericht prüfen, ob ein tauglicher Rechtbehelf gegen *fraud* im Ursprungsmitgliedsstaat vorhanden ist, was bei positivem Ausgang dieser Prüfung dazu führt, dass der Beklagte auf diesen Rechtsbehelf hingewiesen werden muss und beschränkt ist. Die aufgezeigte Revidierung in der Behandlung des *fraud* führt folglich dazu, dass es wahrscheinlich

953 *Hartley,* International Commercial Litigation, S. 363.

954 *Abouloff v. Oppenheimer* (1882) 10 QBD 295 (CA); *Newton,* The Uniform Interpretation oft he Brussels and Lugano Conventions, S. 417; *Kaye,* Civil Jurisdiction and Enforcement of Foreign Judgments, S. 1445.

955 *Vadala v. Lawes* (1890) 25 QBD 310; *Jet Holdings v. Patel* [1990] I QB 335 (CA); *Owens Bank Ltd. v. Bracco* [1992] 2 AC 433; *Kaye,* Civil Jurisdiction and Enforcement of Foreign Judgments, S. 1445; *Morris,* The Conflict of Laws, Rn. 7-026-028.

956 *Dicey/Morris/Collins,* The Conflict of Laws, Bd. I, Rn. 14-128, S. 622.

957 *„an unjustified and chauvinistic rule... disfigur[ing] the law“* vgl. *Collier, (*1992) 51 C.L.J., 442.

958 *Stone,* EU Private International Law, S. 216.

959 *Interdesco v. Nullfire* [1992] 1 Lloyd’s Rep 180.

nicht mehr zu einer Anerkennungsversagung einer ausländischen Entscheidung aufgrund der Annahme eines *fraud* kommen wird, da der Prozessbetrug nach aller Wahrscheinlichkeit in allen Mitgliedsstaaten auch mit Hilfe eines anderen Rechtsbehelfs geltend zu machen ist.[960]

Die Beweislast für die Geltendmachung des *fraud* liegt beim Schuldner.[961] Die Berufung auf *fraud* ist für den Beklagten eine einfache Möglichkeit sich den Prinzipien von *issue estoppel* und Rechtsbehelfserschöpfung (*exhaustion of remedies*) zu entziehen. Deshalb wird der Einwand auch häufig geltend gemacht, um die Dauer des Verfahrens in die Länge zu ziehen und somit die Vollstreckung des Titels zu verhindern. Dieser Problematik begegnen die Gerichte mit einer hohen Bereitschaft, das Nichtvorliegen des Einwands zu erklären.[962]

b) Natural justice

Die Vollstreckung einer ausländischen Entscheidung kann auch aus Gründen der Verletzung von *natural justice* versagt werden, sofern grobe Unregelmäßigkeiten im Erstverfahren offenbar werden, welche gegen das englische Verständnis von Gerechtigkeit verstoßen.[963] Der genaue Inhalt dieses Anerkennungsversagungsgrundes ist innerhalb des englischen *Common Law* jedoch schwer zu definieren, da diejenigen Fälle, in denen der Verstoß gegen die *natural justice* schwerwiegend genug ist, um die Anerkennung und Vollstreckung einer Entscheidung aufgrund des genannten Einwandes zu verhindern, schwierig zu bestimmen sind.[964] Klar ist jedoch, dass Fehler bei der Anwendung des englischen oder ausländischen Rechts, bei der Würdigung des Beweismaterials oder Unterschiede im Beweisrecht nicht in den Anwendungsbereich einbezogen werden.[965] Der Einwand der *natural justice* ist damit im Vergleich zur *public policy* noch unbestimmter und wurde in der Vergangenheit noch seltener erfolgreich geltend gemacht als der der *public policy.*[966] So verstößt das Gerichtsverfahren nicht schon dann gegen die *natural justice*, wenn das Urteil grundlegend falsch ist,[967] das Gericht ein

960 *Hartley,* International Commercial Litigation, S. 338.

961 *Hartley,* International Commercial Litigation, S. 359.

962 *Owens Bank Ltd v Etoile* Ltd [1995] 1 WLR 44; *Desert Sun Loan Corp v Hill* [1996] 2 All ER 847 (CA).

963 *Adams v. Cape Industries plc* [1990] Ch 433; *Dicey/Morris/Collins,* The Conflict of Laws, Bd. I, Rule 45, S. 527 und Rn. 14-152, S. 633 f.; *Cheshire/North/Fawcett,* Private International Law, S. 564; *O'Brien,* Smith's Conflict of Laws, S. 275.

964 *Cheshire/North/Fawcett,* Private International Law, S. 563; *Morris,* The Conflict of Laws, Rn. 7-031.

965 *Cheshire/North/Fawcett,* Private International Law, S. 563.

966 *Morris,* The Conflict of Laws, Rn. 7-031.

967 *Godard v. Gray (1870)* LR 6 QB 139; *Castrique v. Imrie* (1870) LR 4 HL 414; *Robinson v. Fenner* [1913] 3 KB 835 at 842.

Beweismittel zugelassen hat, welches in England unzulässig ist,[968] das Gericht ein Beweismittel nicht zugelassen hat, obwohl es in England zulässig ist,[969] da die Zulassung von Beweismitteln dem Verfahrensrechts unterliegt und als solche nach der *lex fori* zu beurteilen ist.[970]

Im Anwendungsbereich der EuGVVO wird der Versagungsgrund der *natural justice* entweder unter Art. 34 Nr.1 oder aber unter Art. 34 Nr. 2 EuGVVO subsumiert, weshalb die *natural justice* nach deutscher Systematik zum verfahrensrechtlichen ordre public zählt.[971]

Die Geltendmachung des Einwandes der *natural justice* setzt grundsätzlich voraus, dass die Prinzipien von *due notice* und/oder *proper opportunity to be heard* verletzt wurden.[972] *Due notice* bezeichnet dabei die Unterrichtung des Beklagten über das gegen ihn anhängige Verfahren, während unter *proper oppertunity to be heard* die Gewährleistung des rechtlichen Gehörs des Beklagten im Verlauf des Verfahrens verstanden wird.[973] Das Erfordernis der *due notice* bezieht sich dabei auf die Zustellung und Unterrichtung über das stattfindende Verfahren,[974] nicht aber darauf, dass der Beklagte über seine Verteidigungsmöglichkeiten aufgeklärt wird.[975] Für den Fall, dass der Beklagte über das ausländische Verfahren aufgeklärt wurde, kann eine Verletzung des Erfordernisses der *due notice* nicht geltend gemacht werden. Die Gewährleistung der *opportunity to be heard* soll dagegen sicherstellen, dass für den Beklagten die Möglichkeit der Verteidigung besteht. Als Verstöße gegen diese Maxime gelten – wie in Deutschland auch – die Verweigerung der Anhörung oder gar der Ausschluss der Partei von der Verhandlung.[976]

In der Entscheidung *Adams v. Cape Industries plc*[977] prägte der englische *Court of Appeal* den Begriff der *substantial justice*. Danach sei ein Verstoß gegen die *natural justice* auch in den Fällen zu bejahen, in denen keine klaren Fälle des Verstoßes gegen die Prinzipien von *due notice* und *proper opportunity to be heard* gegeben seien. Die *natural justice* müsse vielmehr weiter ausgelegt werden, so dass das Gericht prüfte, ob ein Verfahrensfehler vorliege, welcher im Widerspruch mit dem englischen Verständnis von *substantial justice* stehe. Dies wurde

968 *De Cosse Brissac v. Rathbone* (1861) 6 H.&N. 301 (the sixth plea).

969 *Scarpetta v. Lowenfeld* (1911) 27 TLR 509; *Robinson v. Fenner* [1913] 3 KB 835 at 842.

970 *Morris,* The Conflict of Laws, Rn. 7-031.

971 *Hartley,* International Commercial Litigation, S. 339.

972 *Cheshire/North/Fawcett,* Private International Law, S. 566.

973 *Georganti,* S. 72.

974 Vgl. *Cortes v. Yorkton Securities Inc* (2007) 278 DLR (4th) 740; *Boele v. Noersemeter Holding AS* [2002] NSWCA 363: in dieser Entscheidung wurde festgelegt, dass die Zustellung an den früheren ausländischen Anwalt nicht ausreichend war, um das Erfordernis der due notice zu erfüllen, *„notice to former foreign lawyer not enough"*.

975 *Beals v. Saldanha* 2003 SCC 72 at [68], Supreme Court of Canada.

976 *Cheshire/North/Fawcett,* Private International Law, S. 565.

977 *Adams v. Cape Industries plc* [1990] Ch 433 at 557 et seq.

in der genannten Entscheidung bejaht.[978] Die beschriebene weite Auslegung des Einwandes der *natural justice* wurde in der Literatur[979] mit der Begründung kritisiert, dass eine derartige Auslegung des Einwands den Gleichlauf zwischen der Anerkennung ausländischer Entscheidungen in handelsrechtlichen Streitigkeiten und der Anerkennung ausländischer Streitigkeiten in Ehesachen verhindern würde. Denn in diesem Bereich erfasst *natural justice* nur die ursprünglichen Prinzipien von *due notice* und *opportunity to be heard.* Fälle der prozessualen Ungerechtigkeit außerhalb von Verstößen gegen *due notice* und *opportunity to be heard* seien insofern im Rahmen der *public policy* geltend zu machen, um eine einheitliche Systematik zu gewährleisten.[980]

2. Das Verhältnis zur public policy im autonomen englischen Recht

Aufgrund der Tatsache, dass auch im englischen Recht die verfahrensrechtliche Komponente des ordre public von größerer praktischer Relevanz ist, kommt dem *fraud* die praktisch größte Bedeutung innerhalb der Anerkennungshindernisse im autonomen englischen Recht zu. Denn wie oben dargestellt, ist der *fraud* klarer zu umgrenzen als der sehr weite Einwand der *natural justice.* Doch sowohl *fraud* als auch *natural justice* können als „*crystallisation*"[981], also als Erscheinungsformen der *public policy* klassifiziert werden. Diese Systematisierung steht auch im Einklang mit oben erläuterten Behandlung der Anerkennungsversagungsgründe nach der EuGVVO.

B. Englisches Recht, Unionsrecht und die EMRK

Nachdem bislang Ausführungen zur *public policy* im *Common Law* gemacht wurden, um ein besseres Verständnis auf die englische Sichtweise der Thematik zu ermöglichen, soll im Folgenden auf den europäischen verfahrensrechtlichen ordre public, ebenfalls aus englischer Sicht, eingegangen werden.

1. Die unionsrechtliche Methodik der Auslegung

Nicht nur der Vorrang des Unionsrechts, sondern auch die Auslegungsregeln des EuGH weichen für englische Juristen stärker von ihrem ureigenen Rechtsver-

978 *Adams v. Cape Industries plc* [1990] Ch 433 at 564.
979 *Cheshire/North/Fawcett,* Private International Law, S. 566.
980 *Cheshire/North/Fawcett,* Private International Law, S. 566 mit Verweis auf S. 556-558.
981 *Clarkson/Hill,* The Conflict of Laws, 486.

ständnis ab, als dies in Deutschland der Fall ist.[982] Denn die kontinenaleuropäische Auslegungsmethodik ist im Grundsatz stark teleologisch geprägt, wohingegen die Auslegung in England traditionell streng am Wortlaut erfolgte.[983] Auch diese Herangehensweise lässt sich aus der englischen Perspektive mit einem Blick in die englische Vergangenheit beantworten, als Gesetze, welche vom ungeschriebenen englischen *Common Law* abwichen und die traditionsreiche Systematik damit nach englischer Rezeption störten, nur dort angewendet sollten, wo sie ohne Zweifel vom Wortlaut her genau auf die Fallkonstellation angewendet werden konnten.[984] Unter anderem aus diesem Grunde sind die englischen Gesetze im Vergleich zu den deutschen auch äußerst präzise, alle Anwendungsfälle werden explizit erwähnt, was dazu führt, dass die Texte häufig lang und – aus kontinentaleuropäischer Perspektive – teilweise schwer verständlich gefasst sind.[985]

Die Auslegung des EuGH ist durch die Zusammenhänge von Unionsrecht und Europäischem Zivilverfahrensrecht geprägt.[986] So erfolgte bereits die Auslegung des Brüsseler EWG-Übereinkommens nach den allgemeinen Grundsätzen des Europäischen Gemeinschaftsrechts.[987] Der Erlass der EuGVVO stärkte die Tendenz des EuGH zur gemeinschaftsautonomen Auslegung ausdrücklich, welche die einheitliche Anwendung des Europäischen Prozessrechts innerhalb der Gemeinschaft ermöglicht und so dem *effet utile* gerecht wird.[988] Der Gerichtshof befolgt den traditionellen Auslegungskanon des *Civil Law,* bestehend aus grammatikalischer, historischer, systematischer und teleologischer Auslegung, wobei der teleologischen Interpretation ein erhöhtes Gewicht zukommt.[989]

Folglich unterschieden sich die Auslegungsmethoden englischer Gerichte von denen des EuGH ursprünglich erheblich. Insbesondere im Zusammenhang mit dem wachsenden Einfluss des Unionsrechts, wie die Umsetzung von Richtlinien in das britische Recht oder aber auch die Transponierung internationaler Ab-

---

982 *Bridge,* JCMS 1981, 369; allgemein zu diesem Thema *Collins,* European Community Law in the United Kingdom; zum Auslegungskanon vgl. *Stotz,* in: Riesenhuber, Europäische Methodenlehre, S. 573.

983 Sog. *„literal approach“*. Vgl. dazu *Micklitz,* The politics, S. 35; *Zweigert/Kötz,* Einführung in die Rechtsvergleichung, S. 260; *Bridge,* JCMS 1981, 363; *Malleson/Moules,* The Legal System, S. 60 ff.

984 *Bridge,* JCMS 1981, 363 f. mit Beispielen dafür, welche unangemessenen Ergebnisse durch diesen Ansatz erzielt werden können; *Levitsky,* (1994) 42 Am. J. Comp. L., 350; *Zweigert/Kötz,* Einführung in die Rechtsvergleichung, S. 260.

985 *Levitsky,* (1994) 42 Am.J.Comp.L., 350.

986 *Hess,* EuZPR, § 3 Rn. 7.

987 EuGH, Urteil vom 6.10.1976, Rs. 12/76, *Tessili v. Dunlop*, Slg. 1976 I-1473, Rn. 9; EuGH, Urteil vom 14.7.1977, verb. Rs. 9 u. 10/77, *Eurocontrol*, Slg. 1977 I-1517, Rn. 4 ff.

988 *Hess,* EuZPR, § 3 Rn. 7; *v. Hoffmann/Thorn,* § 3 Rn. 192.

989 *Hess,* EuZPR, § 3 Rn. 8; § 4 Rn. 42 ff.; *v. Hoffmann/Thorn,* § 3 Rn. 191; *v. Danwitz,* ZEuP 2010, 476; *Stotz,* in: Riesenhuber, Europäische Methodenlehre, S. 573.

kommen, welche die Rechtsvereinheitlichung innerhalb der Gemeinschaft zum Gegenstand hatten, nahm allerdings der *„purposive approach"*, also die Auslegung nach Zweck, auch im englischen Rechtskreis zu.[990] Heutzutage ist sie im englischen Rechtskreis keinesfalls mehr als Neuheit zu bezeichnen.[991] Die Unterschiede sind insofern nicht so eklatant, wie es sich auf den ersten Blick darstellen mag. Um mögliche Konflikte im Zusammenhang mit der Auslegung des damaligen Gemeinschaftsrechts dennoch zu vermeiden, wurde mit *Section 3 [1] des European Community Act 1972* festgelegt, dass die englischen Gerichte den Interpretationsregeln des EuGH folgen müssen.[992]

Ob die Tatsache, dass die Auslegung im englischen *Common Law* grundsätzlich nach anderen Prinzipien vorgenommen wird, dazu führt, dass der Umgang mit Unionsrecht „fremder" wahrgenommen wird, als es in Deutschland der Fall ist, kann nicht pauschal bestätigt werden. Sicher ist, dass das Unionsrecht als Ganzes als neues Gebiet wahrgenommen wurde, welches es erst zu erlernen galt. Dies stellte sich für den deutschen Rechtsanwender nicht anders dar. Problematisiert wird die Tatsache der unterschiedlichen Auslegung im Vergleich zwischen englischem *Common Law* und Unionsrecht insbesondere in der deutschen Literatur.[993] Englische Richter betrachten die Problematik naturgemäß aus einer anderen Perspektive: *„Continental lawyers love to proclaim some great principle, and then knock it into shape afterwards. Instead, the boring English want to find out first whether and, if so, how these great ideas are going to work in practice. This is not at all popular with the propagators of the great ideas."*[994]

990 *„If one looks back to the actual decisions of [the House of Lords] on questions of statutory construction over the past 30 years one cannot fail to be struck by the evidence of a trend away from the purely literal towards the purposive construction of statutory provisions"* Carter v. *Bradbeer* [1975] 1 WLR 1204, 1206 f. (per Lord Diplock); bereits *Zweigert/Kötz,* Einführung in die Rechtsvergleichung, S. 260 f.; *Malleson/Moules,* The Legal System, S. 62 f.

991 An dieser Stelle ist insbesondere auf *Lord Denning* hinzuweisen, welcher diese Entwicklung maßgeblich mit beeinflusst hat, vgl. *Lord Denning,* The Discipline of Law, S. 9-22; und „ *"They must follow the European pattern. No longer must they examine the words in meticulous detail. No longer must they argue about the precise grammatical sense. They must look to the purpose or intent... They must divine the spirit of the Treaty and gain inspiration from it. If they fnd a gap, they must fill it as best they can."* in *H. P. Bulmer Ltd. c. J. Bollinger S. A.* [1974] Ch 401, 426. Vgl. auch *Levitsky,* (1994) 42 Am.J.Comp.L., 369 f.

992 *Collier,* Conflict of Laws, S. 132.

993 *Micklitz,* The politics, S. 35; *v. Bernstorff,* 1. Teil § 1 III 3, S. 15; für das Schiedsrecht *Kern,* ZVglRWiss (109) 2010, 91 mit Verweis auf *Zweigert/Kötz,* Einführung in die Rechtsvergleichung, S. 402.

994 *Lord Goff of Chievely,* (1997) 46 Int'l & Comp.L.Q., 753.

II. Die Bedeutung der EMRK für das Internationale Privatrecht Englands

1. Der Human Rights Act 1998

Die EMRK wurde durch den *Human Rights Act 1998* in das nationale englische Recht inkorporiert. Damit wurde die Konvention, welche bereits seit 1950 besteht, verhältnismäßig spät Teil des nationalen englischen Rechts, obwohl das Vereinigte Königreich eine tragende Rolle bei dem Entwurf der EMRK gespielt und zudem als einer der ersten Staaten die Konvention ratifiziert hatte.[995] Der Act zählt seit seinem Inkrafttreten zu den wichtigsten Legislativakten des englischen Rechts, als dass er aus englischer Sicht vieles in der Rezeption des eigenen Landes und der Identität als Volk änderte.[996] Zum ersten Mal in der Geschichte Englands, welches bislang über keine geschriebene Verfassung[997] verfügt, gibt es nun einen einheitlichen Maßstab für die Gewährleistung von fundamentalen Rechten, an welchem das gesamte nationale Recht zu messen ist, sodass gewissermaßen auch von einem Harmonisierungseffekt zu sprechen sein kann.[998] Die Entscheidungen des EGMR sind im Zusammenhang mit Sachverhalten, welche die EMRK betreffen, zu berücksichtigen, allerdings nicht in Form von *binding precedents*, sondern lediglich als *persuasive authority*.[999] Der Act ist als Teil der verfassungsrechtlichen Gesetzgebung zu bezeichnen, welcher sich auf einer Ebene mit der *Magna Charta* (1215), der *Bill of Rights* (1688), den *Acts of Union with Scotland* (1706-7) *and Ireland* (1800), dem *European Communities Act* (1972) oder den *Acts* zur irischen *Unabhängigkeit und Maßnahmen betreffend der Devolution of Wales und Scotland*, sowie dem *Constitutional Reform Act 2005* befindet.[1000] Der Act brachte auf verfassungsrechtlicher Seite eine bedeutende Machtverschiebung in

995 *Malleson/Moules,* The Legal System, S. 32. Bis zum Inkrafttreten des *Human Right Acts 1998* waren die Rechte der EMRK indes nicht vor nationalen Gerichten einklagbar.

996 *Craig,* in: Jowell/Oliver, S. 84. Zuvor galt das sogenannte *„negative concept of rights"*, was soviel bedeutet wie, dass alle Bürger jegliche Freiheiten besitzen, bis zu dem Punkt, an dem diese ausdrücklich und per Gesetz eingeschränkt werden, vgl. *Malleson/Moules,* The Legal System, S. 36.

997 Zur Verfassungsreform von 2005 vgl. *Sydow,* ZaöRV 2004, 65 ff; *Woodhouse,* (2004) 24 Legal Studies, 134 ff.

998 *Malleson/Moules,* The Legal System, S. 35.

999 *Fawcett,* (2007) 56 Int'l & Comp.L.Q., 6. Zu den Unterschieden zwischen *binding precedent* und *persuasive precedent*, vgl. *Malleson/Moules,* The Legal System, S. 68 f. *Persuasive precedens* bezeichnen Entscheidungen höherer Gerichte, welche das untere Gericht – anders als die *binding precedents* – zwar nicht binden, aber für die Entscheidungsfindung herangezogen werden und welchen eine starke Orientierungswirkung zukommt.

1000 *Hoffman/Rowe,* Human Rights in the UK, S. 1 ff.; *O'Cinneide,* in: Hazell, Constitutional futures revisited, 159.

der *balance of power* mit sich, als dass die Inkorporierung der EMRK den Richtern mehr Macht verlieh, indem diese die so genannte *constitutional jurisdiction* stärkte.[1001]

Die Menschenrechte werden durch den Act nicht zum Teil des *Common Law* erklärt; der *Human Rights Act 1998* enthält als solches nur eine Auslegungsregel für das *Common Law*. Die Bindung der Richter an die Menschenrechte erstreckt sich nur auf die Ausübung ihres Ermessens.[1002] Der *Human Rights Act 1998* hatte auch zum Gegenstand, nicht zu der von *Dicey* erarbeiteten Konzeption der parlamentarischen Souveränität in Widerspruch zu geraten.[1003] Erreicht werden sollte dieser Balanceakt durch *Section 3*[1004] und *Section 4* des Acts, welche zusammengefasst beinhalten, dass die Gerichte das englische Recht zwar so auslegen können, dass es vereinbar mit den in der EMRK enthaltenen Rechten ist. Recht, das unvereinbar mit der EMRK ist, können sie weder in Frage stellen noch es aufheben. *Section 4* gewährt den Richtern der oberen Gerichte die Möglichkeit, eine Inkompatibilitätserklärung abzugeben, welche ein verfassungsrechtliches Novum darstellt. Auch wenn die Unvereinbarkeit eines Gesetzes mit der EMRK von Seiten eines Gerichts festgestellt wird, bleibt das Gesetz rechtsgültig und wird weiterhin angewendet.[1005] Allerdings ermöglicht die Erklärung nach *Section 10* des *Act* ein schnelles Gesetzesänderungsverfahren: Die Regierung kann nach einfachem Votum des Parlaments das geänderte menschenrechtskonforme Gesetz erlassen.[1006] Kern des *Act* stellt *Section 6* dar, welche beinhaltet, dass ein Handeln der öffentlichen Gewalt, das im Widerspruch zu den Menschenrechten steht, widerrechtlich ist.[1007]

2. Die Auswirkungen auf die public policy

Der Verstoß gegen Art. 6 EMRK dient aus englischer Sicht nicht als klassisches Beispiel für ein Eingreifen der *public policy*, da die Nichtanerkennung der ausländischen Entscheidung in diesen Fällen aufgrund des Anwendungsvorrangs des

1001 *Woodhouse*, (2004) 24 Legal Stud., 152.

1002 *Rivers*, JZ 2001, 131.

1003 *Young*, Parliamentary Sovereignty and the Human Rights Act, S. 3; *O'Cinneide*, in: Hazell, Constitutional futures revisited, 160; *Malleson/Moules*, The Legal System, S. 32 f.; 48.

1004 Section 3 (1) *So far as it is possible to do so, primary legislation and subordinate legislation must be read and given effect in a way which is compatible with the Convention rights.*

1005 *Young*, Parliamentary Sovereignty and the Human Rights Act, S. 4; *Dicey/Morris/Collins*, The Conflict of Laws, Bd. 1, Rule 44, 14-148 FN 29, S. 632.

1006 *Malleson/Moules*, The Legal System, S. 39.

1007 Section 6 (1) *It is unlawful for a public authority to act in a way which is incompatible with a Convention right.* Dazu vgl. *Malleson/Moules*, The Legal System, S. 40 f.; *Rivers*, JZ 2001, 130.

allgemeinen Rechtsgrundsatzes des Unionsrechts, dessen Inhalt sich an Art. 6 EMRK als Rechtserkenntnisquelle orientiert,[1008] scheitert.[1009] Die Fallgruppen innerhalb der *public policy* enthalten bisher noch keine Entscheidungen hinsichtlich der Nichtanerkennung von ausländischen Entscheidungen aufgrund eklatanter Verstöße gegen die EMRK. Dennoch wird, wie auch in Deutschland, der zunehmende Einfluss der Menschenrechte auf die *public policy* in England bejaht.[1010] Falls die Vollstreckung einer ausländischen Entscheidung im Widerspruch zur EMRK steht, wird die Vollstreckung der Entscheidung in England grundsätzlich verweigert.[1011] Art. 6 EMRK deckt in seinem Schutzbereich des *fair trial*[1012] einen Großteil, wenn nicht die Gesamtheit des Anwendungsbereichs der *natural justice* ab.[1013] Dies ist indes nicht derart zu verstehen, dass die *public policy* nur dann eingreift, wenn ein Verstoß gegen Art. 6 EMRK vorliegt; sie ist vielmehr weiter gefasst: *Fraud* als Ausprägung der *public policy* ist z.B. nicht unter Art. 6 EMRK zu subsumieren.

Der Einfluss der EMRK auf das Internationale Privatrecht äußert sich in England insbesondere in der Weise, dass der Einwand der *public policy* mehr Bedeutung zukommt als zuvor, wohingegen sich die Relevanz der *natural justice* verringert hat.

3. Der Menschenrechtsstandard im englischen Internationalen Privatrecht

Art. 6 EMRK wird die Bedeutung zugesprochen *„to cast light on a private international law concept, in this case that of public policy“*.[1014] Doch wie groß ist der Einfluss der EMRK auf das englische Privatrecht wirklich? Art. 6 EMRK findet im Rahmen der *public policy defence* nicht die Beachtung, welche erforderlich wäre, um Gewissheit hinsichtlich eines ausgeglichen Schutzniveaus im Vergleich zu Deutschland zu erlangen.[1015] Dieses Phänomen hat zwei Ursachen. Zum einen entfaltete die EMRK in England erst sehr viel später Wirkung als in Deutschland. Zum anderen erfolgt im englischen *Common Law* die Rechtsfindung grundsätzlich

1008 *Bleckmann/Pieper,* in: Dauses, Hdb. des EU-Wirtschaftsrechts, Bd. I, Rn. 80; *Pache/Rösch,* EuR 2009, 785

1009 *Dicey/Morris/Collins,* The Conflict of Laws, Bd. 1, Rule 44, 14-148, S. 632; *Cheshire/North/Fawcett,* Private International Law, S. 558.

1010 *Williams & Humbert v. W. & H. Trade Marks (Jersey) Ltd.* [1986] AC 368 (HL) 428 (per Lord Tempelman).

1011 *Dicey/Morris/Collins,* The Conflict of Laws, Bd. 1, Rule 44, 14-148, S. 632.

1012 S. 94.

1013 *Hartley,* International Commercial Litigation, S. 367.

1014 *Fawcett,* (2007) 56 Int' & Comp.L.Q., 23 f.

1015 Vgl. *O'Cinneide,* in: Hazell, Constitutional futures revisited, 161, mit dem Hinweis darauf, dass die Erwartungen an die Schaffung einer neuen „Human Rights Culture“ in England bisher nicht erfüllt wurden.

anhand der *precedents*. Zunächst ist daher, wie schon erwähnt, auf die Bedeutung der *precedents* als dem *Common Law* innewohnendes Prinzip einzugehen: Auch nach dem Inkrafttreten des *Human Rights Act 1998* wird wiederholt zur Entscheidungsfindung auf frühere *precedents* zurückgegriffen, anstatt die Entscheidungen des EGMR zu beachten. So verneinte das Gericht in *AG of Zambia v. Meer Care and Desai (A firm)*[1016] die beantragte Aussetzung des Verfahrens ohne die Prüfung von Art. 6 EMRK und ohne die Bezugnahme auf Entscheidungen des EGMR rein aufgrund des *„whole picture"*, des Gesamtbildes des Falles. Eine solche Herangehensweise führt nicht zu einer Stärkung des Menschenrechtsschutz innerhalb des englischen Rechts. In der Entscheidung *Lubbe v. Cape Plc*[1017] stellte *Lord Bingham* die seiner Ansicht nach geringe Bedeutung der Menschenrechte für das Internationale Privatrecht implizit heraus, indem er feststellte: *„I do not think Article 6 supports any conclusion which is not already reached on application of Spiliada principles."*[1018] Diese Aussage bewirkte folglich nicht nur keine Stärkung des Menschenrechtsschutzes innerhalb der englischen Judikatur, sondern geradezu eine Schwächung der Rezeption der Menschenrechte. Sowohl in der Entscheidung *Government of the United States of America v. Montgomery (No 2)*[1019] als auch in *Dow Jones & Co Inc v. Yousef Abdul Latif Jameel*[1020] machte der Court of Appeal keinen Gebrauch von denen sich aus der EMRK ergebenden Rechten und griff – anstelle auf Art. 6 EMRK – auf Prinzipien des traditionellen *private international law* zurück. Anders verfuhr das Gericht im berühmten Fall *The Kribi*[1021], welcher den Erlass von *antisuit injunctions*[1022] gegen das Betreiben eines Verfahrens in Belgien zum Gegenstand hatten. Zwar verneinte *Aikens J* das Vorliegen eines Verstoßes gegen Art. 6 EMRK, da dieser zwar *access to justice*, aber keine uneingeschränkte Gerichtswahl der Parteien beinhalte. Anders als in *Lubbe v. Cape Plc* prüfte das Gericht den geltend gemachten Verstoß gegen Art. 6 EMRK jedoch ausführlich.[1023]

1016 *AG of Zambia v. Meer Care and Desai (A firm)* [2005] EWHC 2102 (Ch), Berufung zurückgewiesen mit [2006] EWCA Civ 390.

1017 *Lubbe v. Cape Plc* [2000] 1 WLR 1545.

1018 *Lubbe v. Cape Plc* [2000] 1 WLR 1561. Unter den *Spiliada-principles* versteht man die Bestimmung des *forum conveniens* nach denen in der Entscheidung *Spiliada Maritime Corporation v. Cansulex* [1986] AC 460 (HL) aufgestellten Grundsätzen. Der sogenannte *Spiliada Test* beinhaltet die Prüfung dreier Elemente: Auf einer ersten Stufe wird geprüft, ob neben dem englischen Gericht ein alternatives Forum gegeben ist. Sodann wird geprüft, welches das am besten geeignete Forum für die Lösung des Falles darstellt. Schließlich ist die Gewährleistung des *"access to justice"* zu beachten. Auf dieses letztgenannte Element stellt *Lord Bingham* in seiner Aussage ab. Vgl. zum *Spiliada* Test *Fentiman*, International Commercial Litigation, 12.14.

1019 *Government of the United States of America v. Montgomery (No 2)* [2004] 1 WLR 2241.

1020 *Dow Jones & Co Inc v. Yousef Abdul Latif Jameel* [2005] EWCA Civ 75.

1021 *The Kribi* [2001] 1 Lloyd's Rep 76.

1022 S. dazu S. 167 f.

1023 Vgl. dazu *Fawcett*, (2007) 56 Int' & Comp.L.Q., 13.

Grund für die beschriebene Herangehensweise ist, dass Richter des englischen *Common Law* allem Anschein nach den gewohnten *Common Law-approach* vorziehen. Dieser ermöglicht es ihnen, das Recht anhand von Einzelfällen zu entwickeln, anstatt gezwungen zu sein, einen vorliegenden Fall unter ein bestehendes Regelwerk wie die EMRK zu subsumieren.[1024] Diese Anschauung ist nicht neu und darüber hinaus im englischen Rechtskreis schon immer anerkannt gewesen, zumal umfassende gesetzliche Regelungen im Bezug auf die in Art. 6 EMRK gewährleisteten Rechte bis zur Inkorporation der EMRK im Jahre 1998 auch gefehlt haben.[1025]

4. Ausblick

Es bleibt die Frage, wie dieser Problematik zu begegnen ist: Zu favorisieren ist die *„private international law solution"* im Sinne eines *„hybrid human rights/ private international law approach"*.[1026] Darunter ist die Durchsetzung der Menschenrechte im Internationalen Privatrecht über das Einfallstor der *public policy* zu verstehen. Die Gewährleistung der in Art. 6 EMRK enthaltenen Rechte wird in zwei Schritten vollzogen, indem die betreffenden Sachverhalte zunächst hinsichtlich ihrer Verfahrenshergänge auf die Vereinbarkeit mit Art. 6 EMRK untersucht werden, um dann auf der zweiten Ebene die Problematik des Verstoßes zu lösen. Auf diese Weise soll der Verstoß der englischen Gerichte gegen die Konvention vermieden werden. Diese Art der Herangehensweise nutzt die Flexibilität der Vorbehaltsklausel, um der EMRK in praktischer Hinsicht Geltung zu verleihen, was den Vorteil hat, dass so auch ein Entscheidungseinklang mit der vom EuGH in Krombach begonnenen Rechtssprechung erreicht wird. Darüber hinaus kann eine betonte Inhaltsausfüllung der *public policy* im Verfahrensrecht durch Art. 6 EMRK dazu dienen, die kritisierte Unklarheit der Anwendungsfälle der Klausel zu beheben; eine solche Vorgehensweise ermöglicht eine Orientierung an der höchstrichterlichen Rechtsprechung des EGMR und fördert auf diese Weise gleichzeitig den Dialog zwischen EuGH und EGMR.

1024 *Lord Goff of Chievely,* (1997) 46 Int'l & Comp.L.Q., 754.

1025 Vgl. allgemein ohne Bezug auf Art. 6 EMRK: *Zweigert/Kötz,* Einführung in die Rechtsvergleichung, S. 254.

1026 Zum Ganzen *Fawcett,* (2007) 56 Int'Comp.L.Q., 37, 46 f.

III. Stellungnahme

Hinsichtlich der unionsrechtlichen Methodik der Auslegung ist in diesem Zusammenhang darauf hinzuweisen, dass das heutige Unionsrecht bereits Elemente beider Rechtsordnungen in sich vereint: Während die Methodologie des *Civil Law* in der starken Betonung der teleologischen Auslegung zu Tage tritt, findet die Methodik des *Common Law* ihren Ausdruck in dem Entstehen des Europäischen *Case Law*.[1027] Anders als Gerichte des englischen Rechtskreises ist der EuGH formal nicht an die *ratio decidendi* seiner früheren Entscheidungen gebunden, in praktischer Hinsicht lässt sich indes ein hohes Maß an Kontinuität im Rahmen seiner Rechtsprechung beobachten.[1028] Somit ist zusammenfassend festzustellen, dass trotz aller Differenzen, welche sich aus den unterschiedlichen Ursprüngen und Eigenarten des englischen *Common Law* und der kontinentaleuropäischen Auslegungsmethode des EuGH ergeben, die Frage der Auslegung in der Praxis heutzutage keine allzu große Rolle mehr spielen dürfte. In denjenigen Fällen, welche die Problematik der Auslegung von Unionsrecht zum Gegenstand haben, wird das Gericht die Sache dem EuGH vorlegen, vgl. Art. 267 AEUV.

Weitere Ursachen für die zu geringe Beachtung von Art. 6 EMRK im Internationalen Privatrecht Englands sind die Prioritätensetzung und sicherlich auch Unsicherheiten betreffend der Auslegung der EMRK auf Seiten der englischen Gerichte. So werden bisweilen die sich aus Art. 6 EMRK ergebenden Rechte von den Bemühungen übertönt, der durch die EuGVVO zu erzielenden Urteilsfreizügigkeit größtmöglichen Raum zu gewähren, indem Entscheidungen aus Mitgliedsstaaten der EU aufgrund der starken Vermutung der Vereinbarkeit mit Art. 6 EMRK keiner Prüfung mehr unterzogen werden.[1029] Zudem mag die Komplexität der Konvention abschreckende Wirkung auf die Rechtsfindung haben. In wenigen Fällen ist auch von Missverständnissen sowie einem Scheitern der Gerichte, die Bedeutung der EMRK anzuerkennen, auszugehen.[1030] Dieser Befund lässt sich jedoch nicht mit etwaigen Eigenarten des *Common Law* begründen, sondern dokumentiert aller Wahrscheinlichkeit nach „unglückliche Einzelfälle“. Die Subsumtion unter bereits bestehende Prinzipien sind den Richtern des englischen *Common Law* keinesfalls fremd, wie es oberflächlich betrachtet erscheinen mag, als dass sie hinter den betreffenden *precedents* die allgemein anwendbare Regel herausfinden müssen, um

---

1027 *Micklitz,* The politics, S. 36; zu der Entstehung eines europäischen *case law* vgl. *Storskrubb,* Civil Procedure and EU Law, S. 14 ff.

1028 *Levitsky,* (1994) 42 Am. J. Comp. L., 351 f.

1029 *Maronier v. Larmer* [2002] EWCA Civ 774.

1030 *Fawcett,* (2007) 56 Int' l & Comp.L.Q., 47.

so beurteilen zu können, ob die Präjudizien auf den zu entscheidenden Fall anzuwenden sind.[1031]

Von dem Befund der zu geringen Bedeutungsbeimessung des Art. 6 EMRK im Internationalen Privatrechts Englands ist die Anschauung zu unterscheiden, inwieweit sich dieses Phänomen in den Entscheidungen der Gerichte widerspiegelt. Es ist zu überlegen, ob die Tatsache, dass – anstatt auf Art. 6 EMRK – auf altbewährte Prinzipien des Internationalen Privatrechts im Rahmen der Anerkennung und Vollstreckung ausländischer Entscheidungen zurückgegriffen wird, zu einem anderen menschenrechtlichen Standard innerhalb des englischen Rechts führt. Eine sichere Antwort auf diese Fragestellung kann nur im Wege umfassender empirischer und rechtsvergleichender Arbeit gefunden werden, für welche in dieser Arbeit kein Raum ist. Aus englischer Sicht wird grundsätzlich davon ausgegangen, dass die Fälle, welche vor Inkrafttreten des *Human Rights Act 1998* in England ohne die Befürchtung eines Verstoßes gegen fundamentale Prinzipien des nationalen Rechts anerkannt wurden, auch heute nicht das Risiko eines Verstoßes gegen Art. 6 EMRK beinhalteten.[1032] Berücksichtigt man die Tatsache, dass das Vereinigte Königreich bis in die frühen 1990er Jahre häufiger vor dem EGMR wegen Vertragsverletzung beklagt war, als jeder andere Vertragsstaat mit Ausnahme der Türkei, zeichnet sich jedoch ein anderes Bild ab.[1033] Doch auch unabhängig von dieser Symptomatik ist es im Rahmen der Vereinheitlichung der verfahrensrechtlichen Standards in Europa nicht akzeptabel, dass Mitgliedsstaaten im Rahmen des Anwendungsbereichs von Unionsrechts ausschließlich auf nationale Prinzipien zurückgreifen, da es sonst zu einer Beeinträchtigung des *effet utile* kommt.

C. European Public Policy in Procedural Law

Innerhalb des englischen Internationalen Privat – und Zivilverfahrensrecht wird die *European public policy in Procedural Law* wie auch im deutschen Internationalen Privat – und Zivilverfahrensrecht definiert: Diese Erscheinungsform der *public policy* ist primär von den gemeinschaftlichen menschenrechtlichen Wertungen der EMRK geprägt und nicht mehr eine rein nationale Vorbehaltsklausel, der vordergründig eine Abwehrfunktion zukommt. Vielmehr soll die inhaltlich derart ausgefüllte *public policy* die gemeinsamen Werte sichtbar machen und ge-

---

1031 *Zweigert/Kötz,* Einführung in die Rechtsvergleichung, S. 263. Diese *general rule* nennt man *ratio decidendi „which is the combination of the rule of law and the material facts to which it applies.“*, vgl. *Malleson/Moules,* The Legal System, S. 69.

1032 Vgl. z.B. *Fawcett,* (2007) 56 Int' & Comp.L.Q., 41.

1033 *Malleson/Moules,* The Legal System, S. 38.

währleisten, dass die Bestimmungen des Internationalen Privatrechts nicht gegen fundamentale Grundsätze verstoßen.[1034] Über die Grenzen, innerhalb welcher das Vereinigte Königreich ausländischen Urteilen die Anerkennung verweigern kann, wacht der EuGH.[1035] Folglich kann auf die Ausführungen im Ersten Teil der Arbeit verwiesen werden.

Die beschriebene Art der inhaltlichen Ausfüllung wird aus englischer Sicht zuweilen als „*relaxed*" bezeichnet, da eine Vereinheitlichung erst nachträglich in Form der Kontrolle durch den EuGH erzielt wird und nicht schon im vorhinein feste Standards vorgegeben zu sein scheinen.[1036] Im Vergleich zu der starken Bindung an vorherige Entscheidungen, wie sie im englischen Recht sonst üblich ist, mag diese Art der vertikalen Kontrolle durch den EuGH tatsächlich gemäßigt anmuten. Die dargestellte Rezeption mag darüberhinaus auch der Tatsache geschuldet sein, dass die nationale Vorbehaltsklausel – wie oben gezeigt wurde – ohnehin sehr selten angewendet wird und in den meisten Fällen nur dann Anwendung findet, wenn gegen fundamentale Werte verstoßen wird.[1037]

Den größten Anwendungsbereich der *European public policy* stellen in England wie überall in Europa Sachverhalte dar, innerhalb derer es um die Verletzung des Rechts auf ein faires Verfahren geht.[1038] Das Recht des Beklagten auf *fair trial* und damit zugleich die inhaltliche Ausfüllung der *public policy* auf verfahrensrechtlicher Ebene wird dabei sowohl durch Prinzipien des *Common Law* als auch durch Art. 6 EMRK gewährleistet. Bei der Überprüfung, ob die in Art. 6 EMRK enthaltenen Rechte ausreichend gewährleistet wurden, wenden die englischen Gerichte zwei Richtlinien an: Entscheidungen gegenüber, welche in einem anderen Mitgliedsstaat der Konvention erlassen wurden, gilt zunächst die starke, jedoch widerlegbare Vermutung, dass das Verfahren des anderen Staates mit den Inhalten von Art. 6 EMRK in Einklang steht.[1039] Darüber hinaus ist ein formaler Verstoß gegen Art. 6 EMRK im Ursprungsmitgliedsstaat nicht ausreichend, um die Ablehnung der Vollstreckung zu rechtfertigen, vorausgesetzt, dass das nicht mit Art. 6 EMRK zu vereinbarende Recht oder Verfahren bei rationaler Betrachtung anwendbar ist.[1040]

Bei einem Aufeinandertreffen der beiden Verfahrensordnungen dient der europäische verfahrensrechtliche ordre public der Abfederung der Unterschiedlichkeiten in Bezug auf die Besonderheiten des nationalen Prozessrechts, welche im Widerspruch mit fundamentalen Werten des Anerkennungsforums stünden.

1034 *Muir Watt,* (2001) 36 Tex. Int'l L.J., 539, *Fentiman,* International Commercial Litigation, 3.69.

1035 EuGH, Urteil vom 28.3.2000, Rs. C-7/98, *Krombach*/Bamberski, Slg. 2000 I-1935= NJW 2000, 1853 Rn. 23; Fentiman, International Commercial Litigation, 3.69.

1036 *Fentiman,* International Commercial Litigation, 3.70.

1037 *Fentiman,* International Commercial Litigation, 3.73.

1038 *Fentiman,* International Commercial Litigation, 18.25.

1039 *Maronier v. Larmer* [2003] QB 620, at [25].

1040 *Adams v. Cape Industries plc* [1990] Ch 433, 495; *Maronier v. Larmer* [2003] QB 620, at [36].

§ 2: Widerstände gegen die Europäisierung des Verfahrensrechts in Großbritannien

A. Allgemeines

Der Europäisierungsprozess wird trotz des großen Fortschritts in England sehr viel negativer als im Vergleich zu Deutschland wahrgenommen. Auf politischer Ebene wurde nicht ohne Grund die Bezeichnung des „*Euro-scepticism*" geschaffen.[1041] Die Rechtssetzung im Europäischen Verfahrensrecht wird insbesondere im Hinblick auf die EuGVVO und die jüngeren Verordnungen kritisiert. Die Regelungen der EuGVVO seien häufig zu unklar formuliert[1042] und darüber hinaus sei der Anwendungsbereich der EuGVVO in sachlicher Hinsicht viel zu weit gefasst. Vorgeschlagen wird in diesem Zusammenhang eine Beschränkung des sachlichen Anwendungsbereichs auf Streitwerte bis zu 50.000 GBP[1043], um die Lösung komplexer Sachverhalte mit hohen Streitwerten aus dem Anwendungsbereich der Verordnung herausnehmen zu können.[1044]

Unterschiede in der Herangehensweise der beiden Rechtstraditionen im Bereich der Rechtsfindung spiegeln sich in der Auslegung und Anwendung des Zivilrechts und folglich auch dem Internationalen Privatrecht durch die Gerichte. Die Differenzen zwischen dem kontinentaleuropäischen *Civil Law* und englischen *Common Law* treten somit auch in der Rechtsprechung des EuGH als einem „*predominantly civilian court*"[1045] zu Tage. Die Rechtsprechung des EuGH im Zusammenhang mit Sachverhalten, welche aus dem englischen *Common Law* stammen, hat folglich eine weitaus größere Auswirkung auf die Veränderung des englischen *Common Law* als auf das deutsche Recht. Diese Tatsache wird in England zum Teil mit großem Argwohn beobachtet, da befürchtet wird, dass es auf lange Sicht zu einer systematischen Demontierung des ursprünglichen *Common Law* für das englische Internationalen Privatrecht kommen könnte.[1046]

Auch sei das Verhältnis zwischen Staatsinteressen und Individualschutz vor dem EuGH ein anderes als vor englischen Gerichten. Bei letzteren liege die Betonung auf dem Rechtsschutz des Einzelnen, wohingegen der EuGH als eher öf-

1041 *Knight,* (2006) 9 Trinity C.L.Rev., 91, 102.

1042 *Crifò,* in: Dwyer, The Civil Procedure Rules Ten Years on, 378.

1043 Dies entspricht etwa 56 932 Euro.

1044 *Fentiman,* International Commercial Litigation, 1.40-1.47; *ders.* oral evidence on the Green Paper on the Brussels I Regulation, Q2, abrufbar unter der Website des House of Lords.

1045 *Hartley,* (2007) 54 Int'l & Comp.L.Q., 814.

1046 *Hartley,* (2007) 54 Int'l & Comp.L.Q., 813, 828 „*the systematic dismantling of the Common Law of Conflict of Laws*" .

fentlich-rechtlich orientierter Gerichtshof über die Gewährleistung von Staatsinteressen wache.[1047]

B. Common Law und ordre public im Spiegel der Rechtsprechung

Die nachfolgende Rechtsprechungsauswahl soll den Umgang mit der *public policy* aus der Perspektive des englischen *Common Law* veranschaulichen. Die Darstellung erfolgt zweischichtig, indem zunächst mit der Entscheidung *Maronier v. Larmer* auf die englische Art und Weise der Anwendung der *public policy* in Bezug auf ausländische Entscheidungen eingegangen wird, um sodann in einem zweiten Schritt mit der Entscheidung *Turner v. Grovit* ein Beispiel aus der Rechtsprechung des EuGH zu erörtern, in welchem die ordre public-Widrigkeit verfahrensrechtlicher Besonderheiten des englischen *Common Law* in Rede stand.

I. Die Entscheidung Maronier v. Larmer: ein Verstoß gegen die englische public policy?

1. Inhalt der Entscheidung

In dem Fall *Maronier v. Larmer*[1048] wurde ein holländisches Verfahren, welches zwölf Jahre geruht hatte, erst wieder aufgenommen, nachdem die Möglichkeit einer Berufung ausgeschlossen war. Der *Court of Appeal* äußerte sich dahingehend, dass ein Beklagter, welcher sich nicht dessen bewusst gewesen wäre, nicht die Möglichkeit eines fairen Verfahrens gehabt habe, wie es unter Art. 6 EMRK garantiert wird. Die Anerkennung des holländischen Urteils verstoße damit gegen die englische *public policy*. Der englische *Court of Appeal* berief sich dabei auf die in *Krombach* erfolgte Auslegung von Art. 27 Nr. 1 EuGVÜ (Art. 34 Nr. 1 EuGVVO).

2. Bedeutung für die public policy

Die Entscheidung deutet auf die Problematik des Spannungsverhältnisses zwischen dem Anerkennungsgrundsatz, welcher zu einer restriktiven Auslegung

1047 *Hartley*, (2007) 54 Int'l & Comp.L.Q., 815.

1048 *Maronier v. Larmer* [2002] EWCA Civ 774 at [37]-[38], [2003] QB 620 at 632.

der *public policy* führt, und der Frage der Staatenverantwortlichkeit im Hinblick auf die Gewährleistung menschenrechtlicher Garantien hin. Denn die Tatsache, dass sich das Anerkennungsforum der Vertragsverletzung schuldig macht, falls es eine gegen die EMRK verstoßende Entscheidung anerkennt, führt dazu, dass die sonst sehr restriktive Handhabung der Vorbehaltsklausel relativiert werden muss.[1049] Auch wenn der *Court of Appeal* die Entscheidung des holländischen Gerichts wegen Verstoßes gegen die *public policy* und die Maßstäbe von Art. 6 EMRK nicht anerkannte, stellt die Entscheidung kein Beispiel für die sorgfältige Beachtung der EMRK durch ein englisches Gericht dar. Die Hauptursache für die Entscheidungsfindung des *Court of Appeal* war die Ziele der EuGVVO nicht zu gefährden, somit *(to) „facilitate, to the greatest extent possible, the free movement of judgments by providing for a simple and rapid enforcement procedure“.*[1050] Um die Urteilsfreizügigkeit innerhalb der EU nicht zu gefährden, wurde folglich eine starke Vermutung für die menschenrechtliche Konformität von Entscheidungen aus Mitgliedsstaaten angenommen.[1051]

Schließlich ist die Entscheidung ein Beispiel für die oben[1052] angeführte Beobachtung, dass der Einfluss der ERMK auf das Internationale Privatrecht Englands zu einer Verminderung der Bedeutung des Einwands der *natural justice* geführt hat. Der Fall wäre nach traditionellem Verständnis unter die *natural justice* subsumiert worden, der *Court of Appeal* hat ihn indes in Übereinstimmung mit der Rechtssprechung des EuGH über die *public policy* gelöst.[1053]

II. Anwendung des europäischen verfahrensrechtlichen ordre public in Bezug auf Besonderheiten des englischen Verfahrensrechts

1. Der Fall Turner v. Grovit[1054]: Unionsrechtswidrigkeit von antisuit injuctions führt zu ordre public-Verstoß

Die Entscheidung *Turner v. Grovit* hatte die Vereinbarkeit von so genannten *antisuit injuctions* mit dem EuGVÜ zum Gegenstand und beinhaltete zudem Fragen der internationalen Zuständigkeitsabgrenzung durch nationale Gerichte.[1055] Doch die Erkenntnis der Unvereinbarkeit der Prozessführungsverbote des englischen

1049 So auch: *de Wet,* ZaöRV 2007, 794.

1050 *Maronier v. Larmer* [2002] EWCA Civ 774, [2003] QB 620 [at 24], zitiert wurde EuGH, Urteil vom 2.6.1994, Rs. C-414/92, *Solo Kleinmotoren/Boch*, Slg. 1994 I-2237, Rn. 20.

1051 *Fawcett,* (2007) 56 Int' & Comp.L.Q., 32.

1052 S. 153.

1053 *Fawcett,* (2007) 56 Int' & Comp.L.Q., 28.

1054 EuGH, Urteil vom 27.4.2004, Rs. C-159/02, *Turner/Grovit,* Slg. 2004 I-3565.

1055 *Schroeder*, EuZW 2004, 470.

Common Law mit dem europäischen verfahrensrechtlichen ordre public war zumindest aus deutscher Perspektive keine Neuheit.[1056]

a) Grundlagen der antisuit injunction

Der einstweilige Rechtsbehelf der *antisuit* injunction enstammt dem *Common Law* und findet im *Civil Law* keine Entsprechung. Er ist im Verhältnis zum deutschen Recht sogar als konträr zu beschreiben, als dass dort eine einstweilige Verfügung hinsichtlich des Parteiverhaltens in laufenden Verfahren unzulässig ist.[1057] Die Rechtsbehelfe sind, auch wenn sie heutzutage gesetzlich geregelt sind, der *equity* zuzuordnen und verbleiben in ihrer Rechtsnatur als sogenannte *equitable remedies*.[1058] *Antisuit injunctions*[1059] wirken *ad personam*, als dass sie sich nicht direkt an das ausländische Gericht richten, sondern an die Partei, welche den Prozess vor dem ausländischen Gericht betreibt. Sie begründen Prozessführungsverbote, durch welche dem Antragsgegener untersagt wird, ein Parallelverfahren in Bezug auf den Streitgegenstand einzuleiten oder aber weiterzubetreiben, um dadurch die Verhandlungsführung in England zu behindern.[1060]

Zweck der *antisuit injunctions* ist vor allem die Begrenzung des *forum shopping*. Da es im englischen Recht verhältnismäßig einfach ist, sowohl gerichtliche als auch internationale Zuständigkeiten zu begründen, ergibt sich im *Common Law* häufig die Situation mehrerer in Betracht kommender Gerichtsstände, was ein *forum shopping* ermöglicht. Als Korrektiv dieses unerwünschten Effekts dienen sowohl die *antisuit injunction* als auch die Lehre vom *forum non conveniens*, wobei hier klar zu differenzieren ist. So ist die *antisuit injunction*, mit Hilfe derer ein Gericht einer Partei die Prozessführung an einem anderen

1056 OLG Düsseldorf, Beschluss vom 10.1.1996 – 3 VA 11/95, IPRax 1997, 260; *Mansel*, EuZW 1996, 337 in Bezug auf die Zustellung nach dem Haager Zustellungsübereinkommen; für einen Einblick in die Behandlung der Anerkennung durch die französische *Cour de Cassation* vgl. *Illmer*, IPRax 2010, 456 ff.

1057 *Schroeder*, EuZW 2004, 470.

1058 Zu der Frage der Rechtsnatur nach *Common Law* vgl. *Raphael*, The anti-suit injunction, 3.08-3.12. Zweck der *Equity* ist es, die im *Common Law* entstehenden Rechtslücken auszufüllen. Verstanden wird die *equity* damit als ergänzender Rechtsschutz. Die Regelungen der *Equity* stehen dem System des *Common Law* gegenüber. Bis zum *Judicature Act 1873* wurden beide Systeme von verschiedenen Gerichten verwaltet. Der Act änderte das parallele Bestehen von *Equity* und *Common Law* ab. Seit 1875 waren alle Abteilungen des *High Court of Justice* und des *Court of Appeal* dazu verpflichtet, alle Regeln des englischen Rechts anzuwenden, vgl. *v. Bernstorff*, 1. Teil § 1 II. S. 6 f.; *Zweigert/Kötz*, Einführung in die Rechtsvergleichung, S. 184 ff.

1059 Der sogenannte *leading case* zu den Prozessführungsverboten ist *Société Nationale Industrielle Aérospatiale v. Lee Kui Jak* [1987] AC 871.

1060 Vgl. *Illmer*, IPRax 2010, 462.

Gerichtsstand als dem englischen untersagen kann, klar von der Lehre vom *forum non conveniens*, welche der Begrenzung der Zuständigkeit dient,[1061] abzugrenzen.

Grundlage der *antisuit injunction* im Fall *Turner v. Grovit* war *Section 37 (1) Supreme Court Act 1981*, wonach der Erlass einer *antisuit injunction* voraussetzt, dass sie dem Gericht angemessen („*just or convenient*“) erscheint. Wesentliches Element bei dem Erlass der Prozessführungsverbote ist somit das Ermessen des Gerichts, weshalb sich auch keine klaren Fallgruppen bilden lassen.[1062] Auf diese Weise ermöglichen sich die Gerichte einen größtmöglichen Ermessenspielraum bei dem Erlass der Prozessführungsverbote. Darüber hinaus muss der Antragsgegner der englischen Gerichtsbarkeit unterstehen („*jurisdiction in personam*“), und das englische Gericht muss eine Verbindung oder ein Interesse an dem Sachverhalt haben.[1063] Das Mittel der Durchsetzung für *antisuit injunctions* ist das Rechtsmittel des *contempt of court*, welches im Ersten Teil der Arbeit bereits erläutert wurde. Eine Partei befindet sich dann in *contempt of court*, wenn sie einer gerichtlichen Anordnung wie der *antisuit injunction* nicht Folge leistet. Als Konsequenz kann das englische Gericht gegen die Partei ein Ordnungsgeld (*fine*) oder aber sogar Ordnungshaft (*imprisonment*) festsetzen.[1064] Für den Fall dass Entscheidungen ergehen, welche im Widerspruch zu einer erlassenen *antisuit injunction* stehen, verstoßen diese gegen die *public policy* und können daher in England nicht anerkannt und vollstreckt werden.[1065]

b) Tatbestand und Entscheidung

Der Kläger *G. P. Turner,* ein im Vereinigten Königreich wohnhafter britischer Staatsangehöriger, ging seiner Arbeit bei dem Unternehmen *Harada Ltd.*, zugehörig zu der *Chequepoint Group*, zunächst in England (Vereinigtes König-

---

1061 *The Spiliada,* [1987] 1 AC 460, HL.

1062 *SNI Aérospatiale v. Lee Kui Jak* [1987] AC 871, 892 (P.C.) (per *Lord Goff of Chieveley*). Dieser führt in *South Carolina Insurance Co. v. Assurantie N.V.* [1987] AC 24, 44 weiter aus „*I am reluctant to accept the proposition that the power of the court to grant injunctions is restricted to certain exclusive categories. That power is unfettered by statute; and it is impossible for us now to foresee every circumstance in which it may be thought right to make the remedy available.*“ ; vgl. *Mansel,* EuZW 1996, 336.

1063 „*As a general rule, before an anti-suit injunction can properly be granted by an English Court to restrain a person from pursuing proceedings in a foreign jurisdicition in cases of the kind under consideration in the present case, comity requires that the English forum should have a sufficient interest in, or connection with, the matter in question to justify the indirect interference with the foreign court which an anti-suit injunction entails.*“ *Airbus Industrie v. Patel* [1999] 1 AC 119 at 138 et seq. (per Lord Goff).

1064 *Schroeder,* EuZW 2004, 470.

1065 *Dicey/Morris/Collins,* The Conflict of Laws, Bd. 1, Rule 44, Rn. 14-145, S. 630.

reich) nach. Die Unternehmensgruppe, welche im Wesentlichen Wechselstuben betreibt, wurde von dem Beklagten, *I. Grovit,* geleitet. Die Unternehmensgruppe umfasste niedergelassene Unternehmen in verschiedenen Ländern, u.a. in China, dem Vereinigten Königreich und in Spanien. Der Kläger verlegte später sein Büro mit Zustimmung seines Arbeitgebers nach Madrid (Spanien). Dort wurde das Arbeitsverhältnis ein paar Monate später aufgelöst, woraufhin der Kläger gegen die Beklagte vor dem *Employment Tribunal London* Klage erhob. Darin machte er geltend, man habe sich bemüht, ihn in rechtswidriges Verhalten zu verwickeln, was einer unrechtmäßigen Entlassung gleichkomme. Die von der *Harada Ltd.* erhobene Einrede der Unzuständigkeit wies das *Employment Tribunal* zurück, was im folgenden Rechtsmittelverfahren bestätigt wurde. Mit der Entscheidung in der Hauptsache sprach das Gericht dem Kläger Schadensersatz zu.

Die *Chequepoint Group* erhob einige Monate später ihrerseits Klage bei dem Gericht erster Instanz in Madrid, mit welcher sie Schadensersatz für den Schaden, welchen sie durch das Verhalten *Turners* erlitten hätte, geltend machte. Sie begründete diese Forderungen mit dem ungerechtfertigten Verlassen des Büros in Madrid sowie der Tatsache, dass *Turner* eine gegenstandslose Klage gegen die Gesellschaft in England erhoben habe. In Reaktion auf dieses Vorgehen beantragte *Turner* beim *High Court of Justice* in England den Erlass einer *antisuit injunction* gegen die *Chequepoint Group*, (vertreten durch *Grovit*), welche das Verbot beinhaltete, das in Spanien begonnene Verfahren weiterzuführen. Die beantragte *injunction* wurde erlassen und vor der englischen Berufungsinstanz (*Court of Appeal*) bestätigt, da die Gerichte annahmen, das das spanische Verfahren rechtsmissbräuchlich war und allein dazu diente, den Antragsteller unter Druck zu setzen. Die *Chequepoint Group* und *Harada Ltd.* legten Rechtsmittel beim *House of Lords* mit der Begründung ein, dass englischen Gerichten der Erlass von *antisuit injunctions* im Rahmen des Anwendungsbereichs des EuGVÜ nicht zuzustehen sei. Zur Klärung dieser Frage legte das *House of Lords* dem EuGH das Verfahren zur Vorabentscheidung vor. In dem zugehörigen Vorlagebeschluss erläuterte das *House of Lords* die Rechtsnatur und Funktionsweise der *antisuit injunction.* In diesem Zusammenhang wiesen das englische Gericht und die britische Regierung in ihren Stellungnahmen daraufhin, dass die *antisuit injunction* keine Verfügung sei, welche sich gegen ein fremdes Gericht richte. Sie habe einen *ad-personam*-Charakter und beziehe sich als solche daher auf die Verfahrenspartei, gegen welche sie beantragt worden sei. Insofern sei mit der Maßnahme keine Beurteilung der Zuständigkeit des ausländischen Gerichts verbunden. In seiner Entscheidung lehnte der EuGH diese Einordnung ab.[1066] Der EuGH wies darauf hin, dass es gleichgültig sei, ob sich das Verbot des Gerichts zur weiteren Prozessführung gegen ein Gericht oder eine Partei richte, da beides zu dem gleichen

1066 EuGH, Urteil vom 27.4.2004, Rs. C-159/02, *Turner/Grovit*, Slg. 2004 I-3565, Rn. 27.

Ergebnis führe, dass das Verfahren nicht durchgeführt werden könne. Insofern entscheide das englische Gericht mit dem Erlass der *antisuit injunction* mittelbar über die Zuständigkeit des ausländischen Gerichts.[1067] Darüberhinaus beinhalte die Entscheidung über den Erlass einer *antisuit injunction* stets die Beurteilung der Angemessenheit der Erhebung der Klage vor diesem Gericht. Diese Art der Berurteilung verstoße jedoch gegen den Grundsatz des gegenseitigen Vertrauens, auf welchem das EuGVÜ beruhe und aufgrund welchem es untersagt sei, die Zuständigkeit eines Gerichts eines anderen Mitgliedsstaates zu überprüfen.[1068] Aufgrund der *inter partes*-Wirkung der *antisuit injunctions* war das *House of Lords* weiterhin der Ansicht, dass die *injunction* lediglich prozessordnender Natur sei, welche als solche nicht von dem EuGVÜ erfasst sei; der EuGH stellte jedoch fest, dass der Zweck des Übereinkommens auch dann mit an sich zulässigen Maßnahmen nicht zu vereinbaren ist, wenn diese in die im EuGVÜ enthaltene Zuständigkeitsordnung eingreifen.[1069] Schließlich stellte der EuGH klar, dass auch das dritte in der englischen Stellungnahme enthaltene Argument für die Vereinbarkeit der *injunctions* mit damaligem Gemeinschaftsrecht nicht haltbar sei.[1070] Dieses Argument beinhaltete die Funktion der *antisuit injunctions* hinsichtlich der Vermeidung einander widersprechender Entscheidungen. Der EuGH begründete dies damit, dass die Prozessführungsverbote die Mechanismen des Übereinkommens im Falle von Rechtshängigkeit und Konnexität in ihrer Wirksamkeit beeinträchtigten. Zudem könnten aufgrund der Verbote Kollisionslagen erzeugt werden, welche sich nicht mit Hilfe des Übereinkommens lösen ließen. Schließlich bestünde auch die Gefahr des Erlasses sich widersprechender *antisuit injunctions* zweier Mitgliedsstaaten.[1071]

c) Ergebnis aus Turner v. Grovit und Stellungnahme

In seiner Entscheidung in *Turner v. Grovit* nimmt der EuGH die kontinentaleuropäische Sichtweise hinsichtlich der *antisuit injunctions* an, indem er sie als für unvereinbar mit dem damaligen Gemeinschaftsrecht erklärt. Die *ratio* aus *Turner v. Grovit* lässt sich auf die EuGVVO, welche die Nachfolgeverordnung zum EuGVÜ darstellt, übertragen.[1072] Daraus folgt, dass die Prozessführungsverbote

---

1067 EuGH, Urteil vom 27.4.2004, Rs. C-159/02, *Turner/Grovit*, Slg. 2004 I-3565, Rn. 28.

1068 EuGH, Urteil vom 27.4.2004, Rs. C-159/02, *Turner/Grovit*, Slg. 2004 I-3565, Rn. 28.

1069 EuGH, Urteil vom 27.4.2004, Rs. C-159/02, *Turner/Grovit*, Slg. 2004 I-3565, Rn. 30; so auch schon vor der Entscheidung des Gerichtshofs *Mansel*, EuZW 1996, 337.

1070 EuGH, Urteil vom 27.4.2004, Rs. C-159/02, *Turner/Grovit*, Slg. 2004 I-3565, Rn. 30.

1071 EuGH, Urteil vom 27.4.2004, Rs. C-159/02, *Turner/Grovit*, Slg. 2004 I-3565, Rn. 30.

1072 *Raphael, The Anti-suit injunction,* 12.05; *Schroeder,* EuZW 2004, 471; *Fentiman,* oral evidence on the Green Paper on the Brussels I Regulation, Q 33, abrufbar auf der Webseite des *House of Lords.*

im europäischen Zivilprozess endgültig als unzulässig anzusehen sind.[1073] Zwar hatte die in *Turner v. Grovit* in Rede stehende Verfügung die spezielle Funktion der Unterdrückung des ausländischen Verfahrens, die Entscheidung des EuGH ist jedoch auch auf andere Erscheinungsformen der *antisuit injunctions*, wie z.B. die *contractual injunction* zu übertragen.[1074]

(1) Die englische Perspektive

Aus englischer Perspektive erscheint es bizarr, einen Rechtsbehelf, dessen Zweck es ist, Unrecht zu vermeiden, aus Gründen der Gerechtigkeit zu versagen. Dazu kommt, dass es im *Common Law* den viel eleganteren Weg der Unterbindung von Parallelverfahren („*parallel proceedings*") über die *jurisdiction ad personam* gibt.[1075] Aus der Perspektive des englischen Rechts ist die *antisuit injunction* als Bestandteil der *equity* darüber hinaus gar nicht notwendiger Weise unter den Anwendungsbereich der EuGVVO zu subsumieren, da sie als *equitable relief* ihrer Rechtsnatur nach englischem Recht keine Zivil – und Handelssache darstellt.[1076] Die Auslegung der EuGVVO hat aber autonom zu erfolgen. Sie kann, um Widersprüche in der Auslegung zu vermeiden, nicht anhand des nationalen Rechts eines Mitgliedsstaates ausgelegt werden.[1077] Dennoch bestand auch schon vor der Entscheidung des EuGH in England die Einsicht, dass *antisuit injunctions* den freien Urteilsverkehr innerhalb der EU zumindest potentiell verkomplizieren können.[1078] Die Entscheidung des EuGH wurde insbesondere deshalb kritisiert, da sie die Effizienz des englischen Wirtschaftsrechts stark beeinträchtigte,[1079] denn gerade die Möglichkeit des Erlasses der Prozessführungsverbote hatte England als Forum sehr attraktiv gemacht. *Fentiman*[1080] weist darauf hin, wie gering die Wahrscheinlichkeit von parallel anhängigen Verfahren in der Praxis sei, da den Parteien in den meisten Fällen schlichtweg die Mittel fehlten, zwei Prozesse gleichzeitig zu führen.

1073 *Mankowski,* RIW 2004, 497.

1074 *Raphael, The Anti-suit injunction,* 12.08.

1075 *Schroeder,* EuZW 2004, 471.

1076 *Fentiman,* International Commercial Litigation, 15.100.

1077 Noch zum EuGVÜ, EuGH, Urteil vom 14.7.1977, verb. Rs. 9 u. 10/77, *Eurocontrol*, Slg. 1977 I-1517, Rn. 4 ff.; *v. Hoffmann/Thorn,* § 3 Rn. 191-192.

1078 Vgl. *Dicey/Morris/Collins,* The conflict of laws, Bd. 1, Rule 31, Rn. 12-081, S. 510.

1079 *Briggs,* (2004) 120 L.Q.R. 531; *Knight,* (2009) 20 King's Law Journal, 137.

1080 *Fentiman,* oral evidence on the Green Paper on the Brussels I Regulation, Q 27, abrufbar auf der Webseite des *House of Lords.*

(2) Ausblick

Im Zusammenhang mit der Entscheidung des EuGH in *Turner v. Grovit* stellt sich die Frage, ob der EuGH anders entschieden hätte, wenn *Grovit* als *contemnor* behandelt worden wäre, also als sich in *contempt of court*–Befindender.[1081] In der zeitlich nachfolgenden Entscheidung *Gambazzi* wies der EuGH zwar darauf hin, dass diese Besonderheit des englischen *Common Law* hohen Anforderungen genügen müsse und erklärte sie nicht als mit damaligem Gemeinschaftsrecht unvereinbar.[1082] Der EuGH setzte sich aber in *Gambazzi* nicht wirklich mit dem Rechtsinstitut auseinander, sondern schien eine abschließende Bewertung vermeiden zu wollen, möglicherweise um nicht weiter in die Struktur des englischen *Common Law* einzugreifen, innerhalb derer das Sanktionsmittel des *contempt of court* eine wesentliche Bedeutung im Rahmen der Durchsetzung anderer Rechtsmittel zukommt.[1083] Ob bei tatsächlicher Prüfung des *contempt of court* im Hinblick auf die Vereinbarkeit mit Unionsrecht dieses Rechtsinstitut wirklich anders als *antisuit injunctions* beurteilt werden kann, erscheint doch zweifelhaft. Dass der EuGH bisher sehr zurückhaltend mit einer abschließenden Beurteilung des *contempt of court* war, wird möglicherweise dazu führen, dass in Situationen wie in *Turner v. Grovit* der Rückgriff auf *antisuit injunctions* in Zukunft durch die Anwendung des *contempt of court* ersetzt wird.[1084]

(3) Stellungnahme

Die Tatsache, dass die englische Sicht auf die *antisuit injunctions* auch Jahre nach *Turner v. Grovit* im Großen und Ganzen nicht verändert ist[1085] und sowohl in der englischen Lehre als auch in der nationalen Praxis weiterhin die Urteilsfindung in der Entscheidung des EuGH heftig kritisiert wird, zeigt, dass der Bedarf nach Rechtvereinheitlichung im Prozessrecht insbesondere vor der Diskussion der Abschaffung des Exequaturverfahrens unvermindert besteht. Ob die Entscheidung des EuGH dazu geführt hat, dass die Möglichkeit des Erlasses von *antisuit injunctions* auch außerhalb des Anwendungsbereichs der Verordnung nicht mehr gegeben ist, wurde zwar in *Beazley v. Horizon*[1086] angesprochen, aber nicht nur

1081 *Briggs,* (2004) 120 L.Q.R. 531.

1082 EuGH, Urteil vom 2.4.2009, Rs. C-394/07, *Gambazzi,* Slg. 2009 I-2563, Rn. 33; vgl. dazu S. 104.

1083 Rechtsvergleichend vgl. *Chesterman,* (1997) 46 Int'l & Comp.L.Q., 521 ff.

1084 *Briggs,* (2004) 120 L.Q.R., 532.

1085 In Bezug auf Drittstaaten werden außerhalb des Anwendungsbereichs des Unionsrechts weiterhin Prozessführungsverbote erlassen, vgl. z.B. *OT Africa Line Ltd v. Magic Sportswear Corp* [2005] 2 Lloyds Rep 170 (CA), §§ 37-38, 51.

1086 *Beazley v. Horizon Offshore Contractors Inc* [2005] Lloyds Rep IR 231 §§ 35-47, auch *Masri v. Consolidated Contractors International Company SAL* [2008] EWCA Civ 625, § 67.

nicht bestätigt, sondern gar als abwegig befunden.[1087] Auf der Ebene des Europäischen Zivilprozessrechts ist die Problematik der Geltendmachung rechtsmissbräuchlicher Klagen über die Anwendung der Artt. 27 und 28 EuGVVO zu lösen, indem Prozesse bei anderweitiger (paralleler) Rechtshängigkeit ausgesetzt werden, auch wenn diese, wie *Fentiman* sagt, in der Praxis *„very unlikely"* sind.[1088] Denn auf diese Weise wird die prozessuale Gerechtigkeit im Europäischen Zivilprozess derart gefördert, dass das jeweils sachnähere Gericht entscheidet.[1089]

C. Kritik der EuGH-Rechtsprechung mit Common Law – Bezug

I. Die Urteilsfindung des EuGH

Die Rechtsprechung des EuGH im Zusammenhang mit der Anerkennung und Vollstreckung von Entscheidungen, welche dem *Common Law*-Rechtskreis entstammen, wird in England stark kritisiert. In der Kritik, welche auf die Unfähigkeit des Gerichtshofs hinweist, Rechtsinstitute und Wirkungsweisen des Common Law richtig zu bewerten, wird die (möglicherweise berechtigte) Angst laut, die Europäisierung und Vereinheitlichung des Rechts innerhalb der Gemeinschaft führe zu einer systematischen Zerschlagung des englischen *Common Law*.[1090] Entscheidungen wie *Owusu v. Jackson*[1091] und *Turner v. Grovit* zeigen, dass traditionelle Regelungen des englischen *Common Law* im Falle eines Konflikts mit Unionsrecht zu weichen haben. Dies ist aufgrund des Vorrangs des Unionsrechts zwar logisch, verursacht aber naturgemäß große Schwierigkeiten für die englischen Gerichte als Produzenten des *judge-made-law*.[1092]

Es wird in diesem Zusammenhang auf die Tatsache hingewiesen, dass unter den entscheidenden Richtern des EuGH oftmals weder *„Common Lawyer"* noch schottische Juristen, welche dem englischen Rechtskreis nahestehen, zu finden sind.[1093] Entscheidungen, in denen englische Gerichte nationale Rechtsinstitute

1087 Vgl. dazu auch *Knight,* (2009) 20 King's Law Journal, 137.

1088 *Fentiman,* oral evidence on the Green Paper on the Brussels I Regulation, Q 27, abrufbar unter der Webseite des House of Lords.

1089 *Schroeder,* EuZW 2004, 471.

1090 *Hartley,* (2007) 54 Int'l & Comp.L.Q., 813 ff.

1091 EuGH, Urteil vom 1.3.2005, Rs. C-281/02, *Owusu/Jackson,* Slg. 2005 I-1383.

1092 *Hartley,* (2005) 54 Int'l & Comp.L.Q., 828; ausführlich: *Devlin,* The Judge, S. 1 ff.; *Malleson/Moules,* The Legal System, S. 73 f.

1093 In *Turner v. Grovit* war keiner Richter des elfköpfigen Spruchkörpers diesem Rechtskreis zugehörig, in *Owusu v. Jackson,* welcher vor der neunköpfigen Großen Kammer des EuGH verhandelt wurde ebenfalls nicht, vgl. dazu *Hartley,* (2005) 54 Int'l & Comp.L.Q., 826.

aus Sicht des EuGH fälschlicher Weise für vereinbar mit Unionsrecht erklärt haben, lassen sich aus der Perspektive des englischen *Common Law* daher auch nicht mit Auslegungsschwierigkeiten, welche im Zusammenhang mit dem Unionsrecht stehen, sondern vielmehr mit der Art der Urteilsfindung des EuGH begründen. Dazu wird angeführt, dass anders als in England die Richter, welche die Urteile dieses Gerichtshofes sprechen, nicht zwangsläufig Juristen oder gar auf den Bereich ihrer Zuständigkeit spezialisiert seien. Die entscheidenden Richter seien in Entscheidungen, welche das Zusammenspiel von Unionsrecht und *Common Law* zum Inhalt gehabt hätten, zudem oftmals keine Juristen aus dem Rechtskreis des *Common Law* und insofern möglicherweise auch nicht mit der wirklichen Bedeutung der Rechtsinstute vertraut gewesen.[1094] Dies steht jedoch wiederum mit der Art der Auslegung im Zusammenhang, wie sie von den zuständigen Richtern am EuGH vorgenommen wird.[1095] *Dickinson*[1096] wirft daher die (rhetorische) Frage auf: *„Is the Court of Justice really deserving of our trust?"* Er schlägt vor, einen spezialisierten europäischen *„civil and commercial court"* zu schaffen, für welchen Verfahren und Richter besonders ausgewählt werden, um der Sensibilität der zivilrechtlichen Problemstellungen gerecht zu werden. Die Antwort auf die von ihm aufgeworfene Frage könnte ohne tatsächliche Reformen nach Ansicht *Dickinsons* wie folgt aussehen: *„Europe's supreme court may aquire a reputation as a court of injustice, not Justice."*[1097]

In England herrschen gleiche Vorurteile wie in Kontinentaleuropa vor; auch nach Jahrzehnten der Rechtsvergleichung stehen Juristen beider Rechtskreise dem jeweiligen anderen Rechtskreis skeptisch gegenüber. Aus der *Common Law*-Perspektive ist daher die kontinentaleuropäische Prägung des EuGH in

---

1094 Für Hinweise zu diesem Thema bedanke ich mich bei Richard Fentiman, Reader of Private International Law at the University of Cambridge, United Kingdom, Gespräch vom 28.01.2011. Vgl. auch: *Briggs,* (2004) 120 L.Q.R., 530; *Knight,* (2006) 9 Trinity C.L.Rev., 101. Dieses Phänomen beschränkt sich indes nicht auf das englische *Common Law*: Auch verfügen nur wenige Mitglieder des Gerichtshofes über „einschlägige Kenntnisse des deutschen Zivil – oder Zivilverfahrensrechts", vgl. *v. Danwitz,* ZEuP 2010, 467.

1095 *Craig,* in: Jowell/Oliver, S. 96.

1096 *Dickinson,* Guest Editorial conflictoflaws.net, abrufbar unter http://conflictoflaws.net/2008/guest-editorial-dickinson-on-trust-and-confidence-in-the-european-community-supreme-court/, welcher darauf hinweist: *„(...)the potted biographies of the current members of the Court appearing on the curia website suggest that significantly less than half have any experience of private practice. Unsurprisingly, the background of most lies in the areas of public and European law and only two CVs(...) refer to private international law. This suggests a significant imbalance(...)".*

1097 *Dickinson,* Guest Editorial conflictoflaws.net, abrufbar unter http://conflictoflaws.net/2008/guest-editorial-dickinson-on-trust-and-confidence-in-the-european-community-supreme-court/.

Teilen nicht zu begrüßen.[1098] So findet sich häufig der Hinweis, dass die Entscheidungsfindung des EuGH nicht einfach nachzuvollziehen sei, da sie zu wenig *reasoning* enthalte.[1099] Die Urteilsfindung des Gerichtshofs beinhalte keinen an der Praktibilität orientierten Ansatz und sei häufig das Produkt von Kompromissen, indem sie sich an dem kleinsten gemeinsamen Nenner orientiere, ohne ausführliche Darstellungen der jeweiligen in Rede stehenden Problematik zu beinhalten.[1100] Ursächlich sei insbesondere das Prinzip der Einstimmigkeit, welches in *Civil Law*-Tradition beachtet wird. Die Rolle des Generalanwalts reiche bei weitem nicht an die Funktion der *dissenting opinions* des englischen *Common Law* heran, weshalb vorgeschlagen wird, auch auf europäischer Ebene abweichende Meinungen der entscheidenden Richter zu veröffentlichen.[1101] Verbunden wird diese Kritik aus dem *Common Law*-Rechtskreis, in welchem dem ausführlichen und sprachlich anspruchsvoll formuliertem *reasoning* aufgrund der *doctrine of precedents* eine besondere Bedeutung zukommt, mit dem Hinweis auf die Unterschiedlichkeit der Ausbildung der Richter, welche sich ohne Frage gerade in Deutschland deutlich von derjenigen auf dem Gebiet des englischen *Common Law* unterscheidet. Anders als in Deutschland, wo mit Ablegung der Zweiten Juristischen Prüfung die Befähigung zum Richteramt in der Theorie erlangt ist, ist der Weg zum Richteramt in England lang.[1102]

II. The dangerous illusion of mutual trust oder „European legal imperialism“

Insbesondere das Prinzip des gegenseitigen Vertrauens als Argumentationsstütze für Entscheidungen des EuGH, welche im Zusammenhang mit dem englischen

1098 Vgl. *Hartley,* (2005) 54 Int'l & Comp.L.Q., 828: *„continental-style rules that we may regard as inferior“*; für den entgegengesetzten Ansatz s. *Lord Goff of Chievely,* (1997) 46 Int'l & Comp.L.Q., 745 ff.

1099 Vgl. *Lord Mance,* (2004) 120 L.Q.R., 363; *Lord Goff of Chievely,* (1997) 46 Int'l & Comp.L.Q., 756; *Dickinson,* Guest Editorial conflictoflaws.net, abrufbar unter http://conflictoflaws.net/2008/guest-editorial-dickinson-on-trust-and-confidence-in-the-european-community-supreme-court/.

1100 *Lord Mance,* (2004) 120 L.Q.R., 363.

1101 *Lord Mance,* (2004) 120 L.Q.R., 364 f.

1102 Dazu *Lord Goff of Chievely,* (1997) 46 Int'l & Comp.L.Q., 755, welcher dazu ausführt *„German judges are[, by comparison,] appointed straight from the university, where the five-year law degree course is expressly designed for the training of judges...“* Dabei wird zwar das Referendariat übersehen, vgl. ebenso *Hartley,* (2005) 54 Int'l & Comp.L.Q., 828 FN 65 – nichtsdestotrotz ist die Ausbildung englischer Richter, welche über eine langjährige Praxis als *barrister* verfügen müssen, bevor sie ihr Amt ausüben können, nicht mit der praktischen Erfahrung eines deutschen Proberichters zu vergleichen, welcher allerdings auch nicht das Amt des deutschen Richters am Gerichtshof bekleidet.

Common Law stehen, stößt in englischen Rechtskreisen auf Widerwillen. Das genannte Prinzip wird daher zuweilen als *„dangerous illusion"* bezeichnet, welches von englischen Gerichten eher als Beispiel eines *„European legal imperialism"* denn als Auslegungsmaxime der gemeinsamen Verordnungen wahrgenommen werde.[1103] Grund für diese Beobachtungen ist neben der Entscheidung des EuGH in *Turner v. Grovit* maßgeblich auch die Entscheidungsfindung des EuGH in dem Fall *Gasser v. MISAT*[1104].

Die Entscheidung in *Gasser* von Seiten des österreichischen Gerichts hatte inhaltlich eine Zahlungsklage zum Gegenstand, gegen welche sich der italienische Schuldner mittels einer negativen Feststellungsklage vor den italienischen Gerichten (sogenannter *„Italian torpedo"*) gewehrt hatte. Die italienischen Gerichte waren im Ergebnis unzuständig, was allerdings erst nach zehn Jahren festgestellt wurde.[1105] In seiner Entscheidung wies der EuGH den Antrag der englischen Gerichte[1106] zurück, in Ausnahmefällen von dem in Art. 21 EuGVÜ bzw. 27 EuGVVO geregelten Prinzip des Vorrangs der Rechtshängigkeit des zuerst angerufenen Gerichts abzuweichen. Die Entscheidung des EuGH erging zwar noch zum EuGVÜ, die Überlegungen des Gerichtshofs sind jedoch auf die EuGVVO zu übertragen, als dass Art. 27 EuGVVO mit Ausnahme einer kleinen Anpassung Art. 21 EuGVÜ wörtlich entspricht.[1107] Der EuGH begründete seine Entscheidung in *Gasser* ebenfalls ausdrücklich mit dem Grundsatz des gegenseitigen Vertrauens.[1108] Zudem bezog sich der EuGH im Rahmen der Entscheidungsbegründung auf das allgemeine Bedürfnis nach Rechtssicherheit, welche insbesondere auch durch eine gewisse Vorhersehbarkeit der Entscheidungen im Europäischen Verfahrensrecht zu erreichen sei.[1109]

Aus englischer Sicht zeigt die Entscheidung *„a blank refusal",* also die völlige Verweigerung, trotz des offensichtlichen gegenteiligen Beweises, nachzusinnen, ob das italienische Rechtssystem fehlerhaft sei.[1110] *Knight*[1111] weist daraufhin, dass gegenseitiges Vertrauen auch bedeuten sollte, dass den nationalen englischen Gerichten etwas mehr Respekt zugestanden werde. *Dickinson*[1112] stellt

1103 *Raphael,* The anti-suit injuction, 12.14.

1104 EuGH, Urteil vom 9.12.2003, Rs. C-116/02, *Gasser/Misat,* Slg. 2003 I-14693.

1105 *Hartley,* (2005) 54 Int'l & Comp.L.Q., 817; zum *Italian torpedo* vgl. *Hess,* EuZPR, § 6 Rn. 165 ff.; *Schilling,* IPRax 2004, 294; *Grothe,* IPRax 2004, 206, 212.

1106 Zum britischen Vorschlag vgl. *Grothe,* IPrax 2004, 208.

1107 *Schilling,* IPRax 2004, 295.

1108 EuGH, Urteil vom 9.12.2003, Rs. C-116/02, *Gasser/Misat,* Slg. 2003 I-14693, Rn. 72.

1109 EuGH, Urteil vom 9.12.2003, Rs. C-116/02, *Gasser/Misat,* Slg. 2003 I-14693, Rn. 72; *Hess,* EuZPR, § 3 Rn. 10.

1110 *Hartley,* (2005) 54 Int'l & Comp.L.Q., 820; *Knight,* (2006) 9 Trinity C.L.Rev., 98.

1111 *Knight,* (2006) 9 Trinity C.L.Rev., 99.

1112 *Dickinson,* Guest Editorial conflictoflaws.net, abrufbar unter http://conflictoflaws.net/2008/guest-editorial-dickinson-on-trust-and-confidence-in-the-european-community-supreme-court/.

heraus, dass das gegenseitige Vertrauen der Mitgliedsstaaten untereinander zu einem bestimmten Grad eine Fiktion sei. Dabei weist er auf den Unwillen der Mitgliedsstaaten hin, bestimmten *„continental cousins"* in juristischer Hinsicht zu vertrauen, welchen ihr Ruf, gerechtfertigt oder ungerechtfertigt, vorauseile. Doch nicht nur in England wird das „Lieblingskind" des EuGH im Rahmen seiner Entscheidungsbegründung mit Argwohn betrachtet, auch in der kontinentaleuropäischen Literatur herrscht die Ansicht vor, dass eine zu strikte Bindung an diesen Grundsatz den großen Differenzen der Europäischen Verfahrensrechte untereinander nicht gerecht wird und in der Praxis zu Ungerechtigkeiten führen kann.[1113] Die Kritik der Literatur bezieht sich insbesondere darauf, dass das „Vertrauensdogma" der Union dem Unionsbürger abverlangt, in ein gleichwertiges Rechtsschutzniveau zu vertrauen, was in diesem Sinne noch nicht vorhanden ist.[1114] Diese Kritik fußt darauf, dass gegenseitiges Vertrauen suggeriert und als Argumentationsfigur innerhalb der Rechtsprechung verwendet wird, ohne dabei den tatsächlichen Harmonisierungsgrad zu berücksichtigen.

§ 3: Zusammenfassung des Dritten Teils

Die Wahrnehmung des europäischen verfahrensrechtlichen ordre public unterscheidet sich aus der Perspektive des englischen *Common Law* insofern von derjenigen, welche dem übrigen Teil dieser Arbeit zugrunde liegt, als dass der Vorbehaltsklausel aus englischer Sicht bereits auf nationaler Ebene weniger Bedeutung beigemessen wird, als es innerhalb des deutschen Internationalen Privatrechts der Fall ist. Die Differenzen zwischen *Common Law* und *Civil Law* sind bekannt und begründen sich in der Unterschiedlichkeit der Rechtssysteme. Der Prüfungsmaßstab für die *public policy*-Kontrolle ist im englischen autonomen Recht nichtsdestotrotz ähnlich wie in Deutschland: Der Maßstab ist eng und ein Eingreifen der Vorbehaltsklausel wird auf fundamentale Verstöße beschränkt. Unterschiede ergeben sich zum deutschen Internationalen Privatrecht in materieller Hinsicht – welchem jedoch nicht das Augenmerk der Arbeit gilt – indes hinsichtlich des Prüfungsgegenstandes: Art. 6 EGBGB stellt auf das Ergebnis der Anwendung des ausländischen Rechts ab, die *public policy* unter englischem *Common Law* wird zumeist abstrakt, d.h. bereits auf Tatbestandsebene, angewendet.

1113 *Hess,* EuZPR, § 4 Rn. 76; im Hinblick auf die häufigen Vertragsverletzungen der EMRK; Rauscher/*Pabst,* Art. 5 EuVTVO Rn. 20; *Cuniberti,* (2008) 57 Int'l & Comp.L.Q., 52; *Pfeiffer,* FS Jayme, 683 weist auf ein „Element der Fiktion" hin.

1114 Vgl. statt vieler Rauscher/*Pabst,* Art. 5 EuVTVO Rn. 20.

Aufgrund des Vorrangs des Unionsrechts und der Tatsache, dass der EuGH über die Grenzen der inhaltlichen Ausfüllung der Klausel wacht, sind keine Unterschiede in Definition und Anwendung der *European public policy* zu beobachten; um es mit *Rabel* zu sagen: Der „praktische Unterschied ... muß mit der Lupe gesucht werden."[1115] Anders verhält es sich mit der Bedeutung von Art. 6 EMRK für das englische Internationale Privatrecht: Zwar inkorporierte der *Human Rights Act 1998* die Konvention in das englische Recht, die Bedeutung der Vorschrift im Rahmen der Rechtsprechung ist jedoch – wie oben dargestellt – noch immer zu gering.

Inwieweit sich Unterschiede der beiden Rechtskreise in dieser Hinsicht auf die Diskussion um die Abschaffung der Vorbehaltsklausel im Europäischen Zivilprozess auswirken, wird im folgenden Teil zu behandeln sein.

1115 *Rabel*, RabelsZ 16 (1951), 345 im Hinblick auf die Unterschiede zwischen *Civil Law* und *Common Law*.

Vierter Teil: Die Abschaffung des ordre public und des Exequaturverfahrens

§ 1: Die rechtspolitische Diskussion um den ordre public im Rahmen des europäischen Verfahrensrechts

Goldschmidt[1116] schrieb vor mehr als fünfzig Jahren zum Thema des ordre public: „Die Kultur einer Gemeinschaft kann daran gemessen werden, in welchem Umfang sie fremdes Recht anerkennt." Diese Aussage weist auf eines der großen Probleme des ordre public im Rahmen der Europäischen Gemeinschaft hin.[1117] Denn auch wenn die Europäische Union insbesondere nach dem Inkrafttreten des Vertrags von Lissabon – wie im Ersten Teil der Arbeit aufgezeigt wurde –[1118] bereits über ein gemeinsames Wertesystem verfügt, so ist die Tatsache nicht zu verleugnen, dass es auch innerhalb dieser Gemeinschaft Rechtssysteme gibt, die sich auch heutzutage noch stark voneinander unterscheiden.[1119] Dies schon früh erkennend stellte *Mosler* fest, dass „ein Ordre public [kann] nur in einer organisierten Rechtsgemeinschaft bestehen" kann.[1120] Wie ist es also um die Kultur der Europäischen Union bestellt?

Eine organisierte Rechtsgemeinschaft entsteht durch Vereinheitlichung und ist im Falle der Europäischen Union immer wieder Veränderungen unterworfen. So ergibt sich, dass der ordre public in wohl keiner aus mehreren Staaten bestehenden Rechtsgemeinschaft ein Rechtsinstitut ist, welches über einen allgemein feststehenden Inhalt verfügt.[1121] Hinsichtlich der Kultur der Europäischen Union wirkt sich dies insoweit aus, als dass auch der europäische verfahrensrechtliche ordre public – wie im Ersten Teil der Arbeit aufgezeigt[1122] – noch immer ein primär national ausgefüllter Vorbehalt ist, welcher allerdings durch das europäische Wertesystem geprägt wird.

1116 *Goldschmidt,* Die philosophischen Grundlagen des internationalen Privatrechts, FS Wolff, 205.

1117 Vgl. *Mansel,* BerGesVR 43 (2007), 179.

1118 S. 86 ff.

1119 S. Dritter Teil im Hinblick auf das englische *Common Law.*

1120 *Mosler,* Homenaje a D. Antonio de Luna, 372.

1121 *Mosler,* Homenaje a D. Antonio de Luna, 381.

1122 S. 55 ff.

Bezeichnend für die Kultur innerhalb der Europäischen Union ist somit in diesem Zusammenhang der Vorschlag der Europäischen Kommission aus dem Jahre 1997, den Vorbehalt des ordre public innerhalb der Grenzen der EU zu streichen, da sich die Vorbehaltsklausel in einer „Schieflage im Europäischen Integrationsprozess“[1123] befinde.[1124] Der Vorschlag ist damit zu begründen, dass der Vorbehalt des ordre public traditionell eher als integrationshemmend als integrationsfördernd verstanden wird.[1125] Um diesem Verständnis Rechnung zu tragen, enthalten einige der jüngeren Verordnungen der EU gar keinen allgemeinen ordre public-Vorbehalt mehr.[1126]

Der Europäische Rat trat im Oktober 1999 in Tampere zu einer Sondertagung zusammen, aus deren Schlussfolgerungen[1127] die entscheidenen Entwicklungen der unionsrechtlichen Kollisionsrechtspolitik hervorgingen.[1128]

Im Dezember 2009 wurden durch das *Stockholmer Programm*[1129] die Ziele der Rechtsvereinheitlichung Europas für die Zukunft festgelegt, welche für das Verfahrensrecht eine mittelfristige Abschaffung des Exequaturverfahrens unter gleichzeitiger Einführung von Sicherungsgarantien beinhalten.[1130] Aufgrund der fortschreitenden Vereinheitlichung werden im europäischen Zivilverfahrensrecht zwei Entwicklungstendenzen deutlich: Zum einen die Bemühung generell auf ein Exequaturverfahren zu verzichten, sowie zum anderen insbesondere den Vorbehalt des ordre public gänzlich zu streichen.[1131] Angesichts der bestehenden nationalen Unterschiede innerhalb der Verfahrensordnungen erscheint es zumindest fraglich, ob diese Vorgehensweise in der Gegenwart praktikabel ist.

A. Die Abschaffung des Exequaturverfahrens im Allgemeinen – ein mehrstufiges Verfahren

Zunächst ist auf die Abschaffung des Exequaturverfahrens einzugehen. Die Erläuterung der Abschaffung des Exequaturverfahrens erfolgt dabei unter Bezug-

---

1123 Vgl. *Sujecki*, ZEuP 2008, 459.

1124 KOM (97) 606 endg. vom 26.11.1997-ABI. EG 2001 C 33 vom 31.1.1998, 9 Tz. 20.

1125 *Kropholler*, IPR § 36 VI in Bezug auf staatsvertragliche Vorbehaltsklauseln; *Iversen*, in: Brödermann/Iversen, Rn. 1077.

1126 Vgl. *Mansel*, in: Baur/Mansel, S. 12; *Wagner*, IPRax 2002, 89; *ders.*, NJW 2005, 1157.

1127 Ratsdok. Sl (1999) 800; http://ue.eu/de/info/eurocouncil/index.htm; NJW 2000, 339.

1128 *Heid*, in: Dauses, Hdb. des EU-Wirtschaftsrechts, Rn. 134.

1129 Abrufbar unter http://register.consilium.europa.eu/pdf/de/09/st17/st17024.de09.pdf; zu den Einzelheiten zusammenfassend *Wagner*, IPRax 2010, 98 ff.

1130 *Wiedmann/Gebauer*, in: Gebauer/Wiedmann, Kap. 1 Rn. 39, 107.

1131 Vgl. *Mansel/Thorn/Wagner*, IPRax 2010, 11; *Martiny*, FS Sonnenberger 2004, S. 544; *Frattini*, ZEuP 2006, 229.

nahme auf die EuGVVO, da das Verfahren in den Verordnungen der zweiten Generation bereits nicht mehr existiert. Die Bedeutung dieser Thematik ist systematisch der Diskussion um die Abschaffung des verfahrensrechtlichen ordre public vorgelagert, als dass die Vorbehaltsklausel Teil des Exequaturverfahrens ist und damit der Durchsetzung des ordre public im Verfahren dient. Wie im Folgenden zu zeigen sein wird, stimmen die Argumente, welche innerhalb der Literatur im Hinblick auf die geplante Abschaffung des Exequaturverfahrens angeführt werden, mit denen, welche sich auf die Abschaffung des ordre public beziehen, daher weitgehend überein. Auffällig ist dabei jedoch, dass die Anzahl der in der Literatur erschienenen Beiträge, die sich mit der Abschaffung des ordre public im Besonderen auseinandersetzen, wesentlich größer als die Zahl derer, welche sich auf die Abschaffung des Exequaturverfahrens im Allgemeinen beziehen, ist. Begründen lässt sich diese Beobachtung mit der – auch emotional – hohen Bedeutung der Vorbehaltsklausel, welche sich besonders plastisch an den für sie gewählten Synonymen erkennen lässt.[1132]

I. Das heutige Exequaturverfahren in der EUGVVO

Das Exequaturverfahren der EuGVVO ist in der ersten Instanz nicht mehr als kontradiktorisches Verfahren ausgestaltet. Vielmehr wird die Vollstreckungsklausel nach Art. 41 EuGVVO in einem standardisierten Verfahren erteilt, ohne dass es zu einer inhaltlichen Prüfung der in den Artt. 34 und 35 EuGVVO enthaltenen Anerkennungshindernisse kommt.[1133] Aufgrund der Tatsache, dass der Gläubiger lediglich die im Anhang III zur EuGVVO vorgeschriebenen Formblätter vorlegen muss, welche die grundsätzliche Anerkennungs – und Vollstreckungsfähigkeit des ausländischen Titels bescheinigen, ähnelt das Vollstreckbarkeitsverfahren der EuGVVO inzwischen einem schlichten Klauselerteilungsverfahren in Form der §§ 724 ff. ZPO.[1134] Dies äußert sich in der bloßen formularmäßigen Nachprüfung der Voraussetzungen des Art. 53 EuGVVO. Eine Prüfung der Anerkennungsversagungsgründe der Artt. 34 f. EuGVVO findet nur auf Beschwerde des Schuldners im Rechtsbehelfsverfahren nach Artt. 41, 43 ff. EuGVVO statt.[1135]

1132 Beispielhaft sind zu nennen: „letztes Bollwerk", „Schutzanker", „Notbremse" vgl. z.B. *Wagner,* IPRax 2002, 91.

1133 *Hess,* EUZPR, § 3 Rn. 15.

1134 *Hess,* EUZPR, § 3 Rn. 16.

1135 *Hess,* EUZPR, § 3 Rn. 16; Rauscher/*Leible,* EuZPR, Art. 34 EuGVVO Rn. 22.

II. Die Prinzipien von wechselseitiger Anerkennung und gegenseitigem Vertrauen

Schon in Art. 220 EWGV (1958) fand sich die Gewährleistung des freien „Verkehrs von Urteilen“ als rechtspolitisches Regelungsziel.[1136] Mit Hilfe der Urteilsfreizügigkeit soll den Gläubigern im Binnenmarkt eine effektive Durchsetzung ihrer Forderungen garantiert werden.[1137] Die Errichtung eines europäischen Rechtsraumes nach den Maßgaben der Artt. 67 ff. AEUV ist folglich als die justizielle Reaktion auf den wirtschaftlichen Integrationsprozess der Gemeinschaft zu verstehen.[1138]

Aufgrund der heutigen Mobilität von Personen, Dienstleistungen und Gütern innerhalb des gemeinsamen Marktes enden Rechtsverhältnisse oftmals nicht an den nationalen Grenzen. In grenzüberschreitenden Rechtsstreitigkeiten können die Unterschiede der nationalen Verfahrensrechte für erhebliche Rechtsunsicherheit sorgen.[1139] Die Entwicklung eines gemeinsamen Justizraumes soll diese Problematik beheben. Folglich basiert die EuGVVO ebenfalls auf den Prinzipien von gegenseitigem Vertrauen und Anerkennung.[1140] Diese beiden Prinzipien sind zugleich auch die treibende Kraft hinter den Bestrebungen in Zukunft vollständig auf ein Exequaturverfahren zu verzichten.[1141]

Der Grundsatz der gegenseitigen Anerkennung stammt aus dem allgemeinen Unionsrecht und wurde im Zusammenhang mit der Warenverkehrsfreiheit entwickelt.[1142] Auch der Grundsatz des gegenseitigen Vertrauens ist kein vom europäischen Gesetzgeber im Zusammenhang mit der EuGVVO neu geschaffenes Konzept; vielmehr wurde er schon innerhalb des EuGVÜ zur Begründung des Verbots der sachlichen Nachprüfung einer in einem anderen Mitgliedsstaat anzuerkennenden Entscheidung verwendet.[1143]

1. Die erste Stufe des Rechtssetzungskonzepts

Das Rechtssetzungskonzept der gegenseitigen Anerkennung ist im Prozessrecht zweistufig aufgebaut.[1144] Die Einführung des Exequaturverfahrens inner-

1136 *Hess,* EUZPR, § 3 Rn. 12.
1137 *Hess,* EUZPR, § 3 Rn. 12.
1138 *Fornasier,* ZEuP 2010, 479.
1139 *Fornasier,* ZEuP 2010, 479 f.
1140 Vgl. ABl. EG 2001 Nr. L 12, S. 1 ff., Erwägungsgrund 16.
1141 *Beaumont/Johnston,* (2010) 6. Priv. L., 251.
1142 EuGH, Urteil vom 20.2.1979, Rs. C-120/78, *Cassis de Dijon,* Slg. 1979 I-649; *Mansel,* in: Baur/Mansel, 10 ff. m.w.N.; sehr ausführlich *ders.,* RabelsZ 70 (2006), 664 ff.
1143 *Sujecki,* ZEuP 2008, 467.
1144 *Mansel,* RabelsZ 70 (2006) spricht von zwei unterschiedlichen Ausprägungen.

halb des EuGVÜ entsprach der ersten Stufe der gegenseitigen Anerkennung.[1145] Aufgrund der Tatsache, dass die Prozessordnungen der Mitgliedsstaaten noch nicht hinreichend vereinheitlicht waren, wurden Mindeststandards mit Hilfe der Anerkenntnishindernisse des Art. 27 EuGVÜ zunächst im Exequaturverfahren überprüft und – gegebenenfalls – geltend gemacht.[1146] Das Regelungskonzept der heutigen EuGVVO stellt im Verhältnis zu diesem ersten Schritt lediglich einen Zwischenschritt dar,[1147] da zwar eine Verlagerung der Nachprüfung der Anerkenntnishindernisse in das Beschwerdeverfahren, nach den Artt. 34, 43 ff. EuGVVO stattgefunden hat. Die Verordnung verzichtet aber nicht vollständig auf den Kontrollvorbehalt im Exequaturverfahren, da für den Schuldner noch die Möglichkeit besteht, die Anerkennungshindernisse im Beschwerdeverfahren geltend zu machen.[1148]

Der genannte Regelungsschritt wird aus der Sicht des Unionsrechts mit dem Leitbild des Herkunftslandprinzips beschrieben.[1149] Unter dem Herkunftsland – oder auch Ursprungslandprinzip, ist aus unionsrechtlicher Perspektive eine Regelung zu verstehen, die die Rechtsstellung von Dienstleistern oder Warenanbietern im grenzüberschreitenden Rechtsverkehr der Europäischen Union zum Gegenstand hat.[1150] Inhalt des Herkunftslandprinzips ist, dass ein Dienstleister oder Warenanbieter, der seine Dienste oder Waren in einem Mitgliedsstaat erbringen oder veräußern möchte, in dem er über keine dauerhafte Niederlassung verfügt, lediglich die Rechts – und Verwaltungsvorschriften seines nationalen Niederlassungsstaates erfüllen muss. Insofern schafft das Prinzip im grenzüberschreitenden Rechtsraum für Unternehmer Rechtssicherheit. Es gewährleistet, dass die Unternehmer zwar das Recht ihres Herkunftsstaates einhalten, darüber hinaus aber nicht noch den Voraussetzungen des anderen Staates genügen müssen.

Dieses Prinzip wird insofern auf das Europäische Zivilprozessrecht übertragen, als dass sich die Lage von Beklagten im Europäischen Zivilprozess ähnlich wie die der Dienstleister oder Warenanbieter darstellt: Die Berührung mit ausländischem Recht ist in einem Europäischen Rechtsraum kaum vermeidbar, soll aber dem Betroffenen nicht zu Schaden gereichen. Dieser Effekt wird dadurch erreicht, dass die nationalen Reglementierungen als gleichwertig anerkannt werden.[1151]

1145 *Hess,* EuZPR, § 3 Rn. 22; *ders.,* IPRax 2001, 301 ff.; *Mansel,* in: Baur/Mansel, 10;
1146 *Hess,* EuZPR, § 3 Rn. 22.
1147 *Hess,* EuZPR, § 3 Rn. 24.
1148 *Hess,* EuZPR, § 3 Rn. 22.
1149 *Mansel,* in: Baur/Mansel, 11 ff.; *ders.,* RabelsZ 70 (2006), 673 m.w.N.; *Sujecki,* ZEuP 2008, 467; MüKo-ZPO/*Adolphsen,* Vor §§ 1079 ff. Rn. 4 in Bezug auf den EuVT; *Hess,* JZ 2001, 582.
1150 Mickel/Bergmann, Handlexikon der Europäischen Union, nachschlagbar unter „Ursprungslandprinzip".
1151 *Mansel,* in: Baur/Mansel, 10; zur Frage der Verankerung des Herkunftslandprinzips in den Grundfreiheiten vgl. *Roth,* in: Baur/Mansel, 53 ff. m.w.N.

Das Prinzip des gegenseitigen Vertrauens entstand im Europäischen Zivilprozessrecht im Zusammenhang mit dem EuGVÜ. Innerhalb des Anwendungsbereichs dieser sogenannten *„convention double"* vereinheitlichte das Übereinkommen die internationalen Zuständigkeiten und verzichtete mit wenigen Ausnahmen deshalb auf eine Überprüfung der internationalen Zuständigkeit des Erstgerichts, vgl. Artt. 28 Abs. 3, 34 EuGVÜ.[1152] Aufgrund dieser Tatsache prägte man den Begriff des gegenseitigen Vertrauens. Die Prämisse des gegenseitigen Vertrauens bezieht sich schließlich darauf, dass die unionsrechtlichen Schutzvorschriften in den Mitgliedsstaaten nicht nur einheitlich, sondern auch effektiv befolgt werden.[1153]

2. Die zweite Stufe: Der Standpunkt der Kommission

Innerhalb eines gemeinsamen Marktes ohne Grenzen ist es nach Ansicht der Kommission fragwürdig, von Bürgern und Unternehmen der Europäischen Union zu erwarten, sowohl Zeit als auch Geld zu opfern, um etwaige Rechte im Ausland durchzusetzen.[1154] Sinn der Abschaffung des Exequaturverfahrens als zweite Stufe des Rechtssetzungskonzepts der gegenseitigen Anerkennung soll daher insbesondere der Verzicht auf die Anerkennungs – und Vollstreckungshindernisse sein.[1155] Diese beinhalten wiederum neben der Verletzung des rechtlichen Gehörs auch den Einwand des ordre public, vgl. Art. 45 i.V.m. Art. 34 Nr. 1, 2 EuGVVO. Die Abschaffung des ordre public ist damit eines der langfristigen Ziele im Prozess der Harmonisierung des Europäischen Rechtsraumes.

a) Der Vorschlag der Kommission für eine Neufassung der EuGVVO vom 14.12.2010[1156]

Mit diesem langfristigen Ziel beschäftigt sich der Vorschlag der Kommission für eine Neufassung der EuGVVO von Dezember 2010. Nachfolgend soll daher ein Überblick über die für diese Arbeit bedeutenden Reformziele gegeben und anschließend eine Bewertung der Neuerungen vorgenommen werden.

(1) Überblick

Am 14. 12. 2010 unterbreitete die Kommission den offiziellen Vorschlag für eine Neufassung der EuGVVO (EuGVVO-E). In diesem Vorschlag, welchem die vor-

1152 *Hess,* EuZPR, § 3 Rn. 13.
1153 *Hess,* EuZPR, § 3 Rn. 27.
1154 *Beaumont/Johnston,* (2010) 6.Priv.L., 251 f.
1155 *Mansel/Thorn/Wagner,* IPRax 2010, 11.
1156 KOM (2010) 748 endg. 2010/0383.

geschlagene Neufassung der Verordnung angefügt ist, weist sie zunächst auf die vier Themenkomplexe hin, welche den Bedarf einer Neufassung der Verordnung begründen.[1157] Der erstgenannte Aspekt dieser Aufzählung ist die „Behinderung" der Urteilsfreizügigkeit durch das Verfahren der Exequatur, welcher den wichtigsten Punkt der Reform für die vorliegende Arbeit darstellt. Als weitere Themen werden die unbefriedigenden Zugangsmöglichkeiten zu einem europäischen Gericht für den Fall einer Streitigkeit mit einem Schuldner aus einem Drittstaat sowie die Verbesserungswürdigkeit der Wirksamkeit von Gerichtsstandvereinbarungen genannt. Ebenfalls wird das Erfordernis der besseren Verknüpfung von Schiedsgerichtsbarkeit mit gerichtlicher Streitbeilegung in dem Vorschlag der Neufassung der Kommission berücksichtigt.[1158] Im Folgenden werden die Ausführungen aus thematischen Erwägungen insbesondere auf die Abschaffung der Exequatur und im übrigen auf die geplante Verknüpfung von Schiedsgerichtsbarkeit und gerichtlicher Streitbeilegung beschränkt; die Thematik der Drittstaatensachverhalte wird nicht ausgeführt.

Grundlagen für den Vorschlag der Kommission bildeten eine ausführliche Befragung der interessierten Öffentlichkeit sowie die Konsultation anderer Institutionen und Sachverständigen hinsichtlich der Probleme des derzeitigen Verfahrensrechts unter Geltung der EuGVVO und den in Frage kommenden Lösungsansätzen. Bereits am 21. April 2009 hatte die Kommission einen Bericht über die Anwendung der Verordnung sowie ein Grünbuch mit Änderungsvorschlägen entgegengenommen. Auch berücksichtigt wurden die Resultate von Studien zu unterschiedlichen Bereichen der Überarbeitung sowie zwei Auftragsstudien.[1159] Ebenfalls aus Gründen der Überarbeitung der Verordnung veranstaltete die Kommission zwei Konferenzen im Jahre 2009 und 2010 sowie ein Treffen der Rechtsexperten aus den Mitgliedsstaaten, welches bereits im Juli 2010

1157 KOM (2010) 748 endg. 2010/0383, S. 3.

1158 S. dazu oben S. 30 f. Für einen zusammenfassenden Überblick der rechtlichen Inhalte des Vorschlags s. KOM (2010) 748 endg. 2010/0383, S. 6.

1159 KOM (2010) 748 endg. 2010/0383, S. 4; vgl. die Studie von *Burkhard Hess* an der Universität Heidelberg über die praktische Anwendung der Verordnung von 2007, abrufbar unter http://ec.europa.eu/justice/doc_centre/civil/doc_civil_intro_en.htm sowie die Studie zur Restzuständigkeit von *Arnaud Nuyts* an der Universität Brüssel, abrufbar unter http://ec.europa.eu/dgs/justice_home/doc_centre/civil/studies/doc_civil_studies_en.htm. Zu den Auftragsstudien vgl. die Studie des Centre for Strategy & Evaluation Services (CSES) hinsichtlich der Datenerfassung und Folgenabschätzung im Hinblick auf die Überarbeitung bestimmter Aspekte der EuGVVO von 2010 abrufbar unter, http.//ec.europa.eu/justice/doc_centre/civil/studies/doc_civil_studies_en.htm sowie die GHK-Studie aus dem Jahre 2007 bezüglich der Abschätzung der Folgen einer möglichen Ratifizierung des Haager Übereinkommen über Gerichtsstandvereinbarungen aus 2005 durch die Europäische Gemeinschaft, abrufbar unter http://ec.europa.eu/dgs/justice_home/evaluation/dg_coordination_evaluation_annexe_en.htm.

stattfand.[1160] Zur Verbesserung der schiedsrechtlichen Regelungen wurde eine Sachverständigengruppe eingesetzt.[1161]

Interessant ist das Ergebnis der vorangegangenen Umfrage: Die Mehrzahl der Befragten, wozu alle Mitgliedsstaaten zu zählen sind, sprach sich im Rahmen der Befragung für die Urteilsfreizügigkeit innerhalb der Europäischen Union und damit auch generell für eine Abschaffung des Exequaturverfahrens aus. In diesem Zusammenhang wies die überwiegende Mehrheit der Befragten jedoch auf die im Falle der Abschaffung bestehende Notwendigkeit der Gewährung bestimmter rechtlicher Garantien, insbesondere derer, die dem Schutz der Verteidigungsrechte des Vollstreckungsgegners dienen, hin.[1162] Indes wichen die Ansichten hinsichtlich des Umfangs und des Ortes (Vollstreckungs – oder Ursprungsmitgliedsstaat), an welchem die Garantien wirken sollen, von-einander ab. Bedenken bestanden insbesondere gegen die Abschaffung des Exequaturverfahrens in Bezug auf Verleumdungsklagen und kollektive Rechtsschutzverfahren.[1163]

Bezüglich der Frage der Verzahnung von EuGVVO und der internationalen Schiedsgerichtsbarkeit sprachen sich die Befragten nach der Konsultation der Kommission für künftige Maßnahmen aus, jedoch wiesen verschiedene Schiedsgerichtsvereinigungen auf die Tatsache hin, dass eine Regelung der Thematik Auswirkungen auf die weltweit führende Rolle der europäischen Schiedsstellen haben könnte.[1164] Aus diesem Grund wichen die Meinungen über die zu bevorzugende Lösung stark voneinander ab. Genannt wurde einerseits die Möglichkeit der aktiven Förderung von Schiedsvereinbarungen bei gleichzeitiger Unterbindung von Parallelverfahren und Prozessverschleppungstaktiken, andererseits wurde auf die Alternative des weit reichenden Ausschlusses der Schiedsgerichtsbarkeit aus dem Anwendungsbereich der Verordnung hingewiesen.[1165]

Im Rahmen der Folgenabschätzung, welche dem Vorschlag der Kommission beifügt ist, wurden Kosten und Nutzen der wichtigsten Aspekte des Vorschlags untersucht.[1166] Hinsichtlich der Einzelheiten, insbesondere im Hinblick auf die veranschlagten Kosten, ist auf die Ausführungen der Kommission zu verweisen.[1167]

1160 KOM (2010) 748 endg. 2010/0383, S. 5; die Konferenz im Jahre 2009 wurde mitveranstaltet von der Universität Heidelberg und der Zeitschrift für Internationales Privatrecht, die Konferenz im Jahre 2010 unter spanischem Ratssvorsitz.

1161 KOM (2010) 748 endg. 2010/0383, S. 5.

1162 KOM (2010) 748 endg. 2010/0383, S. 5.

1163 KOM (2010) 748 endg. 2010/0383, S. 5.

1164 KOM (2010) 748 endg. 2010/0383, S. 6.

1165 KOM (2010) 748 endg. 2010/0383, S. 6.

1166 KOM (2010) 748 endg. 2010/0383, S. 6; erstellt von der englischen Beratungsfirma *Center for Strategy & Evaluation Services (CSES),* http://ec.europa.eu/justice/policies/civil/docs/sec_2010_1547.en.pdf.

1167 KOM (2010) 748 endg. 2010/0383, S. 6.

(2) Die Abschaffung des Exequaturverfahrens

Das zentrale Anliegen des Vorschlages zur Neufassung der EuGVVO ist die Abschaffung des Exequaturverfahrens.[1168] Die Kommission weist in ihrem Vorschlag im Dezember 2010 auf die parallele Entwicklung der justitiellen Zusammenarbeit in Zivilsachen und der Schaffung eines europäischen Binnenmarktes hin. Sie stellt heraus, dass die Methodik der gegenseitigen Anerkennung durch eine Herabsetzung der Anforderungen im Hinblick auf die Nachprüfung ausländischer Gerichtsurteile innerhalb des Europäischen Rechtsraumes zunehmend vereinfacht wurde. Die Kommission kommt zu der Schlussfolgerung, dass aufgrund der fortgeschrittenen Entwicklung der justiziellen Zusammenarbeit und des gegenseitigen Vertrauens zwischen den Mitgliedsstaaten, der Übergang zu einem „einfacheren, kostengünstigeren und standardisierteren Verfahren“[1169] im Rahmen der Anerkennung und Vollstreckung gerichtlicher Entscheidungen mit Auslandsberührung möglich ist. Die noch bestehenden formalen Hindernisse seien folglich zu beseitigen, weshalb die Abschaffung des Exequaturverfahrens für sämtliche Entscheidungen, welche in den Anwendungsbereich der EuGVVO fallen, vorgeschlagen wird. Ausgenommen vom Anwendungsbereich der Verordnung werden nach Art. 37 Abs. 3 des Vorschlags zur Neufassung (EuGVVO-E) Entscheidungen, welche Verleumdungs – und kollektive Schadensersatzklagen zum Gegenstand haben.[1170] Diese Ausnahme von dem Anwendungsbereich der Verordnung wird damit begründet, dass gerade in Verleumdungsfällen die Mitgliedsstaaten in ihren Ansichten, wie verschiedene einschlägige Grundrechte gewahrt werden können, stark voneinander abweichen. Aufgrund dieser Divergenzen und des Fehlens einer harmonisierten Kollisionsnorm auf Unionsebene, sei es daher verfrüht anzunehmen, „dass die verschiedenen Rechtsordnungen einander bereits so viel Vertrauen entgegenbringen, dass weiterreichende Maßnahmen denkbar wären.“[1171]

Im Bereich des kollektiven Rechtsschutzes seien die Klagemöglichkeiten ebenfalls unterschiedlich geregelt, da letztlich jeder Mitgliedsstaat über ein nationales Schadensersatzrecht verfüge und sich auch die Klagebefugnis innerhalb der Verfahren stark voneinander unterscheide. So gibt es in Teilen der Mitgliedsstaaten kollektive Rechtsschutzverfahren nur in bestimmten Bereichen, wie z.B. für geschädigte Kapitalanleger in Deutschland oder für die Geschädigten wettbewerbswidriger Geschäftspraktiken im Vereinigten Königreich, wohingegen in anderen Ländern der Anwendungsbereich weitaus größer ist, wie z.B. im kollek-

1168 *Hess,* IPRax 2011, 128.
1169 KOM (2010) 748 endg. 2010/0383, S. 6.
1170 KOM (2010) 748 endg. 2010/0383, S. 6 f.
1171 KOM (2010) 748 endg. 2010/0383, S. 7.

tiven Rechtsschutzverfahren in Spanien.[1172] Bezüglich der Klagebefugnis weist die Kommission auf die Tatsache hin, das einige Mitgliedsstaaten öffentlichen Stellen eine Klagebefugnis zuerkannt haben, wohingegen andere privaten Einrichtungen wie Verbraucherschutzverbänden oder Einzelnen, welche im Auftrag einer Gruppe handeln, ein Klagerecht einräumen.[1173]

Im Rahmen der vorgeschlagenen Abschaffung sollen verfahrensrechtliche Garantien geschaffen werden, welche den angemessenen Schutz des in Art. 47 GrC enthaltenen Rechts des Beklagten auf ein faires Verfahren und auf die Wahrung der Verteidigungsrechte gewährleisten.[1174] Die Kommission nennt in diesem Zusammenhang drei Rechtsbehelfe, die den Beklagten im Wesentlichen zur Verfügung stünden, um die Wirksamkeit eines in einem ausländischen Mitgliedsstaat ergangenem Gerichtsurteils zu verhindern.

(3) Rechtsbehelfe der beklagten Partei nach erfolgter Abschaffung

Zunächst besteht die Möglichkeit für die Beklagtenpartei das Urteil im Ursprungsmitgliedsstaat anzufechten, sofern sie über das dortige Verfahren nicht ausreichend informiert wurde, vgl. Art. 45 EuGVVO-E. Darüberhinaus beinhaltet der Vorschlag einen außerordentlichen Rechtsbehelf im Vollstreckungsmitgliedstaat, welcher der Beklagtenpartei die Möglichkeit gewährt, jeden sonstigen im Rahmen des Verfahrens vor dem Ursprungsmitgliedsstaat aufgetretenen Verfahrensfehler geltend zu machen, durch welchen ihr Recht auf ein faires Verfahren verletzt wird: Art. 46 Abs. 1 EuGVVO-E enthält die Möglichkeit für die beklagte Partei die Verweigerung der Anerkennung oder Vollstreckung der ausländischen Entscheidung zu beantragen, wenn sie gegen das Recht auf ein faires Verfahren verstößt.[1175]

Schließlich kann die beklagte Partei nach dem Vorschlag der Kommission die Vollstreckung der Entscheidung aussetzen, falls sie mit der Entscheidung eines Gerichts im Vollstreckungsmitgliedsstaat oder aber unter der Berücksichtigung bestimmter Voraussetzungen auch in einem Drittstaat im Widerspruch steht.[1176] Diese Möglichkeit des Rechtsbehelfs findet sich in Art. 43 a), b) EuGVVO-E.

Durch die drei genannten Rechtbehelfe soll – nach Aussage der Kommission – den Sachverhalten Rechnung getragen werden, welche bisher die Versagung von Anerkennung und Vollstreckung ausländischer Entscheidungen aus Gründen des mangelnden Schutzes der Verteidigungsrechte begründeten. Im Unterschied

1172 KOM (2010) 748 endg. 2010/0383, S. 8.
1173 KOM (2010) 748 endg. 2010/0383, S. 8 mit Beispielen und einer detaillierten Ausführung.
1174 KOM (2010) 748 endg. 2010/0383, S. 6.
1175 KOM (2010) 748 endg. 2010/0383, S. 46.
1176 Vgl. zum Ganzen KOM (2010) 748 endg. 2010/0383, S. 7.

zu der *de lege lata* stattfindenden ordre public-Kontrolle, soll *de lege ferenda* jedoch die materiellrechtliche Überprüfung des Vorbehalts vollständig gestrichen werden, wodurch nach Auffassung der Kommission der durch das Exequaturverfahren verursachte Kosten – und Zeitaufwand unter Wahrung der Verteidigungsrechte der beklagten Partei entfallen werde.[1177]

(4) Bessere Verzahnung von EuGVVO und Schiedsgerichtsbarkeit

Die in dem Vorschlag in Art. 29 EuGVVO-E enthaltene Vorschrift zur Verbesserung der Verzahnung von EuGVVO und Schiedsgerichtsbarkeit besagt, dass das in einem Rechtsstreit angerufene Gericht verpflichtet ist, das Verfahren auszusetzen, wenn seine Zuständigkeit infolge einer Schiedsgerichtsvereinbarung bestritten wird und ein Schiedsgericht sich mit der Sache befasst. Auch hat das Gericht das Verfahren auszusetzen, wenn in dem Mitgliedsstaat des Schiedsverfahrens ein Gerichtsverfahren eingeleitet wurde, welches im Zusammenhang mit einem Schiedsspruch stand. Die Einführung der genannten Vorschrift werde nach Auffassung der Kommission den Stellenwert der Schiedsgerichtsvereinbarungen in Europa erhöhen und damit der Gefahr parallel laufender Gerichts – und Schiedsverfahren vorgebeugen, wodurch wiederum der Anreiz für missbräuchliche Prozesstaktiken beseitigt werde.[1178]

b) Die Konsequenzen der Umsetzung

Aufgrund der Rechtsinstrumente der zweiten Generation, welche kein Verfahren über die Vollstreckbarkeit mehr beinhalten, würde eine Abschaffung des Exequaturverfahrens insbesondere bestrittene Forderungen über 2000 € betreffen.[1179] Die Abschaffung des Verfahrens der Exequatur hätte demnach zur Folge, dass alle europäischen Entscheidungen, welche innerhalb des Anwendungsgebiets der EuGVVO ergangen sind, freier als zuvor zirkulieren könnten und die Vollstreckung einer in einem Mitgliedsstaat ergangenen Entscheidung vereinfacht und beschleunigt wird.[1180] Echte Urteilsfreizügigkeit würde im Falle der Umsetzung des Vorschlags der Kommission indes noch nicht erreicht, als dass weiterhin prozessuale *„safeguards"* beibehalten würden.[1181] Der Vorschlag der Kommission führt, im Falle einer Umsetzung, darüber hinaus zu einer Verdrängung der nationalen Verfahrensrechte, als dass durch die Einbeziehung der Drittstaatensachverhalte in den Bereichen von

1177 KOM (2010) 748 endg. 2010/0383, S. 7.
1178 KOM (2010) 748 endg. 2010/0383, S. 10.
1179 Verordnung (EG) Nr. 805/2004 vom 21.4.2004, ABl. EU 2004 Nr. L 143, S. 15; *Mansel/Thorn/Wagner*, IPRax 2010, 11.
1180 *Beaumont/Johnston*, (2010) 6.Priv.L., 270; *Wagner*, NJW 2005, 1157.
1181 *Hess*, EuZPR, § 3 Rn. 24; *ders.*, IPRax 2011, 128.

Zuständigkeit und Rechtshängigkeit die autonomen Regelungen der Mitgliedsstaaten nur noch im Rahmen der Anerkennung von Urteilen aus Drittstaaten Anwendung finden.[1182] Die Wirkung des Vorschlags auf europäischer Ebene wäre somit die Schaffung eines gemeinsamen Rechtsraumes. Inwieweit der Vorschlag der Kommission Veränderungen im Hinblick auf den Schuldner – bzw. Beklagtenschutz mit sich bringt, wird im weiteren Verlauf der Arbeit zu prüfen sein.[1183]

c) Bewertung des Vorschlags der Kommission zur Neufassung der EuGVVO

(1) Verzahnung von Schiedsgerichtsbarkeit und EuGVVO

Zunächst ist zu bemerken, dass die vorgeschlagene Neuregelung hinsichtlich der Verzahnung von Schiedsgerichtsbarkeit und EuGVVO positiv zu bewerten ist und die bestehenden Probleme, auf welche im Ersten Teil der Arbeit hingewiesen wurde, durch die klarere Trennung löst.

Bezogen auf die Diskussion um die Abschaffung der vollständigen verfahrensrechtlichen ordre public-Kontrolle lässt sich die vorgeschlagene Neufassung wie folgt bewerten: Im Internationalen Schiedsrecht stellt der Einwand des ordre public die größte Gefahr für den Grundsatz der Finalität dar, welcher die Verfahrensart des Schiedsrechts so interessant für Rechtskonflikte im internationalen Wirtschaftsverkehr macht. Doch zeigen die Ausführungen im Ersten Teil der Arbeit auf, dass der Vorbehalt des Internationalen Zivilverfahrensrechts von dem des Internationalen Schiedsrechts zu unterscheiden ist, und – auch im Europäischen Prozessrecht – von unterschiedlichen Normen geregelt wird. Auch wenn es Fälle geben mag, in denen der *effet utile* eine Anwendung der EuGVVO auf Sachverhalte gebietet, welche Schiedsrecht zum Gegenstand haben, so kann dies nicht als Argument für eine Abschaffung des Vorbehalts de *lege ferenda* gebraucht werden. Vielmehr ist dieser Problematik durch die Abänderung der EuGVVO in der Gestalt zu begegnen, dass eine noch klarere Grenzziehung zwischen Schieds – und Zivilverfahren ermöglicht wird. Auf die Notwendigkeit einer Neuregelung hatte die Generalanwältin *Kokott* bereits in dem Fall *West Tankers* ausdrücklich hingewiesen.[1184] Seit der Entscheidung des EuGH in *West Tankers* setzte sich die Erkenntnis durch, dass innerhalb des Europäischen Rechtsraumes ein Bedürfnis nach dem Schutz von Schiedsvereinbarungen besteht.[1185] Für diese Unterstützung ist nun die Einfügung eines gesonderten (ausschließlichen) Gerichtsstands

1182 *Hess*, IPRax 2011, 127.

1183 Vgl. S. 229 ff.

1184 Schlussanträge vom 04.09.2008, Rs. 185/07, *Allianz/West Tankers*, Rn. 73.

1185 *Hess* auf S. 8 seiner Stellungnahme zum Grünbuch der Reform der EuGVVO abrufbar unter: http://www.europarl.europa.eu/document/activities/cont/200910/20091009ATT62257/20091009ATT62257DE.pdf

in die EuGVVO geplant.[1186] Die Neufassung von Art. 27 EuGVVO in Art. 29 EuGVVO-E soll sicherstellen, dass die Schiedsklausel nur von den Gerichten des Mitgliedsstaates überprüft werden kann, in dem das Schiedsverfahren auch stattgefunden hat.[1187] Insbesondere unter Berücksichtigung der geplanten Einführung der neuen Vorschrift spricht nichts gegen eine Beibehaltung des europäischen verfahrensrechtlichen ordre public aus Gründen einer drohenden Prozessverschleppung im Internationalen Schiedsrecht. Ob die Regelung darüber hinaus geeignet ist, die Mitgliedsstaaten der Europäischen Union als Schiedsforen attraktiver zu gestalten, bleibt abzuwarten.

(2) Abschaffung des Exequaturverfahrens

Ebenfalls ist es positiv zu bewerten, dass noch keine vollständige Abschaffung des Exequaturverfahrens vorgenommen wird, sondern für besonders sensibel befundene Bereiche von der geplanten Entwicklung ausgenommen werden. Es ist jedoch fraglich, ob die oben genannten Ausnahmen, in denen weiterhin das Exequaturverfahren angewendet werden darf, ausreichend sind. Dazu ist zu betrachten, welche sensiblen Bereiche des Rechts im Anwendungsbereich der EuGVVO *de lege ferenda* verbleiben sollen. Nach Art. 1 Nr. 2 e) EuGVVO-E wird auf die Ausnahme von Unterhaltspflichten aus dem Anwendungsbereich hingewiesen. Diese Tatsache lässt sich mit dem Inkrafttreten der EuUnterhVO erklären, welche die unionsrechtlichen Regelungen für Unterhaltspflichten enthält. Auch sollen – wie bereits unter der aktuell geltenden Fassung der EuGVVO – eheliche Güterstände und das Gebiet des Erb – und des Testamentsrechts nach Art. 1 Nr. 1 a) EuGVVO-E vom Anwendungsbereich der geplanten Verordnung ausgeschlossen werden. Folglich erscheint es nicht voreilig davon zu sprechen, dass der verbleibende Anwendungsbereich der EuGVVO-E grundsätzlich keine sensiblen Rechtsgebiete enthält. Zu bedenken ist jedoch, dass es in der Praxis einzelne Ausnahmen geben kann, welche sich möglicherweise nicht im Vorhinein antizipieren lassen, und für welche es nach Abschaffung des Exequaturverfahrens dann keinen ausreichenden Beklagtenschutz mehr gibt.

Auch beinhaltet der Vorschlag der Kommission keine Regelungen, welche die in dem Exequaturverfahren der EuGVVO enthaltene Informationsfunktion übernehmen. Die beklagte Partei muss nach dem Vorschlag der Kommission nicht über die anstehende Vollstreckung der ausländischen Entscheidung in

1186 Vgl. *Hess/Pfeiffer/Schlosser*, The Brussels I Regulation, Rn. 133 f.

1187 *Hess* auf S. 8 seiner Stellungnahme zum Grünbuch der Reform der EuGVVO abrufbar unter: http://www.europarl.europa.eu/document/activities/cont/200910/20091009ATT62257/20091009ATT62257DE.pdf, in welcher er die Einführung eines Art. 27 A EuGVVO zu diesem Zweck vorschlug.

Kenntnis gesetzt werden.[1188] Daraus folgt, dass die Partei auch keine Möglichkeit hat, sich ausreichend auf die anstehende Vollstreckung vorzubereiten. Nach der Auffassung von *Dickinson* reiche bereits eine Frist zwischen sieben und vierzehn Tagen aus, um den beschriebenen Missstand zu beseitigen.[1189] Auf diese Weise könne dem Beklagten die Möglichkeit eingeräumt werden, sich noch vor der anstehenden Vollstreckung gegen den zu erwartenden ausländischen Titel zu wehren. Die durch die Streichung des Exequaturverfahrens entfallende Informationsfunktion könne durch die Zustellung einer Kopie der ausländischen Entscheidung zumindest in den Fällen erreicht werden, in denen der Aufenthaltsort des Beklagten bekannt sei.[1190] Die Einführung einer Frist zur Information über die anstehende Vollstreckung – wie von *Dickinson* vorgeschlagen – schützt den Beklagten vor dem Eintritt einer Situation, auf die er sich weder in rechtlicher noch in praktischer Hinsicht vorbereiten konnte und trägt damit zu einem höheren Maß an Rechtssicherheit im europäischen Zivilprozess bei. Folglich sollte die vorgeschlagene Änderung bei der Neufassung der Verordnung berücksichtigt werden.

(3) Rechtsbehelfe nach erfolgter Abschaffung

Art. 38 Abs. 1 EuGVVO-E statuiert, dass die Anerkennung einer mitgliedsstaatlichen Entscheidung nicht verhindert werden kann. Dies würde ohne etwaige zur Verfügung stehende Rechtsbehelfe eine unglückliche Entwicklung darstellen, als dass auch die Möglichkeit entfallen würde, gegen Entscheidungen aus Mitgliedsstaaten vorzugehen, die rechtsstaatlichen Anforderungen nicht gerecht werden. Indes beinhaltet der Vorschlag der Kommission mit Artt. 45, 46 EuGVVO-E eingegrenzte Bereiche, innerhalb derer die Anerkennung einer Entscheidung auch unter der vorgeschlagenen Neufassung verweigert werden kann: Für den Fall, dass der erlangte Titel auf der Säumnis des Beklagten oder des Schuldners beruht, gewährt Art. 45 EuGVVO-E diesem einen Rechtsbehelf im Erststaat, sofern er sich aus Gründen der Zustellung nicht effektiv gegen die Klage verteidigen konnte. Art. 46 EuGVVO-E ermöglicht, die Verweigerung der Anerkennung im Vollstreckungsstaat zu beantragen, „wenn der Anerkennung oder Vollstreckung wesentliche Grundätze entgegenstehen, die dem Recht auf ein faires Verfahren zugrunde liegen.“ Damit besteht zwar weiterhin die Möglichkeit noch im Vollstreckungsstaat eine Zweitkontrolle der ausländischen Entscheidung vorzunehmen, aber der Umfang dieser Kontrolle ist gegenüber der jetzigen Kontrollmöglichkeit im Rahmen des europäischen verfahrensrechtlichen ordre public er-

1188 *Dickinson,* Yearbook of Private International Law, Vol. 12 (2010), 251.
1189 *Dickinson,* Yearbook of Private International Law, Vol. 12 (2010), 268 f.
1190 *Dickinson,* Yearbook of Private International Law, Vol. 12 (2010), 268.

heblich reduziert. Im Hinblick auf die bestehenden Unterschiede innerhalb der nationalen Rechtsordnungen ist dies nicht ausreichend.

(4) Auswirkungen auf den europäischen verfahrensrechtlichen ordre public

Auf den europäischen verfahrensrechtlichen ordre public wirken sich die vorgeschlagenen Änderungen wie folgt aus: Der nach Erwägungsgrund 24 der EuGVVO-E ausdrückliche Bezug auf Art. 47 GrC führt zu einer Vergemeinschaftung des beibehaltenen verfahrensrechtlichen ordre public.[1191] Die vergemeinschaftete Vorbehaltsklausel in Art. 46 EuGVVO-E ist jedoch durch die beschriebene Reduzierung ihres Anwendungsbereichs – wie schon gesagt – nicht mit derjenigen, welche nach dem *status quo* in der EuGVVO noch enthalten ist, zu vergleichen.

Die Tatsache, dass die inhaltliche Ausfüllung der Vorbehaltsklausel anhand der Grundrechtecharta und nicht aufgrund der fundamentalen Wertungen der Mitgliedsstaaten zu erfolgen hat, beinhaltet einen Hinweis auf die Letztentscheidungskompetenz des EuGH.[1192] Hinsichtlich der genannten Entscheidungskompetenz des EuGH ergeben sich damit im Hinblick auf die vergangene Rechtsprechung des EuGH zur Auslegung des europäischen verfahrensrechtlichen ordre public keine merklichen Unterschiede, als dass der EuGH in vergangenen Entscheidungen bereits herausstellte, dass er die Grenzen der mitgliedsstaatlichen inhaltlichen Ausfüllung der Vorbehaltsklausel überwache.[1193]

Die materiellrechtliche Kontrolle des ordre public in der EuGVVO – darauf ist hinzuweisen, auch wenn diese nicht Gegenstand der Arbeit ist – wird vollständig abgeschafft, wenn die Überprüfungsmöglichkeit in Art. 46 EuGVVO-E auf die Garantien des *fair trial* beschränkt wird. Diese Vorgehensweise wird von *Dickinson* kritisiert, als dass sie rechtsmissbräuchlichen Handlungen, wie dem Prozessbetrug, fruchtbaren Nährboden gewähre.[1194] Zu berücksichtigen ist hier jedoch, dass dem Prozessbetrug als Verstoß gegen das Recht auf ein faires Verfahren im Sinne von Art. 6 EMRK auch im Rahmen des Kontrollmaßstabes von Art. 46 EuGVVO-E noch nach einer Neufassung der EuGVVO im Anerkennungsverfahren Einhalt geboten werden könnte.

(5) Das Prinzip des gegenseitigen Vertrauens

Das Prinzip des gegenseitigen Vertrauens, welches von der Kommission als Begründung für den Vorschlag der Abschaffung des Exequaturverfahrens genannt

1191 *Hess,* IPRax 2011, 128.
1192 *Hess,* IPRax 2011, 128.
1193 So z.B. EuGH, Urteil vom 28.3.2000, Rs. C-7/98, *Krombach/Bamberski*, Slg. 2000 I-1935; EuGH, Urteil vom 11.5.2000, Rs. C-38/98, *Renault/Maxicar*, Slg. 2000 I-2973.
1194 *Dickinson,* Yearbook of Private International Law, Vol. 12 (2010), 267.

wird, kann viele Veränderungen im Unionsrecht begründen, es sollte aber keine Allzweckwaffe zur Begründung von Rechtsakten des Unionsrechts darstellen. So ist es nicht nachvollziehbar, warum aufgrund von gegenseitigem Vertrauen der Mitgliedsstaaten untereinander, auch außerhalb des Anwendungsgebiets von Unionsrechts, die Mitgliedsstaaten auf eine horizontale Kontrollmöglichkeit in Form einer ordre public-Kontrolle verzichten sollen, insbesondere, wenn es um fundamentale Prinzipien des nationalen Rechts geht. Auch der heute bereits hohe herrschende Stand der Vereinheitlichung auf dem Gebiet des Unionsrechts kann nicht dazu gereichen, dass von einem gegenseitigen Vertrauen der Mitgliedsstaaten untereinander dahingehend ausgegangen werden kann, dass grundsätzlich keine Gefahr für Verstöße gegen fundamentale Regelungen des Rechts besteht.[1195] Die im Vorschlag der Kommission enthaltene Abschaffung der nationalen ordre public-Klausel im Verfahrensrecht – nichts anderes bedeutet eine Begrenzung der Kontrolle im Vollstreckungsstaat auf die Garantien des *fair trial*, vgl. Art. 46 EuGVVO-E – ist folglich zu kritisieren.[1196]

(6) Zwischenergebnis im Hinblick auf den europäischen verfahrensrechtlichen ordre public

Zwar beinhaltet der Vorschlag der Kommission trotz der geplanten großflächigen Abschaffung des Exequaturverfahrens keine völlige Streichung der Überprüfungsmöglichkeit im Vollstreckungsstaat. Dies ist positiv zu bewerten, als dass dieser Befund zeigt, dass die Kommission für ihren Vorschlag die zahlreichen Stellungnahmen zum Grünbuch und die starke Kritik der völligen Abschaffung in der Literatur berücksichtigt hat. Die dadurch fehlende Informationsfunktion könnte durch das von *Dickinson* vorgeschlagene Prozedere hergestellt werden.[1197] Dass die aufgezeigte Reduzierung des Überprüfungsmaßstabs in Art. 46 EuGVVO-E auf die Garantien des *fair trial* und die damit einhergehende Streichung der materiellrechtlichen ordre public-Kontrolle zu weit gehen, soll durch die nachfolgende Untersuchung verdeutlicht werden.

III. Ansichten in der Literatur zur Abschaffung des Exequaturverfahrens

Die Abschaffung des Exequaturverfahrens ist in der Literatur viel diskutiert worden, so dass eine Bewertung der Literaturstimmen zu diesem Thema unerlässlich

1195 *Cuniberti,* (2008) 57 Int'l & Comp.L.Q., 52.
1196 *Dickinson,* Yearbook of Private International Law, Vol. 12 (2010), 263.
1197 *Dickinson,* Yearbook of Private International Law, Vol. 12 (2010), 268.

ist. Nimmt man eine Analyse der vorhandenen Literaturansichten vor, so wird deutlich, dass die überwiegende Mehrheit der Rechtswissenschaftler, welche sich mit der Materie der Abschaffung des Exequaturverfahrens beschäftigt haben, sich gegen die Abschaffung des Verfahrens ausgesprochen hat.[1198] Dies zeigt der folgende Überblick:

Beaumont/Johnston[1199] stellen in dem Zusammenhang einer ausführlichen Bewertung der ergangenen Rechtsprechung des EuGH die Problematik einer völligen Abschaffung des Exequaturverfahrens dar. Mit Bezug auf die Entscheidung *Krombach* zeigen sie auf, dass Entscheidungen wie die des französischen Gerichts nicht frei innerhalb des europäischen Rechtsraumes zirkulieren dürfen, um das Recht des Angeklagten auf ein faires Verfahren nicht zu verletzen.[1200] Auch *Cuniberti/Rueda*[1201] weisen zunächst auf die Bedeutung des Exequaturverfahrens als Instrument der Abhilfe gegen Menschenrechtsverletzungen hin. Das Exequaturverfahren ermögliche den Mitgliedsstaaten nur solche Entscheidungen anderer Mitgliedsstaaten anzuerkennen, welche mit der EMRK im Einklang stehen. In einem zweiten Schritt stellen *Cuniberti/Rueda* heraus, dass der Vorschlag, das Exequaturverfahren durch die Einführung von Mindeststandards zu ersetzen, bezeichnend für den heutigen Stand der Rechtsvereinheitlichung innerhalb des Europäischen Rechtsraumes sei.[1202] Die Tatsache, dass im Falle der geplanten Abschaffung des Verfahrens, neue Wege zur Überprüfung von ausländischen Entscheidungen geschaffen werden sollen, verdeutliche, dass hinsichtlich der Maximen des gegenseitigen Vertrauens und der Übereinstimmung eines gewissen Menschenrechtsstandards, Theorie und Praxis gegenwärtig auseinanderfallen.[1203]

Kohler[1204] verneint die Abschaffung des Exequaturverfahrens sowie sämtlicher Anerkennungshindernisse mit der Begründung, dass die Kommission für einen derartigen Schritt über keine Kompetenz verfüge. Er begründet dies damit, dass weder durch den Vertrag von Amsterdam noch durch den Vertrag von Nizza eine primärrechtliche Verpflichtung zur gegenseitigen Anerkennung gerichtlicher Entscheidungen entstanden sei.[1205] Insofern sei es zweifelhaft, ob das „horizontal-umfassende Programm“ des Rates noch als „Verbesserung und Vereinfachung“ hinsichtlich der Anerkennung und Vollstreckung ausländischer Entscheidungen bewertet werden könne.[1206]

1198 *Becker*, S. 286 f.; *Roth*, IPRax 2006, 466; *Cuniberti/Rueda*, RabelsZ 2011, 297, 315 f.
1199 *Beaumont/Johnston*, (2010) 6.Priv.L., 270 f.
1200 *Beaumont/Johnston*, (2010) 6.Priv.L., 271; bereits *Mansel*, in: Baur/Mansel, 12.
1201 *Cuniberti/Rueda*, RabelsZ 2011, 293 f., 296.
1202 *Cuniberti/Rueda*, RabelsZ 2011, 296.
1203 *Cuniberti/Rueda*, RabelsZ 2011, 296.
1204 *Kohler*, in: Baur/Mansel, 161.
1205 *Kohler*, in: Baur/Mansel, 161.
1206 *Kohler*, in: Baur/Mansel, 161.

Fentiman[1207] führt im Gegensatz dazu an, dass die Abschaffung des Exequaturverfahrens als solches *„relatively uncontroversial"* sei, da dieser Vorgang erst zu einer wahrlichen Umsetzung der Ziele der Verordnung führen würde, namentlich der weitgehend automatischen Anerkennung ausländischer Entscheidungen zwischen den Mitgliedsstaaten.

Stein[1208] bezeichnet den hinter der Abschaffung des Exequaturverfahrens stehenden Grundansatz, die Vollstreckung einer ausländischen Entscheidung ohne Eingriffs – und Kontrollmöglichkeiten des Vollstreckungsstaates zuzulassen, als an den Grundfesten des traditionellen Internationalen Zivilprozessrechts rührend.

IV. Stellungnahme

1. Zur Abschaffung des Exequaturverfahrens

Für eine Stellungnahme sind zunächst die Funktionen des Exequaturverfahrens zu betrachten. Zum einen dient das Exequaturverfahren dazu, die Anerkennungsfähigkeit des ausländischen Verfahrensakts festzustellen, zum anderen wird im Rahmen des Verfahrens das ausländische Urteil in das nationale Verfahren eingegliedert.[1209] Dabei handelt es sich technisch um den Akt einer Substitution, durch welche der ausländische Verfahrensakt mit einem funktionsäquivalenten inländischen Verfahrensakt gleichgestellt wird.[1210] Zudem kommt dem Exequaturverfahren in Gestalt seiner Kontrollfunktion eine grundrechtsschützende Funktion zu.[1211] Diese Tatsache lässt sich im Rahmen der Rechtsprechung des EuGH mit der Hervorhebung der Bedeutung der Gemeinschaftsgrundrechte innerhalb des Exequaturverfahrens in der Entscheidung *Krombach*[1212] belegen. Darüber hinaus beinhaltet das Exequaturverfahren – wie bereits dargelegt[1213] – auch eine Informationsfunktion, als dass der Beklagte über das anstehende Verfahren der Anerkennung und Vollstreckung in Kenntnis gesetzt wird.

Dass die Abschaffung des Exequaturverfahrens auf lange Sicht innerhalb eines Rechtsraumes ohne Grenzen und mit Währungsunion Ziel sein sollte, ist

1207 *Fentiman,* oral evidence on the Green Paper on the Brussels I Regulation, Q 9-13, abrufbar auf der Webseite des *House of Lords.*

1208 *Stein,* EuZW 2004, 679.

1209 *Hess,* JZ 2001, 582.

1210 *Hess,* JZ 2001, 582.

1211 Zur Kontrollfunktion *Hess,* EuZPR § 3 Rn. 25; zur grundrechtsschützenden Funktion s. *Becker,* S. 101.

1212 EuGH, Urteil vom 28.3.200, Rs. C-7/98, *Krombach/Bamberski,* Slg. 2000 I-1935.

1213 S. 191 f.

wenig zu bezweifeln, inbesondere entspricht diese Vorgehensweise auch der Logik des Intergrationsprozesses.[1214] Jedoch muss dort, wo Systeme verschlankt werden, um mehr Flexibilität und Mobilität für die Bürger Europas zu schaffen, der Spagat zwischen Rechtssicherheit und Europäisierung gehalten werden können. Entfernt man das Anerkennungs – und Vollstreckungsverfahren, bedarf es zumindest einer lückenschließenden modernisierenden Maßnahme, welche als Kontrollmechanismus an Stelle des ausgedienten Systems treten kann.[1215] Hinsichtlich der Implementierungsfunktion des Exequaturverfahrens ist zu sagen, dass eine solche durch die Standardisierung der Titel durch gemeinschaftliche Begleitdokumente oder aber auch eine Vereinheitlichung des Titels selbst entbehrlich wird.[1216]

Anders ist dies jedoch im Hinblick auf die Kontrollfunktion des Exequaturverfahrens zu beurteilen: Für den Verzicht auf die Kontrollfunktion wäre es erforderlich, dass die Gefahr eines Grundrechts – oder Menschenrechtsverstoßes im Europäischen Prozessrecht nicht mehr bestünde. Auch die neueren Entscheidungen des EuGH wie *Gambazzi*[1217] und *Apostolides*[1218] zeigen auf, dass die Vereinheitlichung des Europäischen Rechtsraumes noch lange nicht abgeschlossen ist. Daher ist nach heutigem Stand der Rechtsvereinheitlichung die Abschaffung des Exequaturverfahrens noch abzulehnen.

Vielmehr wäre es naheliegender das ursprüngliche Verfahren zunächst zu straffen, bevor gänzlich auf es verzichtet wird, um dann Schritt für Schritt auf eine gänzliche Abschaffung hinzuarbeiten. Für die Abschaffung des Exequaturverfahrens mag zwar sprechen, dass 90% der Urteile vollstreckt werden, ohne dass der Schuldner Einwendungen im Beschwerdeverfahren erhebt.[1219] In der Bundesrepublik Deutschland und in Frankreich herrscht nichtsdestotrotz die Auffassung vor, dass das existierende Exequaturverfahren effizient sei und es somit keinen Anlass für eine Abschaffung gäbe.[1220] Dies ist damit zu begründen, dass die Tatsache, dass selten von dem Exequaturverfahren Gebrauch gemacht wird, auch zur gegenteiligen Argumentation gereichen kann: Warum sollte ein Verfahren abgeschafft werden, welches zwar im Falle der Anwendung dem Prinzip der gegenseitigen Anerkennung in Teilen widerspricht, jedoch nur dann bemüht werden würde, wenn die hohe Wahrscheinlichkeit eklatanter Menschenrechts-

1214 Vgl. *Hess*, EuZPR, § 3 Rn. 24.

1215 So auch schon *Stadler*, IPRax 2004, 10; *Hess*, JZ 2001, 582.

1216 *Hess*, EuZPR, § 3 Rn. 25.

1217 EuGH, Urteil vom 2.4.2009, Rs. C-394/07, *Gambazzi*, Slg. 2009 I-2563, EuZW 2009, 422.

1218 EuGH, Urteil vom 28.4.2009, Rs. C-420/07, *Apostolides/Orams*, Slg. 2009 I-3571.

1219 Stellungnahme von *Hess* zum Grünbuch zur Überprüfung der EuGVVO S. 3, abrufbar unter: http://www.europarl.europa.eu/document/activities/cont/200910/20091009ATT62257/20091009ATT62257DE.pdf

1220 *Cuniberti/Rueda*, RabelsZ 2011, 288.

verletzungen bestünde? Gerade für die zahlenmäßig seltenen Fälle, in denen es überhaupt zu einer Anwendung des Verfahrens kommen kann, erscheint die Beibehaltung des Verfahrens von großer Bedeutung, was Fälle wie *Krombach*[1221], oder aber auch die Entscheidung des BGH über die Vaterschaftsfeststellung des polnischen Gerichts und zuletzt die noch zu besprechende Entscheidung des EuGH in dem Fall *Zarraga-Pelz*[1222] verdeutlichen.[1223]

In England scheint dagegen die Auffassung vorzuherrschen, dass die Abschaffung des Exequaturverfahrens innerhalb der Union durchaus zu befürworten sei,[1224] was im Zusammenhang damit steht, dass die Gefahr eklatanter Menschenrechtsverletzungen dort nicht in annähernd ähnlichem Ausmaß wie in Deutschland problematisiert wird. Dieser Befund lässt sich mit dem im Dritten Teil der Arbeit besprochenen englischen Umgang mit den Gewährleistungen der EMRK begründen und gibt zugleich Hinweise auf das durch die deutschen Grundrechtsdogmatik implizierte hohe Schutzniveau für den Einzelnen.

Schließlich ist insbesondere der Ansicht von *Cuniberti/Rueda* hinsichtlich der neu zu schaffenden Überprüfungswege[1225] im Falle der geplanten Abschaffung des ordre public beizupflichten: Eine Verlagerung der ordre public-Prüfung auf die nach Art. 46 EuGVVO-E mögliche *fair trial* – Kontrolle, löst das Problem des Integrationshemmnisses nicht, sondern verlagert es im wahrsten Sinne des Wortes lediglich, ohne allerdings ein vergleichbares Schutzniveau zu gewähren. Die Frage von *Kohler* nach der ausreichenden Kompetenzgrundlage für die Abschaffung des Exequaturverfahrens ist positiv dahingehend zu beantworten, dass eine ausreichende Kompetenz der Kommission zunächst einmal anzunehmen ist. Im Einzelnen wird auf diese Fragestellung im Zusammenhang mit den Kompetenzfragen im Rahmen der EuUnterhVO eingegangen werden müssen.[1226]

Der Aussage von *Stein* ist ebenso beizupflichten: Das System der Exequatur ist im internationalen Zivilprozess ein altes Prinzip der Überprüfung und Kontrolle, welche eine Art der Qualitätssicherung der Entscheidungen im Vollstreckungsstaat ermöglicht und sich als solches auch über einen langen Zeitraum bewährt hat. Das hinter der Abschaffung stehende Prinzip des Kontrollverlusts für den Vollstreckungsstaat führt für diejenigen Staaten innerhalb Europas, welche bereits über ein hohes Rechtsniveau verfügen, unweigerlich zu einem Absinken

1221 EuGH, Urteil vom 28.3.200, Rs. C-7/98, *Krombach/Bamberski*, Slg. 2000 I-1935.

1222 EuGH, Urteil vom 22.12.2010, Rs. C-491/10 PPU, *Zarraga/Pelz*, Slg. 2010 I-14247.

1223 Vgl. S. 238 ff.

1224 Für Hinweise zu dieser Thematik danke ich *Andrew Dickinson*, Visiting Professor at the University of Sydney Law School, Australia, und *Richard Fentiman*, Reader of Private International Law at the University of Cambridge, United Kingdom.

1225 Vgl. dazu auch: *Kohler*, in: Baur/Mansel, 156.

1226 Unten s. S.212 ff.

des bereits erreichten Rechtsniveaus, sofern es nicht vorher zu einer umfassenden Rechtsvereinheitlichung gekommen ist.[1227] Zudem hat die Abschaffung des Exequaturverfahrens als Einfallstor staatlicher Kontrolle zur Folge, dass ein Mitgliedsstaat unter bestimmten Voraussetzungen den Hoheitsakten eines anderen Mitgliedsstaates unterworfen werden kann. Damit sind die Folgen eines solchen Schrittes gewaltig und mit mannigfaltigen Konsequenzen verbunden. Die Tatsache, dass sich die Diskussion in den meisten Fällen auf die Abschaffung des ordre public-Vorbehaltes im Besonderen konzentriert, lässt, wie oben[1228] gesagt, die emotionale Bedeutung der Klausel erahnen. Insofern ist noch einmal hervorzuheben, dass der eigentlich bedeutsame Schritt im Rahmen des Harmonisierungsvorgangs die Abschaffung des Verfahrens über die Exequatur darstellt, welche die Abschaffung der umfassenden ordre public-Kontrolle mit sich bringen würde.

2. Zur Möglichkeit der Abschaffung des Exequaturverfahrens bei Aufrechterhaltung der ordre public-Kontrolle

Die Auswertung der ausführlichen Kritik hinsichtlich einer Abschaffung des Exequaturverfahrens und der Hinweis auf die Verknüpfung der Abschaffung des Exequaturverfahrens mit der Streichung des ordre public-Vorbehalts wirft die Frage auf, ob die ordre public-Kontrolle trotz Abschaffung des Exequaturverfahrens beibehalten werden kann. Dies hätte zur Folge, dass die Kontrollfunktion des Verfahrens weiterhin aufrechterhalten bliebe und auf die nach der erfolgten Standardisierung der Titel überflüssige Implementierungsfunktion verzichtet werden könnte. Eine solche Vorgehensweise erscheint indes *per se* widersprüchlich, als dass sich die unionsweite automatische Anerkennung von Entscheidungen nicht mit der Aufrechterhaltung eines, wie auch immer gearteten Zwischenverfahrens zur horizontalen Kontrolle, vereinbaren lässt.[1229]

Insofern ist auch der Vorschlag von *Georganti*[1230] für einen neuartigen ordre public-Rechtsbehelf mit Vorsicht zu betrachten. Die Entwicklung des Rechtsbehelfs fußt auf der Tatsache, dass die existierenden nationalen Rechtsbehelfe, welche im Fall einer Abschaffung des ordre public anstatt der Vorbehaltsklausel verwendet werden könnten, keine ausreichende Abhilfe gegen Verstöße gegen die öffentliche Ordnung bieten können. Zudem bringe der Rückgriff auf das jeweilige nationale Vollstreckungsrecht des Vollstreckungsforums auch die Ge-

1227 Ob eine umfassende Rechtsvereinheitlichung innerhalb der EU wünschenswert ist, ist eine andere Frage, auf welche an dieser Stelle nur hingewiesen werden soll.

1228 S. 181.

1229 *Stein,* IPRax 2004, 183.

1230 *Georganti,* S. 206 ff.

fahr der Renationalisierung.[1231] Beiden Aussagen ist aus deutscher Sicht zuzustimmen: Die Klauselerinnerung nach § 732 ZPO, die Klage gegen die Erteilung der Vollstreckungsklausel gemäß § 768 ZPO sowie die Vollstreckungserinnerung nach § 766 ZPO, sind aufgrund der Verschiedenheit der zu erhebenden Einwendungen weder direkt, noch analog auf den ordre public anwendbar.[1232] Dazu kommt, dass nationale Rechtbehelfe, welche materielle Einwendungen zum Gegenstand haben, sich gegen den Bestand des titulierten Anspruchs richten und sich die Durchbrechung der Rechtskraft der zu vollstreckenden Entscheidung im Grundsatz verbietet.[1233] Ausnahmen von diesem Grundsatz stellen in Deutschland die Wiederaufnahme des Verfahrens durch Nichtigkeits – oder Restitutionsklage nach den §§ 578 ff. ZPO sowie die Vollstreckungsgegenklage nach § 776 ZPO und die Verfassungsbeschwerde nach Art. 93 Abs. 1 Nr. 4 a GG; §§ 13 Nr. 8a, 90 ff. BVerfGG dar.[1234] Dagegen ist der ordre public ein Einwand, welcher in einem von der Zwangsvollstreckung getrennten Verfahren, namentlich dem Exequaturverfahren geprüft wird. Dies ist damit zu erklären, dass die Vorbehaltsklausel keine materielle Einwendung im eigentlichen Sinne darstellt. Eine solche Sichtweise würde schon der Grundsatz der Präklusion verbieten,[1235] weil der Beklagte mit einem späteren Einwand des ordre public-Verstoßes nicht mehr gehört würde.

In dem beschriebenen Rechtsbehelf soll durch Umkehrung des Rechtsstreits der Urteilsschuldner als Antragssteller materielle Einwendungen in Gestalt des ordre public-Einwand geltend machen können, ohne dass die Einlegung des Rechtsbehelfes als Voraussetzung für die Vollstreckbarkeit der Entscheidung gilt.[1236] Für diesen Ansatz, welcher auf dem Vorschlag der französischen Regierung über die gegenseitige Vollstreckung von Entscheidungen über das Unterhaltsrecht basiert,[1237] spricht der Zeitfaktor, da das Verfahren so erheblich beschleunigt würde.[1238] Indes vermag auch eine derartige Verlagerung und Umstrukturierung des Rechtsbehelfs nicht den oben genannten Kritikpunkt der Kommission, welcher auf den Grundsätzen von gegenseitiger Anerkennung und Vertrauen beruht, entkräften. Auch dieser Vorschlag würde letztlich nur dazu führen, dass „das, was gerade über Bord geworfen wurde, in neuer

1231 *Georganti,* S. 204.

1232 *Georganti,* S. 205; ähnlich zuvor *Hess,* IPRax 2004, 494 im Hinblick auf die fehlende Anwendbarkeit der nationalen Vollstreckungsgegenklage nach § 767 ZPO auf den EuVT.

1233 *Georganti,* S. 205.

1234 Musielak/*Musielak,* ZPO, § 322 Rn. 89; MüKo-ZPO/*Gottwald,* § 322 Rn. 212, der darauf hinweist, dass die Beschwerde vor dem EGMR nicht die Rechtskrafterstreckung verhindert.

1235 Zum Ganzen vgl. *Georganti,* S. 205.

1236 *Georganti,* S. 207.

1237 Rat der EU v. 26.6.2000, SN 3383, IPRax 2000, 444 ff.

1238 So schon *Georganti,* S. 207.

Einkleidung wieder an Deck geholt und als europäischer Fortschritt ausgegeben wird."[1239]

Vielversprechender erscheint in diesem Zusammenhang dann schon eher der Ansatz der Kommission, welcher dafür plädiert, etwaige Verletzungen eines europäischen verfahrensrechtlichen ordre public auf Art. 6 EMRK bzw. Art. 47 GrC zu konzentrieren, deren Berücksichtigung vom EGMR als „Notbremse" für alle europäischen Gerichte überwacht wird,[1240] vgl. Art. 46 EuGVVO-E. Wie bereits gesagt[1241], führt die Regelung im Vorschlag der Kommission zwar nicht zu einer völligen Streichung des verfahrensrechtlichen ordre public, sie beinhaltet aber auch keinesfalls die Beibehaltung des *status quo*. Inwieweit dieser reduzierte Rechtsbehelf wiederum ausreichend ist, um den gegenwärtig existierenden Schuldnerschutz nicht absinken zu lassen, wird im Folgenden zu prüfen sein.

Aus der Perspektive des englischen Rechts wird ebenfalls auf Beibehaltung der ordre public-Kontrolle trotz Abschaffung des Exequaturverfahrens plädiert, dies insbesondere auch im Hinblick auf den Vorschlag der Kommission für die Neufassung der EuGVVO.[1242]

B. Abschaffung des verfahrensrechtlichen ordre public-Vorbehalts im Besonderen

Mit der EuVTVO[1243] wurde ein Systemwechsel im europäischen Zivilprozess eingeläutet, welcher durch die Einführung der EuMahnVO[1244] und der EuBagatellVO[1245] weiter umgesetzt wurde. Für einen besseren Überblick im Rahmen der Frage nach der Abschaffung des ordre public innerhalb der EuGVVO *de lege ferenda* bietet es sich daher an, zunächst eine kurze Ausführung zu der bereits

1239 *Kohler*, in: Baur/Mansel, 162 zu der französischen Initiative für einen „europäischen Besuchstitel".

1240 *Rauscher*, Der Europ. Vollstreckungstitel, Rn. 24; *Hess*, IPRax 2001, 394.

1241 S. 192.

1242 *Dickinson*, Free Movement, in: *E. Lein*, The Brussels I Review Proposal, S. 135, 142 f., 147 f.; auch *Fentiman*, oral evidence on the Green Paper on the Brussels I Regulation, Q 9-13, abrufbar auf der Webseite des *House of Lords*.

1243 *Verordnung (EG) Nr. 805/2004 des Europäischen Parlaments und des Rates zur Einführung eines europäischen Vollstreckungstitels für unbestrittene Forderungen* (EuVTVO), ABl. EU 2004 L, 143/15; Berichtigung in ABl. EU 2005 L, 97/64.

1244 *Verordnung (EG) Nr. 1896/2006 des Europäischen Parlaments und des Rates zur Einführung eines Europäischen Mahnverfahrens* (EuMahnVO), EU-ABl. 2006 L 399/1.

1245 *Verordnung (EG) Nr. 861/2007 des Europäischen Parlaments und des Rates vom 11. Juli* 2007 *über die Einführung eines Verfahrens für geringfügige Forderungen* (EuBagatellVO), EU-ABl. 2006 L 199/1.

umgesetzten Abschaffung des Rechtsinstituts in anderen Verordnungen zu machen, um im weiteren Verlauf der Arbeit darauf einzugehen, inwieweit sich die daraus resultierenden Erkenntnisse auf die geplante Abschaffung der Vorbehaltsklausel in der EuGVVO beziehen lassen; also, ob die Erwägungen auch für die Diskussion um die Abschaffung des Exequaturverfahrens nutzbar gemacht werden können.

I. Die Abschaffung des ordre public in der EuVTVO

Zwar wurde der ordre public – wie oben gesagt – bereits in mehreren EG/EU-Verordnungen des Verfahrensrechts gestrichen. Eine vorweggenommene kurze Einzelfallbetrachtung der EuVTVO bietet sich dennoch an: Die EuVTVO stellt den ersten Schritt auf dem Stufenplan des Europäischen Gesetzgebers zur Umsetzung der Schlussfolgerungen von Tampere[1246] aus dem Jahr 1999 und dem Maßnahmenprogramm von 2000 dar und diente daher als Vorbild für nachfolgende Verordnungen.[1247]

Der Inhalt der Verordnung lässt sich wie folgt zusammenfassen: Unbestrittene Forderungen[1248] sind mit Hilfe der Verordnung in allen Mitgliedsstaaten mit Ausnahme Dänemarks ohne Weiteres vollstreckbar, sofern gewisse Mindeststandards von dem Gericht des Ursprungsmitgliedsstaates bei der Titelerteilung bestätigt wurden; der Begriff der unbestrittenen Forderung wird in Art. 3 Abs. 3, 4 EuVTVO näher definiert.[1249] Die EuVTVO bedarf trotz ihrer Eigenschaft als Verordnung noch ausfüllender Vorschriften des jeweiligen Forumstaates, um die Zuständigkeiten und das Verfahren zu kodifizieren.[1250] Die EuVTVO schafft keinen eigenständigen europäischen Titel.[1251]

Kernnorm der Verordnung ist Art. 5 EuVTVO, wonach eine im Ursprungsmitgliedsstaat als Europäischer Vollstreckungstitel bestätigte Entscheidung in den anderen Mitgliedsstaaten ohne die Voraussetzung der Vollstreckbarerklä-

---

1246 Ratsdok. SI (1999) 800; http://ue.eu/de/info/eurocouncil/index.htm; NJW 2000, 339.

1247 *Bittmann*, in: Gebauer/Wiedmann, Kap. 28 Rn. 1; *Hess/Bittmann*, IPRax 2008, 303; *Wagner*, NJW 2005, 1157; *ders.*, IPRax 2005, 189.

1248 Die Verordnung unterscheidet dabei zwischen *aktiv* unbestrittenen Forderungen, also Forderungen, die der Schuldner ausdrücklich durch Anerkenntnis oder Vergleich nicht bestritten hat und *passiv* unbestrittenen Forderungen, gegen welche sich der Schuldner nicht verteidigen kann, so dass ein Versäumnisurteil gegen ihn ergehen kann, vgl. *Stürner*, GPR 2010, 45.

1249 *Hüßtege*, FS Jyame Bd. I, 372 f.

1250 *Bittmann*, in: Gebauer/Wiedmann, Kap. 28 Rn. 7; zur deutschen Regelung vgl. das Gesetz zur Durchführung der Verordnung über den Europäischen Vollstreckungstitel BGBl. 2005 I, 2477; BR-Drucks. 88/05.

1251 *Hess/Bittmann*, IPRax 2008, 303.

rung anerkannt und vollstreckt wird.[1252] Die Anerkennung kann folglich nicht angefochten werden, weshalb die Versagungsgründe von Art. 34 EuGVVO auch nicht mehr geprüft werden können, und eine mit dem Rechtsinstitut des ordre public vergleichbare Kontrollfunktion nicht mehr gegeben ist.[1253] Vielmehr wird die Möglichkeit der Überprüfung durch eine Prüfung im Bestätigungsverfahren auf Antrag an das ausländische Ursprungsgericht gemäß Artt. 6 I lit. c, 12 ff. EuVTVO ersetzt.[1254] Diese Prüfung orientiert sich an sogenannten Mindeststandards, welche in den Art. 12 ff. EuVTVO geregelt sind. Das beschriebene System schützt den Schuldner mit seinen Instrumentarien trotz aller Einwände in der Literatur[1255] somit ausreichend, vor allem wenn berücksichtigt wird, dass nur unbestrittene Forderungen von dem Anwendungsbereich der Verordnung erfasst werden. Schon die Art der Titelerrichtung beinhaltet einen hohen Schuldnerschutz, weil der Titel nur entweder nach einer ausdrücklichen Belehrung des Schuldners, aufgrund eines Anerkenntnisses desselben oder aber nach Säumnis nach vorheriger Teilnahme am Verfahren erlangt werden kann.[1256] Darüber hinaus stellt die Aussetzung der Vollstreckung nach Art. 23 EuVTVO eine Art der Überprüfung dar.[1257] Danach kann das zuständige Gericht im Vollstreckungsstaat auf Antrag eines Schuldners, der im Ursprungsstaat einen Rechtsbehelf gegen die als europäischen Vollstreckungstitel bestätigte Entscheidung eingelegt hat, das Vollstreckungsverfahren unter außergewöhnlichen Umständen gänzlich aussetzen lassen.[1258] Unter diesen außergewöhnlichen Umständen dürfte im Zweifel ähnliches wie ein offensichtlicher Verstoß gegen die öffentliche Ordnung zu verstehen sein.[1259] Folglich lässt sich auch darüber streiten, ob das Verfahren der EuVTVO tatsächlich einer gänzlichen Abschaffung des ordre public entspricht.

Art. 21 der EuVTVO enthält einen weiteren Rechtsbehelf, der zur Verweigerung der Vollstreckung führen kann. Die durch den Rechtsbehelf geschützten Gründe entsprechen dabei Art. 34 Nr. 3, 4 EuGVVO.[1260] Bei dem Versagungsgrund des Art. 21 EuVTVO handelt es sich jedoch, anders als bei traditionellen Anerkennungsversagungsgründen nach dem Exequaturverfahren, nicht um

---

1252 Vgl. ausführlich zum Europäischen Vollstreckungstitel *Hüßtege*, in: Gottwald, Perspektiven der justiziellen Zusammenarbeit, 113-138; *ders.*, FS Jayme Bd. I, 371-385; *Rauscher*, der Europ. Vollstreckungstitel für unbestrittene Forderungen

1253 *Kropholler/v. Hein*, EuZPR, Art. 5 EuVTVO Rn. 5.

1254 *Roth*, IPRax 2006, 466; *Hüßtege*, FS Jayme Bd. I, 376.

1255 *Georganti*, S. 33 f.; *Wagner*, IPRax 2005, 200; *Mankowski*, RIW 2004, 588; *Stadler*, IPRax 2004, 8; *Coester-Waltjen*, FS Beys, 193; zusammenfassend zur Kritik an der Abschaffung des Vorbehalts in der EuVTVO *Regen*, Rn. 928 f.; *Sujecki*, ZEuP 2008, 477.

1256 *Hüßtege*, FS Jayme Bd. I, 385.

1257 *Rauscher*, Der Europ. Vollstreckungstitel, Rn. 28.

1258 *Kreuzer/Wagner*, in: Hdb des EU-Wirtschaftsrechts, Rn. 767.

1259 Vgl. *Rauscher*, Der Europ. Vollstreckungstitel, Rn. 28.

1260 Vgl. *Georganti*, S. 206.

die Möglichkeit der Nachprüfung der ausländischen Entscheidung in der Sache, sondern lediglich um eine Regelung, welche sich auf die Vorrangwirkung im Falle mehrerer existierender Entscheidungen zum selben Sachverhalt bezieht.[1261] Insofern ist es auch vertretbar, anstatt von einer völligen Abschaffung des Exequaturverfahrens lediglich von einer dramatischen Beschränkung zu sprechen.[1262]

Die Bedeutung der Verordnung ist nicht zu unterschätzen, als dass nach der Einschätzung des Europäischen Wirtschafts – und Sozialausschusses in bis zu 90% aller zivil – und handelsrechtlichen Entscheidungen die Voraussetzungen für die Bestätigung zum Europäischen Vollstreckungstitel vorlägen.[1263] Die durch die Verordnung erzielte Urteilsfreizügigkeit schützt insbesondere die Interessen des Gläubigers.[1264] So soll durch die Abschaffung des Exequaturverfahrens verhindert werden, dass der Schuldner allein durch die Einlegung von Rechtsbehelfen eine berechtigte Vollstreckung einer Entscheidung zu verzögern versucht.[1265]

1. Die Entscheidung Gambazzi im Zusammenhang mit der EuVTVO

Hätte für den Kläger im Fall *Gambazzi* zunächst nicht die Möglichkeit bestanden, ein Exequaturverfahren nach den Regelungen der EuGVVO einzuleiten, weil bereits die Bescheinigung der Entscheidung in Form eines europäischen Vollstreckungstitels beantragt worden wäre, so wäre zunächst einmal zu prüfen, ob eine solche Entscheidung als Europäischer Vollstreckungstitel bestätigt würde, und zudem inwieweit die Möglichkeit der Abwehr eines solchen Titels noch im Rahmen der Regelungen der EuVTVO gegeben wäre.

In der Entscheidung *Gambazzi*[1266], welche bereits Gegenstand des Ersten Teils der Arbeit war, ging es um die Frage nach der Vereinbarkeit eines Verfahrensausschlusses des Beklagten aufgrund einer nicht eingehaltenen gerichtlichen Auflage mit Art. 34 Nr. 1 EuGVVO.[1267] Wie oben[1268] dargestellt, fand die Abschaffung des ordre public-Vorbehalts in einigen EG/EU-Verordnungen bereits statt. Im Zusammenhang mit der besprochenen Entscheidung stellt sich somit die Frage, was geschehen wäre, wenn der Beklagte nicht das Exequaturverfahren nach der EuGVVO eingeleitet, sondern stattdessen die Bescheinigung der Entscheidung

1261 *Stein,* EuZW 2004, 682.
1262 *Cuniberti,* (2008) 57 Int'l & Comp.L.Q., 49.
1263 ABl. EG 2003 C 85/1, Nr. 3.1.
1264 *Stürner,* GPR 2010, 44.
1265 *Stürner,* GPR 2010, 44.
1266 EuGH, Urteil vom 2.4.2009, Rs. C-394/07, *Gambazzi*, Slg. 2009 I-2563, Rn. 26 ff.
1267 S. 98 ff.
1268 S. 180.

als Europäischer Vollstreckungstitel anhand der EuVTVO angestrebt hätte.[1269] Fraglich ist zunächst, ob die Entscheidung als Europäischer Vollstreckungstitel bestätigt werden und wie im Falle einer erfolgten Bestätigung gegen den erlangten Titel vorgegangen werden könnte.[1270]

Die Entscheidung kann gemäß Art. 3 EuVTVO als unbestritten gelten, da der Beklagte der Forderung zwar widersprochen hat, aber aufgrund des Ausschlusses von dem Verfahren seinem Vorbringen keine Beachtung geschenkt wurde. Die daraufhin ergehende englische Säumnisentscheidung eignet sich somit für die Bestätigung als Europäischer Vollstreckungstitel.[1271]

Als Rechtsbehelfe gegen den erlangten Titel kämen – nach dem oben[1272] Gesagten – ein Widerspruch bzw. eine Überprüfung gemäß Artt.10 lit. b, 19 EuVTVO in Betracht:[1273] Für einen Widerspruch nach Art. 10 lit. b EuVTVO ist erforderlich, dass die Bestätigung als Europäischer Vollstreckungstitel hinsichtlich der in der Verordnung festgelegten Voraussetzungen zu Unrecht erteilt wurde, wofür es nach der Faktenlage der genannten Entscheidung keine Anhaltspunkte gibt, da die Forderung – wie erläutert – noch als unbestritten im Sinne der Verordnung anzusehen ist.

Art. 19 EuVTVO enthält Mindestvorschriften für eine Überprüfung der Bestätigung des Titels in Ausnahmefällen. Voraussetzung für ein Eingreifen der Vorschrift ist gemäß Art. 19 Abs. 1 lit. b EuVTVO, dass der Schuldner aufgrund höherer Gewalt oder außergewöhnlicher Umstände ohne eigenes Verschulden der Forderung nicht widersprechen konnte. Im Fall *Gambazzi* konnte der Beklagte aufgrund des gegen ihn erlassenen *contempt of court* der Forderung nicht wirksam widersprechen. Dieses aus dem englischen *Common Law* stammende Rechtsintitut kann jedoch nicht als höhere Gewalt oder gar als außergewöhnlicher Umstand bezeichnet werden, da es im dortigen Rechtskreis völlig üblich ist und damit nicht als Umstand beschrieben werden kann, welcher objektiv von außen auf die Situation einwirkt und subjektiv auch nicht durch die äußerst zumutbare Sorgfalt hätte abgewendet werden können. Auch die Annahme eines außergewöhnlichen Umstands kommt nicht in Betracht, als dass der Entscheidung des englischen Gerichts kein Element der Unvorhersehbarkeit innewohnt.

Fraglich ist, ob auf den deutschen Rechtsraum übertragen, möglicherweise die Anwendbarkeit von § 826 ZPO Abhilfe hätte schaffen können. Die Klage nach

---

1269 *Sujecki,* EuZW 2009, 425. Das Recht die Zwangsvollstreckung nach den Vorschriften der EuGVVO zu betreiben bleibt von der EuVTVO unberührt. Es besteht ein Wahlrecht des Gläubigers. Zum Verhältnis von EuVTVO und EuGVVO vgl. *Bittmann,* IPRax 2011, 55 ff.; *Mansel/Thorn/Wagner,* IPRax 2011, 21 f.

1270 *Sujecki,* EuZW 2009, 425.

1271 *Cuniberti,* (2008) 57 Int'l & Comp.L.Q., 47.

1272 S. 202 f.

1273 *Sujecki,* EuZW 2009, 425; *Stürner,* GPR 2010, 45.

§ 826 ZPO bietet dem Schuldner die Gelegenheit, die Zwangsvollstreckung aus einem erschlichenen Titel dadurch zu verhindern, dass die Herausgabe des Titel an sich verlangt wird.[1274] Abgesehen davon, ob der Anwendungsbereich der Vorschrift hier überhaupt eröffnet wäre, stünde die Zulassung dieses Rechtsbehelfs jedenfalls im Widerspruch zu Art. 21 Abs. 2 EuVTVO, wonach das Verbot der Nachprüfung in der Sache gilt.[1275]

Gegenstand der ordre public-Kontrolle im Falle *Gambazzi* war ein Verstoß gegen Art. 6 Abs. 1 EMRK, welcher als Grundsatz des *fair trial* über Art. 6 Abs. 3 EUV als Teil des Unionsrechts gilt. Zur Durchsetzung seiner Wirkung käme die Individualbeschwerde zum EGMR in Betracht.[1276] Voraussetzung für den Angriff der Vollstreckung aus dem Europäischen Vollstreckungstitel ist dabei, dass in der Vollstreckung selbst ein erneuter und zusätzlicher Eingriff in die Rechte des Schuldners zu sehen ist.[1277] Im vorliegenden Fall wäre diese Voraussetzung grundsätzlich jedoch gegeben, da die Vollstreckung unter Verstoß gegen Art. 6 Abs. 3 EUV vollzogen worden wäre.

2. Stellungnahme

Ohne die Möglichkeit des Exequaturverfahrens nach der EuGVVO hätte im Falle *Gambazzi* nicht die Möglichkeit bestanden, gegen die Entscheidung des englischen Gerichts vorzugehen. Denn auch die Zulässigkeit der Individualbeschwerde gegen den Vollstreckungstitel wegen Verletzung von Art. 6 EMRK erscheint zweifelhaft, da der EGMR eine Kontrolle von Unionsrecht ablehnt, solange auf EU-Ebene ein effektiver Grundrechtsschutz besteht.[1278] Möglich wäre in der Praxis jedoch die Erhebung einer Individualbeschwerde zum EGMR gegen die Entscheidung als solche, also die aus dem Urteilsstaat stammende, auf autonomem Recht basierende, Entscheidung des englischen Gerichts.[1279] Daneben bliebe in der Praxis nur der Weg zum EuGH, welcher auf das deutsche Recht übertragen, durch die Erhebung der Vollstreckungserinnerung gemäß § 766 ZPO auf die Aussetzung der Vollstreckung durch das Vollstreckungsgericht abzielt, damit

1274 *Stürner,* GPR 2010, 47.

1275 *Stürner,* GPR 2010, 47.

1276 Rauscher/*Pabst,* Art. 5 EuVTVO Rn. 16; *Schlosser,* EuZPR, Art. 23 EuVTVO Rn. 3, welcher deutlich macht, dass der Richter im Vollstreckungsstaat an diesen Antrag „mit großer Skepsis herantreten" sollte.

1277 Vgl. *Stürner,* GPR 2010, 48 und FN 41, welcher darauf hinweist, dass die Initiative zu diesem Vorgehen anders als beim Exequaturverfahren ausschließlich beim Schuldner liegt.

1278 Entscheidung der Europäischen Kommission für Menschenrechte vom 9.2.1990, Az. 13258/87 (Melchers), ZaöRV 50 (1990), 865; zur Auswirkung des Vertrags von Lissabon *Pache/Rösch,* EuZW 2008, 519; *Stürner,* GPR 2010, 48.

1279 Vgl. *Stürner,* GPR 2010, 48.

dieses die Sache dem EuGH im Wege des beschleunigten Verfahrens vorlegen kann.[1280]

Die Prüfung der Rechtsschutzmöglichkeiten lässt deutlich werden, dass die Abschaffung des ordre public-Vorbehalts bereits in der EuTVO zu einer Verkürzung der Beklagtenrechte geführt hat, welche jedoch aus Gründen der damit erlangten Titelfreizügigkeit grundsätzlich nicht zu beanstanden ist.[1281] Indes lässt die Unterschiedlichkeit der Rechtsordnungen erahnen, dass eine grundsätzliche Abschaffung des Exequaturverfahrens, verbunden mit einer Abschaffung des verfahrensrechtlichen ordre public, Probleme im Bereich des Beklagtenschutzes mit sich bringt.[1282]

II. Der Verzicht auf den Vorbehalt des ordre public in anderen EG-Verordnungen

Auch in EuMahnVO[1283]-, EuBagatell[1284] – und EuUnterhVO[1285] wurde sowohl das Exequaturverfahren als auch der ordre public-Vorbehalt abgeschafft.[1286] Zwar betreffen die Verordnungen unterschiedliche Urteilstypen; die Art und Weise der Umsetzung, sowie die dahinter stehende Zielsetzung ist jedoch zumindest bei EuMahn – und EuBagatellVO ähnlich: Mit den Verordnungen über ein Europäisches Mahn – bzw. Bagatellverfahren entwickelten sich Verfahren zur Erlangung eines eigenständigen europäischen Titels, was zugleich den Unterschied der Verordnungen zur EuVTVO ausmacht und den nächsten Schritt der Entwicklung des Europäischen Prozessrechts darstellt.[1287] Ziel der beiden europäischen Rechtsakte ist es, ein effizientes und zügiges Verfahren zur Durchsetzung grenzüberschreitender Forderungen zu erschaffen, in welchem jegliche Art von Zwischenverfahren zur Anerkennung und Vollstreckung ausländischer Entscheidungen abgeschafft sind.[1288]

1280 *Stürner,* GPR 2010, 48.
1281 *Stürner,* GPR 2010, 50.
1282 Vgl. hierzu unten S. 229 ff.
1283 ABl. EU 2006 L 399/1.
1284 ABl. EU 2007 L 199/1.
1285 ABl. EU 2009 L 7/1.
1286 *Gsell/Netzer,* IPRax 2010, 403.
1287 *Bittmann,* in: Gebauer/Wiedmann, Kap. 28 Rn. 9; *Hess/Bittmann,* IPRax 2008, 303, 313; *Frattini,* ZEuP 2006, 230.
1288 *Hess/Bittmann,* IPRax 2008, 311; *Sujecki,* ZEuP 2008, 475.

1. Die EuMahnVO

Die EuMahnVO schafft ein zusätzliches europäisches Mahnverfahren, welches neben die nationalen Verfahren tritt, vgl. Art. 1 Abs. 2 EuMahnVO, Erwägungsgrund 10. Der Verordnungsgeber setzt eine formularmäßige Verfahrensdurchführung voraus.[1289] Das Verfahren ist dabei gemäß Art. 3 EuMahnVO auf grenzüberschreitende Sachverhalte beschränkt.[1290]

Die funktionale Zuständigkeit liegt nicht beim Richter, sondern beim Rechtspfleger, wodurch das grenzüberschreitende Verfahren der richterlichen Kontrolle entzogen wird. Diese Tatsache ist auch vor dem Hintergrund der in Art. 19 EuMahnVO geregelten Abschaffung des Exequaturverfahrens hinnehmbar, da die Verordnung ein standardisiertes Verfahren mit sich bringt, welches ausschließlich auf den Angaben des Gläubigers beruht.[1291]

Der Europäische Zahlungsbefehl wird nach 30 Tagen vom Gericht erlassen, Art. 12 EuMahnVO. Die einzige Möglichkeit gegen den Zahlungsbefehl vorzugehen, besteht darin, gemäß Art. 16 EuMahnVO innerhalb von 30 Tagen Widerspruch zu erheben, um zu verhindern, dass der Zahlungsbefehl in Rechtskraft erwächst.[1292] Diese Tatsache qualifiziert das Mahnverfahren als einstufiges Modell nach dem Vorbild des österreichischen, französischen oder italienischen Mahnverfahren. Die Einstufigkeit führt zu einer nachhaltigen Beschleunigung und Vereinfachung des Verfahrens.[1293] Zudem kann der Schuldner unter zusätzlichen Voraussetzungen auch gegen den Zahlungsbefehl im Ursprungsstaat vorgehen, vgl. Art. 20 Abs. 1 lit. a, b, Abs. 2 EuMahnVO.

2. Die EuBagatellVO

Die EuBagatellVO geht noch einen Schritt weiter als die EuMahnVO, indem mit der Verordnung erstmalig ein einheitliches kontradiktorisches Verfahren eingeführt wird und dieses zudem unmittelbar durch den Richter anzuwenden ist.[1294] Innerhalb dieses Verfahrens werden die Verfahrenseröffnung und die Verfahrensdurchführung (Art. 4, 5 EuBagatellVO), sowie die gerichtliche Entscheidung (Art. 7 Abs. 1, 15 EuBagatellVO) nebst ihrer Vollstreckung (Art. 20-23 EuBagatellVO) einheitlich geregelt.[1295] Im Rahmen der EuBagatellVO entfällt zum ersten

1289 *Hess/Bittmann*, IPRax 2008, 307.
1290 *Hess/Bittmann*, IPRax 2008, 306.
1291 *Hess/Bittmann*, IPRax 2008, 307.
1292 *Hess/Bittmann*, IPRax 2008, 309.
1293 *Hess/Bittmann*, IPRax 2008, 309; zur Differenzierung zwischen einstufigem oder mehrstufigem Verfahren vgl. *Georganti*, S. 46.
1294 *Sujecki*, ZEuP 2008, 471.
1295 *Jahn*, NJW 2007, 2892 ff.

Mal das Exequaturverfahren für streitige Forderungen.[1296] Das Verfahren kann, da es zu dem Bereich der originären Rechtsprechung zu zählen ist, nicht von Rechtspflegern durchgeführt werden. Der Anwendungsbereich entspricht weitgehend dem der EuGVVO, der EuVTVO und der EuMahnVO, allerdings erfasst die Verordnung nur Forderungen bis zu einem Wert von 2000 Euro, Art. 2 Abs. 1 EuBagatellVO. Entscheidend für diesen Wert ist die Klageforderung. Daher liegt der Schwerpunkt der Verordnung auf dem Erkenntnisverfahren, mit welchem erstmals ein europäisches Erkenntnisverfahren mit wesentlichen menschenrechtlichen Mindeststandards geschaffen wird.[1297]

Auch die EuBagatellVO beinhaltet ein an die EuMahnVO angelehntes, indes vereinfachtes formalisiertes Verfahren, welches regelmäßig schriftlich durchgeführt werden soll, die Benutzung der Formulare ist dabei zwingend.[1298] Die Regelungen der EuBagatellVO stellen in Abgrenzung zur EuVTVO und EuMahnVO keine Mindeststandards, sondern Verfahrensvorschriften dar, welche in dieser Gestalt von den Mitgliedsstaaten beachtet werden müssen, was wiederum zugleich zu einer Vergemeinschaftung des Zustellungsrechts in Europa führt.[1299] Die Vorschriften hinsichtlich sämtlicher Zwischenverfahren zur Anerkennung oder Vollstreckung entfallen wie auch bei EuVTVO und EuMahnVO.

Nach Art. 20 Abs. 2 EuBagatellVO wird eine vollstreckbare Ausfertigung unter Verwendung des Standardformulars in Anhang IV vom Ursprungsgericht auf Antrag erteilt. Gemäß § 1105 Abs. 1 ZPO sind Urteile, welche nach der EuBagatellVO zustande gekommen sind, ohne Sicherheitsleistung für vorläufig vollstreckbar zu erklären. Einen originär europäischen Titel schafft die Verordnung somit nicht, da am Ende des Verfahrens ein nationaler Titel ausgefertigt wird.[1300]

3. Die Bedeutung der einheitlichen Mindeststandards

Durch die einheitlichen Mindeststandards in beiden Verordnungen gelingt es, eine weitgehend einheitliche Grundlage für konkrete Sachverhalte zu schaffen.[1301] Mit Blick auf die in den Verordnungen enthaltenen Mindeststandards können die gerichtlichen Entscheidungsorgane im Vollstreckungsstaat sichergehen, dass die als Europäischer Vollstreckungstitel bestätige Entscheidung, der Europäische Zahlungsbefehl sowie der im Rahmen der EuBagatellVO erlassene Vollstreckungstitel, innerhalb eines Verfahrens ergangen sind, in dem die Min-

1296 *Stürner*, in: Kindl/Meller-Hannich/Wolf, Vor. EuVTVO Rn. 9; *Jahn*, NJW 2007, 2891.

1297 Zum Ganzen vgl. *Hess/Bittmann*, IPRax 2008, 311.

1298 *Jahn*, NJW 2007, 2892; zu den genauen Formvorschriften vgl. *Hess/Bittmann*, IPRax 2008, 312.

1299 *Jahn*, NJW 2007, 2893; *Hess/Bittmann*, IPRax 2008, 312.

1300 *Hess/Bittmann*, IPRax 2008, 313.

1301 *Sujecki*, ZEuP 2008, 471.

destanforderungen der Rechtsstaatlichkeit eingehalten wurden.[1302] Als Begleitmaßnahme der Prüfung der Abschaffung des Exequaturverfahrens war daher von der Kommission ein Grünbuch über prozessuale Mindeststandards bis zum Ablauf des Jahres 2010 geplant,[1303] welches bisher jedoch noch nicht erschienen ist.

Mindeststandards sind insbesondere wichtig, um das aus dem Prinzip der gegenseitigen Anerkennung resultierende *„race to the bottom"* durch den Unionsgesetzgeber korrigieren zu können.[1304] Darunter versteht man das Phänomen, dass sich das Niveau der rechtlichen Anforderungen an die Produktion von Waren typischerweise auch auf die Kosten der Produktion auswirkt und es somit zu einem Standortvorteil des Mitgliedsstaates kommt, in welchem die rechtlichen Anforderungen am niedrigsten sind.[1305] Interessant ist in diesem Zusammenhang auch der Hinweis von *Sujecki*[1306] auf die Tatsache, dass auch die Einführung von Mindeststandards möglicherweise nicht zu der Erhöhung des gegenseitigen Vertrauens in die Rechtspflege ausreiche, sondern die genannten Standards nur einen „politischen Kompromiss" darstellen könnten. Dieser Einwand kann mit dem Hinweis auf die inhaltliche Ausgestaltung der Standards nicht vollkommen entkräftet werden. Die Berücksichtigung der Menschenrechte innerhalb der Mindeststandards kommt zwar keinem politischen Kompromiss gleich, aber kann aus deutscher Sicht auch nicht als grundsätzlich ausreichend betrachtet werden. Dies soll die Untersuchung der Entscheidung des BGH zum polnischen Unterhaltsurteil im Zusammenhang mit der EuUnterhVO zeigen.[1307]

4. Die EuUnterhVO im Rahmen der Vereinheitlichung des Prozessrechts

Die EuUnterhVO[1308] ist seit dem 18.6.2011 in Kraft. Die Verordnung schafft – wie bereits andere vorherige Verordnungen – das Exequaturverfahren weitgehend ab und verzichtet zudem auf einen ordre public-Vorbehalt zugunsten des Vollstreckungsstaates.[1309] Damit ist die Verordnung in dem Bereich von Anerkennung

---

1302 *Sujecki,* ZEuP 2008, 471.

1303 KOM (2005) 184 endg. ; dazu: *Mansel,* RabelsZ 70 (2006), 663.

1304 *Mansel,* RabelsZ 70 (2006), 668.

1305 *Mansel,* RabelsZ 70 (2006), 668.

1306 Vgl. *Sujecki,* ZEuP 2008, 472, der jedoch im Ergebnis die Einführung von Mindeststandards für erforderlich hält, nur zustimmungswürdiger Weise hohe Maßstäbe an die Ausgestaltung stellt, vgl. *ders.*, 476.

1307 Unten S. 216.

1308 *Verordnung (EG) Nr. 4/2009 des Rates vom 18.12.2008 über die Zuständigkeit, das anwendbare Recht, die Anerkennung und Vollstreckung von Entscheidungen und die Zusammenarbeit in Unterhaltssachen,* ABl. EU 2009 L 7/1.

1309 *Linke,* FPR 2006, 239; *Heger,* in: Coester-Waltjen/Lipp/Schumann/Veit, Europ. Unterhaltsrecht, 11; *Gruber,* IPRax 2010, 129.

und Vollstreckung als besonders gläubigerfreundlich zu bezeichnen, da die Stellung des Unterhaltsgläubigers durch die Abschaffung des Zwischenverfahrens verbessert wird.[1310]

Die EuUnterhVO ersetzt in Unterhaltssachen die vormalig anwendbare EuGVVO und EuVTVO.[1311] Regelungsinhalte der Verordnung sind die Zuständigkeit, das anwendbare Recht sowie die Anerkennung und Vollstreckung von Entscheidungen und die Zusammenarbeit in Unterhaltssachen in Form einer Unterstützung der Parteien durch sogenannte „Zentrale Behörden".[1312]

a) Inhalt der Verordnung

Gelten für die vereinfachten Anerkennungs – und Vollstreckungserfordernisse der EuVTVO, EuMahn – und EuBagatellVO gewisse Mindestanforderungen für die Anwendbarkeit der Verordnungen, so findet die EuUnterhVO auf beliebige mitgliedsstaatliche Unterhaltstitel für diejenigen Mitgliedsstaaten, welche durch das Haager Protokoll von 2007[1313] gebunden sind, Anwendung und garantiert so unionsweit vollstreckungsrechtliche Freizügigkeit der Entscheidungen.[1314] Dies bedeutet, dass auch nationale Unterhaltstitel, welche zunächst faktisch keinen grenzüberschreitenden Sachverhalt betreffen, von der EuUnterhVO erfasst werden.[1315] Es reicht eine potenzielle Vollstreckung im EU-Ausland aus, um eine Subsumtion des Unterhaltstitels unter die Europäische Verordnung zu ermöglichen. Aus diesem Grund wird die EuUnterhVO auch als „Pilotprojekt" im Rahmen der Vereinheitlichung des europäischen Prozessrechts bezeichnet.[1316]

Wie auch in den oben[1317] beschriebenen Verordnungen der EuVTVO, EuMahn – und EuBagatellVO findet im Anwendungsbereich der EuUnterhVO das Exequaturverfahren mit der Möglichkeit einer ordre public-Kontrolle nicht mehr statt. Vorgesehen ist eine unionsweite Anerkennung und Vollstreckung der in den Mitgliedsstaaten, die durch das Haager Protokoll gebunden sind, ergangenen Entscheidungen.[1318] Ist im Ursprungsstaat das Haager Protokoll nicht in Kraft, gelten weiterhin die EuGVVO-Regelungen zur Anerkennung und Vollstreckung, wel-

---

1310 Vgl. *Gruber*, IPRax 2010, 129.

1311 *Heger*, in: Coester-Waltjen/Lipp/Schumann/Veit, Europ. Unterhaltsrecht, 8 f.

1312 *Gruber*, IPRax 2010, 129, 139: Diese Behörden unterstützen die Parteien bei der Herbeiführung einer gerichtlichen Entscheidung und auf der Ebene von Anerkennung und Vollstreckung.

1313 Abrufbar unter http://www.hcch.net/upload/text39d.pdf.

1314 *Gsell/Netzer*, IPRax 2010, 403 f.

1315 *Gsell/Netzer*, IPRax 2010, 404.

1316 *Gruber*, IPRax 2010, 139.

1317 S. 208 ff.

1318 *Mansel/Thorn/Wagner*, IPRax 2010, 7; *Gsell/Netzer*, IPRax 2010, 405; *Gruber*, IPRax 2010, 136.

che insoweit in die EuUnterhVO übernommen worden sind, vgl. Artt. 16, 23 ff. EuUnterhVO.[1319]

Einziger Rechtsbehelf zur Überprüfung einer Entscheidung ist Art. 19 EuUnterhVO. Die Vorschrift beinhaltet das Recht des Schuldners auf Nachprüfung der Entscheidung im Ursprungsstaat, sofern sich dieser nicht auf das Verfahren eingelassen hat und ihm eine Verteidigung aufgrund von Zustellungsmängeln oder höherer Gewalt oder aber aufgrund von außergewöhnlichen Umständen ohne eigenes Verschulden nicht möglich war.[1320] Strukturell ist die Regelung dabei den Mindeststandards in der EuVTVO und den in der EuMahn – und BagatellVO enthaltenen Rechtsbehelfen entlehnt.[1321]

Das im Zusammenhang mit der EuUnterhVO eingeführte einheitliche Kollisionsrecht in Form des Haager Unterhaltsprotokolls hat zwar den großen Vorteil, dass innerhalb des Anwendungsbereichs der Verordnung keine unterschiedlichen Sachrechte mehr zur Anwendung gelangen.[1322] Für die Abschaffung des Exequaturverfahrens bieten sich aber nur geringe Vorteile, da die Einführung der verfahrensrechtlichen Mindestgarantien, welche den ordre public-Vorbehalt ersetzen würden, bisher nicht erfolgt ist. In Bezug auf etwaige ordre public-Verstöße werden zukünftige Schuldner daher einige Umwege in das Recht anderer Mitgliedsstaaten in Kauf nehmen müssen, um Gerechtigkeit zu finden. Gegner der Abschaffung des Exequaturverfahrens werden allerdings darauf verwiesen, dass durch das Bestehen eines einheitlichen Internationalen Privatrecht zumindest dem unerwünschten *forum shopping* Einhalt geboten wird.[1323]

b) Kompetenzgrundlage zum Erlass von Legislativakten im Europäischen Zivilverfahrensrecht

Grundsätzlich wurde die Kompetenz zum Erlass von Legislativakten im Europäischen Zivilverfahrensrecht seit dem Vertrag von Amsterdam aus Art. 61 lit. c sowie Art. 65 EGV (a.F.) hergeleitet.[1324] Nach diesen Regelungen konnte

1319 *Mansel/Thorn/Wagner,* IPRax 2010, 7 f.

1320 Vgl. *Janzen,* FPR 2008, 221; *Gsell/Netzer,* IPRax 2010, 406; *Heger,* in: Coester-Waltjen/Lipp/Schumann/Veit, Europ.Unterhaltsrecht, 12.

1321 *Gsell/Netzer,* IPRax 2010, 406.

1322 *Heger,* in: Coester-Waltjen/Lipp/Schumann/Veit, Europ. Unterhaltsrecht, 12, vgl. zum Internationalen Privatrecht innerhalb der Verordnung einzig Art. 15 EuUnterhVO, welcher das Haager Protokoll vom 23.11.2007 zum anwendbaren Recht in die Verordnung inkorporiert; einheitliche Kollisionsnormen begrüßend *Mansel/Thorn/Wagner,* IPRax 2010, 8.

1323 Vgl. *Andrae,* GPR 2010, 205 welche darauf hinweist, dass das *forum shopping* innerhalb der Union auch durch die Neuerungen nicht völlig ausgeschlossen werden könnte, jedoch zumindest eingeschränkt werde.

1324 *Hess,* EuZPR, § 2 Rn. 43 ff; *Rossi,* in: Callies/Ruffert, EUV/AEUV, Art. 81 Rn. 1; *Röben,* in: Grabitz/Hilf, Art. 65 Rn. 1; *Schmahl,* in: von der Groeben/Schwarze, Art. 65 Rn. 2; *Wied-*

die Gemeinschaft Maßnahmen im Bereich der justiziellen Zusammenarbeit in Zivilsachen erlassen, welche grenzüberschreitende Bezüge aufwiesen, soweit diese für das reibungslose Funktionieren des Binnenmarktes notwendig waren.[1325] Zu diesen Maßnahmen gehören die Vereinfachung der Anerkennung und Vollstreckung von Entscheidungen sowie die Beseitigung von Hindernissen bei der reibungslosen Abwicklung von Zivilverfahren, notfalls auch durch die Förderung der Vereinbarkeit der mitgliedsstaatlichen Vorschriften.[1326] Ziel der sich aus Art. 65 EGV (a.F.) ergebenden Kompetenz ist es, nach Art. 65 lit.c EGV (a.F.), den freien Zugang zum Recht zu gewährleisten und so Nachteile abzubauen, welche bei der Rechtsverfolgung aufgrund grenzüberschreitender Bezüge einer Rechtssache bestehen. Daher ist hinsichtlich des Binnenmarktbezuges ein weiter Einschätzungsspielraum des Gesetzgebers anzunehmen, auch wenn das Segment des Zivilprozessrechts nicht ausdrücklich Erwähnung findet.[1327]

Im Vertrag von Lissabon findet sich die korrespondierende Regelung in Art. 81 Abs. 1 AEUV, welcher ebenfalls keine allgemeine Kompetenzgrundlage für die Einführung eines unmittelbar geltenden Europäischen Zivilprozessrechts enthält.[1328] Nach dem Vertrag von Lissabon gilt in der Europäischen Union der „Grundsatz der gegenseitigen Anerkennung gerichtlicher und außergerichtlicher Entscheidungen in Zivilsachen", vgl. Art. 67 Abs. 4 AEUV. Dieses Prinzip ist der Ausgangspunkt um die „Zusammenarbeit in Zivilsachen mit grenzüberschreitenden Bezügen" über die bereits bestehenden Bereiche hinaus auszuweiten.[1329] Seit dem Vertrag von Lissabon kann die justizielle Zusammenarbeit mit grenzüberschreitendem Bezug auch Maßnahmen zur Harmonisierung nationaler Vorschriften umfassen.[1330] Besonders ist daran, dass traditionell die Anwendung von Unionsrecht bei rein nationalen Sachverhalten, also bei nicht vorliegendem grenzüberschreitenden Bezug, ausgeschlossen war. Die oben[1331] angesprochenen Zweifel hinsichtlich der Beantwortung der Frage, ob die Union über eine Kompetenz zur Abschaffung des Exequaturverfahrens verfügt, sind folglich mit Verweis auf Art. 81 Abs. 1 AEUV auszuräumen. Auf diese Vorschrift kann eine zukünftige Abschaffung des Exequaturverfahrens gestützt werden. Dies ist damit

---

mann/Gebauer, in: Gebauer/Wiedmann, Kap. 1 Rn. 10, 16; *Mansel,* in: Baur/Mansel, 3, 6; *ders.,* RabelsZ 70 (2006), 657.

1325 *Röben,* in: Grabitz/Hilf, Art. 65 Rn. 2; *Gsell/Netzer,* IPRax 2010, 407.

1326 *Gsell/Netzer,* IPRax 2010, 407.

1327 *Röben,* in: Grabitz/Hilf, Art. 65 Rn. 2; *Mansel.* RabelsZ 70 (2006), 658.

1328 *Gsell/Netzer,* IPRax 2010, 407.

1329 *Wiedmann/Gebauer,* in: Gebauer/Wiedmann, Kap. 1 Rn. 14; zur Einbeziehung des Familien – und Erbrechts in die Kommissionsmitteilung vgl. *Mansel,* RabelsZ 70 (2006), 682 f.

1330 *Wiedmann/Gebauer,* in: Gebauer/Wiedmann, Kap. 1 Rn. 37.

1331 S. 195, 198.

zu begründen, dass die Vorschrift weiter gefasst ist als die Vorgängernorm im EGV und insofern auch der Union mehr Kompetenzen einräumt.

c) Keine unzulässige Kompetenzüberschreitung

Die EuUnterhVO wird nicht nur als „Pilotprojekt“ im Rahmen der Vereinheitlichung des Prozessrechts bezeichnet,[1332] sondern auch als Beispiel für eine Kompetenzausweitung seitens der Union genannt. So wird teilweise vertreten, dass die Union für die Einleitung eines derartigen Systemwechsels innerhalb des Europäischen Zivilverfahrensrechts, wie er oben beschrieben wurde, keine Kompetenz habe und eine derartige Verordnung folglich nicht erlassen hätte werden dürfen.[1333] So könne die Kompetenz zum Erlass der Verordnung weder auf Art. 65 EGV (a.F.), noch auf Art. 81 Abs. 1 AEUV gestützt werden. Auch enthalte die vertragliche Verankerung des Grundsatzes der gegenseitigen Anerkennung gerichtlicher und außergerichtlicher Entscheidungen nicht die Gemeinschaftskompetenz zur Harmonisierung des nationalen Rechts in rein innerstaatlichen Verfahren. Ferner könnte die aufgezeigte Kompetenzüberschreitung auch nicht durch eine vertragskonforme Auslegung des Art. 19 EuUnterhVO korrigiert werden. Abhilfe gegen die Kompetenzüberschreitung könnte allerdings durch Erhebung der Nichtigkeitsklage nach Art. 263 AEUV geschaffen werden.[1334]

Die genannten Bedenken hinsichtlich einer unzulässigen Kompetenzüberschreitung bei dem Erlass der EuUnterhVO beziehen sich auf die Tatsache, dass auch nur potenziell grenzüberschreitende Sachverhalte in den Anwendungsbereich der Verordnung einbezogen werden und somit das Erfordernis des grenzüberschreitenden Bezugs im Anwendungsbereich der Verordnung wegfällt. Die Einbeziehung der nur potenziell grenzüberschreitenden Sachverhalte in den Anwendungsbereich der Verordnung begründet zugleich auch die Bezeichung der EuUnterhVO als „Pilotprojekt“, als dass eine derartig weite Interpretation des Binnenmarktbezuges neu ist.

Der oben genannte Ansatz, auch die vertragsautonome Auslegung des Art. 19 EuUnterhVO könnte eine mögliche Kompetenzausweitung nicht kompensieren, scheint in seinen Auswirkungen zu extrem zu sein: Zwar bedeutet das Erfordernis der grenzüberschreitenden Bezüge, dass Art. 81 AEUV (Art. 65 EGV a.F.) nicht als Kompetenzgrundlage zur Schaffung eines einheitlichen Zivilprozessrechts herangezogen werden kann.[1335] Das Begriffspaar der „grenzüberschreiten-

1332 Vgl. z.B. *Gruber,* IPRax 2010, 139, welcher von einem Pilotprojekt „zu einer noch weiter reichenden europäischen Prozessrechtsangleichung“ spricht.

1333 *Gsell/Netzer,* IPRax 2010, 407 ff.; so auch *Linke,* FPR 2006, 240; die Kompetenz zur Abschaffung des Exequaturs allgemein bezweifelnd *Kohler,* in: Baur/Mansel, 161.

1334 Vgl. zum Ganzen: *Gsell/Netzer,* IPRax 2010, 407, 409.

1335 *Leible,* in: Streinz, EUV/AEUV, Art. 81 Rn. 7; *Rossi,* in: Callies/Ruffert, EUV/AEUV, Art. 81 Rn. 7.

den Bezüge“ ist aber weit auszulegen, um dem Bürger in dem Rechtsraum der Union nicht Nachteilen auszusetzen, welche sich darauf begründen, dass seine zivilrechtliche Streitigkeit nicht ausschließlich innerhalb seines Heimatlandes ausgetragen wird.[1336] Es ist weiterhin zu bedenken, dass es letztlich immer wieder zu extensiven Interpretationen der Kompetenzen der Union kommen muss, um die gewollte Europäisierung und das rechtliche Zusammenwachsen der Mitgliedsstaaten überhaupt zu ermöglichen; rechtstechnisch geschieht dies durch eine weite Auslegung der Kompetenznormen und nicht *contra legem.* In diesem Zusammenhang ist auf Art. 81 Abs. 2 AEUV hinzuweisen, welcher statuiert, dass Maßnahmen nicht nur dann getroffen werden können, wenn sie für das reibungslose Funktionieren des Binnenmarktes erforderlich sind, sondern „insbesondere wenn dies für das reibungslose Funktionieren des Binnenmarktes erforderlich ist“. Aus dieser Ergänzung der Vorschrift um das Wort „insbesondere“ ergibt sich die dogmatische Herabstufung des Binnenmarktbezuges von der Voraussetzung zum Regelbeispiel,[1337] welche Rechtsakten wie der EuUnterhVO Raum gibt. Darüber hinaus ist das durch die EuUnterhVO eingeführte Verfahren nicht so ungewöhnlich wie zunächst angenommen: Es gibt in der globalisierten Welt des 21. Jahrhunderts auch im Unterhaltsrecht Sachverhalte, die zunächst rein national waren, dann aber – aufgrund eines Umzugs oder aber einer Heirat – grenzüberschreitend werden.[1338] Genau diese Fälle müssen aus Gründen der Rechtsklarheit aber nach denselben Grundsätzen beurteilt werden können. Dies ermöglicht die EuUnterhVO erstmalig.[1339] Erwägungsgrund 24 der Verordnung weist darauf hin, dass durch die Anwendung vorhandenen Garantien die Abschaffung des Zwischenverfahrens gerechtfertigt werden könnte.

Schlussendlich ist die Erwägung nicht außer Acht zu lassen, dass die Verordnung ordnungsgemäß zustande gekommen ist und die Mitgliedsstaaten keine Einwände erhoben haben. Da die Verordnung bereits zum 30.1.2009 in Kraft getreten ist, fand auf sie noch das vor dem Vertrag von Lissabon geltende Rechtsetzungsverfahren Anwendung. Nach dem Vertrag von Lissabon findet auf „Maßnahmen zum Familienrecht mit grenzüberschreitendem Bezug“ das Verfahren nach Art. 81 Abs. 3 Unterabs. 1 AEUV Anwendung.[1340] Danach beschließt der Rat grundsätzlich einstimmig nach Anhörung des Parlaments.[1341] Es gibt keine

1336 *Rossi,* in: Callies/Ruffert, EUV/AEUV, Art. 81 Rn. 7; *Frattini,* ZEuP 2006, 232.

1337 *Dutta,* EuZW 2010, 531 m.w.N.; *Mansel/Thorn/Wagner,* IPRax 2010, 25.

1338 *Heger,* in: Coester-Waltjen/Lipp/Schumann/Veit, Europ. Unterhaltsrecht, 13; *Frattini,* ZEuP 2006, 231.

1339 Vgl. ähnlich *Heger,* in: Coester-Waltjen/Lipp/Schumann/Veit, Europ. Unterhaltsrecht, 13, welcher zustimmungswürdigerweise darauf hinweist, dass die angewendeten Mindeststandards schon denklogisch übereinstimmen müssen.

1340 *Mansel/Thorn/Wagner,* IPRax 2010, 25.

1341 Vgl. zu der Möglichkeit eines Ausnahmebeschlusses *Mansel/Thorn/Wagner,* IPRax 2010, 25.

Hinweise darauf, dass das Verfahren nicht ordnungsgemäß abgelaufen ist. Dies lässt darauf schließen, dass, sofern auf politischer Ebene ein Wille zur Rechtssetzung vorhanden ist, sich dieser eben auch bei der Auslegung der EG-rechtlichen Kompetenznormen durchsetzt.[1342]

Eine Entscheidung des EuGH zur Frage der unzulässigen Kompetenzerweiterung gibt es bisher nicht und ist in Einklang mit dem Gesagten auch nicht zu erwarten. Denkbar wäre somit lediglich, dass sich das deutsche Bundesverfassungsgericht in ähnlicher Weise wie in seinem Urteil zum Vertrag von Lissabon äußert. Auch dies erscheint jedoch sehr unwahrscheinlich und ist gegenwärtig noch nicht geschehen. In seiner Entscheidung zum Vertrag von Lissabon hatte das Bundesverfassungsgericht seinen Anspruch bestätigt, über die Achtung des Subsidiaritätsprinzips von Seiten der Unionsorgane zu wachen und Zuständigkeitsüberschreitungen der Unionsorgane zu überprüfen (sogenannte *ultra-vires* Kontrolle). Zudem unterstrich das Bundesverfassungsgericht sein Recht zu prüfen, ob Maßnahmen der Union eine Verletzung der deutschen Verfassungsidentität begründen.[1343] Nach dem Gesagten ist festzuhalten, dass der Erlass der EuUnterhVO keine unzulässige Kompetenzerweiterung darstellt, sondern von der Kompetenz in Art. 81 Abs. 1 AEUV gedeckt ist.

d) Die Entscheidung des BGH vom 26.8.2009 – Az XII ZB 169/07 (OLG Köln) im Lichte der EuUnterhVO

Nachdem festgestellt wurde, dass die Kompetenz zum Erlass der EuUnterhVO bestand, sind vor dem Hintergrund der Entscheidung des BGH zum polnischen Unterhaltsurteil[1344] die verbleibenden Rechtsschutzmöglichkeiten des Schuldners im Anwendungsbereich der EuUnterhVO zu prüfen. Die Abschaffung des Exequaturverfahrens im Anwendungsbereich der EuUnterhVO ist als rechtspolitische Entscheidung zu bezeichnen. Diese ist solange nicht zu beanstanden, wie keine nicht zu rechtfertigende Minimierung der Rechtsschutzmöglichkeiten der Schuldner zu befürchten ist. Einige, der in Art. 34 EuGVVO enthaltenen Anerkennungsversagungsgründe, sind weiterhin in der Verordnung vorzufinden.[1345] So ist der Versagungsgrund der „widersprechenden Entscheidung" in Art. 21 Abs. 2 UAbs. 2 EuUnterhVO berücksichtigt worden. Auch der Versagungsgrund der „Nichtgewährung des rechtlichen Gehörs zu Verfahrensbeginn" ist in Art. 19

1342 Vgl. allgemein zur Kompetenz zu Zivilrechtsvereinheitlichung *Sonnenberger*, RIW 2002, 490.

1343 BVerfG, 2 BvE 2/08 vom 30.6.2009, Leitsatz Nr. 4, Rn. 235 ff (zum Grundsatz), Rn. 241 (zum Feststellungsmonopol des BVerfG und zu den konkreten Verfahrensarten, Rn. 248 ff (zum Kern der deutschen Verfassungsidentität).

1344 S. 70 ff.

1345 *Andrae*, GPR 2010, 204.

EuUnterhVO aufgenommen worden.[1346] Die ordre public-Kontrolle wurde jedoch, wie wiederholt erwähnt, gestrichen. Wie der Wegfall der ordre public-Prüfung zu bewerten ist, kann nicht isoliert in Bezug auf die EuUnterhVO dargestellt werden, sondern wird im Zusammenhang mit der EuGVVO zu betrachten sein. An dieser Stelle soll jedoch darauf eingegangen werden, welche Probleme sich im Zusammenhang mit der oben genannten Entscheidung des BGH ergeben würden:

Die zitierte Entscheidung wurde bereits im Ersten Teil der Arbeit im Zusammenhang mit der Konkretisierung des Schutzbereiches des Rechts auf rechtliches Gehör als Bestandteil des verfahrensrechtlichen ordre public erläutert.[1347] Gegenstand der Entscheidung des BGH war eine Vaterschaftsfeststellung des polnischen Gerichts, welche ausschließlich aufgrund von Aussagen der Großmutter des Kindes erfolgt war, obwohl der mutmaßliche Vater sowohl den Beischlaf bestritt als auch bereit war, sich einem Vaterschaftstest zu unterziehen. Der BGH bejahte im Ergebnis einen Verstoß gegen den deutschen verfahrensrechtlichen ordre public aufgrund der Art und Weise der Vaterschaftsfeststellung. Nach Eröffnung des zeitlichen Anwendungsbereichs der EuUnterhVO wäre das zugrundeliegende Urteil des polnischen Gerichts auf Zahlung von Unterhalt vorbehaltslos anzuerkennen und direkt zu vollstrecken gewesen.[1348] Dem aufgrund ordre public-widriger Vaterschaftsfeststellung bestimmte Unterhaltsschuldner könnte dann nur noch über Umwege durch Gerichte anderer Mitgliedsstaaten Rechtsschutz gewährt werden.[1349] So besteht zum einen die Möglichkeit, die Nichtanerkennung der ausländischen Statusfeststellung nach § 108 FamFG zu beantragen, oder zum anderen ein Verfahren nach § 169 Nr. 1 FamFG anzustrengen oder aber ein solches nach § 169 Nr. 1 FamFG einzuleiten, um dadurch eine Einwendung im Vollstreckungsverfahren nach Art. 21 Abs. 2 UAbs. 2 EuUnterhVO zu erhalten.[1350]

(1) Anforderungen der EMRK

Vor dem Hintergrund der oben[1351] dargestellten Beschränkung der Rechtsschutzmöglichkeiten des Unterhaltsschuldners durch die EuUnterhVO und des vom BGH angenommenen ordre public-Verstoßes der Entscheidung soll daher untersucht werden, inwieweit die Entscheidung des polnischen Gerichts den Anforderungen der EMRK genügt. Fraglich ist demnach, wie die Entscheidung des BGH aus der Perspektive der EMRK zu beurteilen ist. Sodann ist zu betrachten, wie

1346 Vgl. zum Ganzen: *Andrae*, GPR 2010, 204.
1347 S. 70 ff.
1348 *Andrae,* GPR 2010, 205.
1349 *Andrae,* GPR 2010, 205.
1350 *Andrae,* GPR 2010, 205.
1351 S. 216 ff.

sich das Ergebnis dieser Prüfung auf die Bedeutung des europäischen verfahrensrechtlichen ordre public auswirkt.

Das Kind hat im Vaterschaftsfeststellungsverfahren ein Menschenrecht aus Art. 8 EMRK auf Informationen, welche zur Ermittlung der Wahrheit über die eigene Identität von Nöten sind.[1352] Diesem Recht des Kindes steht das Recht des Putativvaters gegenüber, welches beinhaltet, keinem Zwang zu einer körperlichen Untersuchung ausgesetzt zu sein.[1353] Dem Vertragsstaat kommt grundsätzlich ein Entscheidungsspielraum dahingehend zu, ob die Vaterschaftsuntersuchung erzwungen wird oder aber eine alternative Möglichkeit vorgesehen wird. Wenn jedoch, wie in der genannten Entscheidung des BGH, der Putativvater die Feststellung aufgrund von einer DNS-Untersuchung anbietet, darf das Gericht nicht aufgrund freier Beweiswürdigung entscheiden. Zwingende menschenrechtliche Erwägungen aus Art. 8 EMRK verhindern in dieser Konstellation die Anerkennung der Entscheidung des polnischen Gerichts.[1354] Nach *Schilling*[1355] gilt dies indes lediglich für das polnische Statusurteil; das polnische Unterhaltsurteil, welchem der BGH im Zusammenhang mit der Statusentscheidung die Anerkennung und Vollstreckung versagt hat, sei aus menschenrechtlicher Sicht von der Statusentscheidung abstrahierbar und daher anzuerkennen und für vollstreckbar zu erklären. Dies begründet *Schilling* mit der geläufigen Differenzierung zwischen Zahlvater und wirklichem Vater, welche sich insbesondere durch die Verhaltensweise des Beklagten im Prozess ergeben könnte.[1356]

(2) Schlussfolgerungen für die Bedeutung des europäischen verfahrensrechtlichen ordre public

Zu prüfen ist, welche Schlussfolgerungen sich im Hinblick auf die Argumentation von *Schilling* für die Bedeutung des europäischen verfahrensrechtlichen ordre public ergeben. Die Ansicht *Schillings* zur Entscheidung des BGH im polnischen Unterhaltsurteil ist dogmatisch vertretbar, als dass die Trennung von Zahlvater und wirklichem Vater geläufig ist,[1357] und eine zusammenhängende Entscheidung über Status – und Unterhaltsentscheidung, wie der BGH sie getroffen hat, in der Sache ungewöhnlich ist. Seine Stellungnahme mag aus menschenrechtlicher Sicht

1352 *Meyer-Ladewig,* HK-EMRK, Art. 8 Rn. 22 f.; *Frowein/Peukert,* Art. 8 Rn. 11; *Schilling,* IPRax 2011, 38.

1353 *Meyer-Ladewig,* HK-EMRK, Art. 8 Rn. 23; *Schilling,* IPRax 2011, 38.

1354 *Schilling,* IPRax 2011, 38.

1355 *Schilling,* IPRax 2011, 38.

1356 *Schilling,* IPRax 2011, 38 FN 102.

1357 Z.B. MüKo-ZPO/*Gottwald,* § 328 Rn. 107 mit Hinweis, dass Urteile, welche eine reine „Zahlvaterschaft" annehmen, gegen den deutschen ordre public verstoßen, da sie nicht der Systematik von § 1600 a BGB entsprächen.

auch schwer angreifbar sein. Der Befund der Vereinbarkeit des polnischen Unterhaltsurteils mit der EMRK soll an dieser Stelle daher auch nicht angezweifelt werden. Der europäische verfahrensrechtliche ordre public ist jedoch nicht mit den Inhalten der EMRK identisch und daher auch nicht hiermit gleichzusetzen, vielmehr wird die Vorbehaltsklausel *auch* durch die EMRK ausgefüllt. Darüber hinaus stellen insbesondere auch die nationalen Werteordnungen der Mitgliedsstaaten einen wesentlichen Teil des Inhaltes des ordre public. Zu berücksichtigen ist, dass eine Vereinbarkeit mit dem Rechtssystem der Bundesrepublik Deutschland im vorliegenden Einzelfall ausgeschlossen sein könnte. Daran vermag auch eine Vereinbarkeit mit dem Wertesystem der EMRK nichts ändern. Zwar kann auch nach deutschem Kindschaftsrecht die gerichtliche Feststellung der Vaterschaft ohne Gutachten erfolgen.[1358] Auch ist ein Verstoß gegen den deutschen verfahrensrechtlichen ordre public grundsätzlich bei einer Vaterschaftsfeststellung allein aufgrund von Zeugenaussagen nicht gegeben,[1359] zumal es aufgrund von Unterschieden innerhalb der nationalen Beweisrechte ohnehin nicht zu einer Anwendung des ordre public kommen darf (Verbot der *révision au fond*).[1360] Auf diese Tatsachen weist der BGH in seiner Entscheidung ausdrücklich hin.[1361] Auch hebt der BGH hervor, dass die Versagung der Anerkennung von als Vorfrage erheblichen Statusurteilen nur bei besonders gravierenden Verstößen im Sinne der ordre public-Klausel möglich sei.[1362] In der in Rede stehenden Entscheidung bestand aber eine Besonderheit: Das polnische Gericht hatte die dem zu vollstreckenden Unterhaltsurteil zugrundeliegende Statusentscheidung ausschließlich auf eine Aussage vom Hörensagen gestützt, obwohl ein unmittelbares Beweismittel in Form eines Sachverständigengutachtens seitens des Antragsgegners angeboten worden war.[1363] Der Rückgriff auf das schwächere Beweismittel vermag in diesem Einzelfall im Lichte der Bedeutung der Abstammungswahrheit einen besonders gravierenden Verstoß gegen den ordre public zu begründen.

Weiterhin sprechen rechtspolitische Erwägungen für die Entscheidung des BGH. Auch in grenzüberschreitenden Rechtsstreitigkeiten ist es zwingend erforderlich ein hohes Maß an Gerechtigkeit zu erzielen, wobei das Augenmerk hierbei insbesondere auf den Beklagten zu richten ist. Im Zusammenspiel mit rechtspraktischen Erwägungen ist somit die Entscheidungsfindung des BGH überzeugend: Ein Verstoß gegen das Verbot der *révision au fond* liegt vor, wenn

1358 Vgl. OLG München, IPRax 2004, 121; *Geimer,* IPRax 2004, 420. Nach dem Amtsermittlungsgrundsatz ist jedoch in den überwiegenden Fällen die Einholung eines Gutachtens zwingend, vgl. FAKomm-FamR/*Pieper,* § 1600 e BGB Rn. 61, 3. Auflage 2008.

1359 BGH, NJW 1986, 2194.

1360 *Geimer,* IPRax 2004, 420; *Andrae,* Internationales Familienrecht, § 4 Rn. 164.

1361 BGH NJW 2009, 3309.

1362 BGH NJW 2009, 3307.

1363 Vgl. S. 70 ff.

die ausländische Entscheidung einer allgemeinen Nachprüfung auf ihre Gesetzmäßigkeit unterworfen wird.[1364] Die Durchbrechung dieses Grundsatzes gelingt mit Hilfe des ordre public, auf welchen der BGH in seiner Entscheidung zurückgriff.[1365] Denn ein gerechtes Ergebnis lässt sich in dem beschriebenen Fall – wie gezeigt[1366] – nur durch eine einheitliche Bewertung von Status – und Unterhaltsentscheidung erzeugen, zumal beide ohnehin kausal verbunden sind.[1367] Der Ansatz der rechtspolitischen Bewertung sollte stark wiegen, um ein in der Praxis vertretbares Urteil zu ermöglichen. Nicht sinnvoll erscheint es, sklavisch der Dogmatik des Grundsatzes der *révision au fond* zu folgen und auf diese Weise unfaire Entscheidungen aufrechtzuerhalten. Es ist gerade der Telos der Vorbehaltsklausel des ordre public dogmatische Strukturen wie die das Verbot der *révision au fond* in kritischen Einzelfällen unangewendet lassen zu können. Mit Hilfe des ordre public sollen rechtspolitisch derart schwer zu akzeptierende Ergebnisse, wie sie z.B. die Entscheidung des EuGH in *Aguirre-Pelz* produziert, der Wirkungserstreckung entzogen werden.[1368] Die Entscheidung des BGH zum polnischen Unterhaltsurteil zielt auf eine Vermeidung dieses Befunds in zuzustimmender Weise ab; der Einsatz des ordre public als Ausnahme von dem Grundsatz des Verbotes der *révision au fond* ist in der genannten Entscheidung daher konsequent und entspricht der Dogmatik des ordre public. An dieser Schlussfolgerung ändert auch die Tatsache nichts, dass auch nach deutschem Kindschaftsrecht die gerichtliche Feststellung der Vaterschaft ohne Gutachten erfolgen kann.[1369] Rechtslogisch ist das Unterhaltsurteil des polnischen Gerichts für die Prüfung des ordre public-Vorbehaltes untrennbar mit der Vaterschaftsfeststellung verbunden;[1370] diese ist nach dem deutschen Rechtsempfinden nicht mit wesentlichen Grundsätzen des Rechts zu vereinbaren. Bei einer Abstrahierung käme es in der Entscheidung des BGH zu einem gravierenden Verstoß gegen den verfahrensrechtlichen ordre public,[1371] indem Rechtssicherheit und Entscheidungseinklang im Vollstreckungsforum beeinträchtigt werden.[1372]

Für den europäischen verfahrensrechtlichen ordre public hat die dargestellte Prüfung *Schillings* folglich weite Auswirkungen: Das aufgezeigte Schutzniveau durch die EMRK verdeutlicht, dass die Beibehaltung des europäischen verfahrensrechtlichen ordre public aus deutscher Perspektive zum Schutz der Rechte

1364 *Kropholler,* § 60 IV 1.c.
1365 S. 73.
1366 S. 74 f.
1367 Vgl. auch *Schilling,* IPRax 2011, 38 FN 102.
1368 Vgl. dazu unten § 1 C. II. 3. a) (3).
1369 Vgl. OLG München, IPRax 2004, 121; *Geimer,* IPRax 2004, 420.
1370 *Geimer,* IPRax 2004, 420.
1371 Ähnlich *Henrich,* FamRZ 2009, 1821.
1372 *Baumann,* S. 56.

des Beklagten unerlässlich ist. Denn der Schutz durch die nationale Vorbehaltsklausel geht weiter und kann gerade in Grenzfällen – wie der geschilderten Entscheidung des BGH – den Parteien ein höheres Maß an Gerechtigkeit gewähren.[1373] In diesem Zusammenhang ist auf die oben[1374] aufgestellte These, dass die Mindeststandards der EMRK nicht in allen Fällen ausreichenden Beklagtenschutz gewähren, zu verweisen.

III. Zwischenergebnis: Kein Modellcharakter der Abschaffung des ordre public-Vorbehalts in den neueren EG-Verordnungen

Die Abschaffung des Vorbehalts in anderen EG-Verordnungen wurde dargestellt, um herauszuarbeiten, inwieweit dieses Vorgehen symptomatisch für die Entwicklung der EuGVVO sein könnte. Betrachtet man die Abschaffung des ordre public-Vorbehalts in anderen EG-Verordnungen, werden Zweifel hinsichtlich der Übertragbarkeit der Ergebnisse auf die EuGVVO offenbar. So ist unter Bezugnahme auf die EuVTVO fraglich, ob das der Verordnung innewohnende System noch eine effiziente Kontrolle des Verfahrens beinhaltet. Zwar bietet die Individualbeschwerde nach Art. 34 EMRK eine letzte „Notbremse"; die Entscheidungen *Krombach* und *Gambazzi*, welche im Rahmen des Ersten Teils der Arbeit untersucht wurden, zeigen jedoch, dass der Rechtsschutz beim EGMR wegen drohender Vollstreckung einer Entscheidung beinahe nicht rechtzeitig möglich ist.[1375] Dazu stellt die Beschwerde nach der autonomen Definition des Gerichtshofs einen außerordentlichen Rechtsbehelf dar, welcher als solcher die Vollstreckung nicht verhindern kann.[1376] Der zu vollstreckende Titel bleibt trotz Einlegung der Beschwerde in der Welt. Zudem hat das wachsende Vertrauen der Bürger in den EGMR zur Konsequenz, dass der Gerichtshof überlastet wird und daher eine lange Verfahrensdauer zu erwarten ist.[1377]

Hinsichtlich der Frage nach der Übertragbarkeit der Vorgehensweisen bei der Abschaffung des Vorbehalts in den anderen EG-Verordnungen auf die EuGVVO ist weiter festzustellen, dass eine Abschaffung des ordre public innerhalb der EuGVVO sehr viel weiter reichen würde, als es z.B. innerhalb der EUVTVO, EuMahnVO oder EuBagatellVO bereits zu beobachten war. Diese Tatsache ist zunächst mit der Größe des Anwendungsbereichs der Verordnung zu erklären. Weiterhin lässt sie sich anhand der hinter der Abschaffung des Exequaturverfah-

1373 Vgl. *Schilling*, IPRax 2011, 39.

1374 S. 210.

1375 *Mansel*, in: Baur/Mansel, 12; *Rauscher*, Der Europ. Vollstreckungstitel, Rn. 26; a.A. *Renfert*, S. 165.

1376 *Renfert*, S. 142.

1377 *Georganti*, 132.

rens in den anderen Verordnungen stehenden Motive erläutern, welche nicht auf die EuGVVO übertragen werden können:

Die Abschaffung des Exequaturverfahrens in der EuVTVO ist damit zu begründen, dass sich der Beklagte mangels Bestreitens der ausländischen Entscheidung dem Anspruch „unterwirft". Die EuGVVO beinhaltet im Gegensatz dazu die Regelungen für ein kontradiktorisches Verfahren, hat also einen anderen Anwendungsbereich. Die Motive, welche hinter der Abschaffung des Exequaturverfahrens im Rahmen der EuMahnVO stehen, sind mit denjenigen zur EuVTVO zu vergleichen: Der Beklagte, welcher nicht innerhalb von 30 Tagen Widerspruch gemäß Art. 16 EuMahnVO erhebt, bedarf nicht des umfassenden Schutzes durch das Exequaturverfahren. Der Beklagte, für den die EuBagatellVO sachlich und persönlich in ihrem Anwendungsbereich eröffnet ist, ist – wie im Rahmen der EuGVVO – zwar Partei eines kontradiktorischen Verfahrens. Er hat aber einen viel geringeren Klagebetrag als derjenige, welcher unter der EuGVVO beklagt ist, zu erwarten. Zudem wird im Rahmen der EuBagatellVO kein originärer Titel geschaffen, da am Ende des Verfahrens die Ausfertigung eines nationalen Titels erforderlich bleibt. Folglich ist – wie auch im Verhältnis zwischen EuVTVO und EuGVVO – das Schutzbedürnis des Beklagten unter EuBagatellVO und EuGVVO überhaupt nicht vergleichbar.

Der Wegfall des Exequaturverfahrens in der EuUnterHVO bewirkte eine Schwächung des Schuldners, als dass dieser sich im Vollstreckungsstaat nicht mehr auf einen Verstoß gegen den ordre public berufen kann.[1378] Dieses Ergebnis unterstreichen die im Zusammenhang mit der EuUnterhVO gewonnenen Erkenntnisse zu der Entscheidung des BGH im polnischen Unterhaltsurteil.[1379] Die Abschaffung des Exequaturverfahrens in den beschriebenen Verordnungen sollte insofern keinen Modellcharakter für die EuGVVO als Kernstück des Europäischen Zivilprozessrechts haben.

IV. Der Meinungsstand in der Literatur

1. Gegen die Abschaffung des ordre public

Ob die EuVTVO und die anderen in II/III. erwähnten Verordnungen der EG im Hinblick auf die Entwicklung des ordre public im EUZVR beispielhaft sein sollen, ist in der Literatur streitig. Ein Großteil der Literatur hat das Vorhaben der endgültigen Streichung des ordre public mit der Begründung kritisiert, die

---

1378 *Mansel/Thorn/Wagner,* IPRax 2010, 7 zur Abschaffung des Exequaturverfahrens innerhalb der EuUnterhVO.

1379 S. 218 ff.

europäische Integration sei noch nicht genug fortgeschritten, um die Aufgabe der Vorbehaltsklausel als „nationales Bollwerk" zu rechtfertigen.[1380] Dies zeigten insbesondere auch die jüngeren Entscheidungen des EuGH in den Sachen *Gambazzi* und *Apostolides.*[1381] Diese Entscheidungen des Gerichtshofs machten auf die bestehenden großen Unterschiede zwischen den nationalen Rechtsordnungen sowie die zugehörigen Standards der Verfahrensordnungen aufmerksam.[1382] Für die Beibehaltung des ordre public und als Kritik des bezeichneten Systemwechsels im europäischen Zivilprozessrecht zeigt *Roth*[1383] auf, dass das als Grund für diesen Systemwechsel angeführte „gegenseitige" Vertrauen in die ordnungsgemäße Rechtspflege in den Mitgliedsstaaten[1384] Illusion sei. Verstöße gegen den Grundsatz des rechtlichen Gehörs seien lange keine Einzelfälle mehr. In diese Richtung geht auch die Aussage von *Rauscher*[1385], welcher betont, dass die Feststellung einer grundsätzlichen Rechtsstaatlichkeit der Mitgliedsstaaten allein nicht ausreiche, um die Beseitigung des Kontrollinstruments zu begründen.

Bruns[1386] argumentiert unter anderem damit, dass eine Abschaffung ein Avancieren des EuGH bzw. des EGMR zu ausschließlichen Kontrollinstanzen bedeuten würde, was letztlich einen Verstoß gegen die Subsidiaritätsklausel der EU begründe. Eine Abschaffung käme ferner einem Verstoß gegen das Demokratieprinzip gleich, denn ohne eine ordre public-Kontrolle werde die Grenze der demokratischen Legitimation des Urteilsgerichts überschritten. *Wagner*[1387] weist darauf hin, dass nicht alle verfahrensrechtlichen Belange des Beklagten nur aufgrund von Mindeststandards im Erkenntnisverfahren abgesichert werden können. Nach Auffassung von *Kohler*[1388] ist die ersatzlose Streichung der Anerkennungsversagungsgründe mit dem gegenwärtigen Stand der europäischen Integration nicht zu rechtfertigen und somit – trotz der angedachten flankierenden Maßnahmen – für die Zukunft ein „ungedeckter Scheck". Dies sei solange der Fall, bis die als Entscheidungsgrundlage herangezogenen Sachnormen nicht mehr innerhalb des Zuständigkeitsbereiches der einzelnen Mitgliedsstaaten lä-

---

1380 So z.B. *Mansel/Thorn/Wagner,* IPRax 2010, 16; *Funken,* S. 75; *Mansel,* RabelsZ 70 2006, 651 ff; *Heringer,* 82ff; *Georganti,* 56ff; *Kohler,* in: Jud/Rechberger/Reichelt, 63ff; *Stadler,* IPRax 2004, 2ff; *Bruns,* JZ 1999, 278; *Hess,* IPRax 2000, 361 Fn. 5; *Kropholler/v. Hein,* EuZPR, Art. 34 EuGVVO Rn. 3; *Schack,* Rn. 107b; *Stolz,* JuS 2002, 543; *Laptew,* IPRax 2004, 498; *Reichelt,* in: Reichelt, Europ. Gemeinschaftsrecht und IPR, 9.

1381 *Mansel/Thorn/Wagner,* IPRax 2010, 16; *Sujecki,* EuZW 2009, 424, 426; *Hess,* EuZPR, § 3 Rn. 30.

1382 *Mansel/Thorn/Wagner,* IPRax 2010, 16.

1383 *Roth,* IPRax 2006, 466.

1384 Erwägungsgrund 18 zur EuVTVO.

1385 *Rauscher,* Der Europ. Vollstreckungstitel, Rn. 17.

1386 *Bruns,* JZ 99, 287.

1387 *Wagner,* IPRax 2002, 93.

1388 *Kohler,* in: Baur/Mansel, 159.

gen, sondern einer „gemeinsamen Quelle“ entstammen. Dabei weist *Kohler* wie *Bruns* auf die Bedeutung der höchstrichterlichen Kontrolle hin, welche ebenfalls gegen die Abschaffung der Anerkennungsversagungsgründe spreche.[1389]

Als weiteren Grund für eine Beibehaltung des ordre public führt *Stürner*[1390] das Beispiel der USA an. Dort gibt es, trotz einer – im Verhältnis zu der EU gesehen – homogeneren Rechtsordnung immer noch die Möglichkeit der ordre public-Kontrolle. *Schlosser*[1391] führt diesen Vergleich zum Rechtssystem der USA weiter aus, indem er darlegt, dass das System der staatenübergreifenden Anerkennung sehr ähnlich wie im Rahmen des Exequaturverfahrens der EuGVO funktioniere, dies jedoch in *Common Law*-Staaten unter den Begriff der *„registration“* fiele und dort überhaupt nicht als zu kostspielig oder langwierig empfunden würde.[1392] Zusammenfassend führt *Schlosser* aus, dass das System der Anerkennung und Vollstreckung von Urteilen innerhalb der USA weder einfacher noch günstiger als das vergleichbare Verfahren innerhalb Europas sei, und es dennoch keinerlei Reformbestrebung gäbe.[1393] Vertieft wird diese Schlussfolgerung durch den Hinweis auf das kanadische Recht, in welchem sich ebenfalls eine Vorbehaltsklausel befindet, welche auch innerhalb Kanadas angewendet und welche ebenfalls nicht als abschaffungsbedürftig wahrgenommen wird.[1394] So kommt *Schlosser* zu dem Ergebnis, dass das existierende System der EuGVVO erfolgreich einen Akt der Balance zwischen Gerechtigkeit für den Vollstreckungskläger und Fairness für den Vollstreckungsschuldner darstelle.[1395] Er stellt darüber hinaus weiter in den Vordergrund, dass eine Beibehaltung der ordre public-Klausel nicht nur zum deutschen Vorteil wichtig wäre, sondern es auch im deutschen Recht durchaus Rechtsinstitute wie z.B. die *nicht valutierte Notarurkunde* gibt, gegen welche andere Mitgliedsstaaten eines Schutzmechanismus bedürfen.[1396]

Unter Bezugnahme auf die Abschaffung der anerkennungsrechtlichen ordre public-Kontrolle in Osteuropa kommt *Laptew*[1397], wiederum mit Verweis auf die USA als Mehrstaatenverbund zu dem Ergebnis, dass zumindest eine begrenzte menschenrechtliche Kontrolle nach einer Abschaffung der Vorbehaltsklausel noch möglich sein müsse, vernünftigerweise aber gar nicht erst auf die „Notbremse“ des ordre public im Anerkennungs – und Vollstreckungsrecht verzichtet werden solle.

1389 *Kohler,* in: Baur/Mansel, 159.

1390 *Stürner,* FS 50 Jahre BGH, S. 690; *Stürner/Bormann,* JZ 2000, 81 ff.

1391 *Schlosser,* IPRax 2010, 102.

1392 *Schlosser,* IPRax 2010, 102; zu der Thematik der registration s. FN 5.

1393 *Schlosser,* IPRax 2010, 102.

1394 *Schlosser,* IPRax 2010, 102 f.

1395 *Schlosser,* IPRax 2010, 103.

1396 *Schlosser,* IPRax 2010, 104.

1397 *Laptew,* IPRax 2004, 498.

Pfeiffer[1398] spricht sich gegen die Abschaffung des ordre public aus und begründet seine Auffassung damit, dass der Zeitpunkt für den Verzicht auf den Kontrollmechanismus noch nicht gekommen sei, da die Unterschiede insbesondere im Bereich des Arbeitsrechts, welches ebenfalls in den Anwendungsbereich der EuGVVO fällt, vor dem Hintergrund divergierender mitgliedsstaatlicher sozialer und ökonomischer Wertevorstellungen signifikant seien.[1399]

Kropholler[1400] stimmt der Tatsache zu, dass aus rechtspolitischen Gründen ein Verschwinden des ordre public im Rechtsverkehr der europäischen Staaten untereinander oft für wünschenswert gehalten wird. Der Zeitpunkt des Verzichts „auf die Möglichkeit eines Notausstiegs in Extremfällen"[1401] sei aber noch nicht gekommen. Im Hinblick auf die EuVTVO führt er jedoch an, dass das Fehlen der ordre public-Schranke in der Verordnung, die Rechtssicherheit fördere und neben der Tatsache, dass durch das Fehlen der Vorbehaltsklausel dem Schuldner eine beliebte Verzögerungsmöglichkeit genommen werde, die Streichung des ordre public auch zu einer schnellen Vollstreckung innerhalb der Mitgliedsstaaten beitrage.[1402]

Die Abschaffung des verfahrensrechtlichen ordre public ist nach *Fentiman*[1403] aus der Perspektive des englischen *Common Law* nur für den Fall gut zu heißen, für den der im englischen *Common Law* als separater Anerkennungsversagungsgrund bekannte *fraud*[1404] beibehalten werden würde; zu favorisieren sei jedoch die Beibehaltung des *status quo*.

2. *Für die Abschaffung des ordre public*

Den Bedarf der Abschaffung des Exequaturverfahrens und damit auch einer Streichung des ordre public begründete die Europäische Kommission zunächst damit, dass so Geld und Zeit für den Vollstreckungsschuldner gespart werden könnten.[1405] Stimmen der Literatur, die sich für eine Streichung des ordre public aussprechen, weisen zumeist daraufhin, dass es innerhalb von Staatsverträgen in einer Rechtsgemeinschaft wie der EuGVVO in der Union eines ausreichen-

---

1398 *Pfeiffer*, in: *Pocar/Viarengo/Villata*, Recasting Brussels I, S. 317.

1399 *Pfeiffer*, in: *Pocar/Viarengo/Villata*, Recasting Brussels I, S. 316.

1400 *Kropholler/v. Hein*, EuZPR, 8. Aufl. 2005, Art. 34 EuGVVO Rn. 3.

1401 *Kropholler/v. Hein*, EuZPR, 8. Aufl. 2005, Art. 34 EuGVVO Rn. 3.

1402 *Kropholler/v. Hein*, EuZPR, Art. 5 EuVTVO Rn. 5.

1403 *Fentiman*, oral evidence on the Green Paper on the Brussels I Regulation, Q 9-13, abrufbar auf der Webseite des *House of Lords*.

1404 S. 149.

1405 *Wagner*, IPRax 2005, 191.

den Vertrauens bedürfe,[1406] um einen solchen Vorbehalt streichen zu können.[1407] Diesen Ansatz teilt *Stein*.[1408] Er hält die Abschaffung des Exequaturverfahrens bei Beibehaltung der ordre public-Kontrolle für einen Widerspruch in sich. Zudem ließe sich das „Postulat der unbedingten Notwendigkeit eines Schutzfilters" gegen die Vollstreckung ordre public-widriger Entscheidungen im Hinblick auf die EuGVVO und deren gegenwärtiges Anerkennungs – und Vollstreckungssystem kaum vereinbaren.

Leipold[1409] weist darauf hin, dass das seltene Eingreifen der ordre public-Klausel bereits ein pragmatisches Argument für die Abschaffung der Vorbehaltsklausel darstelle. Zudem entspräche der Zweck der ordre public-Prüfung nicht mehr dem Stand der Rechtsentwicklung innerhalb der Europäischen Union. Er wirft in diesem Zusammenhang die Frage auf, warum es bei der grenzüberschreitenden Vollstreckung ein, im Vergleich zu Inlandsverfahren, zusätzliches Mittel zum Grundrechtsschutz geben sollte.

Bach[1410] hält die Abschaffung des ordre public-Vorbehalts für rechtspolitisch wünschenswert und sieht den ordre public innerhalb des europäischen Rechtsraumes als verzichtbar an. Er begründet diese Einschätzung auch mit dem Hinweis auf die Harmonisierung, welche bereits zu einer weitgehenden Vereinheitlichung der Standards innerhalb der Union geführt habe. Darüberhinaus weist *Bach* darauf hin, dass die ordre public-Kontrolle mit der durch die EMRK garantierten Rechtsschutzmöglichkeiten übereinstimme. Aus diesem Grunde sei es möglich auf die Vorbehaltsklausel zu verzichten.[1411] Weiterhin führt *Bach* aus, dass der Vorbehalt so restriktiv gehandhabt werde, dass die derzeitige Handhabung ohnehin einer Aushöhlung gleichkäme. Aus diesem Grund würde der Wegfall der Klausel nicht so schwer wiegen.[1412] Auch *Hüßtege*[1413] legt dar, dass eine ordre public-Klausel nicht notwendig sei, allerdings bezieht sich seine Aussage auf die EuVTVO, deren Konzept eine solche Prüfung überflüssig mache.

1406 Zur Grundlage des Konzepts der Anerkennung fremder Entscheidungen vgl. *Kohler*, in: Baur/Mansel, 156.

1407 Vgl. *Stein*, IPRax 2004, 190.

1408 *Stein*, IPRax 2004, 183.

1409 *Leipold*, FS Stoll, 645.

1410 *Bach*, S. 476.

1411 *Bach*, S. 465.

1412 *Bach*, S. 463.

1413 *Hüßtege*, FS Jayme Bd. 1, 371f.

Kohler[1414] begründet die Forderung nach der Beibehaltung der ordre public-Kontrolle zuzustimmender Weise mit dem zu geringen Stand der Harmonisierung im Verhältnis der Mitgliedsstaaten untereinander. Sein Hinweis auf die erforderliche „gemeinsame Quelle" der Sachnormen, welche den Wegfall der Klausel zukünftig ermöglichen könnte, verknüpft die Diskussion um die Abschaffung des europäischen verfahrensrechtlichen ordre public mit der Frage nach dem Umfang der Harmonisierung des Sachrechts.

Die Harmonisierung des Sachrechts führt zu einer Einschränkung des Anwendungsbereichs des ordre public sowohl im Sach – als auch im Verfahrensrecht. In einem harmonisierten Sachrecht gibt es zwangsläufig weniger Bedarf für eine Vorbehaltsklausel, da die Friktionen zwischen den Rechtsordnungen bereits auf Sachrechtsebene entschärft werden. Zu beachten ist an dieser Stelle aber, dass die Harmonisierung des Sachrechts zum einen nicht in unbegrenztem Umfang politisch durchsetzbar[1415] und zum anderen aus der Sicht der Wissenschaft auch nicht unbedingt wünschenswert ist.[1416] Dies verdeutlicht die Reaktion in der deutschen Wissenschaft auf den *Draft of Common Frame of Reference* (DCFR).[1417]

Der Referenzrahmen stellt die überarbeitete Fortführung der *Principles of European Contract Law* (PECL) der sogenannten Lando-Kommission seit 2003 dar.[1418] Er besteht aus zehn *books*, welche von unterschiedlichen *Study Groups* erarbeitet wurden und unterschiedliche Rechtsbereiche behandeln.[1419] Der DCFR stellt ausweislich seiner Einleitung einen wissenschaftlichen Text dar, welcher nicht politisch legitimiert ist und ist als solches von dem politischen Programm des CFR der Kommission zu differenzieren.[1420] Die Verwendung des DCFR ist nicht vollständig klar.[1421] Zu vermuten ist, dass zumindest Teile des wissenschaft-

1414 *Kohler,* in: Baur/Mansel, S. 159.

1415 *Eidenmüller/Faust/Grigoleit/Jansen/Wagner/Zimmermann,* JZ 2008, 550. Der Koalitionsvertrag der CDU/CSU/FDP-Bundesregierung weist ausdrücklich auf die Ablehnung der Schaffung eines europäischen Vertragsrechts hin, vgl. *Schulte-Nölke,* ZGS 2009, 529 m.w.N.

1416 Vgl. z.B. *Leible,* NJW 2008, 2562, welcher von „keiner schönen Utopie" spricht.

1417 *Eidenmüller/Faust/Grigoleit/Jansen/Wagner/Zimmermann,* JZ 2008, 549; im Hinblick auf die Struktur des Erfüllungsanspruchs, *Weller,* JZ 2008, 772 f.

1418 *Eidenmüller/Faust/Grigoleit/Jansen/Wagner/Zimmermann,* JZ 2008, 532. Die PECL wurden in drei Teilen 1995, 2000 und 2003 veröffentlicht und sind die Ergebnisse rechtsvergleichender Untersuchungen der nationalen Rechtsordnungen zu Grundregeln des Vertragsrechts. Ziel der Untersuchungen war herauszufinden, welche dieser Regeln sich für Prinzipien auf europäischer Ebene eignen. Vgl. dazu: *Schulte-Nölke,* NJW 2009, 2162; *Martens,* EuZW 2010, 527.

1419 DCFR Outline Edition, V.

1420 DCFR Outline Edition, 6 f., dazu: *Schulte-Nölke,* NJW 2009, 2162; *Ernst,* AcP 208, 249.

1421 *Ernst,* AcP 208, 257; *Schulte-Nölke,* NJW 2009, 2162; zum Verhältnis des DCFR zum IPR vgl. *S. Lorenz,* in: Bamberger/Roth, 3. Auflage 2012, Einl. IPR Rn. 13.

lichen Entwurfs als „Bausteine“ für einen möglichen politischen CFR verwendet werden würden, welcher wiederum als „Toolbox“ zur Qualitätssicherung der Europäischen Gesetzgebung verwendet werden soll.[1422] Kritisiert werden von gewichtigen Stimmen insbesondere Wertungswidersprüche im DCFR und der durch den Entwurf geebnete Weg zu einem „massiven Abbau der Privatautonomie“, welcher die Materialisierung des Privatrechts weit übersteige.[1423]

Im April 2010 beschloss die Europäische Kommission, eine Expertengruppe mit der Erarbeitung eines gemeinsamen Referenzrahmens im Vertragsrecht zu beauftragen.[1424] Die Experten haben die Aufgabe Teile aus dem DCFR auszuwählen, welche für das Vertragsrecht von Bedeutung sind.[1425] Fest steht jedoch, dass ein systematisch geschlossenes Rechtssystem auf unionsrechtlicher Grundlage im Privatrecht bisher nicht existiert.[1426] Um auf *Kohler* zurückzukommen, ist damit der Wegfall der Vorbehaltsklausel weder aus materiellrechtlicher noch verfahrensrechtlicher Sicht wünschenswert. Diesen Befund vermag auch die vorgeschlagene Umsetzung des europäischen Vertragsrechts als optionales Intrument[1427] (*„Blue Button“*)[1428] nicht ändern, als dass die Möglichkeit der Wahl supranationaler Regelungen im Vertragsrecht eine Vorbehaltsklausel verfahrensrechtlicher Art nicht entbehrlich machen kann. Dieser Ansatz zielt darauf ab, dass der DCFR im Rahmen der Parteiautonomie durch ein *opt-in*-Verfahren zum Vertragsstatut erklärt werden kann.[1429]

1422 *Schulte-Nölke,* NJW 2009, 2162. Dies ist insbesondere vor dem Hintergrund zu vermuten, dass die Kommission die Arbeiten an dem Entwurf mit erheblichen Mitteln gefördert hat, vgl. *Eidenmüller/Faust/Grigoleit/Jansen/Wagner/Zimmermann,* JZ 2008, 533.

1423 *Eidenmüller/Faust/Grigoleit/Jansen/Wagner/Zimmermann,* JZ 2008, 549; auch kritisch *Ernst,* AcP 208, 280 ff. der inbesondere eine weitergehende „Verstetigung und Professionalisierung“ des Projekts fordert; vgl. *Doralt,* AcP 211, 3 FN 5 mit einem umfangreichen Überblick zu den kritischen Stimmen.

1424 ABl. EU 2010 L 105, 109 ff.; bereits *Martens,* EuZW 2010, 528.

1425 *Martens,* EuZW 2010, 528; zur Kritik des Vorhabens insbesondere im Hinblick auf die personelle Zusammensetzung und den „knappen“ Zeitplan *Doralt,* AcP 211, 5, 33.

1426 Vgl. *Mansel,* in: Jauernig, BGB, Vor § 241 Rn. 12 im Hinblick auf das europäische Schuldrecht.

1427 *Schulte-Nölke,* ZGS 2007, 81; *ders.* ZEuP 2009, 673 f.; *Leible,* NJW 2008, 2561 ff.

1428 *Schulte-Nölke,* ZGS 2007, 81; *Doralt,* AcP 211, 13.

1429 *Ernst,* AcP 208, 263 zur Frage, ob ein zusätzliches Vertragsstatut erforderlich ist vgl. S. 265; *Herresthal,* EuZW 2011, 7 ff.

C. Evaluierung

I. Systematische Erwägungen

Die Auswertung der Literatur ergibt ein klares Meinungsbild, welches sich mehrheitlich gegen die Abschaffung des verfahrensrechtlichen ordre public richtet. Inwieweit die vorgebrachten Kritikpunkte im Einzelnen die Beibehaltung des ordre public im Verfahrensrecht rechtfertigen können, ist zu prüfen. Zu untersuchen ist im Folgenden die geplante Abschaffung der Vorbehaltsklausel zunächst aus der Perspektive des Vollstreckungsschuldners und sodann aus dem Blickpunkt der Bundesrepublik Deutschland als Vollstreckungsforum. Berücksichtigt werden die Verfahrensgarantien aus Art. 6 Abs. 1 EMRK und die verfassungsrechtliche Seite der Abschaffung im Hinblick auf die Vereinbarkeit mit dem deutschen Grundgesetz. Darüber hinaus wird der Stand der Rechtsvereinheitlichung im Verfahrensrecht angesprochen und auf mögliche rechtsdogmatische Argumente hingewiesen. Die genannten Argumentationsansätze werden dabei systematisch in zwei Gruppen unterteilt: Der erste Argumentationsstrang ergibt sich aus der Perspektive des Vollstreckungsschuldners. Gegenübergestellt in einem zweiten Argumentationsstrang werden die Bedenken, die sich aus der Perspektive der Bundesrepublik Deutschland als Vollstreckungsstaat ergeben. Unter der Berücksichtigung der genannten Aspekte wird schließlich ein Fazit hinsichtlich der Abschaffung des ordre public *de lege ferenda* gezogen.

II. Die Perspektive des Vollstreckungsschuldners

Aus der Perspektive des Vollstreckungsschuldners stellt sich zunächst die Frage, ob es im Falle einer Abschaffung der Vorbehaltsklausel zu einer Verkürzung des aktuellen Rechtsschutzniveaus käme. Die Abschaffung des ordre public-Vorbehaltes hat den Wegfall einer horizontalen Rechtsschutzmöglichkeit gegen ausländische Entscheidungen zur Folge. Der Schuldner ist also darauf angewiesen, bereits im Ursprungsstaat Rechtsmittel einzulegen, um die Vollstreckung der fraglichen Entscheidung verhindern zu können. Die vormals doppelte Kontrollmöglichkeit des Rechtsschutzsystems der EuGVVO, in dem neben vertikalen Rechtsschuzmöglichkeiten auch horizontale Rechtsschutzmöglichkeiten für den Schuldner bestanden, wird folglich verkürzt.[1430] Welche Auswirkungen dies auf das Niveau des Beklagtenschutzes hat, ist zu prüfen.

1430 Vgl. *Becker*, S. 164 f.

1. Geltendmachung von Rechtsschutzmöglichkeiten im Ursprungsstaat

Auch im Hinblick auf die EuGVVO gilt, dass der Vollstreckungsschuldner bereits im Ursprungsstaat alle möglichen Rechtsbehelfe einzulegen hat, um der Gefahr der Präklusion entgegen zu wirken. Dies ist nach Abschaffung des ordre public-Vorbehaltes erst recht so, als dass in diesem Falle die horizontale Rechtsschutzmöglichkeit im Vollstreckungsstaat entfällt. Der Beklagtenschutz ist folglich dann nicht mehr ausreichend gewährleistet, wenn die Möglichkeit der Geltendmachung einer Grundrechtsverletzung im Ursprungsstaat nicht hinreichend gegeben ist.[1431] Sowohl in *Gambazzi*[1432] als auch schon in *Krombach*[1433], bestand aufgrund einer Besonderheit des französischen Verfahrensrechts (*contumace*-Verfahren), bzw. aufgrund einer Besonderheit des englischen Prozessrechts, nicht die Möglichkeit rechtzeitigen Rechtsschutz im Ursprungsstaat zu erlangen. Daran vermag auch die Tatsache nichts zu ändern, dass dem Beklagten in *Gambazzi* und auch in *Krombach* die eintretende Rechtsschutzverkürzung im Vorhinein bekannt war.[1434] Die genannten Entscheidungen verweisen folglich auf die Problematik des ausreichenden Beklagtenschutzes.

Ein Ausweichen auf die Beschwerde zum EGMR wird erst möglich, wenn zuvor alle innerstaatlichen Rechtsbehelfe ausgeschöpft wurden. Zu berücksichtigen ist in diesem Zusammenhang, das die Individualbeschwerde nach Art. 34 EMRK nichts an der Rechtskraft der Entscheidung ändert; sie stellt keinen ordentliches Rechtsmittel dar und hat insofern keine aufschiebende Wirkung.[1435] Die Individualbeschwerde stellt lediglich nach § 580 Nr. 8 ZPO einen Wiederaufnahmegrund dar.[1436] Mithin ist die geplante Abschaffung des Exequaturverfahrens und die daraus resultierende Beschränkung der verfahrensrechtlichen ordre public-Klausel, welche mit einer Abschaffung der nationalen ordre public-Klausel einhergeht, zunächst vor dem Hintergrund menschenrechtlicher Erwägungen zu betrachten.

2. Art. 6 Abs. 1 EMRK

Hinsichtlich der menschenrechtlichen Bewertung einer durch Unionsrecht zu erfolgenden Abschaffung des Exequaturverfahrens, wie es der Vorschlag der Kommission zur Neufassung der EuGVVO vorsieht, ist die Entscheidung des EGMR

1431 *Becker*, S. 173.

1432 EuGH, Urteil vom 2.4.2009, Rs. C-394/07, *Gambazzi*, Slg. 2009 I-2563.

1433 EuGH, Urteil vom 28.3.2000, Rs. C-7/98, *Krombach/Bamberski*, Slg. 2000 I-1935.

1434 Vgl. S. 103.

1435 *Schmidt-Aßmann/Schenk*, in: Schoch/Schneider/Bier, VwGO, Einleitung Rn. 146.

1436 Weiterführend zur Restitutionsklage wegen Verletzung der EMRK *Braun*, NJW 2007, 1620 ff.

in *Pellegrini*[1437] sowie die in der Entscheidung *Bosphorus*[1438] des EGMR geprägte Vermutung zu beachten. Aus dem Urteil des EGMR in *Pellegrini* folgt, dass eine Anerkennungsprüfung anhand des Maßstabs der EMRK dann nicht zwingend geboten ist, wenn aufgrund von Unionsrecht die Beachtung eines Mindesstandards sichergestellt ist.[1439] Der EGMR erkannte in seiner Entscheidung in *Bosphorus*[1440] an, dass die Grundrechte der Europäischen Union seitens des EuGH in einem mit der Konvention vergleichbaren Maß geschützt werden.[1441] Danach wird folglich vermutet, dass ein Staat dann nicht gegen die Konvention verstößt, wenn sich sein Tätigwerden auf das Betreiben einer internationalen Organisation zurückverfolgen lässt, welche die Rechte der EMRK in einem mit der Konvention vergleichbaren Maße schützt und achtet.[1442] Die Europäische Union ist eine internationale Organisation, wie sie die in der Entscheidung des EGMR aufgestellte Vermutung voraussetzt. Spätestens seit dem Inkrafttreten des Vertrags von Lissabon und dem beabsichtigten Beitritt der Europäischen Union zur EMRK ist davon auszugehen, dass ein vergleichbares Schutzniveau der Konventionsrechte gegeben ist. Die beschriebene Vermutung des EGMR könnte im Hinblick auf die vorgeschlagene Abschaffung des Exequaturverfahrens für den Fall widerlegt werden, dass nach der Abschaffung des Exequaturverfahrens das Schutzniveau der Menschenrechte „offenkundig unzureichend" ist.[1443]

a) Zur Frage der doppelten Rechtsschutzgarantie

In diesem Zusammenhang stellt sich die Frage, ob die mit der Abschaffung des ordre public verbundene Verkürzung der horizontalen Rechtsschutzmöglichkeit mit Art. 6 Abs. 1 EMRK vereinbar ist. Maßgeblich hängt die Beantwortung dieser Frage mit der Fragestellung zusammen, ob Art. 6 EMRK eine sogenannte „Verdoppelung" des Rechtsschutzes verlangt, oder aber einfacher Rechtsschutz ausreichend ist. Vertreten wird die Ansicht, dass eine solche „Verdoppelung" des Rechtsschutzes dann nicht erforderlich sei, wenn die EMRK sowohl im Urteils – als auch im Vollstreckungsstaat gelte, da der erforderliche Grundrechtsschutz in diesem Falle durch die Gerichte des Ursprungsstaates gewährleistet werde.[1444]

Diese Ansicht überzeugt, auch wenn sie nicht berücksichtigt, dass die Auslegung der EMRK, bedingt durch den *margin of appreciation*, im Einzelfall

---

1437 EGMR, Urteil vom 20.7.2001, *Pellegrini/Italien*, Slg. 2001-VIII.
1438 EGMR, Urteil vom 30.6.2005 – 45036/98, *Bosphorus*, NJW 2006, 197.
1439 EGMR, Urteil vom 20.7.2001, *Pellegrini/Italien*, Slg. 2001-VIII.
1440 EGMR, Urteil vom 30.6.2005 – 45036/98, *Bosphorus*, NJW 2006, 197.
1441 *Heer-Reißmann*, NJW 2006, 194.
1442 *Schilling*, IPRax 2011, 34; *ders.*, Internationaler Menschenrechtsschutz, Rn. 77.
1443 EGMR, Urteil vom 30.6.2005 – 45036/98, *Bosphorus*, NJW 2006, 197 ff., §§ 154-156.
1444 *Pfeiffer*, FS Jayme, 682; *Stein*, IPRax 2004, 187; *Bach*, S. 383.

voneinander abweichen kann. Daher könnten im Fall einer einfachen Rechtsschutzgarantie Fehlerquellen bestehen bleiben. Allein die Tatsache, dass die EMRK in allen Mitgliedsstaaten der EU besteht, sichert noch keinen gehobenen Menschenrechtsstandard, wie die Erkenntnisse des Dritten Teils der Arbeit zeigen. Der *status quo* innerhalb der Europäischen Union kommt vielmehr einem Mindeststandard gleich, welcher längst nicht in allen Fällen, wie die die aktuelle Entscheidung *Zarraga-Pelz* des Gerichtshofs verdeutlicht, ausreicht.[1445] Dennoch kann vor dem Hintergrund einer unterschiedlichen Auslegungsmethode der Konvention nicht von einer Widerlegung der aufgestellten Vermutung gesprochen werden. Eine solche Annahme würde zu weit gehen und widerspräche zudem dem Grundsatz des gegenseitigen Vertrauens. Festzuhalten ist folglich, dass innerhalb der Europäischen Union auch eine einfache Rechtsschutzgarantie aus menschenrechtlicher Perspektive akzeptabel ist.[1446] Ein Verstoß gegen Art. 6 Abs. 1 EMRK kann nicht durch den Wegfall einer horizontalen Überprüfungsmöglichkeit angenommen werden, zumal der Vorschlag der Kommission mit Art. 46 EuGVVO-E die Möglichkeit der Kontrolle für das *fair trial* auch im Vollstreckungsstaat gewährt.

b) Vereinbarkeit einer Abschaffung des verfahrensrechtlichen ordre public mit Art. 6 Abs. 1 EMRK

Weiterhin könnte der sich aus Art. 6 EMRK ergebende Grundsatz des fairen Verfahrens im Falle der Abschaffung der ordre public-Kontrolle verletzt sein, wenn auf die Verkürzung der Beklagtenrechte abgestellt wird. Art. 6 EMRK gewährt, wie oben[1447] gezeigt, ein Grundrecht auf ein faires und effektives Verfahren. Gegen die Annahme eines Verstoßes gegen Art. 6 Abs. 1 EMRK aufgrund einer Verkürzung der Beklagtenrechte, spricht im Hinblick auf den Vorschlag der Kommission zur Neufassung der EuGVVO, dass Art. 46 EuGVVO-E dem Beklagten einen Rechtsbehelf zur Geltendmachung von Verletzungen des *fair trial* im Vollstreckungsstaat gewährt. Mittels dieses Rechtsbehelfs soll gerade die Sicherung des Rechts auf ein faires Verfahren ausdrücklich innerhalb des Europäischen Wertesystems geschützt werden.

Weiterhin könnte sich ein Verstoß gegen Art. 6 Abs. 1 EMRK auch aus der längeren Verfahrensdauer[1448] ergeben, welche eine rein vertikale Kontrolle schwerer Justizirrtümer mit sich bringen könnte. Gegen die Annahme eines Ver-

---

1445 S. 238 ff.; a.A. *Bach,* S. 465, welcher im Folgenden auf S. 467 zugibt, dass „trotz der Bindung der Mitgliedsstaaten an die Konvention Verstöße nicht auszuschließen sind."

1446 *Wagner,* IPrax 2002, 92.

1447 S. 94 f.

1448 Vgl. zum Gebot der Verfahrensbeschleunigung im Zusammenhang mit Art. 6 Abs. 1 EMRK *v. Danwitz,* NJW 1993, 1113.

stoßes gegen Art. 6 Abs. 1 EMRK aus Gründen einer längeren Verfahrensdauer ist jedoch anzuführen, dass die durch die Abschaffung des Exequaturverfahrens bedingte generelle Reduzierung auf eine vertikale Kontrollmöglichkeit, insbesondere der Verfahrensstraffung in zeitlicher Hinsicht dienen soll. Darüber hinaus ist zu beachten, dass der EGMR in Bezug auf Beschwerden aufgrund überlanger Verfahrensdauer seine Rechtsprechung dahingehend modifiziert hat, dass die Pflicht der Mitgliedsstaaten zur Einrichtung eines derartigen Rechtsbehelfs aus Art. 13 EMRK herzuleiten ist.[1449]

c) Zwischenergebnis

Aus der Perspektive des Vollstreckungsschuldners ergibt sich im Hinblick auf den Vorschlag der Kommission zur Neufassung der EuGVVO kein Verstoß gegen Art. 6 Abs. 1 EMRK. Dieser Befund lässt sich mit der geplanten Einführung von Art. 46 EuGVVO-E begründen, welcher nach der erfolgten Abschaffung des Exequaturverfahrens Mindeststandards der ausländischen Verfahren sichern soll. Das gefundene Zwischenergebnis bezieht sich auf die menschenrechtliche Bewertung des Reformvorhabens. Vor dem Hintergrund der *Solange*-Rechtsprechung des Bundesverfassungsgerichts bleibt zu prüfen, ob der Wegfall der ordre public-Kontrolle mit dem deutschen Grundgesetz zu vereinbaren ist.

3. Verfassungsrechtliche Bedenken gegen eine Abschaffung

Im Falle einer Abschaffung des europäischen verfahrensrechtlichen ordre public sind die Mitgliedsstaaten verpflichtet, Urteile anzuerkennen und zu vollstrecken, welche der nationalen öffentlichen Ordnung widersprechen. Diese Tatsache ruft – wie dargestellt – erhebliche Kritik innerhalb der deutschen Literatur hervor. Ganz wesentlich wird diese Kritik in Deutschland auf Bedenken verfassungsrechtlicher Art gestützt, welche sich in erster Linie wiederum auf die befürchtete Verkürzung der Beklagtenrechte fokussieren.

a) Art. 19 Abs. 4 Satz 1 GG und die Entscheidung zum deutsch-österreichischen Rechtshilfevertrag[1450]

Hinsichtlich einer Abschaffung des ordre public *de lege ferenda* formieren sich zunächst Bedenken bezüglich der sich aus Art. 19 Abs. 4 Satz 1 GG ergebenden

1449 EGMR, Urteil vom 26.10.2000 – 30210/96, *Kudla/Polen*, 3. Leitsatz, NJW 2001, 2694.

1450 Vertrag über Rechts – und Amtshilfe in Zoll-, Verbrauchsteuer – und Monopolangelegenheiten zwischen der Bundesrepublik Deutschland und der Republik Österreich vom 11.9.1970, vgl. m.w.N. *Becker*, S. 77 ff.

Rechtsschutzgarantie.[1451] Diese Bedenken entstehen zum einen im Hinblick auf die Beantwortung der Frage nach der Wahrung des Wesensgehalts der Rechtsschutzgarantie im Zusammenhang mit Rechtsakten der Europäischen Union. Zum anderen lassen sich Friktionen zwischen dem Vollzug des Integrationsprogrammes und den damit verbundenen Auswirkungen auf den Schutzbereich von Art. 19 Abs. 4 GG erahnen.[1452]

Art. 19 Abs. 4 Satz 1 GG garantiert wirksamen und lückenlosen Rechtsschutz.[1453] Nach der Rechtsprechung des Bundesverfassungsgerichts darf der Rechtsweg weder in unzumutbarer, nicht mit Sachgründen zu rechtfertigender Weise erschwert, noch gar ausgeschlossen werden.[1454] Grundsätzlich gilt die in Art. 19 Abs. 4 GG enthaltene Rechtsweggarantie nur für Rechtsverletzungen, welche durch die deutsche öffentliche Gewalt vorgenommen werden.[1455] Das Bundesverfassungsgericht hatte im Zusammenhang mit dem deutsch-österreichischen Abkommen über Rechtshilfen in Abgabensachen[1456] festgestellt, dass sowohl die Anerkennung als auch die Vollstreckung eines ausländischen Hoheitsaktes in den Schutzbereich von Art. 19 Abs. 4 Satz 1 GG fallen.[1457] So sei es dem Gesetzgeber im Lichte dieser verfassungsrechtlichen Bestimmung „nicht in beliebigem Umfang gestattet, durch entsprechende Fassung des Tatbestands der gesetzlichen Eingriffsgrundlage die Möglichkeit der gerichtlichen Überprüfung von in der Bundesrepublik Deutschland zu vollstreckenden ausländischen Titeln auf wenige, unter Umständen nur formelle Punkte zu beschränken und damit den wirklichen Gehalt der Entscheidung, soweit sie Rechte im Sinne des Art. 19 Abs. 4 Satz 1 GG verletzen kann, richterlicher Prüfung vorzuenthalten."[1458]

Ob diese Aussage weiterhin Gültigkeit hat,[1459] ist zweifelhaft: Die Entscheidung des Bundesverfassungsgerichts hatte noch Art. 24 GG (a.F.) zum Gegenstand, während der Gesetzgeber durch Art. 23 GG (n.F.) für die Mitwirkung der Bundesrepublik Deutschland bei der europäischen Union eine neue Grundlage geschaffen hat.[1460] Darüber hinaus wies das Bundesverfassungsgericht in seiner

---

1451 *Kropholler/v. Hein,* EuZPR, Art. 5 EuVTVO Rn. 12; *Stadler,* IPRax 2004, 8 f.; *Kohler,* in: Baur/Mansel, 159 f.; *Pfeiffer,* FS Jayme Bd. 1, 680.

1452 Vgl. *Huber,* in: v. Mangold/Klein/Starck, GG I, Art. 19 Rn. 522.

1453 MüKo-ZPO/*Rauscher,* Einl. Band 1 Rn. 240.

1454 BVerfG, NJW 1992, 105.

1455 *Sachs,* in: Sachs, Art. 19 Rn. 115.

1456 BGBl. Nr. 249/1955.

1457 BVerfGE 63, 366.

1458 BVerfGE 63, 376.

1459 So *Stadler,* IPRax 2004, 9.

1460 MüKo-ZPO/*Adolphsen,* Vor §§ 1079 ff. Rn. 15; *Streinz,* in: Sachs, Art. 23 Rn. 3; *Becker,* S. 69 ff.

Entscheidung darauf hin, dass die zu vollstreckenden ausländischen Titel gewissen Mindeststandards an Rechtsstaatlichkeit genügen müssten. Zu diesen Mindeststandards seien „die Möglichkeit des Rechtswegs vor unabhängige und unparteiische Gerichte, ein Mindestmaß an gehörigem Verfahren, insbesondere die Gewährleistung des rechtlichen Gehörs und rechtskundigen Beistands sowie eine hinreichende, dem Rechtsschutzbegehren angemessene Prüfungs – und Entscheidungsmacht der Gerichte über das Rechtsschutzbegehren“ zu zählen.[1461] Fraglich ist im Hinblick auf diese Arbeit, ob die Überlegungen des Gerichts auf das Zivilverfahrensrecht und damit auf die Abschaffung des Exequaturverfahrens übertragbar sind.

(1) Ansichten in der Literatur

Innerhalb der Literatur wird der Einwand des Verstoßes gegen Art. 19 Abs. 4 Satz 1 GG häufig im Zusammenhang mit der geplanten Abschaffung des verfahrensrechtlichen ordre public genannt. *Stadler*[1462] weist im Zusammenhang mit der EuVTVO darauf hin, dass die mit der Abschaffung des Exequaturverfahrens verbundene Streichung des ordre public-Vorbehalts bei dem gegenwärtigen Stand der Integration der EU nicht mit Art. 19 Abs. 4 Satz 1 GG zu vereinbaren sei. Durch die „These von der Gleichwertigkeit der Urteile“ werde nur der Rechtsschutz für den Beklagten verkürzt.[1463] Auch *Kohler*[1464] verdeutlicht, dass die Rechtsschutzgewährung in den gegenwärtigen EU-Mitgliedsstaaten den vom Bundesverfassungsgericht genannten Mindestanforderungen „*generell* entspricht.“ Dennoch sei, solange kein „gemeinsames Höchstgericht über die Ausführung von Justizhoheit im Einzelfall wacht[.]“, eine „(Rest-)Kontrolle“ horizontaler Art im Anerkennungsstaat erforderlich.[1465] *Becker*[1466] zeigt weiterhin auf, dass, soweit das Bundesverfassungsgericht den Anspruch auf effektiven Rechtsschutz „als verfassungsrechtlichen Maßstab“ heranziehe, „im Fall der Vollstreckung zivilrechtlicher Entscheidungen nicht auf Art. 19 Abs. 4 Satz 1 GG zurückgegriffen werden“ könne, „da dieses Grundrecht nach seinem Wortlaut lediglich den effektiven Rechtsschutz gegen Akte der öffentlichen Gewalt“ betreffe. Darüber hinaus hält er die Überprüfung der sachlichen Rechtmäßigkeit einer ausländischen Entscheidung dann nicht für verfassungsrechtlich geboten, wenn einerseits das verfassungsrechtliche Interesse an der Anerkennung und Vollstreckung der Entscheidung mit der sich aus Art. 19 Abs. 4 Satz 1 GG ergebenden

1461 BVerfGE 63, 378.
1462 *Stadler,* IPRax 2004, 8.
1463 *Stadler,* IPRax 2004, 8.
1464 *Kohler,* in: Baur/Mansel, 160.
1465 *Kohler,* in: Baur/Mansel, 160 f.
1466 *Becker,* S. 81.

Garantie zu vergleichen sei, und andererseits effektiver Rechtsschutz auch anderweitig gewährleistet werde.[1467]

(2) Stellungnahme

Die Entscheidung des Bundesverfassungsgerichts zum *deutsch-österreichischen Rechtshilfevertrag* betraf österreichische Abgabenbescheide, welche keine Akte deutscher öffentlicher Gewalt darstellen.[1468] Indes sind die getroffene Anerkennungsentscheidung und die Vollstreckung der besagten Bescheide als Akte deutscher öffentlicher Gewalt zu klassifizieren, so dass der Schutzbereich des Art. 19 Abs. 4 Satz 1 GG eröffnet war.

Für das Zivilverfahren garantiert der allgemeine Justizgewährungsanspruch, welcher als Bestandteil des Rechtsstaatsgebots aus Art. 20 GG in Verbindung mit den Grundrechten, insbesondere Art. 2 Abs. 1 GG, hergeleitet wird,[1469] „das Recht auf Zugang zu den Gerichten und eine grundsätzlich umfassende tatsächliche und rechtliche Prüfung des Streitgegenstandes sowie eine verbindliche Entscheidung durch den Richter."[1470] Hinsichtlich des „rechtsstaatlichen Kerngehalts" unterscheidet sich diese Rechtsschutzgarantie jedoch nicht von der spezielleren Rechtsweggarantie aus Art. 19 Abs. 4 GG.[1471] Wie auch Art. 19 Abs. 4 GG beinhaltet der allgemeine Justizgewährleistungsanspruch das Gebot des effektiven Rechtsschutzes durch unabhängige Gerichte und damit insbesondere auch die Möglichkeit der Überprüfung einer behaupteten Verletzung des Anspruchs auf rechtliches Gehör.[1472] Obwohl die Entscheidung des Bundesverfassungsgerichts die öffentlich-rechtliche Vollstreckung zum Gegenstand hatte, können die Überlegungen des Gerichts somit auf die Anerkennung und Vollstreckung ausländischer zivilrechtlicher Entscheidungen und somit auf die mit der geplante Abschaffung des Exequaturverfahrens einhergehende Streichung des europäischen verfahrensrechtlichen ordre public übertragen werden.[1473]

Im Schrifttum finden sich zu der Frage nach einem Verstoß gegen die Rechtsweggarantie des Art. 19 Abs. 4 Satz 1 GG erstaunlicherweise wenige ausführliche Bewertungen.[1474] Meist beschränken sich die Ausführungen zu der Bedeutung der

1467 *Becker,* S. 82.
1468 *Becker,* S. 78.
1469 BVerfGE 93, 99, 107; 107, 395, 401; 117, 71, 121 f.; auch: BVerfGE 28, 21, 36; 54, 277, 291; 80, 103, 107; 85, 337, 345; 88, 118, 123 f.
1470 BVerfGE 85, 337, 345.
1471 BVerfGE 107, 395, 403; *Sommermann,* in: v. Mangoldt/Klein/Starck, GG II, Art. 20 Abs. 3 Rn. 321.
1472 BVerfGE 107, 395; *Sommermann,* in: v. Mangoldt/Klein/Starck, GG II, Art. 20 Abs. 3 Rn. 321.
1473 *Becker,* S. 80.
1474 Für eine ausführliche Darstellung vgl. nur *Becker,* S. 74 ff.

Abschaffung des verfahrensrechtlichen ordre public für die Garantie aus Art. 19 Abs. 4 Satz 1 GG auf die oben genannte Entscheidung des Bundesverfassungsgerichts, mit welcher auf Friktionen der geplanten Abschaffung mit der Rechtsweggarantie hingewiesen wird.[1475] Das mangelhafte Integrationsniveau, auf welches *Stadler*[1476] aufmerksam macht, kann nicht ursächlich für verfassungsrechtliche Bedenken sein, da Mindeststandards menschenrechtlicher Art im Falle der Abschaffung des umfassenden ordre public als flankierende Maßnahme eingeführt werden sollen. Dies verdeutlicht insbesondere die geplante Einführung von Art. 46 EUGVVO-E. In Bezug auf die befürchtete Verkürzung der Beklagtenrechte, ist darauf hinzuweisen, dass es aus verfassungsrechtlicher Hinsicht nicht darauf ankommen kann, wo die Beklagtenrechte eingehalten werden. In diesem Zusammenhang ist insbesondere zu betonen, dass die Rechtsweggarantie nach dem deutschen Grundgesetz keinen Instanzenzug beinhaltet.[1477] Entscheidend ist, dass ein effektiver und fairer Rechtsweg gewährt wurde, was auch bereits im Ursprungsstaat geschehen kann.

Zu dem Einwand *Kohlers*, welcher die verfassungsmäßige Abschaffung des ordre public an die Existenz eines *Höchstgerichts* knüpft,[1478] ist zu sagen, dass die Abschaffung des verfahrensrechtlichen ordre public zwar unweigerlich zu einem Kontrollverlust horizontaler Art führt, nichtsdestotrotz die Möglichkeit einer vertikalen Kontrolle durch den EGMR und die Sicherung verfahrensrechtlicher Mindeststandards bei Einhaltung der menschenrechtlichen Verbürgungen verbleibt. Vor dem Hintergrund der Regelung des Art. 46 EuGVVO-E verbleibt nach dem Vorschlag der Kommission sogar ein begrenzter Bereich der horizontalen Kontrolle auch nach der Abschaffung des Exequaturverfahrens bestehen. Unter dem angesprochenen *Höchstgericht* ist im Zweifel ein gemeinsames Grundrechtsgericht zu verstehen, welches im Sinne deutscher Verfassungstradition innerhalb des Europäischen Rechtsraumes auch nach dem Inkrafttreten des Vertrags von Lissabon nicht besteht.[1479] Der Aussage *Beckers*[1480] bezüglich des grundsätzlich nicht vorhandenen verfassungsrechtlichen Bedürfnisses nach einer *révision au fond* ist zuzustimmen. Ob sich der Rückgriff auf Art. 19 Abs. 4 Satz 1 GG im Hinblick auf die Vollstreckung zivilrechtlicher Entscheidungen wie von *Becker*[1481] vertreten, verbietet, kann an dieser Stelle nicht abschließend erörtert werden, ist jedoch an dieser Stelle auch nicht entscheidend, da sich jedenfalls ein

1475 *Stadler*, IPRax 2004, 8.
1476 *Stadler*, IPRax 2004, 8.
1477 BVerfGE 107, 395, 401 ff.
1478 *Kohler*, in: Baur/Mansel, 160 f.
1479 Dies bedauernd *Scholz*, in: Merten/Papier, Handbuch der Grundrechte Band VI/2, § 170 Rn. 59.
1480 S. 235.
1481 S. 235.

Verstoß gegen Art. 19 Abs. 4 Satz 1 GG in Form einer verfassungsrechtlich unzulässigen Rechtswegsverkürzung im Lichte der Europarechtsfreundlichkeit des Grundgesetzes,[1482] vgl. Art. 23 GG, nur schwer begründen lässt.[1483]

Die einschneidende Bedeutung, die die Abschaffung des Exequaturverfahrens trotz des verfassungsrechtlich – aus der Sicht des Vollstreckungsschuldners – zunächst nicht bedenklichen Befundes haben kann, verdeutlicht die aktuelle Entscheidung des EuGH zur Brüssel IIa-VO.

(3) Die Zarraga/Pelz-Entscheidung des EuGH[1484]: Keine Überprüfungsmöglichkeit des Vollstreckungsstaates nach Art. 42 Brüssel IIa-VO selbst im Falle gravierender Grundrechtsverstöße

(a) Problemaufriss

Die aktuelle Entscheidung des Gerichtshofs aus Dezember 2010 zeigt die Problematik der bereits *de lege lata* bestehenden Rechtswegverkürzung der Verordnungen der zweiten Generation wie selten zuvor auf. Die Folgen dieser Rechtswegverkürzung werden in der zu erörternden Entscheidung, insofern besonders verdeutlicht, als dass Gegenstand der Entscheidung die äußerst sensible und grundrechtsrelevante Thematik der Rückgabe eines Kindes war.

Das Vorabentscheidungsersuchen des OLG Celle betraf die Auslegung der Verordnung (EG) Nr. 2201/2003 – Brüssel IIa-VO.[1485] Nach Art. 42 der genannten Verordnung hat das Gericht des Vollstreckungsmitgliedsstaates grundsätzlich keine eigene Prüfungsbefugnis nach Art. 21 Brüssel II a-VO. Das OLG Celle war jedoch der Auffassung, dass bei einem besonders gravierendem Grundrechtsverstoß etwas anderes gelten müsse und für den Fall schwerwiegender Grundrechtsverstöße mit Hilfe der Grundrechtscharta-konformen Auslegung ausnahmsweise eine Überprüfungsmöglichkeit des Vollstreckungsgerichts angenommen werden könne.[1486] In seiner Entscheidung wies der EuGH ausdrücklich daraufhin, dass dem Vollstreckungsgericht auch im Ausnahmefall keine weitere Überprüfungsmöglichkeit der Entscheidung im Anwendungsbereich von Art. 42 Brüssel II a-VO zuzustehen sei, sondern die Kontrolle der Grundrechte einzig und allein dem Ursprungsgericht obliege.[1487]

1482 *Scholz,* in: Maunz/Dürig, Art. 23 Rn. 31.

1483 So aber *Stadler,* IPRax 2004, 8 f. ; *Kohler,* in: Baur/Mansel, 159 ff.

1484 EuGH, Urteil vom 22.12.2010, Rs. C-491/10 PPU, *Zarraga/Pelz*, Slg. 2010 I-14247.

1485 ABl. EG 2003 L 338,1.

1486 EuGH, Urteil vom 22.12.2010, Rs. C-491/10 PPU, *Zarraga/Pelz,* Slg. 2010 I-14247, Rn. 34.

1487 EuGH, Urteil vom 22.12.2010, Rs. C-491/10 PPU, *Zarraga/Pelz,* Slg. 2010 I-14247, Rn. 51, 69.

(b) Sachverhalt und Hintergrund der Entscheidung

Das Vorabentscheidungsgesuch erging im Rahmen eines Rechtsstreits zwischen Herrn *Joseba Andoni Aguirre Zarraga* und Frau *Simone Pelz* betreffend die Rückkehr ihrer Tochter *Andrea* nach Spanien. Zum Zeitpunkt des Gesuchs hielt sich das Mädchen mit ihrer Mutter in Deutschland auf. Die Mutter verfügte nicht über das Sorgerecht für das Mädchen.

Herr *Aguirre Zarraga*, spanischer Staatsangehöriger und Frau *Simone Pelz*, deutsche Staatsangehörige, schlossen am 25.09.1998 in Erandio (Spanien) die Ehe, aus welcher die am 31.01.2000 geborene Tochter *Andrea* hervorging. Die Familie lebte zunächst in Sondka (Spanien). Ende 2007 trennte sich das Paar und stellte vor den spanischen Gerichten Scheidungsanträge. In dem Verfahren vor den spanischen Gerichten beantragten die Eltern von *Andrea* jeweils die Übertragung des alleinigen Sorgerechts, welches der *Juzgado de Primera Instancia e Instruccíon n ° 5 de Bilbao* mit Beschluss vom 12.05.2008 vorläufig Herrn *Aguirre Zarraga* übertrug. Frau *Pelz* wurde ein Umgangsrecht eingeräumt, und im Anschluss an die Entscheidung des spanischen Gerichts wechselte *Andrea* in den Haushalt des Vaters. Der Beschluss des spanischen Gerichts begründete sich u.a. auf den Empfehlungen der *Equipo Psicisocial Judicial* (gerichtlicher psychosozialer Dienst), in deren Gutachten darauf hingewiesen wurde, dass der Vater am besten geeignet sei, „den Fortbestand des familiären, schulischen und sozialen Umfelds des Kindes zu gewährleisten."[1488] Frau *Pelz* hatte zuvor wiederholt ihre Rückkehr mit ihrem neuen Partner und ihrer Tochter nach Deutschland angekündigt, weshalb das Gericht ebenfalls der Ansicht war, dass die Übertragung des Sorgerechts auf den Vater dem Kindeswohl entspreche. Nachdem Frau *Pelz* im Juni 2008 ihren Wohnsitz nach Deutschland verlegte, wo sie mit ihrem neuen Partner wohnte, blieb *Andrea*, nachdem sie die Sommerferien 2008 bei ihrer Mutter verbracht hatte, bei dieser in Deutschland und kehrte seitdem nicht mehr zu ihrem Vater nach Spanien zurück. Aus diesem Grund erließ der *Juzgado de Primera Instancia e Instruccíon n ° 5 de Bilbao* am 15. Oktober auf Antrag von Herrn *Aguirre Zarraga* einen neuen Beschluss, welcher einstweilige Maßnahmen zum Gegenstand hatte und *Andrea* u.a. das Verlassen des spanischen Hoheitsgebiets in Begleitung ihrer Mutter, eines Mitglieds ihrer Familie oder aber einer ihrer Mutter nahestehenden Person untersagte. Zusätzlich wurde im Rahmen des Beschlusses das Frau *Pelz* zuvor gewährte Umgangsrecht bis zum Erlass einer endgültigen Entscheidung ausgesetzt.[1489] In der Fortsetzung des Verfahrens im Juli 2009 war das spanische Gericht der Ansicht, dass sowohl ein erneutes Gutachten, als auch eine persönliche Anhörung von *Andrea* erforderlich seien und

---

1488 EuGH, Urteil vom 22.12.2010, Rs. C-491/10 PPU, *Zarraga/Pelz*, Slg. 2010 I-14247, Rn. 19.

1489 EuGH, Urteil vom 22.12.2010, Rs. C-491/10 PPU, *Zarraga/Pelz*, Slg. 2010 I-14247, Rn. 21.

setzte aus diesem Grund Termine fest, an welchen dies in Bilbao durchgeführt werden sollte. *Andrea* und ihre Mutter erschienen zu diesen Terminen nicht, nachdem der Antrag von Frau *Pelz* abgelehnt worden war, ihr und ihrer Tochter freies Geleit für das Verlassen des spanischen Hoheitsgebiets nach Begutachtung und Anhörung des Mädchens zu gewähren. Auch war der Antrag auf Durchführung der Anhörung mittels Videokonferenz abgelehnt worden.[1490]

In seinem Urteil vom 16.12.2009 übertrug der *Juzgado de Primera Instancia e Instruccíon n ° 5 de Bilbao* das alleinige Sorgerecht für *Andrea* auf Herrn *Aguirre Zagarra,* wogegen die Mutter des Mädchens Berufung bei der *Audiencia Provincial de Bizkaya* einlegte und u.a. beantragte, eine Anhörung von *Andrea* durchzuführen.[1491] Das Gericht lehnte diesen Antrag mit Urteil vom 21.04.2010 mit der Begründung ab, dass nach dem spanischen Verfahrensrecht die Beweisvorlage in der Berufungsinstanz nur in gesetzlich ausdrücklich geregelten Fällen möglich sei, zu denen das Nichterscheinen der ordnungsgemäß geladenen Partei im ersten Rechtszug nicht gehöre.

Vor deutschen Gerichten fanden zwei Verfahren statt. Das erste Verfahren hatte den Antrag Herrn *Aguirre Zarragas* auf Rückführung von *Andrea* nach dem Haager Übereinkommen von 1980 zu Gegenstand. Diesem gab das Amtsgericht Celle mit Beschluss vom 30.01.2009 statt. Hiergegen legte Frau *Pelz* Rechtsmittel ein, welchem das OLG Celle stattgab und in der Folge den Beschluss des Amtsgerichts aufhob. Das Gericht wies den Antrag von Herrn *Aguirre Zarraga* zurück. Das zweite Verfahren betraf die Ausstellung der Bescheinigung des *Juzgado de Primera Instancia e Instruccíon n ° 5 de Bilbao* nach Art. 42 Brüssel-IIa VO auf der Grundlage des Scheidungsurteils, in dem auch über das Sorgerecht entschieden worden war. Frau *Pelz* widersprach der Zwangsvollstreckung beim zuständigen AG Celle, welches feststellte, dass das Urteil des spanischen Gerichts aufgrund der fehlenden Anhörung von Andrea vor Erlass der Entscheidung weder anzuerkennen noch zu vollstrecken sei. Hiergegen wandte sich wiederum Herr *Aguirre Zarraga* mittels Beschwerde beim OLG. Er beantragte die Entscheidung aufzuheben, die Anträge von Frau *Pelz* zurückzuweisen und zudem das Urteil des spanischen Gerichts auf Rückkehr von Andrea nach Spanien zu vollstrecken.

Das OLG Celle setzte das Verfahren aus und legte dem EuGH zwei Fragen zur Vorabentscheidung vor. Das Gericht begründete seine Vorlage zum EuGH zum einen damit, dass das spanische Gericht die aktuelle Meinung des Kindes nicht ermittelt habe und diese bei seiner Entscheidung vom 16.12.2009, welche auch das Sorgerecht für das Kind zum Gegenstand gehabt habe, nicht habe berücksichtigen können.[1492] Zum anderen führte das OLG Celle zur Begründung seiner

1490 EuGH, Urteil vom 22.12.2010, Rs. C-491/10 PPU, *Zarraga/Pelz,* Slg. 2010 I-14247, Rn. 22.
1491 EuGH, Urteil vom 22.12.2010, Rs. C-491/10 PPU, *Zarraga/Pelz,* Slg. 2010 I-14247, Rn. 23.
1492 EuGH, Urteil vom 22.12.2010, Rs. C-491/10 PPU, *Zarraga/Pelz,* Slg. 2010 I-14247, Rn. 35.

Vorlage an, dass die Bemühungen des spanischen Gerichts bezüglich der Anhörung des Kindes angesichts der großen Bedeutung, welche der Berücksichtigung der Meinung der Kinder gemäß Art. 24 Abs. 1 GrC zukomme, nicht ausreichend gewesen seien.[1493] Art. 42 Abs. 2 Brüssel IIa-VO sehe vor, dass der Richter die erforderliche Bescheinigung für die Rückgabe des Kindes nur dann ausstelle, wenn das Kind die Möglichkeit gehabt habe, angehört zu werden, sofern die Anhörung nicht aufgrund seines Alters oder seines Reifegrades unangemessen erscheine. Die Bescheinigung des spanischen Gerichts beinhalte die offensichtlich falsche Angabe, dass das Mädchen angehört worden sei, was nach Erkenntnissen des OLG Celle aufgrund der Aktenlage jedoch nicht zutreffe.[1494]

Gegenstand der ersten Frage der Vorlage war, ob das Gericht des Vollstreckungsstaates ausnahmsweise eine eigene Prüfungskompetenz in Fällen gravierender Grundrechtsverstöße in der zu vollstreckenden Entscheidung bei grundrechtscharta – konformer Auslegung des Art. 42 Brüssel IIa-VO habe.[1495] Die zweite Vorlagefrage war auf die Ausfertigung der Bescheinigung nach Art. 42 Brüssel IIa-VO gerichtet und zielte darauf ab, zu erfahren, ob das Gericht des Vollstreckungsmitgliedsstaates trotz einer nach Aktenlage des Ursprungsmitgliedsstaates eindeutig unzutreffend ausgestellten Bescheinigung zur Vollstreckung verpflichtet sei.[1496]

(c) Entscheidung des EuGH

Der EuGH beantwortete die beiden Vorlagefragen dahingehend, dass die Überprüfung der Grundrechtskonformität der Bescheinigung auch nicht ausnahmsweise vom Vollstreckungsgericht vorgenommen werden könne, da dies allein Sache der Gerichte des Ursprungsstaates sei.[1497] Insofern könne dem Gericht des Vollstreckungsstaates auch nicht ausnahmsweise zugestanden werden, die in der Brüssel IIa-VO zugrundegelegten Voraussetzungen für die Ausstellung einer Bescheinigung, welche zur Rückgabe des Kindes verpflichte, auf ihre Einhaltung zu überprüfen. Für den Fall der Annahme einer Kontrollmöglichkeit des Vollstreckungsstaates werde sonst die Wirksamkeit des Systems von Anerkennung und Vollstreckung im Anwendungsbereich der Verordnung untergraben.[1498] Nach diesem System sei bei voneinander abweichender Beurteilung des Gerichts des gewöhnlichen Aufenthaltes des Kindes von dem Gericht des Ortes, an welchem sich das Kind widerrechtlich befinde, das Gericht des gewöhnlichen Aufenthaltes

1493 EuGH, Urteil vom 22.12.2010, Rs. C-491/10 PPU, *Zarraga/Pelz,* Slg. 2010 I-14247, Rn. 35.
1494 EuGH, Urteil vom 22.12.2010, Rs. C-491/10 PPU, *Zarraga/Pelz,* Slg. 2010 I-14247, Rn. 36.
1495 EuGH, Urteil vom 22.12.2010, Rs. C-491/10 PPU, *Zarraga/Pelz,* Slg. 2010 I-14247, Rn. 37.
1496 EuGH, Urteil vom 22.12.2010, Rs. C-491/10 PPU, *Zarraga/Pelz,* Slg. 2010 I-14247, Rn. 37.
1497 EuGH, Urteil vom 22.12.2010, Rs. C-491/10 PPU, *Zarraga/Pelz,* Slg. 2010 I-14247, Rn. 75.
1498 EuGH, Urteil vom 22.12.2010, Rs. C-491/10 PPU, *Zarraga/Pelz,* Slg. 2010 I-14247, Rn. 44-46.

des Kindes „für die Entscheidung über die Rückkehr des Kindes ausschließlich zuständig".[1499]

Hinsichtlich der vom OLG Celle gerügten fehlenden Anhörung des Kindes führte der EuGH aus, dass Art. 42 Abs. 2 Unterabs. 1 im Lichte der Grundsätze der Brüssel IIa-VO auszulegen sei.[1500] So beinhalte der 17. Erwägungsgrund der Brüssel IIa-VO die Möglichkeit, die Rückgabe eines Kindes bei widerrechtlichem Verbringen oder Zurückhalten unverzüglich zu erwirken, ohne dass es der Anerkennung und Vollstreckung dieser Entscheidung bedürfe. Art. 42 Brüssel IIa-VO, welcher die Rückgabe des Kindes regele, enthalte in Abs. 1 die Maßgabe, dass die Entscheidung über die Rückgabe ohne das Verfahren der Vollstreckbarerklärung zu erfolgen habe.[1501] Der EuGH wies weiter darauf hin, dass das Gericht, welches über die Rückgabe des Kindes entscheide, die Zweckmäßigkeit der Anhörung beurteilen müsse. Diese könne sich für das Kind auch nachteilig darstellen, da sie dazu führen könnte, dass das Kind weiteren Spannungen im Zusammenhang mit dem Sorgerechtskonflikt ausgesetzt sei.[1502] Damit könne die Anhörung, auch wenn sie als Recht des Kindes verbleibe, „keine absolute Verpflichtung darstellen, sondern muss im Einklang mit Art. 24 Abs. 2 der Charta der Grundrechte Gegenstand einer Beurteilung jedes Einzelfalls anhand der mit dem Wohl des Kindes zusammenhängenden Erfordernisse sein."[1503]

(d) Stellungnahme

Die Entscheidungsfindung des EuGH steht im Einklang mit den Entscheidungen in den Fällen *Rinau*[1504] und *Povse*[1505]. Dennoch gibt die Entscheidung des EuGH ernsten Anlass zur Sorge. Das Erfordernis der Anhörung wird einem Kriterium der Zweckmäßigkeit unterworfen,[1506] wodurch der Sinn der Anhörung eines Kindes in Entscheidungen, die die Rückgabe eines Kindes nach Art. 42 Brüssel IIa-VO zum Gegenstand haben, zumindest teilweise untergraben wird. Die Anhörung des Kindes soll gewährleisten, dass das zuständige Gericht keine Entscheidung auf reiner Faktenbasis trifft, sondern in seine Entscheidungsfindung insbesondere das Kindeswohl einbezieht. Auf diese Weise soll eine Situation verhindert werden, in der ein Kind gegen seinen Willen bei einem Elternteil leben muss, nur weil der Aufenthalt bei dem in Frage stehenden Elternteil auf

---

1499 EuGH, Urteil vom 22.12.2010, Rs. C-491/10 PPU, *Zarraga/Pelz,* Slg. 2010 I-14247, Rn. 44.
1500 EuGH, Urteil vom 22.12.2010, Rs. C-491/10 PPU, *Zarraga/Pelz,* Slg. 2010 I-14247, Rn. 53.
1501 EuGH, Urteil vom 22.12.2010, Rs. C-491/10 PPU, *Zarraga/Pelz,* Slg. 2010 I-14247, Rn. 48.
1502 EuGH, Urteil vom 22.12.2010, Rs. C-491/10 PPU, *Zarraga/Pelz,* Slg. 2010 I-14247, Rn. 64.
1503 EuGH, Urteil vom 22.12.2010, Rs. C-491/10 PPU, *Zarraga/Pelz,* Slg. 2010 I-14247, Rn. 64.
1504 EuGH, Urteil vom 11.7.2008 – Rs. C-195/08 PPU, *Rinau,* Slg. 2008 I-5271, Rn. 84.
1505 EuGH, Urteil vom 1.7.2010 – Rs. C-211/10 PPU, *Povse,* Slg. 2010 I-06673, Rn. 70.
1506 EuGH, Urteil vom 22.12.2010, Rs. C-491/10 PPU, *Zarraga/Pelz,* Slg. 2010 I-14247, Rn. 64.

reiner Faktenbasis aus der Sicht des Gerichts angemessen erscheint. Vermieden werden sollen Entscheidungen, welche „über den Kopf des Kindes hinweggehen". Um dies zu erreichen, ist die Anhörung des Kindes (grundsätzlich) erforderlich.

Wie prekär die Situation im Fall *Zarraga-Pelz* für die betroffenen Personen war verdeutlicht die Tatsache, dass die Entscheidung des Gerichtshofs im Eilverfahren erging.[1507] Das OLG Celle erhoffte sich bei seiner Vorlage eine flexiblere, mehr am Kindeswohl orientiertere Entscheidung. Dass eine solchen Ansprüchen genügende Entscheidung nicht zwangsläufig eine Anhörung des Kindes beinhalten muss, mag richtig sein, nichtsdestotrotz spiegelt dies nicht die Problematik des Falles wider: Der Sachverhalt in *Zarraga-Pelz* lag anders: In der Fortsetzung des Verfahrens war das spanische Gericht im Juli 2009 der Auffassung, dass das Kind anzuhören sei. Zu der Anhörung kam es nicht, weil Mutter und Tochter nicht die nötigen Maßnahmen in Form eines freien Geleits gewährt wurden, welche ein zeitlich nach der Anhörung erfolgendes Verlassen des spanischen Hoheitsgebiets ermöglicht hätten. Der EuGH weist in seinem Urteil darauf hin, dass Art. 24 GrC und Art. 42 Abs. 2 Unterabsatz 1 lit. a Brüssel II a-VO dem Gericht „einen gewissen Ermessensspielraum" hinsichtlich der Anhörung des Kindes belassen.[1508] Für den Fall, dass das Gericht jedoch beschließe, das Kind anzuhören, müsse dieses „alle geeigneten Maßnahmen" im Zusammenhang mit der Anhörung treffen, „damit die praktische Wirksamkeit der genannten Bestimmungen gewahrt (...) und dem Kind eine tatsächliche und wirksame Möglichkeit geboten wird, um sich zu äußern".[1509] Zu diesen Maßnahmen hätten auch ein freies Geleit von Mutter und Tochter nach der Anhörung oder aber die Möglichkeit der Einräumung einer Videokonferenz gehört. Das spanische Gericht hat diesen Erfordernissen nicht ausreichend Folge getragen.

Die abschließende Begründung des EuGH der in der Brüssel IIa-VO enthaltenen Systematik zur Anerkennung und Vollstreckung mit dem Grundsatz des gegenseitigen Vertrauens wirkt im Lichte der Entscheidung beinahe ironisch:[1510] Gerade die genannte Entscheidung des EuGH zeigt erneut auf, dass die unterschiedlichen nationalen Rechtsordnungen noch nicht in der Lage sind, „einen gleichwertigen und wirksamen Schutz der auf Unionsebene und insbesondere in der Charta der Grundrechte anerkannten Grundrechte zu bieten." Für gegenseitiges Vertrauen bleibt dort, wo die unterschiedlichen Schutzniveaus deutlich zu Tage treten, wenig Raum.

1507 EuGH, Urteil vom 22.12.2010, Rs. C-491/10 PPU, *Zarraga/Pelz,* Slg. 2010 I-14247, Rn. 38-41; allgemein zum Eilverfahren vgl. *Kühn,* EuZW 2008, 263 ff.

1508 EuGH, Urteil vom 22.12.2010, Rs. C-491/10 PPU, *Zarraga/Pelz,* Slg. 2010 I-14247, Rn. 66.

1509 EuGH, Urteil vom 22.12.2010, Rs. C-491/10 PPU, *Zarraga/Pelz,* Slg. 2010 I-14247, Rn. 66.

1510 EuGH, Urteil vom 22.12.2010, Rs. C-491/10 PPU, *Zarraga/Pelz,* Slg. 2010 I-14247, Rn. 70.

Das Inkrafttreten des Vertrags von Lissabon verankerte den Schutz der Kinderrechte als neues Unionsziel in Art. 3 EUV.[1511] Ein dieser exponierten Stellung im EUV (n.F.) gerecht werdendes Ergebnis dahingehend, dass das Kindeswohl besonders auch im Hinblick auf seine Sichtbarmachung auf Unionsebene zu beachten ist, beinhaltet die Entscheidung des Gerichtshofs in *Zarraga-Pelz* nicht. Der EuGH wies in dieser Entscheidung darauf hin, dass von der persönlichen Anhörung des Kindes nach Art. 24 Abs. 1 GrC dann abzusehen sei, wenn diese sein Wohl beinträchtige.[1512] Allerdings fordert Art. 24 GrC die Schaffung eines Rahmens, innerhalb dessen das Kind die Möglichkeit hat, sich effektiv am Verfahren zu beteiligen.[1513] Ob dieser Grundsatz in den vorliegenden Fall eingehalten worden war, musste der EuGH allerdings deshalb nicht prüfen, als dass die Beklagte im Ausgangsverfahren die Rechtsbehelfe gegen die erstinstanzliche Entscheidung des spanischen Gerichts nicht ausgeschöpft hatte.[1514]

(e) Auswirkungen der Entscheidung de lege ferenda

Die Entscheidung des EuGH zeigt auf, dass die begonnene Entwicklung im Bereich der Harmonisierung des Zivilprozesses nicht mehr nur nicht zurückzudrehen ist, sondern sich geradezu explosionsartig in Richtung echter Urteilsfreizügigkeit ausdehnt. Die Ausdehnung ist ein zweischneidiges Schwert, als dass es zum einen zu begrüßen ist, dass die Rechtsfindung des EuGH in die gleiche Richtung wie die Reformbestrebungen der Kommission geht; zum anderen erscheint die oben genannte Entscheidung aus deutscher verfassungsrechtlicher Sicht nur schwer tragbar. Dieses Phänomen scheint das stereotype Ergebnis der Harmonisierung im Europäischen Zivilprozess zu sein. Es kann in einem Fall wie *Zarraga-Pelz* zumindest nach rechtspolitischen Erwägungen nicht darauf ankommen, dass Rechtsbehelfe im Ursprungsstaat noch hätten eingelegt werden sollen. Das Kindeswohl muss zu berücksichtigen sein, wenn feststeht, dass keine Anhörung stattgefunden hat, obwohl diese möglich gewesen wäre und von dem zuständigen Gericht zunächst sogar noch gefordert worden war.

Hinsichtlich der weiteren Vorgehensweise verbleibt für die Mutter des Mädchens die Möglichkeit der Verfassungsbeschwerde nach Art. 93 Nr. 4a GG i.V.m. §§ 13 Nr. 8 a, 90 ff. BVerfGG zum Bundesverfassungsgericht. Sollte dieses in dem genannten Fall zu entscheiden haben, so wird dies möglicherweise weit greifende Folgen in Richtung der *Solange*-Rechtssprechung haben.[1515]

1511 *Steindorff-Classen,* EuR 2011, 28.

1512 EuGH, Urteil vom 22.12.2010, Rs. C-491/10 PPU, *Zarraga/Pelz,* Slg. 2010 I-14247, Rn. 63.

1513 *Steindorff-Classen,* EuR 2011, 31.

1514 EuGH, Urteil vom 22.12.2010, Rs. C-491/10 PPU, *Zarraga/Pelz,* Slg. 2010 I-14247, Rn. 71 f.

1515 Dies andeutend *Schulz,* FamRZ 2011, 360.

Für die Bedeutung der Kinderrechtsartikel der Grundrechte-Charta mag die Entscheidung dagegen die positive Auswirkung haben, dass Art. 24 GrC mittelbar im Rahmen der Rechtsprechung des EuGH „Schrittmacher für die europäische Kinderrechtsentwicklung“[1516] wird. Auf diese Weise könnte sich die Vorschrift trotz des in Art. 51 Abs. 2 GrC unterstrichenen Prinzips der begrenzten Einzelermächtigung der EU und des Subsidiaritätsprinzips auch auf das nationale Kindschaftsrecht auswirken,[1517] auch wenn die Entscheidung selbst die Kinderrechte nicht unmittelbar stärkt.

4. Zwischenergebnis

Es ist somit festzuhalten, dass gerade im Zusammenhang mit dem beabsichtigten Beitritt der Europäischen Union zur EMRK[1518] und der noch verstärkten Bedeutung, welche den Menschenrechten im Falle einer Umsetzung des Vorschlags der Kommission zur Neufassung der EuGVVO zukommen würde, ein Verstoß gegen Art. 6 Abs. 1 EMRK aus der Perspektive des Vollstreckungsschuldners nicht naheliegend erscheint. Denn für den Fall eines Verzichts auf die Vorbehaltsklausel sollen die Entscheidungen bereits im Ursprungsstaat auf ihrer Vereinbarkeit mit den menschenrechtlichen Standards des *fair trial* überprüft werden und Art. 47 GrC bzw. Art. 46 EuGVVO-E als „Ersatz-Notbremse“ im Vollstreckungsstaat herangezogen werden können.[1519] Genau dieser Ansatzpunkt ist maßgeblich für die Verneinung einer Verletzung der sich aus Art. 6 EMRK ergebenden Rechte: Ausschlaggebend für die Beurteilung muss die Beantwortung der Frage sein, ob den Parteien in der jeweiligen Sache ein angemessener Rechtschutz gewährt wurde. Wo dieser Rechtsschutz gewährt wurde, also ob im Erst – oder im Zweitstaat, kann nicht entscheidend sein, um die Gewährung des Rechtsschutzes verfassungsrechtlich zu beurteilen.[1520] Insofern kann die gänzliche Abschaffung des ordre public auch aus deutscher Perspektive nicht unmittelbar zu einem unerträglichen Absinken des verfassungsrechtlichen Beklagtenschutz führen. Es ist davon auszugehen, dass ein hinreichendes Grundrechtsniveau im Europäischen Rechtsraum besteht und dass dieses durch das Verbindlichwerden der Grundrechtecharta gestärkt wurde. Insbesondere im Rahmen der Rechtssprechung des EuGH ist mittlerweile ein breiter Katalog grundrechtlicher Gewährleistungen,

---

1516 *Steindorff-Classen,* EuR 2011, 37.

1517 *Steindorff-Classen,* EuR 2011, 37 mit Hinweis darauf, dass dergestalt die vom deutschen Gesetzgeber in der Kindschaftsrechtsreform von 1998 getroffene Entscheidung, die Kindesanhörung in Scheidungsverfahren grundsätzlich nicht mehr vorzusehen, solange weder Sorgerechts – noch Umgangsregelung beantragt ist, zu überprüfen sein könnte.

1518 S. 87 f.

1519 Vgl. *Kropholler/v. Hein,* EuZPR, Art. 5 EuVTVO Rn. 13; *Wagner,* IPRax 2002, 92.

1520 *Pfeiffer,* FS Jayme Bd. 1, 683.

welchen unmittelbarer Geltungsanspruch zukommt, entstanden. Dieser ist, wie vom Bundesverfassungsgericht bestätigt wurde, mit dem Grundrechtsstandard des Grundgesetzes im Wesentlichen vergleichbar.[1521]

Probleme im Hinblick auf die Gewährung eines ausreichenden Beklagtenschutzes im Falle einer Abschaffung könnten sich indes durch die Auslegung der prozessualen Garantien ergeben, welche in den einzelnen Mitgliedsstaaten unterschiedlich praktiziert wird. Dieser Einwand ist letztlich jedoch nicht verfassungsrechtlicher, sondern rechtspraktischer Art. Deshalb ist als Zwischenergebnis festzuhalten, dass die geplante Reduzierung der Vorbehaltsklausel auf die Überprüfung der Garantien des *fair trial* keine unmittelbaren Verstöße gegen geltendes Verfassungsrecht bedeuten würde.[1522]

Die besprochene Entscheidung des EuGH zeigt nichtsdestotrotz auf, dass die Abschaffung des Exequaturverfahrens in grundrechtssensiblen Bereichen problematisch bleibt. An diesem Befund können auch die Ergebnisse der verfassungsrechtlichen Prüfung aus der Perspektive des Vollstreckungsschuldners nichts ändern.

III. Die Perspektive der Bundesrepublik Deutschland als Vollstreckungsstaat

Die Perspektive der Bundesrepublik Deutschland als potentielles Vollstreckungsforum bietet leicht modifizierte Anknüpfungspunkte der Prüfung hinsichtlich der Vereinbarkeit der Abschaffung des Exequaturverfahrens und der ordre public-Kontrolle mit den Menschenrechten und geltendem Verfassungsrecht. Dies begründet sich damit, dass dass die Abschaffung des Exequaturverfahrens für ein potentielles Vollstreckungsforum andere Auswirkungen haben kann, als auf den potentiellen Beklagten. Im Mittelpunkt der folgenden Erwägungen stehen demnach weniger Individualinteressen als hoheitliche Belange.

1. Die Gefahr der Konventionsverletzung und Perpetuierung von Grundrechtsverletzungen

Aus Sicht der Bundesrepublik Deutschland kommt ein möglicher Verstoß gegen Art. 6 Abs. 1 EMRK in Betracht, als dass das Verbot der Nachprüfung der Entscheidung im Vollstreckungsstaat diesen zu einer weiteren Menschenrechtsverletzung durch die Vollstreckung der gegen die Konvention verstoßenden ausländischen Entscheidung verpflichtet, sofern ein Verstoß im Ausgangsverfahren

---

1521 Vgl. BVerfGE 37, 271 ff.; 73, 339 ff.; Maunz/Dürig/*Scholz*, Art. 23 Rn. 80.
1522 Vgl. *Wagner*, IPRax 2002, 92.

gegen Art. 6 EMRK vorliegt.[1523] Die Menschenrechtsverletzung würde durch die Vollstreckung perpetuiert und begründete damit zugleich einen neuen Grundrechtsverstoß.[1524]

Zu prüfen ist in diesem Zusammenhang, ob die Vollstreckung einer derartigen Entscheidung einen neuerlichen Grundrechtsverstoß darstellt.[1525] Abhängig ist die Beantwortung dieser Fragestellung von dem vorhandenen Grundrechtsstandard in den Mitgliedsstaaten der EU. In der Literatur wird darauf hingewiesen, dass eine isolierte Betrachtung der Vollstreckungshandlung für den Fall der Gewährleistung ausreichenden Grundrechtsstandards im Ursprungsstaat zulässig sei.[1526] Diese Ansicht hat den Vorteil, dass sie die Wertung ermöglicht, dass nicht alle Verordungen des Unionsrechts, innerhalb welcher das Exequaturverfahren bereits abgeschafft wurde, latent gegen Grundrechte verstoßen.[1527] Davon zu unterscheiden ist die Betrachtung des aktuellen Grundrechtsstandards in den Mitgliedsstaaten. Plastisch verdeutlicht wird die Gefahr der Perpetuierung eines Grundrechtsverstoßes durch die Entscheidung des EuGH in *Zarraga-Pelz*. Deutschland als Vertragsstaat der EMRK könnte sich, bezogen auf diese Entscheidung, falls sich der Vorwurf des Konventionsverstoß des deutschen Gerichts bewahrheitet, im Fall der Vollstreckung der spanischen Entscheidung, der Vertragsverletzung strafbar machen. In diesem Zusammenhang stellt sich somit die Frage, ob die Gefahr der Vollstreckung einer menschenrechtswidrigen Entscheidung die Beibehaltung des *status quo* innerhalb der EuGVVO rechtfertigen kann.[1528] Diese Frage ist auch angesichts der Regelung von Art. 46 EuGVVO-E in dem Vorschlag der Kommission zur Neufassung der EuGVVO positiv zu beantworten, als dass der Schutz des *fair trial* auch für einen umfassenden Schutz der EMRK längst nicht ausreichend ist.[1529] Vielmehr enthält die EMRK auch weitere Rechte, wie z.B. Art. 8 EMRK, der in der Entscheidung des BGH zum polnischen Unterhaltsurteil in Rede stand, die von dieser Kontrolle nicht erfasst werden. Die Garantien der EMRK außerhalb von Art. 6 Abs. 1 EMRK beziehen sich auf den materiellrechtlichen Menschenrechtsschutz, welchem innerhalb des Europäischen Zivilprozesses mittelbar ebenfalls Bedeutung zukommt. Im Rahmen des europäischen verfahrensrechtlichen ordre public könnten sie berücksichtigt werden.

1523 *Rauscher,* Der Europ. Vollstreckungstitel, Rn. 29; auch *Becker,* S. 134.

1524 *Mansel,* in: Baur/Mansel, 12; *Rauscher,* Der Europ. Vollstreckungstitel, Rn. 29; *Becker,* S. 132.

1525 *Becker,* S. 132.

1526 *Bach,* S. 371.

1527 *Bach,* S. 370.

1528 Dies befürwortend *Dickinson,* Yearbook of Private International Law, Vol. 12 (2010), S. 261.

1529 *Dickinson,* Yearbook of Private International Law, Vol. 12 (2010), 260.

Für den Fall des Eingreifens der Vorbehaltsklausel ist bislang – wie bereits gesagt – die zu vollstreckende ausländische Entscheidung einer doppelten Kontrolle ausgesetzt. Zum einen muss die ausländische Entscheidung mit den Wertungen des Ursprungsstaates übereinstimmen, zum anderen muss sie den Ansprüchen des Vollstreckungsstaates genügen.[1530] Insofern besteht die realistische Befürchtung, dass bedingt durch die grundsätzliche Reduzierung der Kontrolle auf den Ursprungsstaat der allgemeine Überprüfungsstandard absinkt. Diese Gefahr existiert allerdings nur dann, wenn das Rechtsschutzniveau des Usprungsstaats geringer als das des Vollstreckungsstaates ist. Wären die Rechtsordnungen der Mitgliedsstaaten der Europäischen Union bereits heute weitgehend harmonisiert, so läge es auf der Hand, dass der dargestellten Befürchtung die Grundlage entzogen würde und der Bedarf einer ordre public-Kontrolle damit auch nicht mehr vordergründig gegeben wäre.[1531] Die Vorbehaltsklausel greift nur dann ein, wenn keine Gleichwertigkeit der Rechtsordnungen gegeben ist.[1532] Ein pragmatisches Argument für die Abschaffung des verfahrensrechtlichen ordre public ist damit die gemeinsame Rechtssprechungskultur in den Mitgliedsstaaten der Europäischen Union, welche grundsätzlich durch gleiche Standards und Wertesysteme geprägt wird.[1533]

Möglicherweise ist hier jedoch eine differenziertere Betrachtung vorzunehmen: Die Europäische Gemeinschaft wächst ständig weiter; im Jahre 2007 wurden als 26. und 27. Mitgliedsstaat Rumänien und Bulgarien aufgenommen, über den Beitritt weiterer Mitgliedsstaaten wie z.B. die Türkei[1534] wird weiterhin verhandelt.[1535] Es ist nicht davon auszugehen, dass die neuen EU-Mitgliedsstaaten schon bei ihrem Beitritt zur Union über ähnliche Wertungsprinzipien verfügen wie die älteren Mitglieder.[1536] Beispiele für die Verschiedenheit der Verfahrensordnungen der Mitgliedsstaaten stellen die unterschiedlichen Folgen einer nicht

1530 *Bach,* S. 464.

1531 Schon *Hess,* IPRax 2000, 363; *Georganti,* 137; unter Bezugnahme auf die osteuropäischen Staaten *Laptew,* IPRax 2004, 498; *Mansel,* in: Baur/Mansel, 14; *Matscher,* IPRax 2001, 432; *Wagner,* IPRax 2002, 90 f.

1532 *Georganti,* S. 137 m.w.N.

1533 *Wagner,* IPRax 2002, 91; *Geimer,* IPRax 1998, 177; *Sujecki,* ZEuP 2008, 473; *Leipold,* FS Stoll, 645.

1534 In diesem Zusammenhang ist z.B. auf Art. 253 TürkZGB und das absolute Adoptionshindernis wegen des Vorhandenseins ehelicher Abkömmlinge hinzuweisen, welches bei hinreichendem Inlandsbezug gegen den deutschen ordre public verstößt, vgl. *Hohloch,* JuS 2002, 925.

1535 Zur Problematik der EU-Erweiterung *Becker,* S. 85.

1536 Staudinger, EuLF 2004, 280; vgl. zur EU-Osterweiterung: *Nowak,* EuZW 2003, 101 ff.; *Georganti,* 139 f.

erfolgten Übersetzung von Anlagen zu einer Klageschrift[1537] oder aber die Besonderheiten des englischen Verfahrensrechts dar, auf welche im Dritten Teil der Arbeit hingewiesen wurde. Im Hinblick auf die Anerkennung von Entscheidungen bestünde somit die Gefahr, sich Rechtskonflikten auszusetzen, die im Falle einer Streichung des ordre public nicht durch den in der ordre public-Prüfung beinhalteten „Notanker" der *révision au fond* gelöst werden könnten.

Um eine detaillierte Betrachtung der nationalen Rechtsschutzstandards im Verfahrensrecht vornehmen zu können, müsste eine genaue und umfassende Rechtsvergleichung vorgenommen werden, welche im Rahmen dieser Arbeit nicht erfolgen kann. Insbesondere im Hinblick auf die Entscheidungen *Krombach* und *Gambazzi* des Gerichtshofs wird allerdings deutlich, dass relevante Unterschiede im Rechtsschutzniveau nicht nur in den neueren Mitgliedsstaaten bestehen: Sowohl die Möglichkeit der strafrechtlichen Verurteilung in Abwesenheit des Angeklagten wie im Falle *Krombach*, als auch das Rechtsinstitut des *contempt of court* als Disziplinarmittel des Richters in England, zeigen, dass selbst in Frankreich und insbesondere in England als „alten" Mitgliedsstaaten der EU eklatante Unterschiede im Grundrechtsstandard zwischen nationalem und europäischem Zivilprozessrecht existieren. Dem aktuellen Stand der Rechtsvereinheitlichung wird der europäische verfahrensrechtliche ordre public nach dem jetzigen *status quo* damit eher gerecht, als eine vollständig vergemeinschaftete Vorbehaltsklausel in Anlehnung an Art. 6 EMRK, wie sie Art. 46 EuGVVO-E darstellt.

3. Rechtsdogmatische Argumente

Die Feststellung einer nicht hinreichenden Rechtsvereinheitlichung führt zu der rechtsdogmatischen Argumentation. Ziel der Rechtssetzung im Internationalen Privat – und Verfahrensrecht ist die Schaffung eines einheitlichen Raums der Freiheit, der Sicherheit und des Rechts.[1538] Eine vollständige Streichung des ordre public im Verfahrensrecht kann jedoch nicht allein von einer Vereinheitlichung des Verfahrensrechts im Binnenmarkt abhängen. Ab dem Zeitpunkt jedoch, ab dem von einer weitgreifenden Harmonisierung der europäischen Rechtsordnungen insbesondere im Hinblick auf das Kollisionsrecht, welches eine Art „Unterbau" für das Internationale Verfahrensrecht bilden könnte, gesprochen werden kann,[1539] wird der Anwendungsbereich der Klausel im Unionsrecht sich derart verringern, dass auch über einen völligen Wegfall nachgedacht werden könn-

1537 Sujecki, ZEuP 2008, 468f.; vgl. zum Europäischen Zustellungsrecht: *Sujecki*, EuZW 2007, 363 ff.

1538 *Streinz/Ohler/Herrmann*, S. 80, 157 ff.; *Pfeiffer*, FS Jayme Bd. 1, 682 f.

1539 Vgl. *Staudinger*, EuLF 2004, 280.

te.[1540] Denn zu einem Eingreifen des ordre public kommt es schließlich nur bei nicht zu übersehenden Divergenzen der Rechtsordnungen, eben bei einem *conflict of laws.* Wird einer derartigen Situation aber durch Vereinheitlichung und Homogenisierung bis an die Grenze der Subsidiaritätsklausel vorgebeugt, bedarf es auch keiner letzten Schutzfestung mehr.

Der Hinweis auf den innerhalb der Rechtsprechung des Gerichtshofs entwickelten gemeineuropäischen ordre public[1541] kann die Abschaffung des nationalen verfahrensrechtlichen Vorbehalts nicht rechtfertigen. Für diese Annahme spricht zunächst, dass die Europäisierung für sich genommen noch keine Garantie für richtiges oder besseres Recht als in den nationalen Rechtsordnungen darstellt.[1542] Zudem kann der nationale Vorbehalt nach der im Ersten Teil der Arbeit vorgenommenen Inhaltsbestimmung des europäischen verfahrensrechtlichen ordre public nicht vollständig durch seinen europäischen „Verwandten“ ersetzt werden. In diese Richtung geht auch das Argument, dass die kulturelle Vielfalt im Rahmen der Europäischen Gemeinschaft geschützt werden müsse und eine Vereinheitlichung folglich nur bis zu einem gewissen Grad wünschenswert sei, um auch in Zukunft mit Hilfe der systematischen Rechtsvergleichung Neuerungen im Unionsrecht einführen und das Unionsrecht vor der Gefahr der Versteinerung schützen zu können.[1543] Darüber hinaus ist zu beachten, dass die geplante Streichung der Vorbehaltsklausel innerhalb der EuGVVO dazu führen würde, dass gleichsam auch nationale ordre public-Vorbehalte im Anwendungsbereich von Unionsrecht nicht mehr zum Einsatz gelangen können, da aufgrund des Anwendungsvorrangs des Unionsrechts die Verordnungen über das Verfahrensrecht innerhalb ihres Anwendungsbereichs die nationalen Verfahrensordnungen vollständig verdrängen.

4. Zur Frage des Souveränitätsverlusts

Aus der Perspektive des Vollstreckungsstaates stellt sich weiterhin die Frage nach einem Souveränitätsverlust im Falle einer Abschaffung des Exequaturverfahrens und der Streichung des ordre public-Vorbehalts. Dies begründet sich damit, dass ausländische Entscheidungen aus Mitgliedsstaaten ohne die Möglichkeit der Überprüfung anerkannt und vollstreckt werden müssten und damit wie inländisches Recht behandelt werden würden. Indes ist diese Betrachtungsweise

---

1540 Vgl. *Mansel,* RabelsZ (70) 2006, 728; *ders.,* in: Baur/Mansel, S. 14.

1541 *Leipold,* FS Stoll, 631; *Stein,* IPRax 2004, 185f; *Pfeiffer*, FS Jayme Bd. 1, 681 ff.; *Sujecki,* ZEuP 2008, 465.

1542 *Sonnenberger*, RIW 2002, 496.

1543 Vgl. *Georganti,* S. 141, die sich insbesondere auf den Aufsatz von *Jayme/Kohler*, IPRax 2002, 462 zu beziehen scheint.

zu formalistisch: In ihrer materiellen Entscheidungsfreiheit sind die nationalen Gerichte auch unter der geltenden Fassung der EuGVVO beschränkt, als dass sie nach Art. 41 EuGVVO eine ausländische Entscheidung für vollstreckbar erklären müssen, sobald „die in Art. 53 [EuGVVO] vorgesehenen Förmlichkeiten erfüllt sind."[1544] Dennoch beinhaltet die aktuelle Fassung der EuGVVO noch eine Implementierungsfunktion. Nach der völligen Abschaffung des Exequaturverfahrens werden die Vollstreckungsorgane fremde Hoheitsakte umsetzen, die Implementierungsfunktion entfällt. Insofern wird das Gewaltmonopol des Staates berührt.[1545] Zu prüfen ist, ob dieser Eingriff in die Souveränität verfassungsrechtlich zu rechtfertigen ist.

a) Art. 23 Abs. 1 GG

Die verfassungsrechtliche Ermächtigung zur Mitwirkung bei der europäischen Integration findet sich für die Bundesrepublik Deutschland in Art. 23 Abs. 1 GG.[1546] Die Vorschrift regelt allgemein, dass für den Bund die Möglichkeit besteht, Hoheitsrechte zu übertragen.[1547] Man spricht insoweit von einer Konkretisierung des Grundsatzes der „offenen Staatlichkeit".[1548] Art. 23 Abs. 1 Satz 1 enthält damit sowohl eine Staatszielbestimmung, als auch einen rechtsverbindlichen Auftrag, bei der Integration der Europäischen Union mitzuwirken.[1549] Hinsichtlich der Übertragung von Hoheitsrechten könnte insofern fraglich sein, ob darunter ausschließlich die Übertragung von Hoheitsrechten auf die EU zu verstehen ist oder ob auch die Übertragung von Hoheitsrechten auf andere Mitgliedsstaaten kompetenzrechtlich von Art. 81 AEUV getragen wird.[1550] Denn für den Fall einer Abschaffung des ordre public innerhalb Europas verbliebe, mit Ausnahme von Art. 46 EuGVVO-E, nur die Überprüfung der Entscheidung im Erststaat. Aus dieser Situation bedingt sich für den Mitgliedsstaat des Ursprungsgerichts ein Kompetenzgewinn, welcher sich auf Seiten des Vollstreckungsstaates als Kompetenzverlust auswirkt.[1551]

Art. 23 Abs. 1 Satz 1 GG konstituiert in Form einer *Struktursicherungsklausel*[1552] bestimmte verfassungsrechtliche Anforderungen des Grundgesetzes an die

1544 Vgl. *Bach,* S. 358.
1545 *Bach,* S. 399.
1546 *Pfeiffer,* FS Jayme Bd. 1, 689.
1547 *Scholz,* in: Maunz/Dürig, Art. 23 Rn. 7; *Pfeiffer,* FS Jayme Bd. 1, 689.
1548 *Streinz,* in: Sachs, Art. 23 Rn. 9.
1549 *Streinz,* in: Sachs, Art. 23 Rn. 10; *Scholz,* in: Maunz/Dürig, Art. 23 Rn. 5.
1550 *Pfeiffer,* FS Jayme Bd. 1, 689 vor dem Vertrag von Lissabon.
1551 *Pfeiffer,* FS Jayme Bd. 1, 689.
1552 Hinsichtlich Begriff und Zweck s. *Gemeinsame Verfassungskommission,* BT-Drucks. 12/6000, S. 20 f.

Europäische Union.[1553] Diese muss „demokratischen, rechtsstaatlichen, sozialen und föderativen Grundsätzen und dem Grundsatz der Subsidiarität verpflichtet" sein und zudem „einen diesem Grundgesetz im Wesentlichen vergleichbaren Grundrechtsschutz gewährleisten". Somit werden die grundlegenden Konstitutionsprinzipien des Grundgesetzes auch für die Europäische Union für verbindlich erklärt. Dabei geht es allerdings nicht um die Verfassungsstruktur der Bundesrepublik Deutschland, sondern um die der Europäischen Union.[1554] Zwar ist nicht jede Maßnahme der EU anhand der Struktursicherungsklauseln zu überprüfen, alsdass diese lediglich für die Zustimmungsgesetze der Bundesrepublik Deutschland zu den Verträgen gelten. Jedoch können diese als Anhaltspunkte im Rahmen der Prüfung unionsrechtlicher Kompetenzen fruchtbar gemacht werden. Im Hinblick auf die geplante Abschaffung des verfahrensrechtlichen ordre public ist folglich die Vereinbarkeit des Vorhabens mit den sich aus Art. 23 Abs. 1 Satz 1 GG ergebenden Garantien zu prüfen.

(1) Demokratieprinzip

Unter dem Demokratieprinzip ist aus europäischer Perspektive die Verpflichtung der Europäischen Union auf eine demokratische Struktur und die demokratische Legitimation ihrer Zuständigkeiten und Zuständigkeitsträger zu verstehen.[1555] Nach dem *Maastricht-Urteil* des Bundesverfassungsgerichts[1556] hindert das nationale Demokratieprinzip, welches sich auf innerstaatlicher Ebene aus Art. 20, 28, 38 und 79 Abs. 3 GG ergibt, nicht die Mitgliedschaft der Bundesrepublik Deutschland in dem Staatenverbund der Europäischen Union.[1557]

Die anerkennungsrechtliche Kontrolle anhand des verfahrensrechtlichen ordre public hat für das sich aus Art. 6 Abs. 1 EUV (a.F.), Art. 2 EUV (n.F.) ergebende Demokratieprinzip eine große Bedeutung, als dass die wechselseitige territoriale Begrenzung der Rechtssprechungsgewalt der begrenzten demokratischen Legitimation gerichtlicher Streitentscheidung entspricht.[1558] Die Richter und Richterinnen in Europa sind zur Ausübung der judikativen Gewalt mittelbar legitimiert vom mitgliedsstaatlichen Wahlvolk. Daraus ergeben sich zugleich die Grundlagen sowie die Grenzen ihrer demokratischen Legitimation.[1559] Die geplante Abschaffung horizontaler Kontrollmechanismen wie der des ordre public könnte aus der Perspektive der Bundesrepublik Deutschland als Vollstreckungsstaat folglich

1553 *Scholz,* in: Maunz/Dürig, GG, Art. 23 Rn. 70.
1554 *Scholz,* in: Maunz/Dürig, GG, Art. 23 Rn. 70; vgl. *Becker,* S. 71.
1555 *Scholz,* in: Maunz/Dürig, GG, Art. 23 Rn. 73.
1556 BVerfGE 89, 155.
1557 *Scholz,* in: Maunz/Dürig, GG, Art. 23 Rn. 73.
1558 *Bruns,* JZ 1999, 286.
1559 *Bruns,* JZ 1999, 286.

einen Verstoß gegen das Demokratieprinzip begründen, als dass die Kontrolle ausländischer Entscheidungen nach der Abschaffung des Exequaturverfahrens mit Ausnahme von Art. 46 EuGVVO-E nur noch beim EGMR läge, welcher jedoch wesentlich geringer demokratisch legitimiert ist. In diesem Zusammenhang wird daher teilweise vertreten, dass die Wahrung des Demokratieprinzips die Beibehaltung einer gewissen horizontalen ordre public-Kontrolle fordere.[1560] Denn im Zeitalter der Globalisierung verlören die jeweiligen demokratisch legitimierten Parlamente mehr und mehr an Bedeutung. Im Bereich der europäischen Gesetzgebung verbleibe den nationalen Gesetzgebern oft nur ein sehr eingeschränkter Bewertungsspielraum.[1561] Dieser Bedeutungsverlust vermöge auch nicht durch verbindliche Vorgaben an die Regierung hinsichtlich ihres Verhaltens auf internationaler Ebene ausgeglichen werden, da diese Art von Vorgaben im Ergebnis kontraproduktiv wirkten, als dass sie den Handlungsspielraum der Regierung so einschränkten, dass dies für den Verhandlungspartner auch erkennbar sei.[1562] Auch die nachträgliche Kontrolle innerhalb der Transformationsgesetzgebung gemäß Art. 59 Abs. 1 Satz 2 GG könne keine Abhilfe mehr schaffen; ihr käme lediglich Vetofunktion zu.[1563]

Doch nicht nur die Abschaffung des ordre public im Besonderen könnte einen Verstoß gegen das Demokratieprinzip begründen. Es ist ebenso die Abschaffung des Exequaturverfahrens im Allgemeinen hinsichtlich ihrer Vereinbarkeit mit dem Demokratieprinzip zu überprüfen: Die einheitliche, unmittelbare und unbedingte Urteilsgeltung innerhalb des Europäischen Rechtsraumes, welche durch die Streichung des Exequaturverfahrens erzielt werden soll, wirft die Frage auf, wie eine solche unmittelbare und vorbehaltslose Bindung an Entscheidungen ausländischer und „damit nicht das eigene Staatsvolk repräsentierender Hoheitsträger" mit dem Demokratieprinzip in Einklang zu bringen ist.[1564]

Die Verletzung des Demokratieprinzips lässt sich allerdings angesichts einer weiteren Stärkung der demokratischen Elemente durch den Vertrag von Lissabon nicht begründen. Eine zumindest mittelbare demokratische Legitimation der Entscheidungsträger in der Europäischen Union kann nicht verneint werden, vielmehr ist das Parlament der Europäischen Union, welches gemeinsam mit dem Rat der Europäischen Union die Gesetzgebungskompetenz innehat, das einzige direkt gewählte Organ der Europäischen Union, welches in den Europawahlen von den Bürgern der Europäischen Union gewählt wird.[1565] Das Demokratieprin-

---

1560 *Bruns,* JZ 1999, 286.

1561 *Huster/Rux,* in: BeckOK, Art. 20 GG Rn. 114.

1562 *Huster/Rux,* in: BeckOK, Art. 20 GG Rn. 115.

1563 *Huster/Rux,* in: BeckOK, Art. 20 GG Rn. 115.

1564 *Pfeiffer,* FS Jayme Bd. 1, 677.

1565 *Streinz,* in: Sachs, Art. 23 Rn. 25; zum Wahlrecht in der Europäischen Union vgl. *Hilf,* in: Grabitz/Hilf, Art. 19 EGV, Rn. 1-2.

zip erfordert in seiner den Besonderheiten der Europäischen Union angepassten Form eine doppelgleisige demokratische Legitimation.[1566] Darunter ist zum einen die Legitimation durch die Unionsbürger nach Art. 10 Abs. 2 EUV (n.F.) zu verstehen, zum anderen ist aufgrund der Besonderheit des degressiv proportionalen Wahlrechts nach Art. 14 Abs. 2 EUV (n.F.) auch die Bedeutung der Staaten zu beachten.[1567] Denn auch die Regelungen des sekundären Unionsrechts, namentlich die Verordnungen, innerhalb derer der ordre public-Vorbehalt bereits abgeschafft wurde oder aber in denen die Abschaffung der Vorbehaltsklausel für die Zukunft vorgesehen ist, sind sowohl auf die Zustimmung dieses europäischen Normgebers als auch – wie bereits gesagt – zumindest mittelbar auf einen den demokratischen Prinzipien entsprechenden nationalen Rechtsanwendungsbefehl des deutschen Gesetzgebers rückführbar. Das Vorliegen der erforderlichen doppelgleisigen demokratischen Legitimationskette ist folglich zu bejahen.[1568] Im Ergebnis führt die Abschaffung des Exequaturverfahrens damit nicht zu einem Verstoß gegen das Demokratieprinzip.

(2) Subsidiaritätsprinzip nach dem Vertrag von Lissabon

Art. 5 Abs. 3 EUV (n.F.) bindet die Union an das Subsidiaritätsprinzip. Dies bedeutet, dass die Union in den Bereichen, welche nicht in ihre „ausschließliche Zuständigkeit“ gemäß Art. 3 EUV (n.F.) fallen, „nur tätig (wird), sofern und soweit die Ziele der in Betracht gezogenen Maßnahmen von den Mitgliedsstaaten weder auf zentraler noch auf regionaler oder lokaler Ebene ausreichend verwirklicht werden können“ und daher effizienter durch die Union umgesetzt werden können. Seit dem Inkrafttreten des Vertrags von Lissabon bekleiden die nationalen Parlamente eine besondere Rolle bei der Subsidiaritätskontrolle. Denn nach dem Protokoll (Nr. 2) über die Anwendung der Grundsätze der Subsidiarität und der Verhältnismäßigkeit darf ein Rechtsakt erst dann erlassen werden, wenn vorher für die nationalen Parlamente die Gelegenheit bestand, zu seiner Vereinbarkeit mit dem Subsidiaritätsprinzip Stellung zu nehmen. Werden Bedenken der Parlamente nicht berücksichtigt, können diese die Subsidiaritätskontrolle vor dem EuGH anstreben, vgl. die Umsetzung im nationalen Recht in Art. 23 Abs. 1 a GG.[1569]

1566 *Streinz,* in: Sachs, Art. 23 Rn. 24; *Classen,* in: v. Mangoldt/Klein/Starck, GG II, Art. 23 Rn. 24.

1567 *Classen,* in: v. Mangoldt/Klein/Starck, GG II, Art. 23 Rn. 23; zu den Besonderheiten des Wahlrechts vgl. *Schreiber,* NVwZ 2004, 21 ff.

1568 Maunz/Dürig/*Scholz,* Art. 23 Rn. 20; *Pfeiffer,* FS Jayme Bd. 1, 680.

1569 Vgl. zum Ganzen *Wiedmann/Gebauer,* in: Gebauer/Wiedmann, Kap. 1 Rn. 23; kritisch zu der Umsetzung: Maunz/Dürig/*Scholz,* Art. 23 Rn. 101, 112; zu der Bedeutung der Einhaltung des Subsidiaritätsprinzips bei dem Erlass neuer Verordnungen: *Duintjer Tebbens,* in: Baur/Mansel, 179 f.

Fraglich ist folglich, ob die Abschaffung des verfahrensrechtlichen ordre public das Subsidiaritätsprinzip verletzen würde. Durch die Vereinheitlichung des Prozessrechts und dem Geltungsvorrang der Verordnungen als sekundärem Unionsrecht verlieren die nationalen Verfahrensordnungen innerhalb der EU an Bedeutung. Ersetzt werden sie durch die Verordnungen, so dass sich die Abschaffung des ordre public im Verfahrensrecht unmittelbar auf die Mitgliedsstaaten auswirkt. Eine Beeinträchtigung des Subsidiaritätsprinzips ließe sich somit begründen.

Auch nach dem Vertrag von Lissabon gelten die Mitgliedsstaaten noch als „Herren der Verträge".[1570] Bedingt durch die Verdrängung der nationalen Rechtsetzungsprozesse, die eine Abschaffung der Vorbehaltsklausel auf europäischer Ebene mit sich bringen würde, mag daher die Beeinträchtigung des Subsidiaritätsprinzips auf den ersten Blick als naheliegend erscheinen. Allerdings ist hierbei ganz wesentlich das Zustandekommen der Verordnungen, genauer gesagt, der Rechtssetzungsprozess der Union zu beachten: Ohne die Zustimmung der Mitgliedsstaaten können die Verordnungen nicht erlassen werden, was wiederum mit dem Gebot der demokratischen Legitimation zu begründen ist. In seiner Eigenschaft als Kompetenzausübungsregel ist das Subsidiaritätsprinzip nur sehr schwer zu konkretisieren.[1571] Dies ist damit zu begründen, dass das Subsidiaritätsprinzip verschiedene Regelungsinhalte aufweist und zudem mehrere Ursprünge hat.[1572] So besteht eine Verbindung zwischen Subsidiaritätsprinzip und Verhältnismäßigkeitsgrundsatz, welche sich in dem Vertrag von Lissabon durch die Erwähnung der beiden Grundsätze in dem Subsidiaritätsprotokoll widerspiegelt.[1573]

Das BVerfG hat in seiner Entscheidung zum Vertrag von Lissabon darauf hingewiesen, dass im Rahmen des Subsidiaritätsprinzips zu berücksichtigen sei, ob die Europäische Union über eine Zuständigkeit für das konkrete Rechtssetzungsvorhaben verfüge.[1574] In dem Bereich der Verlagerung der Ausübung von Hoheitsrechten durch die EU sei insofern die Grenze dort zu ziehen, „wo die Koordinierung grenzüberschreitender Sachverhalte sachlich notwendig ist."[1575] Dazu ist ganz entscheidend zu beachten, dass eine Vereinheitlichung auf zivilprozessualer Ebene denklogisch nur durch zentrale Regelungen verwirklicht werden kann, so dass die Subsidiaritätsklausel nach Art. 5 Abs. 3 EUV (n.F.) durch die Abschaffung der Vorbehaltsklausel nicht verletzt wird. In dem *Honeywell*-Beschluss[1576]

1570 *Wiedmann*, in: Gebauer/Wiedmann, Kap. 2 Rn. 51.
1571 *Classen*, in: v. Mangoldt/Klein/Starck, GG II, Art. 23 Rn. 41; Maunz/Dürig/*Scholz*, Art. 23 Rn. 101.
1572 Maunz/Dürig/*Scholz*, Art. 23 Rn. 102.
1573 Maunz/Dürig/*Scholz*, Art. 23 Rn. 102.
1574 BVerfGE 123, 353.
1575 BVerfGE 123, 359.
1576 BVerfG, Beschluss vom 6.7.2010 – 2 BvR 2661/06, 1. Leitsatz.

betonte das BVerfG, dass eine *ultra vires*-Kontrolle voraussetzte, dass „das kompetenzwidrige Handeln der Union offensichtlich ist und der angegriffene Akt im Kompetenzgefüge zu einer strukturell bedeutsamen Verschiebung zu Lasten der Mitgliedsstaaten führt."

(3) Grundsatz der Verhältnismäßigkeit nach dem Vertrag von Lissabon

Art. 5 Abs. 4 EUV (n.F.) beinhaltet den Grundsatz der Verhältnismäßigkeit innerhalb der Europäischen Union, welcher die Union dazu verpflichtet, den Mitgliedsstaaten so viel Handlungsspielraum wie nur möglich zu überlassen.[1577] Der Grundsatz der Verhältnismäßigkeit ist nicht nur für den Individualschutz relevant, sondern auch im Verhältnis zwischen Mitgliedsstaaten und der Union falls in Rechtspositionen der Mitgliedsstaaten eingegriffen wird.[1578] Auch gegen diesen Grundsatz könnte die Abschaffung des ordre public verstoßen, wenn man darauf abstellt, dass die Abschaffung des ordre public die Mitgliedsstaaten verpflichtet, auf den Inhalt ihrer nationalen Vorbehaltsklauseln zu verzichten.

Das Verhältnismäßigkeitsprinzip besagt auf europäischer Ebene, dass keine Maßnahme der EU weiter reichen darf, als es für die innerhalb der Verträge aufgestellten Ziele erforderlich ist.[1579] Die Abschaffung des ordre public stellt insofern einen Eingriff in den Handlungsspielraum der Mitgliedsstaaten dar, als dass horizontale Kontrollmöglichkeiten der Mitgliedsstaaten bei der Anerkennung und Vollstreckung von ausländischen Entscheidungen verringert werden. Dieser Eingriff müsste zur Wahrung des Verhältnismäßigkeitsgrundsatzes in einem angemessenen Verhältnis zu dem angestrebten Ziel stehen. Dies ist dann der Fall, wenn das Handeln der EU zur Erreichung eines legitimen Zwecks geeignet, erforderlich und angemessen ist.[1580]

Ziel und Zweck der Abschaffung des ordre public ist – wie bereits gesagt – die Schaffung eines einheitlichen Raumes des Rechts, in dem europäische Entscheidungen frei zirkulieren können. Die Umsetzung dieses Ziels ist politisch und wirtschaftlich von großer Wichtigkeit für die Schaffung eines einheitlichen europäischen Rechtsraumes und mithin legitim.

Das Mittel, welches zur Erreichung des Zieles eingesetzt wird, müsste ferner geeignet sein, diesen Zweck zu erreichen oder zu fördern.[1581] Die Abschaffung

1577 *Wiedmann/Gebauer*, in: Gebauer/Wiedmann, Kap. 1 Rn. 24.

1578 *Van Rintelen*, in: Grabitz/Hilf, Art. 43 AEUV Rn. 83.

1579 Vgl. EuGH, Urteil vom verb. Rs. T-6/92 u. T-52/92, *Reinarz/Kommission*, Slg. 1993, I-1047, Rn. 111 m.w.N.

1580 Maunz/Dürig/*Grezescick*, Art. 20 Rn. 110; *Sommermann*, in: v. Mangoldt/Klein/Starck, GG II, Art. 20 Abs. 3 Rn. 314.

1581 Maunz/Dürig/*Grezescick*, Art. 20 Rn. 112; *Sommermann*, in: v. Mangoldt/Klein/Starck, GG II, Art. 20 Abs. 3 Rn. 314.

des Exequaturverfahrens und die damit verbundene Streichung der ordre public-Klausel müsste folglich geeignet sein, um die Schaffung eines einheitlichen Raumes des Rechts zu verwirklichen oder zumindest zu fördern. Nach der Streichung des Exequturverfahrens müssen ausländische Entscheidungen ohne weitere Kontrollmöglichkeit im Vollstreckungsforum anerkannt und vollstreckt werden. Dies beschreibt den Zustand der Urteilsfreizügigkeit. Die Abschaffung des Exequaturverfahrens ist folglich geeignet, um das angestrebte Ziel zu erreichen.

Fraglich ist aber, ob die Abschaffung als Mittel auch erforderlich ist, um den angestrebten Zweck zu erreichen. Dies ist dann zu bejahen, wenn von mehreren zur Verfügung stehenden Mitteln dasjenige gewählt wurde, welches das mildeste Mittel darstellt, mit dem der angestrebte Zweck noch zu erreichen ist.[1582] Aufgrund der bereits erfolgten Verlagerung der Nachprüfung der Anerkenntnishindernisse in das Beschwerdeverfahren nach Artt. 34, 43 EuGVVO[1583] scheint die Abschaffung des Exequaturverfahrens in großen Teilen der Verordnung – wie es die EuGVVO-E vorsieht[1584] – das mildeste Mittel zu sein, mit welchem der angestrebte Zweck aus europäischer Sicht noch erreicht werden kann. Die Abschaffung ist aus europäischer Sicht damit auch erforderlich, um sich dem angestrebten Ziel der Urteilsfreizügigkeit anzunähern.

Schließlich müsste die Abschaffung verhältnismäßig im engeren Sinne, also angemessen sein. Dies ist dann zu bejahen, wenn die Schwere des Eingriffs in einem angemessenen Verhältnis im Vergleich zu Gewicht und Dringlichkeit der durch die Maßnahme geförderten Gemeinwohlbelange steht.[1585] Der in der Abschaffung des europäischen verfahrensrechtlichen ordre public bestehende Eingriff steht nur dann in einem angemessenen Verhältnis zu dem angestrebten Ziel, wenn dieser sich im Rahmen dessen hält, was in einem demokratischen Rechtsstaat akzeptabel ist. Die Abschaffung des europäischen verfahrensrechtlichen ordre public führt weder zu offenkundigen Verstößen gegen Menschenrechte, noch verletzt sie offensichtlich nationales Verfassungsrecht. Nicht zu bestreiten ist, dass es zu einer Verkürzung der Beklagtenrechte kommt. Die Nutzen der Abschaffung sind neben wirtschaftlichen Aspekten auch prozessökonomischer Art, als dass die Gerichte des Zweitstaats ihrer Kontrolle entbunden werden. Schlussendlich kann durch die Abschaffung der europäische Rechtsraum eine erneute weitgehende Harmonisierung erfahren. Zumindest gemessen in Zahlen überwiegen die Nutzen der Abschaffung damit. Der Eingriff kann somit als in einem

---

1582 Maunz/Dürig/*Grezescick*, Art. 20 Rn. 113; *Sommermann,* in: v. Mangoldt/Klein/Starck, GG II, Art. 20 Abs. 3 Rn. 314.

1583 Oben S. 183.

1584 Oben S. 188.

1585 *Sommermann,* in: v. Mangoldt/Klein/Starck, GG II, Art. 20 Abs. 3 Rn. 314; Maunz/Dürig/*Grezescick*, Art. 20 Rn. 117.

angemessenen Verhältnis zu dem angestrebten Ziel stehend bezeichnet werden, auch wenn dies der Bedeutung des Beklagtenschutzes möglicherweise nicht gerecht wird. Ein Verstoß gegen das Verhältnismäßigkeitsprinzip kann aber – insbesondere im Hinblick auf Art. 23 Abs. 1 GG – durch die genannte Verkürzung nicht begründet werden. In diesem Zusammenhang ist auch darauf hinzuweisen, dass der Verhältnismäßigkeitsgrundsatz aus nationaler Perspektive den Gesetzgeber zwar bindet, diesem verbleibt aber eine Einschätzungsprärogative, um zu verhindern, dass mit Hilfe des Verhältnismäßigkeitsgrundsatzes die Gesetzgebung unnötig verzögert wird.[1586] Das Genannte gilt im nationalen Verhältnis zwischen Bürger und Staat. Auf die europäische Ebene ist es damit nicht ohne weiteres übertragbar. Nutzbar machen lässt sich es jedoch insofern, als dass eine unnötige Behinderung der Rechtssetzung auf Unionsebene dem *effet utile* widersprechen würde. Somit gilt hinsichtlich des Grundsatzes der Verhältnismäßigkeit Ähnliches wie in Bezug auf das Subsidiaritätsprinzip – in der Praxis kann keines der beiden Prinzipien die europäische Rechtssetzung eindämmen.[1587]

(4) Art. 23 Abs. 1 Satz 3 i.V.m. Art. 79 Abs. 3 GG

Im Rahmen der Vereinheitlichung innerhalb Europas stellt sich die Frage, inwieweit der staatliche Bestand der Bundesrepublik Deutschland und der Schutz ihrer verfassungsrechtlichen Identität der Prozessrechtsvereinheitlichung Schranken setzen können. Das Bundesverfassungsgericht hat in seinen Entscheidungen sowohl zum Maastricht-Vertrag[1588] als zum Vertrag von Lissabon[1589] auf die Betonung dieser verfassungsrechtlichen Identität großen Wert gelegt und sogar eine eigene justizielle Überprüfungskompetenz festgelegt.[1590] Die Bundesrepublik Deutschland darf nach den besagten Entscheidungen ungeachtet der fortschreitenden Vereinheitlichung ihre verfassungsrechtliche Identität nicht einbüßen.[1591]

Die Möglichkeit, dass durch die geplante Abschaffung des Exequaturverfahrens und der damit verbundenen Streichung der ordre public-Kontrolle die sich aus Art. 23 Abs. 1 Satz 3 i.V.m. Art. 79 Abs. 3 GG ergebende Verfassungsbestandsklausel verletzt wird, erscheint dennoch fernliegend. Dies ist damit zu begründen, dass die souveräne Staatlichkeit der Bundesrepublik Deutschland auch im Falle einer Abschaffung nicht aufgegeben wird. Lediglich werden Kontrollmechanismen verkürzt, dies allerdings auch nur im Rahmen der vorhandenen Kompetenzen der EU.

1586 *Sommermann*, in: v. Mangoldt/Klein/Starck, GG II, Art. 20 Abs. 3 Rn. 316.

1587 *Wiedmann/Gebauer*, in: Gebauer/Wiedmann, Kap. 1 Rn. 25.

1588 Vgl. BVerfGE 89, 155 (190 ff.).

1589 Vgl. BVerfGE 123, 267 ff.

1590 BVerfGE 123, 353 f.

1591 Maunz/Dürig/*Scholz*, Art. 23 Rn. 123; *Götz*, JZ 1993, 1082.

(5) Grundrechtsschutz innerhalb Europas und die Frage nach ausreichendem Beklagtenschutz nach erfolgter Abschaffung des ordre public

Art. 23 Abs. 1 GG beinhaltet weiterhin die Forderung eines dem Grundgesetz im Wesentlichen vergleichbaren Grundrechtsschutzes auf europäischer Ebene. Mit der geplanten Abschaffung des Exequaturverfahrens entfiele die Möglichkeit das Bundesverfassungsgericht im Wege der Urteilsverfassungsbeschwerde anzurufen.[1592] Aus der Perspektive des deutschen Verfassungsrechts besteht damit die Notwendigkeit im Falle der Abschaffung einen komplementären Grundrechtsschutz bereits im Erststaat zu leisten,[1593] so dass sich in diesem Zusammenhang die (wohl bekannte) Frage nach dem Grundrechtsniveau innerhalb der Europäischen Union stellt.

Wie das Bundesverfassungsgericht bereits in der *Solange II*-Entscheidung darlegte, entwickelte sich innerhalb der Europäischen Union ein derart gefestigter Grundrechtsstandard, dass dieser mit dem Grundrechtsstandard des deutschen Grundgesetzes im Wesentlichen übereinstimmt.[1594] Nach der folgenden Entscheidung zum Maastricht-Vertrag war es zunächst nicht eindeutig, ob das Bundesverfassungsgericht am Vorrang des unionsrechtlichen Grundrechtsschutzes festhalten würde.[1595] Diese Zweifel räumte das Bundesverfassungsgericht in der *Bananenmarkt*-Entscheidung aus, indem es betonte dass die *Maastricht*-Entscheidung keine Abkehr seiner vorangegangen Rechtsprechung begründen sollte.[1596] Auch die Entscheidung des Bundesverfassungsgerichts in seinem *Lissabon*-Urteil ändert an dieser Feststellung nichts. Fraglich ist nun, ob die Abschaffung des ordre public dazu führen könnte, dass der derzeit vorherrschende Standard im Hinblick auf den Grundrechtsschutz auf ein aus deutscher Perspektive unerträgliches Maß absinkt, so dass die vom Bundesverfassungsgericht aufgestellten Grundsätze nicht mehr eingehalten werden können. Im Zusammenhang mit der geplanten Abschaffung bzw. der von der Kommission vorgeschlagenen Verkürzung auf die Geltendmachung der Garantien des *fair trial* könnte die Situation entstehen, dass der subjektiv-rechtliche Grundrechtsschutz innerhalb des gerichtlichen Rechtsschutzes verdrängt würde.[1597] Auf diese Weise könnte es zu einer Verkürzung der Beklagtenrechte im Verhältnis zum gegenwärtigen *status quo* kommen. Ein substantielles Defizit innerhalb des Rechtsschutzes würde zunächst das Rechtsstaatprinzip des Grundgesetzes tangieren, um sich dann in einem zweiten Schritt

---

1592 *Hess,* IPrax 2001, 395.

1593 *Hess,* IPrax 2001, 395.

1594 BVerfGE 73, 378 ff.; vgl. ausführlich *Becker,* S. 72.

1595 BVerfGE 89, 175.

1596 BVerfGE 102, 147 1. Leitsatz.

1597 *Scholz,* in: Merten/Papier, Handbuch der Grundrechte Band VI/2, § 170 Rn. 59.

auf das Verhältnis europäischer und nationaler Grundrechte auszuwirken.[1598] Die heutige Rechtssprechungspraxis des EuGH fordert jedoch ihrerseits einen effektiven Rechtsschutz für die Unionsbürger,[1599] sodass davon auszugehen ist, das der Standard des Rechtsschutzes im Wesentlichen mit dem nach deutschen Recht übereinstimmt, auch wenn nach deutschem Recht die Rechtsschutzgarantien bisweilen weiter reichen.[1600] Dies ist auch insbesondere vor dem Hintergrund des in Art. 47 GrC verankerten Rechtsbehelfs so zu betrachten.

b) Zwischenergebnis

Die Perspektive des Vollstreckungsstaates beinhaltet die Gefahr der Vollstreckung menschenrechtswidriger Entscheidungen für den Fall der Abschaffung des Exequaturverfahrens. Anzeichen für eklatante Verstöße gegen deutsches Verfassungsrecht ergeben sich bei einer Prüfung der geplanten Abschaffung des europäischen verfahrensrechtlichen ordre public aber nicht. Dass die Abschaffung dennoch aus praktischer Hinsicht problematisch ist, wurde dargestellt. Es wird abzuwarten sein, inwieweit der Vorschlag der Kommission zur Neufassung der EuGVVO hinsichtlich der Abschaffung der Vorbehaltsklausel auf Akzeptanz in den Mitgliedsstaaten stößt.

D. Fazit

Hinsichtlich der Abschaffung des ordre public ist – wie auch bei der übrigen Behandlung des Rechtsinstituts – zwischen materiellrechtlichem und verfahrensrechtlichem ordre public zu differenzieren. In Bezug auf den materiellrechtlichen Part der Vorbehaltsklausel, welche jedoch nicht Inhalt der vorliegenden Arbeit ist, ist festzustellen, dass in diesem Bereich eine Nichtanerkennung aus Gründen, welche im materiellen Recht des um Anerkennung ersuchenden Staates wurzeln, ohne Frage kontraproduktiv im Hinblick auf das gegenseitige Vertrauen in der Europäischen Union sind. Dennoch bieten sich gerade innerhalb des materiellrechtlichen Teils der Vorbehaltsklausel Situationen, welche eine Beibehaltung der Vorbehaltsklausel unerlässlich erscheinen lassen. Diese Ausnahmefälle sind ins-

1598 Vgl. dazu BVerfGE 113, 273, 292 ff.

1599 EuGH, Urteil vom 16.12.1976, Rs. 33/76, *Rewe/Landwirtschaftskammer für das Saarland*, Slg. 1976, 1989; EuGH, Urteil vom 11.7.1991, Rs. C-87/90, *Verholen u.a./Sociale Verzekeringsbank Amsterdam*, Slg. 1991 I-3757; EuGH, Urteil vom 20.9.2001, Rs. C-453/99, *Courage und Crehan*, Slg. 2001 I-6297.

1600 Vgl. auch *Scholz,* in: Merten/Papier, Handbuch der Grundrechte Band VI/2, § 170 Rn. 59, 60 mit dem Hinweis, dass das System der europäischen Gerichtsbarkeit keine Grundrechts – oder Verfassungsbeschwerde enthält.

besondere im Erb – und Familienrecht zu finden, wo die Unterschiede kultureller Art sehr groß sind.[1601] Die im Vorschlag der Kommission zur Neufassung der EuGVVO enthaltene Abschaffung der materiellrechtlichen ordre public-Kontrolle ist daher negativ zu bewerten.

Für eine Abschaffung des europäischen verfahrensrechtlichen ordre public erscheint die Zeit aus unterschiedlichen Gründen noch nicht reif. Argumente für eine zumindest vorübergehende Beibehaltung lassen sich aus dem Bedarf einer horizontalen Rechtsschutzmöglichkeit im Zusammenhang mit dem heutigen Stand der Rechtsvereinheitlichung gewinnen. Schwere Justizirrtümer, welche mit Hilfe des ordre public bislang im Verfahrensrecht zu korrigieren vermocht wurden, können grundsätzlich auf zwei Arten eingedämmt werden. Zum einen kommt eine vertikale Kontrolle innerhalb des Instanzenzuges des Urteilsstaates in Betracht, welche keiner Anerkennungskontrolle bedarf, aber die Möglichkeit eines letzten Rechtsmittels zu einem zentralen übergeordneten Gericht der föderativen Einheit beinhaltet.[1602] Zum anderen ist eine horizontale Fehlerkontrolle möglich, innerhalb derer eine Rechtmäßigkeitsprüfung im Anerkennungsstaat durchgeführt wird.[1603] Das heutige System der Anerkennung und Vollstreckung in der Europäischen Union stellt dort, wo das Verfahren des Exequaturs noch nicht abgeschafft wurde, ein Mischsystem beider beschriebenen Kontrollmöglichkeiten dar. Der aktuelle Stand der Rechtsvereinheitlichung ist noch nicht genug fortgeschritten, um auf dieses Mischsystem grundsätzlich zu verzichten.[1604] Um hier Fortschritte zu ermöglichen, müsste auch die Rechtsvergleichung weiter voranschreiten sowie größere Bedeutung innerhalb der Rechtspraxis zugemessen bekommen, denn ohne ein grenzüberschreitendes Verständnis der nationalen Besonderheiten der jeweiligen Sachrechte steht auch die Vereinheitlichung des Prozessrechts auf „tönernen Füßen".[1605] Der Annahme eines europäischen Regelungssystems, welches auf Einheitlichkeit beruht, „wohnt ein Element der Fiktion inne, das auf Verwirklichung der fingierten Annahme zielt",[1606] weshalb die Beibehaltung der Vorbehaltsklausel in der EuGVVO erforderlich erscheint.

Die Notwendigkeit einer – zumindest vorübergehenden – Beibehaltung der ordre public-Klausel in der EuGVVO zeigt auch die Auseinandersetzung mit den

1601 *Kropholler/v. Hein,* EUZPR, Art. 5 EuVTVO Rn. 22; *Funken,* S. 76.

1602 *Bruns,* JZ 1999, 284; von einem gemeinsamen „Höchstgericht" der Mitgliedsstaaten sprechend *Kohler,* in: Baur/Mansel, 161.

1603 *Bruns,* JZ 1999, 284 f.

1604 Vgl. dazu Erster und Dritter Teil.

1605 *Sonnenberger,* RIW 2002, 492; *Reichelt,* in: Reichelt, Europ. Gemeinschaftsrecht und IPR, 7 zum Bedarf der Europäisierung; vgl. zu diesem Thema auch *Lord Goff of Chievely,* (1997) 46 Int'l & Comp.L.Q., 748, welcher die Rechtsvergleichung als „Wissenschaft von morgen" bezeichnet.

1606 *Pfeiffer,* FS Jayme Bd. 1, 683 mit Verweis auf *Kohler,* in: Baur/Mansel, 156.

Verordnungen der zweiten Generation, innerhalb welcher das Exequaturverfahren bereits abgeschafft wurde. Stellvertretend verdeutlicht die *Zarraga-Pelz*-Entscheidung des EuGH zur Brüssel IIa-VO die unerwünschten Auswirkungen der Abschaffung eines „letzten Bollwerks“.

§ 2: Ausblick

A. Bedingungen für eine Abschaffung des ordre public

Zunächst ist die Streichung des Vorbehalts abhängig von dem Stand der Vereinheitlichung der Verfahrensrechte; diese müssen auf nationaler Ebene angeglichen werden. Dies sieht auch das gemeinschaftliche Regelungskonzept so vor: Die Abschaffung soll in Kombination mit einer vorangegangenen Mindestharmonisierung der betroffenen Rechtsgebiete auf dem Gebiet des Verfahrensrechts geschehen.[1607] Dieser Vorgang beinhaltet zunächst eine umfassende Harmonisierung der prozessualen Mindeststandards des Art. 6 EMRK, welche zumindest vor dem beabsichtigten Beitritt der Europäischen Union zur EMRK von den einzelnen Mitgliedsstaaten zwar angewendet, indes nach ihren jeweiligen nationalen Standards und folglich nicht einheitlich ausgelegt werden.[1608] Zu diesem Zweck sollten die menschenrechtlichen Vorgaben in den nationalen Verfahrensordnungen selbst verwirklicht werden. Der beabsichtigte Beitritt der Europäischen Union zur EMRK stellt insofern einen wichtigen Schritt in Richtung eines umfassend vereinheitlichten Schutzniveaus der Mitgliedsstaaten dar. Zusammenfassend kann gesagt werden, dass mit Blick auf die Vereinigten Staaten von Amerika ein gewisser Standard von *„full faith and credit“* auch innerhalb Europas aus verfahrensrechtlicher Sicht zwar zu fordern ist, indes nicht allein ausreichen wird.[1609] Vielmehr ist darüber hinaus noch auf die erforderliche Effizienzsteigerung der Verfahren hinzuweisen.

Neben der Harmonisierung der verfahrensrechtlichen Mindeststandards sollte auch die Bedeutung der Sachrechtsvereinheitlichung als Bedingung für die Abschaffung des ordre public nicht außer Acht gelassen werden.[1610] An dieser Stelle entsteht unweigerlich wieder ein Kompetenzkonflikt, welcher nur durch eine rechtspolitische Argumentation gelöst werden kann – aus deutscher Sicht ist die Schaffung eines ausschließlich europäischen Zivilgesetzbuches, welches das

1607 *Hess,* IPRax 2001, 391, 396.
1608 *Hess,* IPRax 2001, 391.
1609 *Frattini,* ZEuP 2006, 230.
1610 Vgl. oben S. 227 f.

nationale Bürgerliche Gesetzbuch vollständig verdrängt, aufgrund der aktuellen Kompetenzverteilung zwischen der Union und den Mitgliedsstaaten bisher nicht möglich.[1611] Anders verhält es sich jedoch mit der Schaffung eines optionalen supranationalen Rechts.[1612]

Schließlich erscheint es hilfreich, eine umfassende, von offizieller Seite durchgeführte, rechtsvergleichende Untersuchung zur Praxis des ordre public in allen Mitgliedsstaaten durchzuführen, welche für den Fall des Ergebnisses einer weitestgehenden Übereinstimmung hinsichtlich der Handhabung der Vorbehaltsklausel den Nachweis für die Verzichtbarkeit des ordre public-Vorbehalts zu Tage bringen würde.[1613]

Schlussendlich ist in der Praxis ein Dialog der Richterschaft innerhalb der alten und neuen Mitgliedsstaaten zu fordern, welcher die Grundsätze des Europäischen Zivilprozessrechts zum Gegenstand hat.[1614] Nur auf diese Weise können gemeinsame Standards auch in der nationalen Rechtsprechung umgesetzt werden. Ein wichtiger Schritt in diese Richtung ist die Errichtung des *Europäischen Justiziellen Netzes für Zivil – und Handelssachen* (EJN).[1615] Dieses Netzwerk dient der Förderung der grenzüberschreitenden Kommunikation zwischen Gerichten und anderen Justizbehörden der Mitgliedsstaaten.[1616]

B. Vorschlag für die Beibehaltung der Vorbehaltsklausel

Nach der vorgenommenen Prüfung und der Betrachtung der besprochenen Entscheidungen des EuGH wird die Beibehaltung der Vorbehaltsklausel nach jetzigem *status quo* für die EuGVVO vorgeschlagen. Die bisherige Kontrollmöglichkeit des europäischen verfahrensrechtlichen ordre public ist nicht verzichtbar und sollte nicht auf eine Überprüfung der Garantien aus Art. 6 EMRK im Vollstreckungsstaat reduziert werden. Denn der europäische verfahrensrechtliche ordre public stellt gegenüber einer vollkommen vergemeinschafteten Fassung einer

1611 Teilweise wird Art. 114 AEUV als Kompetenzgrundlage für ausreichend gehalten, vgl. zur Problematik m.w.N. *Heiderhoff,* EuPR, Rn. 23 ff.; 580 ff.

1612 Die öffentliche Konsultation zum Grünbuch über ein Europäisches Vertragsrecht lief bis zum 31.1.2011, BRAK Brüssel, Pressemitt. v. 8. 7. 2010 in EUZW 2010, 723; zum europäischen Zivilgesetzbuch vgl. *Schulze,* EuZW 2010, 801; *ders.,* NJW 1997, 2742; *Wuermeling/v. Graevenitz,* EuR 2001, 638; *Ludwigs,* EuR 2006, 377 f.; *Mansel,* RabelsZ 70 (2006), 662; *Eidenmüller/Faust/Grigoleit/Jansen/Wagner/Zimmermann,* JZ 2008, 530; *Herresthal,* EuZW 2011, 7; *Mittwoch,* 770 f.

1613 Bereits *Pfeiffer,* FS Jayme Bd. 1, 682.

1614 *Sujecki,* ZEuP 2008, 470.

1615 ABl. EG 2009 L 168, 35.

1616 *Fornasier,* ZEuP 2010, 478.

Kontrollmöglichkeit, wie sie der aktuelle Vorschlag der Kommission zur Neufassung der EuGVVO vorsieht, eine inhaltliche Ergänzung dar.[1617]

Der aus den vorangegangen Ausführungen resultierende Vorschlag zur Beibehaltung des europäischen verfahrensrechtlichen ordre public sieht folgendermaßen aus: Orientiert an der stufenweisen Reform der EuGVVO, wie sie von der Kommission vorgeschlagen wird, sollte zunächst die inhaltliche Ausfüllung des europäischen verfahrensrechtlichen ordre public dahingehend vorgenommen werden, dass die nationale inhaltliche Ausfüllung harmonisiert wird, um eine einheitliche Anwendung der Vorbehaltsklausel in den Mitgliedsstaaten zu ermöglichen.[1618] Das Zurücktreten der nationalen Inhalte der Vorbehaltsklausel, im Sinne einer Inhaltsausfüllung rein mit gesamteuropäischen Werten, wie es die Kommission vorschlägt, kann aus deutscher Sicht erst erfolgen, wenn das bestehende Schutzniveau dadurch nicht verringert wird. Anknüpfungspunkt sind dann in erster Linie die Gewährleistungen der Charta sowie die Inhalte der EMRK, wie es die Kommission auch in ihrem Vorschlag zur Neufassung der EuGVVO berücksichtigt hat.

Letztlich ist zu beachten, dass allein die Tatsache der seltenen Anwendung der Vorbehaltsklausel keinesfalls die Abschaffung rechtfertigen kann. Um auf das Zitat von *Goldschmidt*[1619] zurückzukommen, lässt sich also festhalten, dass es um die Kultur innerhalb der Europäischen Union noch nicht derart bestellt ist, dass die gänzliche Abschaffung von Exequaturverfahren und ordre public-Vorbehalt wünschenswert erscheint. Zwar ist die Kultur, gemessen an dem Prinzip der gegenseitigen Anerkennung hoch, die Vorbehaltsklausel des europäischen verfahrensrechtliche ordre public ist aktuell aber noch erforderlich.

1617 In diese Richtung gehend *Schilling,* IPRax 2011, 39; a.A. *Bach,* S. 465.

1618 Dass die unterschiedliche Handhabung der Vorbehaltsklausel insbesondere im Schiedsrecht immer wieder zu unheitlichen Maßstäben führt, offenbaren die Entscheidungen der französischen und belgischen Gerichte zur Vereinbarkeit des in dem ICC Schiedsverfahren zwischen *SNF* und *Cytec* erlassenen Schiedsspruch mit dem ordre public und dem europäischen Kartellrecht, vgl. *Kasolowsky/Steup,* IPRax 2011, 97, 99.

1619 *Goldschmidt,* Die philosophischen Grundlagen des internationalen Privatrechts, FS Wolff, 205.

Zusammenfassung

Zusammenfassend ist festzustellen, dass der ordre public, gelangt er noch so selten begründet zum Einsatz, in seiner Rolle als „Notbremse“ solange unentbehrlich ist, bis eine homogene gemeineuropäische öffentliche Ordnung ersichtlich ist. Der Vertrag von Lissabon stellt einen großen Schritt in diese Richtung dar, beendet den langen Weg der Vereinheitlichung jedoch nicht dergestalt, dass eine Abschaffung des ordre public auf verfahrensrechtlicher Ebene zu rechtfertigen ist.

A. Im Rahmen des Ersten Teils der Arbeit wurde eine Bestimmung des Inhalts und der Begrenzung des europäischen verfahrensrechtlichen ordre public vorgenommen. Die Bestimmung hatte zum Ergebnis, dass der europäische verfahrensrechtliche ordre public trotz der fortschreitenden Vereinheitlichung des Prozessrechts immer noch primär ein auf die jeweilige *lex fori* bezogener Vorbehalt ist, welcher durch Inhalte des Unionsrechts ergänzt wird. Die inhaltliche Ausfüllung der Vorbehaltsklausel seitens der Mitgliedsstaaten wird vom Gerichtshof überwacht.

Daraus folgt, dass der europäische verfahrensrechtliche ordre public aktuell nicht einheitlich im Europäischen Rechtsraum zu bestimmen ist. Insofern kann dasjenige, was im Einzelfall unter einem offensichtlichen Verstoß verstanden wird, innerhalb der Mitgliedsstaaten voneinander abweichen. Dies führt zu der Feststellung, dass die geforderten Mindeststandards, welche in ihrer verfassungsrechtlichen Bedeutung auch Bestandteile eines jeden europäischen verfahrensrechtlichen ordre public sind, im Falle der Abschaffung der Vorbehaltsklausel innerhalb der Mitgliedsstaaten unterschiedlich ausgelegt würden und eine Vereinheitlichung folglich allein durch die Abschaffung der national geprägten „Bollwerke“ keineswegs gesichert wäre. Zwar suggerieren einheitliche Mindeststandards dem Rechtsanwender ein erhöhtes Maß an Vorhersehbarkeit und damit einhergehend auch an Rechtssicherheit; bedingt durch die tief wurzelnden nationalen Besonderheiten der Mitgliedsstaaten ist dieser Annahme aber mit Vorsicht zu begegnen. Auch im Hinblick auf die derzeitig noch vorherrschenden Auslegungsdivergenzen im Zusammenhang mit der EMRK ist eine Beibehaltung des verfahrensrechtlichen ordre public somit zu fordern.

B. Der Zweite Teil der Arbeit hatte die Regelungen des ordre public im Unionsrecht zum Gegenstand. Die Kodifikation des ordre public-Vorbehalts in Art. 34

Nr. 1 EuGVVO dient innerhalb des Internationalen Verfahrensrechts bei der Auslegung anderer ordre public-Klauseln als Vorbild. Dies lässt sich damit erläutern, dass die Inhalte der jeweiligen Vorbehaltsklauseln trotz der Unterschiedlichkeit der Verordnungen, in denen sie verankert sind, weitgehend übereinstimmen.

C. Im autonomen englischen Recht unterscheidet sich die Handhabung der Vorbehaltsklausel von derjenigen im deutschen Recht in ihrer materiellen Ausprägung. Anders als Art. 6 EGBGB, welcher auf das Ergebnis der Anwendung des ausländischen Rechts abstellt, erfolgt die Anwendung der englischen *public policy* abstrakt, also auf Tatbestandsebene.

Die Unterschiede zwischen einem europäischen verfahrensrechtlichen ordre public aus deutscher Perspektive und der European public policy in Procedural Law aus dem Blickwinkel des – im Dritten Teil rechtsvergleichend betrachteten – englischen *Common Law* sind in Praxis und Theorie marginal. Anders verhält sich dies im Hinblick auf die Bedeutung der Menschenrechte für das englische IPR. Insbesondere die Wertungen von Art. 6 EMRK werden in der englischen Rechtsprechung dort, wo es möglich ist, durch nationale Rechtsfiguren ersetzt, was zum einen der Ursache geschuldet sein mag, dass die EMRK erst seit 1998 Teil des englischen Rechts ist. Zum anderen spiegelt sich in diesem Befund vermutlich eine – im europäischen Vergleich – reduzierte Bedeutung der Menschenrechte wider.

Die englische Angst vor einer Verdrängung des englischen *Common Law* durch das Unionsrecht ist vor dem Hintergrund des Vorschlags der Kommission zur Neufassung der EuGVVO begründet. Der Vorschlag zielt aufgrund der Ausdehnung des Anwendungsbereichs auf Drittstaatensachverhalte auf eine weitgehende Verdrängung der nationalen Verfahrensrechte ab. Aus diesem Grund ist zu erwarten, dass das Vereinigte Königreich im Hinblick auf die aktuelle Fassung der vorgeschlagenen Neufassung von seinem Recht zum *opt-out* Gebrauch machen wird.

D. Die Ausführungen des Vierten Teils zeigen, dass die Diskussion um die Abschaffung des Exequaturverfahrens den Betrachtungen einer zu erfolgenden Abschaffung der Vorbehaltsklausel vorgelagert ist. Die Auseinandersetzung mit Verordnungen des Unionsrechts, innerhalb derer die Abschaffung des Zwischenverfahrens bereits erfolgt ist, hatte zum Gegenstand, Hinweise für die Bewertung der geplanten Abschaffung innerhalb der EuGVVO zu erlangen. Im Zusammenhang mit einer Auswertung aktueller Entscheidungen des EuGH und der Analyse der Praktibilität der Abschaffung ergibt sich, dass die Motive der bereits erfolgten Abschaffung des Exequaturverfahren in EuVTVO u.a. nicht auf die EuGVVO übertragen werden können. Dies begründet sich durch den kontradiktorischen

Charakter des Verfahrens. Der Anwendungsbereich der EuGVVO ist umfassender als der anderer Verordnungen und beinhaltet aus diesem Grund auch eine höhere Anfälligkeit für Fehlentscheidungen. Das gilt insbesondere vor dem Hintergrund der hohen Streitwerte im Bereich des Wirtschaftsrechts.

Die Bewertung des Vorschlags der Kommission zur Neufassung der EuGVVO hatte zum Ergebnis, dass der mit der Abschaffung des Exequaturverfahrens einhergehende Verlust der Informationsfunktion dem Beklagten nicht zumutbar ist. Dem Vorschlag ist daher eine Regelung zur Information des Beklagten beizufügen, welche ihn mindestens sieben Tage vor der anstehenden Vollstreckung über dieses Ereignis in Kenntnis setzt. Der Befund, dass der nationale verfahrensrechtliche ordre public einen höheren verfassungsrechtlichen Standard aufweist als der durch die Menschenrechte der EMRK verkörperte Schutz des *fair trial*, führt im Hinblick auf die geplante Reduzierung des verfahrensrechtlichen ordre public auf eine Vorbehaltsklausel zur Kontrolle des *fair trial*, vgl. Art. 46 EuGVVO-E, zu der Forderung nach einer Beibehaltung des *status quo* der EuGVVO.

In der Europäischen Union hat sich der ordre public im Verfahrensrecht aufgrund seiner internationalen Ausrichtung zu einem Instrument entwickelt, welches einerseits den Dialog und den Rechtsfrieden der Mitgliedsstaaten gewährleistet und insoweit auch Unterschiede toleriert, andererseits aber auch vor Fehlentscheidungen bewahrt und durch die Durchsetzung von wichtigen Rechtsgrundsätzen, wie den Grundrechten, für Rechtssicherheit sorgt. Der ordre public sollte grundsätzlich die ultima ratio darstellen und erst dann geprüft werden, wenn tatsächliche Anzeichen für einen Verstoß gegeben sind. Wichtig hinsichtlich der Handhabung des ordre public im europäischen Verfahrensrecht bleibt daher die restriktive Anwendung, wie sie sich in der Vergangenheit in der höchstrichterlichen Rechtsprechung beobachten lässt. Um einen Verstoß gegen den ordre public zu begründen, bedarf es eklatanter Mängel gegen wahrliche Kernpfeiler des europäischen Grundrechtsstandards; das Merkmal der Offensichtlichkeit, vgl. auch Art. 6 EGBGB, ist stets zu prüfen. Geschieht dies nicht, so kann das schützende Rechtsinstitut in seiner Handhabung den Prozess der Vereinheitlichung im Europäischen Zivilprozess nachhaltig stören und in letzter Konsequenz sogar gegen Unionsrecht verstoßen, wenn es hindernd im Bereich von Grundfreiheiten wirkt. Als eine solche zusätzliche „fünfte" Grundfreiheit wird die Urteilsfreizügigkeit angesehen.

Der durch den europäischen verfahrensrechtlichen ordre public gewährleistete individuelle Beklagtenschutz sollte nicht „dem Traum wechselseitigen Vertrauens geopfert werden".[1620] Denn eine Verlagerung der Kontrolle auf andere Instanzen als im Anerkennungs – und Vollstreckungsforum ist nur möglich, wenn der Maßstab der Kontrolle weitgehend entnationalisiert ist. Wie im Ersten Teil

1620 *Rauscher*, Der Europ. Vollstreckungstitel, Rn. 16.

der Arbeit ausgeführt, ist heutzutage jedoch noch von überwiegend nationalen Vorbehalten auszugehen, welche durch europäische oder unionsrechtliche Inhalte überwölbt werden. Mit dem heutigen Stand der Rechtsvereinheitlichung ist eine Abschaffung weder der nationalen ordre public-Vorbehalte noch des europäischen Vorbehalts innerhalb des Exequaturverfahrens zu vereinbaren.[1621]

Eine Abschaffung des verfahrensrechtlichen ordre public ist nur dann tragbar, wenn im Vorhinein der Eintritt gewisser Bedingungen zu verzeichnen ist. Grundsätzliche verfassungsrechtliche Bedenken bestehen für die geplante Abschaffung unter Einführung von Mindestsstandards indes nicht. Probleme ergeben sich vielmehr aus rechtspraktischer und – dogmatischer sowie rechtspolitischer Perspektive. Unter diesen Bedingungen ist die Anpassung der nationalen Auslegungsmethoden sowohl in verfahrens – als auch in materiellrechtlicher Hinsicht zu verstehen, nachdem in dem Bereich des Kollisionsrechts durch die Rom-Verordnungen bereits ein großer Fortschritt hinsichtlich der Vereinheitlichung zu verzeichnen ist.[1622]

1621 *Funken,* S. 83.

1622 *Reichelt,* in: Reichelt, Europäisches Gemeinschaftsrecht und Internationales Privatrecht, 6.

Literaturverzeichnis

Allan, T.R.S.: Parliamentary Sovereignty: Law, Politics, and Revolution, in: (1997) 113 L.Q.R., S. 443-452.

Allison, John W. F.: The English Historical Constitution: Continuity, Change and European effects, Cambridge 2007 (zitiert: *Allison,* The English Historical Constitution, S.).

Alvarez de Pfeifle, María Elena: Der Ordre Public-Vorbehalt als Versagungsgrund der Anerkennung und Vollstreckbarerklärung internationaler Schiedssprüche, Frankfurt a.M. 2009 (zitiert: *Alvarez de Pfeifle,* S.).

Andrae, Marianne: Zum Beitritt der Europäischen Gemeinschaft zum Haager Protokoll über das Unterhaltskollisionsrecht, in: GPR 2010, S. 196-205.

–: Internationales Familienrecht, 2. Auflage, Baden-Baden 2006 (zitiert: *Andrae,* Internationales Familienrecht, § Rn.).

Andres, Dirk/Grund, Andreas: Die Flucht vor deutschen Insolvenzgerichten nach England – Die Entscheidungen in dem Insolvenzverfahren Hans Brochier Holdings Ltd., in: NZI 2007, S. 137-143.

Andrews, Neil: English Civil Procedure – Fundamentals of the New Civil Justice System, Oxford 2003 (zitiert: *Andrews,* English Civil Procedure – Fundamentals of the New Civil Justice System, Rn.)

Arbeitskreis für Insolvenz – und Schiedsgerichtswesen e.V., Köln (Hrsg.): Kölner Schrift zur Insolvenzordnung, Berlin 1997 (zitiert: *Bearbeiter,* in: Kölner Schrift, Rn.).

Bach, Ivo: Grenzüberschreitende Vollstreckung in Europa, Tübingen 2008 (zitiert: *Bach,* S.).

Backert, Wolfram: Kollisionsrechtlicher Verbraucherschutz im Mosaik der Sonderanknüpfung des deutschen internationalen Schuldvertragsrechts, Eine Darstellung am Beispiel der „Gran Canaria-Fälle", München 2000 (zitiert: *Backert,* S.).

Balthasar, Stephan/Richers, Roman: Europäisches Verfahrensrecht und das Ende der anti-suit injunction, in: RIW 2009, S. 351-357.

Bamberger, Heinz Georg/Roth, Herbert (Hrsg.): Kommentar zum Bürgerlichen Gesetzbuch, Band 3, §§ 1297-2385, Rom I-VO/Rom II-VO/EGBGB, 2. Auflage, München 2008 und 3. Auflage, München 2012 (zitiert: *Bearbeiter,* in: Bamberger/Roth, Auflage, Art. Rn.).

v. Bar, Christian (Hrsg.): Europäisches Gemeinschaftsrecht und Internationales Privatrecht, München 1991 (zitiert: *Bearbeiter,* in: Europäisches Gemeinschaftsrecht und Internationales Privatrecht, S.).

–/Mankowski, Peter: Internationales Privatrecht Band 1 Allgemeine Lehren, 2. Auflage München 2003 (zitiert: *v. Bar/Mankowski,* IPR I, § Rn.).

–/Clive, Eric/Schulte-Nölke u.a. (Hrsg.): Principles, Definitions and Model Rules of European Private Law – Draft Common Frame of Reference (DCFR) Outline Edition, München 2009 (zitiert: DCFR Outline Edition, S.).

Barber, Horst: Objektive Schiedsfähigkeit und ordre public in der internationalen Schiedsgerichtsbarkeit, Frankfurt a. M., Berlin, Bern, New York, Paris, Wien 1994 (zitiert: *Barber*, S.).

Basedow, Jürgen: Haftungsersetzung durch Versicherungsschutz – ein Stück ordre public? (zu BGH, 16.9.1993 –IX ZB 82/90) in: IPRax 1994, S. 85-86.

–: Die Verselbstständigung des europäischen ordre public, in: Festschrift für Otto Sonnenberger zum 70. Geburtstag, München 2004, S. 291-319 (zitiert: *Basedow,* FS Sonnenberger, S.).

Baumbach, Adolf/ Lauterbach, Wolfgang/ Albers, Jan/ Hartmann, Peter: Zivilprozessordnung, 71. Auflage, München 2013 (zitiert: *Baumbach/Lauterbach/ Albers/Hartmann*, ZPO, § Rn.).

Batiffol, Henri/Lagarde, Paul: Droit international privé, Band 1, 8. Auflage, Paris 1993 (zitiert : *Batiffol/Lagarde I,* Rn.).

Baumann, Peter: Die Anerkennung und Vollstreckung ausländischer Entscheidungen in Unterhaltssachen, Schriften zum Deutschen und Europäischen Zivil-, Handels – und Prozessrecht Band 123, Bielefeld 1989 (zitiert : *Baumann,* S.).

Baur, Jürgen F./ Mansel, Heinz-Peter: Systemwechsel im europäischen Kollisionsrecht, Fachtagung der Bayer-Stiftung für deutsches und internationales Arbeits – und Wirtschaftsrecht am 17. und 18.5.2001, München 2002 (zitiert: *Bearbeiter,* in: Baur/Mansel, S.).

Baur, Fritz/ Stürner, Rolf/Bruns, Alexander: Zwangsvollstreckungsrecht, 13. Auflage, Heidelberg 2006 (zitiert: *Baur/Stürner/Bruns*, Rn.).

–: Neuere Probleme der privaten Schiedsgerichtsbarkeit, Vortrag gehalten vor der Berliner Juristischen Gesellschaft am 20. Juni 1979, Berlin, New York 1980 (zitiert: *Baur*, S.).

Beach, John K: Uniform Interstate Enforcement of Vested Rights, in: 27 Yale L.J. 1917-1918, S. 656-667.

Beaumont, Paul/ Johnston, Emma: Abolition of the Exequatur in Brussels I: Is a Public Policy Defence Necessary for the Protection of Human Rights? in: IPRax 2010, S. 105-110.

–: Can Exequatur be abolished in Brussels I while retaining a public policy defence? in: (2010) 6 J.Priv.L., S. 249-279.

Becker, Ulrich: Grundrechtsschutz bei der Anerkennung und Vollstreckbarerklärung im europäischen Zivilverfahrensrecht, Frankfurt a.M. 2004 (zitiert: *Becker,* S.).

Berger, Klaus Peter: Formalisierte oder „schleichende“ Kodifizierung des transnationalen Wirtschaftsrechts, Zu den methodischen und praktischen Grundlagen der lex mercatoria, Berlin 1996 (zitiert: *Berger,* Formalisierte oder „schleichende“, S.).

–: International Economic Arbitration, Deventer, Boston 1993 (zitiert: *Berger,* International Economic Arbitration, S.).

–: Internationale Wirtschaftsschiedsgerichtsbarkeit, Berlin New York 1992 (zitiert: *Berger,* Internationale Wirtschaftsschiedsgerichtsbarkeit, S.).

–: *(Hrsg.)*: The Practice of Transnational Law, The Hague, London, Boston 2001 (zitiert: *Bearbeiter,* in: Berger, The Practice of Transnational Law).

–: Einheitliche Rechtsstrukturen durch außergesetzliche Rechtsvereinheitlichung, in: JZ 1999, S. 370-377.

–: Private Dispute Resolution in International Business, Volume II, 2. Auflage, Austin, Boston, Chicago 2009 (zitiert: *Berger,* Private Dispute Resolution, S. Rn.).

–: The Creeping Codification of the New Lex Mercatoria, 2. Auflage, Austin, Boston, Chicago 2010 (zitiert: *Berger,* The Creeping Codification of the New Lex Mercatoria, S.).

Bergmann, Alexander (Begr.)/Ferid, Murad (Forts.)/Henrich, Dieter (Hrsg.): Internationales Ehe – und Kindschaftsrecht, Österreich-Polen, Stand 6.5.2009 (zitiert: *Bergmann/Ferid/Henrich,* Internationales Ehe – und Kindschaftsrecht, Länderabschnitt Polen, Stand, S.).

Graf v. Bernstorff, Christoph: Einführung in das englische Recht, 4. Auflage, München 2011 (zitiert: *v. Bernstorff,* § II 1., S.).

Bieber, Roland/Epiney, Astrid/Haag, Marcel: Die Europäische Union, 10. Auflage 2013, Baden-Baden (zitiert: *Bieber/Epiney/Haag,* § Rn.).

Bittmann, David-Christoph: Das Verhältnis der EuVTVO zur EuGVVO, in: IPRax 2011, S. 55-58.

Böckstiegel, Karl-Heinz/Berger, Klaus-Peter/Bredow, Jens (Hrsg.): The Taking of Evidence in International Commercial Arbitration, Köln 2010 (zitiert: *Bearbeiter*, in: Böckstiegel/Berger/Bredow, S.).

v. Bogdandy, Armin: Grundrechtsgemeinschaft als Integrationsziel? in: JZ 2001, S. 157-171.

–/Bast, Jürgen (Hrsg.): Europäisches Verfassungsrecht, 2. Auflage, Heidelberg 2009 (zitiert: *v. Borgandy/Bast,* S.).

–/v. Bernstorff, Jochen: Die Europäische Agentur für Grundrechte in der europäischen Menschenrechtsarchitektur und ihre Fortentwicklung durch den Vertrag von Lissabon, in: EUR 2010, S. 141-164.

Bork, Reinhard: Einführung in das Insolvenzrecht, 6. Auflage, Tübingen 2012 (zitiert: *Bork,* S.).

Braun, Johann: Restitutionsklage wegen Verletzung der Europäischen Menschenrechtskonvention, in: NJW 2007, S. 1620-1622.

O'Brien: Smith's Conflict of Laws, 2. Auflage, London 1999 (zitiert: *O'Brien,* Smith's Conflict of Laws, S.).

Brödermann, Eckart/Iversen, Holger: Europäisches Gemeinschaftsrecht und Internationales Privatrecht, Tübingen 1994 (zitiert: *Bearbeiter,* in: *Brödermann/Iversen,* Rn.)

v. Brunn, Johann Heinrich: Der europäische ordre public, in: NJW 1962, S. 985-989.

Bruns, Alexander: Der anerkennungsrechtliche ordre public in Europa und den USA, in: JZ 1999, S. 278-287.

Bridge, John: National Legal Tradition and Community Law: Legislative Drafting and Judicial Interpretation in England and the European Community, in: JCMS 1982, S. 351-376.

Briggs, Adrian: Anti-Suit Injunctions and Utopian Ideals, in: (2004) 120 L.Q.R., S. 529-533.

–: The Death of Harrods: *Forum Non Conveniens* and the European Court, in: (2005) 121 L.Q.R., S. 535-540.

Callies, Christian: Die Charta der Grundrechte der Europäischen Union – Fragen der Konzeption, Kompetenz und Verbindlichkeit, in: EuZW 2001, S. 261-268.

–/Ruffert, Matthias (Hrsg.): Das Verfassungsrecht der Europäischen Union mit Europäischer Grundrechtecharta, Kommentar, 4. Auflage, München 2011 (zitiert: *Bearbeiter,* in: Callies/Ruffert, EUV/AEUV, Art. Rn.)

Carstens, Nils: Die internationale Zuständigkeit im europäischen Insolvenzrecht, Köln 2005 (zitiert: *Carstens,* S.).

Cheshire/North/Fawcett: Private International Law, 14. Auflage, Oxford 2008 (zitiert: *Cheshire/North/Fawcett,* Private International Law, S.).

Chesterman, Michael: Contempt: In the Common Law – but not the Civil Law, in: (1997) 46 Int'l & Comp.L.Q. S. 521-560.

Clarkson, C.M.V./Hill, Jonathan: The Conflict of Laws, 3. Auflage, Oxford 2006 (zitiert: *Clarkson/Hill,* The Conflict of Laws, S.).

Clegg, Leonard J.: The Common Law, Letchworth 1939 (zitiert: *Clegg,* The Common Law, S.).

Coester-Waltjen, Dagmar: Die Wirkungskraft der Grundrechte bei Fällen mit Auslandsberührung –familien – und erbrechtlicher Bereich-, in: BerGesVR 38 (1998) S. 9-32.

–/Lipp, Volker/Schumann, Eva/Veit, Barbara (Hrsg.): Europäisches Unterhaltsrecht, Göttingen 2010 (zitiert: *Bearbeiter,* in: Coester-Waltjen/Lipp/Schumann/Veit, Europ. Unterhaltsrecht, S.).

–: Einige Überlegungen zu einem künftigen europäischen Vollstreckungstitel, in: Festschrift für Kostas E. Beys, Band 1, Athen 2003, S. 183-198 (zitiert: *Coester-Waltjen,* FS Beys, S.).
Collier, J. G.: Conflict of Laws, 3. Auflage, Cambridge 2001 (zitiert: *Collier,* Conflict of Laws, S.).
–: Fraud still unravels foreign judgments, in: (1992) 51 C.L.J., S. 441-443.
Collins, Lawrence: European Community Law in the United Kingdom, 4. Auflage, London 1990 (zitiert: *Collins,* European Community Law in the United Kingdom, S.).
Craig, P. P.: Sovereignty of the United Kingdom Parliament after *Factortame*, in: (1991) 11 Yearbook of European Law, S. 221-255.
Cuniberti, Gilles: The recognition of foreign judgments lacking reasons in Europe: access to justice, foreign court avoidance, and efficiency, in: (2008) 57 Int'l & Comp.L.Q., S. 25-52.
–: Debarment from Defending, Default Judgments and Public Policy, in: IPRax 2010, S. 148-153.
–/Rueda, Isabelle: Abolition of Exequatur, Adressing the Commission's Concerns, in: RabelsZ (Bd. 75) 2011, S. 286-316.
v. Danwitz, Thomas: Die Garantie effektiven Rechtsschutzes im Recht der Europäischen Gemeinschaft – zur Verbesserung des Individualrechtsschutzes vor dem EuGH, in: NJW 1993, S. 1108-1115.
–: Die Aufgabe des Gerichtshofes bei der Entfaltung des europäischen Zivil – und Zivilverfahrensrechts, in: ZEuP 2010, S. 463-476.
Dasser, Felix: Internationale Schiedsgerichte und lex mercatoria, Rechtsvergleichender Beitrag über die Existenz eines nicht-staatlichen Handelsrechts, Schweizer Studien zum internationalen Recht, Zürich 1989 (zitiert: *Dasser,* S.).
Dauses, Manfred A. (Hrsg.): Handbuch des EU-Wirtschaftsrechts, 31. Ergänzungslieferung, München 2012 (zitiert: *Bearbeiter,* in: Hdb des EU-Wirtschaftsrechts, Rn.).
Devlin, Patrick: The Judge, Oxford 1979 (zitiert: *Devlin,* The Judge, S.).
Dicey, A. V.: Introduction to the study of the Law of the Constitution, 10. Auflage, London 1959 (zitiert: *Dicey,* Introduction to the study of the Law of the Constitution, S.).
Dicey/Morris/Collins (Hrsg.): The Conflict of Laws, Bd. 1, 14. Auflage, London 2006 (zitiert: *Dicey/Morris/Collins,* The Conflict of Laws, Bd. 1, Rn. S.).
Dickinson, Andrew: Surveying the Proposed Brussel I *bis* Regulation – Solid Foundations but Renovation Needed, in: Yearbook of Private International Law, Vol. 12 (2010), S. 247-309.

–: Free Movement of Judgments in the EU: Knock Down the Walls but Mind the Ceiling, in: *E. Lein (Hrsg.)*, The Brussels I Review Proposal Uncovered, British Institute of International and Comparative Law, Großbritannien 2012, S. 135-164 (zitiert: *Dickinson,* Free Movement, in: *E. Lein*, The Brussels I Review Proposal, S.).

Doralt, Walter: Rote Karte oder grünes Licht für den Blue Button? Zur Frage des optionalen europäischen Vertragsrechts, in: AcP 211 (2011), S. 1-34.

Dornblüth, Susanne: Die europäische Regelung der Anerkennung und Vollstreckbarerklärung von Ehe – und Kindschaftsentscheidungen, Tübingen 2003 (zitiert: *Dornblüth,* S.).

Dutta, Anatol: Public policy und die Wirkungen des Völkerrechts im englischen Internationalen Privatrecht, in: RabelsZ 69 (2005), S. 100-123.

–: Europäische Integration und nationales Privatrecht nach dem Vertrag von Lissabon: die Rolle des Internationalen Privatrechts, in: EuZW 2010, S. 530-534.

Duursma-Kepplinger, Henriette Christine/Duursma, Dieter/Chalupsky, Ernst: Europäische Insolvenzordnung, Kommentar, Wien 2002 (zitiert: *Bearbeiter,* in: Duursma-Kepplinger/Duursma/Chalupsky, Art. Rn.).

–: Checkliste zur Eröffnung eines Insolvenzverfahrens nach der Europäischen Insolvenzordnung und zum anwendbaren Recht, in: NZI 2003, S. 87-91.

Dwyer, Déirdre (Hrsg.): The civil procedure rules ten years on, Oxford Press 2009 (zitiert: *Bearbeiter,* in: Dwyer, The civil procedure rules ten years on, S.).

Ebke, Werner F.: Bestechung ausländischer Amtsträger und Act of State Doctrine: Anmerkungen zur Kirkpatrick-Entscheidung des United States Supreme Court, in: IPrax 1991, S. 148-155.

Ehricke, Ulrich: Auswirkungen der Europäischen Menschenrechtskonvention auf das deutsche Kollisionsrecht, in: EuGRZ 1993, S. 113-118.

–/Köster, Malte/Müller-Seils, Oliver: Neuerungen im englischen Unternehmensinsolvenzrecht durch den Enterprise Act 2002, in: NZI 2003, S. 409-416.

Eichenhofer, Eberhard: Anmerkung zu BGH, Beschluss vom 16.9.1993 –IX ZB 82/90, in: JZ 1994, S. 258-259.

Eidenmüller, Horst/Faust, Florian/Grigoleit, Hans Christoph/Jansen, Nils/ Wagner, Gerhard/ Zimmermann, Reinhard: Der Gemeinsame Referenzrahmen für das Europäische Privatrecht – Wertungsfragen und Kodifikationsprobleme – in: JuS 2008, S. 529-550.

Eilmansberger, Thomas: Die Bedeutung der Art. 81 und 82 EG für Schiedsverfahren, in: SchiedsVZ 2006, S. 5-17.

Einhaus, David: Qual der Wahl: Europäisches oder internationales deutsches Mahnverfahren? in: IPRax 2008, S. 323-330.

Elsing, Siegfried H.: Konflikte der Rechtskulturen bei der Beilegung internationaler Streitfälle, in: ZVglRWiss 106 (2007), S. 123-140.

Ende, Monika: Kulturelle Identität als notwendige Ergänzung des gemeinschaftlichen Gleichheitssatzes – Die UN-Kinderkonvention im Kontext der Unionsbürgerschaft, in: IPRax 1998, S. 244-247.

Engel, Christoph: Ausstrahlungen der Europäischen Menschenrechtskonvention auf das Kollisionsrecht, in: RabelsZ 53 (1989), S. 3-51.

Enonchong, Nelson: Public Policy in the Conflict of Laws: A Chinese Wall around Little England? in: (1996) 45 Int'l & Comp. L.Q. , S. 633-661.

Epping, Volker/Hillgruber, Christian: Beck'scher Online-Kommentar GG, Stand 01.01.2013, Edition 17, München (zitiert: *Bearbeiter,* in: BeckOK, Art. Rn.)

Ernst, Wolfgang: Der „Common Frame of Reference" aus juristischer Sicht, in: AcP 208 (2008), S. 248-282.

Fassbender, Bardo: Der einheitliche Gesetzesvorbehalt der EU-Grundrechtecharta und seine Bedeutung für die deutsche Rechtsordnung, in: NVwZ 2010, S. 1049-1054.

Fawcett, James (Hrsg.): Reform and Development of Private International Law, Essays in Honour of Sir Peter North, Oxford 2002 (zitiert: *Bearbeiter,* in: Fawcett, Reform and Development, S.).

–: The Impact of Article 6 (1) of the ECHR on Private International Law, in: (2007) 56 Int'l & Comp.L.Q., S. 1-48.

Fentiman, Richard: International Commercial Litigation, Oxford 2010 (zitiert: *Fentiman,* International Commercial Litigation, Rn.).

Ferid, Murad: Internationales Privatrecht, 3. Auflage, Frankfurt a.M. 1986 (zitiert: *Ferid,* IPR, Rn.).

Ferrari, Franco/Kieninger, Eva-Maria/Mankowski, Peter u.a. (Hrsg.): Internationales Vertragsrecht, Kommentar, München 2007 (zitiert: *Bearbeiter,* in: Ferrari/Kieninger/Mankowski, Internationales Vertragsrecht, Art. Rn.).

Fornasier, Matteo: Auf dem Weg zu einem europäischen Justizraum – Der Beitrag des Europäischen Justiziellen Netzes für Zivil – und Handelssachen, in: ZEuP 2010, S. 477-496.

Francioni, Francesco (Hrsg.): Access to Justice as a Human Right, Oxford 2007 (zitiert: *Bearbeiter,* in: Francioni, Access to Justice as a Human Right, S.).

Franzen, Ulrike: Die neuen Haager Übereinkünfte zum Unterhaltsrecht und die Arbeiten an einer EG-Unterhaltsverordnung, in: FPR 2008, S. 218-222.

Frattini, Franco: European Area of Civil Justice – Has the community Reached the Limits? in: ZEuP 2006, S. 225-235.

Freitag, Robert: Rechtsschutz des Schuldners gegen den Europäischen Zahlungsbefehl nach der EuMahnVO, IPRax 2007, S. 509-514.

Frowein, Jochen A./Peukert, Wolfgang: EMRK-Kommentar, 3. Auflage, Kehl am Rhein 2009 (zitiert: *Frowein/Peukert,* Art. Rn.).

Funken, Katja: Das Anerkennungsprinzip im internationalen Privatrecht, Tübingen 2009 (zitiert: *Funken,* S.).

Garner, Bryan A. (Hrsg.): Black's Law Dictionary, 9. Auflage, Thomson/West 2009 (zitiert: *Black's Law Dictionary,* S.).

Gebauer, Martin: Grundfragen der Europäisierung des Privatrechts – Eine Untersuchung nationaler Ansätze unter Berücksichtigung des italienischen und des deutschen Rechts, Heidelberg 1998 (zitiert: *Gebauer,* Grundfragen der Europäisierung des Privatrechts – Eine Untersuchung nationaler Ansätze unter Berücksichtigung des italienischen und des deutschen Rechts).

–/Wiedmann, Thomas (Hrsg.): Zivilrecht unter europäischem Einfluss, 2. Auflage, München 2010 (zitiert: *Bearbeiter,* in: Gebauer/Wiedmann, Kap. Art. Rn.)

Geimer, Reinhold/Schütze, Rolf: Europäisches Zivilverfahrensrecht, 3. Auflage München 2010 (zitiert: *Geimer/Schütze,* EuZVR, Art. Rn.).

Geimer, Reinhold: Internationales Zivilprozessrecht, 6. Auflage, Köln 2009 (zitiert: *Geimer,* IZPR, Rn.).

–: Anerkennung und Vollstreckung polnischer Vaterschaftsurteile mit Annexentscheidung über den Unterhalt etc. (zu OLG Hamm, 8.7.2003 – 29 W 34/02) in: IPRax 2004, S. 419-421.

– /Schütze, Rolf A.: Internationale Urteilsanerkennung, Band 1, 1. und 2. Halbband, München 1983 und 1984 (zitiert: *Geimer/Schütze*, Internationale Urteilsanerkennung I/1, S.).

–: Anerkennung und Vollstreckung polnischer Vaterschaftsurteile mit Annexentscheidung über den Unterhalt etc. (zu OLG Hamm, 8.7.2003 – 29 W 34/02), in: IPRax 2004, S. 419-421.

–: Zur Nichtanerkennung ausländischer Urteile wegen nicht ordnungsgemäßen erststaatlichen Verfahrens, in: JZ 1969, S. 12-16.

–: Das Menschenrecht auf ein faires gerichtliches Verfahren im „Rückspiegel" des internationalen Anerkennungsrecht, in: IPRax 2006, S. 298-300.

–: Härtetest für deutsche Dienstleister im Ausland, in: IPRax 1998, S. 175-177.

Georganti, Philia: Die Zukunft des ordre public-Vorbehalts im Europäischen Zivilprozessrecht, Münchner Juristische Beiträge, München 2006 (zitiert: *Georganti,* S.).

Gerards, Regine: Die Europäische Menschenrechtskonvention im Konstitutionalisierungsprozess einer gemeineuropäischen Grundrechtsordnung, Beiträge zum nationalen und internationalen öffentlichen Recht, Band 4, Franfurt a.M. 2007 (zitiert: *Gerards,* S.).

Gerhardt, Michael: Europa als Rechtsgemeinschaft – Der Beitrag des Bundesverfassungsgerichts, in: ZRP 2010, S. 161-165.

Gessner, Volkmar/Hoeland, Armin/Varga, Csaba (Hrsg.): European Legal Cultures, Cambridge 1996 (zitiert: *Bearbeiter,* Titel, in: Gessner/Hoeland/Varga, S.).

Giannopoulos, Konstantinos: Der Einfluss der Rechtsprechung des EuGH auf das nationale Zivilprozessrecht der Mitgliedstaaten, Prozessrechtliche Abhandlungen Heft 125, Köln 2006 (zitiert: *Giannopoulos,* S.).
Giddings, Philip/Drewry, Gavin (Hrsg.): Britain in the European Union, New York 2004 (zitiert: *Bearbeiter,* in: Giddings/Drewry, S.).
Lord Goff of Chievely: The Future of the Common Law, The Wilberforce Lecture 1997, in: (1997) 46 Int'l & Comp. L.Q., S. 745-760.
Goldschmidt, Werner: Die philosophischen Grundlagen des internationalen Privatrechtes, in: Festschrift für Martin Wolff, Tübingen 1952, S. 202-223 (zitiert: *Goldschmidt,* Die philosophischen Grundlagen des internationalen Privatrechtes, in: FS Wolff, S.).
Goldsworthy, Jeffrey: Parliamentary Sovereignty, Cambridge 2010 (zitiert: *Goldsworthy,* Parliamentary Sovereignty, S.).
Gottwald, Peter/Pfaller, Markus: Aspekte der Anerkennung ausländischer Insolvenzverfahren im Inland (zu: BGH, 21.11.1996 – IX ZR 148/95 und BGH, 14.11.1996 – IX ZR 339/95) in: IPRax 1998, S. 170-175.
–(Hrsg.): Perspektiven der justiziellen Zusammenarbeit in Zivilsachen in der Europäischen Union, Bielefeld 2004 (zitiert: *Bearbeiter,* in: Gottwald, Perspektiven der justiziellen Zusammenarbeit, S.).
Götz, Volkmar: Das Maastricht-Urteil des Bundesverfassungsgerichts, in: JZ 1993, S. 1081-1086.
Grabitz, Eberhard (Begr.)/Hilf, Meinhard (Fortf.)/ Nettesheim, Martin (Hrsg.): Das Recht der Europäischen Union, Band 1 EUV/EGV, 40. Ergänzungslieferung, Stand Oktober 2009, München; Das Recht der Europäischen Union, Band 1, EUV/AEUV, 42. Ergänzungslieferung, Stand September 2010, München (zitiert: *Bearbeiter,* in: Grabitz/Hilf, Art. Rn.).
Graf, Ulrike: Die Anerkennung ausländischer Insolvenzentscheidungen, Tübingen 2003 (zitiert: *Graf,* S.).
von der Groeben, Hans/Schwarze, Jürgen: Kommentar zum Vertrag über die Europäische Union und zur Gründung der Europäischen Gemeinschaft, 6. Auflage, Baden-Baden 2003 (zitiert: *Bearbeiter,* in: von der Groeben/Schwarze, Art. Rn.).
Grothe, Helmut: Zwei Einschränkungen des Prioritätsprinzips im europäischen Zuständigkeitsrecht: ausschließliche Gerichtsstände und Prozessverschleppung (zu EuGH, 9.12.2003 – Rs. C-116/02 – Erich Gasser GmbH ./. MISAT Srl.) in: IPRax 2004, S. 205-212.
Gruber, Urs: Die neue EG-Unterhaltsverordnung, in: IPRax 2010, S. 128-139.
Grunsky, Wolfgang: zur Vollstreckung eines im Ausland erschlichenen rechtskräftigen Urteils (zu BGH, 10.7.1986, IX ZB 27/86), in: IPRax 1987, S. 219-221.

Gsell, Beate/Netzer, Felix: Vom grenzüberschreitenden zum potenziell grenzüberschreitenden Sachverhalt – Art. 19 EuUnterhVO als Paradigmenwechsel im Europäischen Zivilverfahrensrecht, in: IPRax 2010, S. 403-409.

Haas, Ulrich: Zur Anerkennung US-amerikanischer Urteile in der Bundesrepublik Deutschland (zu BGH, 29.4.1999 – IX ZR 263/97), in: IPRax 2001, S. 195-202.

–: Die Anerkennung und Vollstreckung ausländischer und internationaler Schiedssprüche, Berlin 1991 (zitiert: *Haas,* S.).

Hakenberg, Waltraud: Europarecht, 6. Auflage, München 2012 (zitiert: *Hakenberg*, Rn.).

Hammje, Petra: Droits fondamentaux et ordre public, in: Rev. crit. dr. intern. privé, 86 (1) 1997, S. 1-31.

Haß/Huber/Heiderhoff: EU-Insolvenzordnung (EuInsVO), 1. Auflage, München 2005 (zitiert: *Bearbeiter,* in: *Haß/Huber/Heiderhoff,* Art. Rn.).

Harbst, Dagmar: Korruption und andere ordre public-Verstöße als Einwände im Schiedsverfahren, in: SchiedsVZ 2007, S. 22-30.

Hartley, Trevor C.: International Commercial Litigation, Cambridge 2009 (zitiert: *Hartley,* International Commercial Litigation, S.).

–: European Union Law in a Global Context, Cambridge 2004 (zitiert: *Hartley,* European Union Law in a Global context, S.).

–: The European Union and the systematic dismantling of the common law of conflict of laws, in: (2007) 54 Int'l & Comp.L.Q., S. 813-828.

Hay, Peter: Entschädigung und andere Zwecke. Zu Präventionsgedanken im deutschen Schadensersatzrecht, punitive damages und Art. 40 Abs. 3 Nr. 2 EGBGB, in: FS Stoll, S. 521-531.

Hazell, Robert (Hrsg.): Constitutional futures revisited – Britain's Constitution to 2020, London 2008 (zitiert: *Bearbeiter,* in: Hazell, Constitutional futures revisited, S.).

Heer-Reißmann, Christine: Straßburg oder Luxemburg? – Der EGMR zum Grundrechtsschutz bei Verordnungen der EG in der Rechtssache Bosphorus, in: NJW 2006, S. 192-194.

Heidel, Thomas/Hüßtege, Rainer/Mansel, Heinz-Peter/Noack, Ulrich: Anwaltkommentar, BGB Band 1: Allgemeiner Teil mit EGBGB, 2. Auflage, Bonn 2012 (zitiert: NK-BGB/*Bearbeiter*, §. Rn.).

Heiderhoff, Bettina: Vollstreckbarerklärung von Titeln auf Kindesunterhalt im Verhältnis zwischen Deutschland und Österreich (zu OGH 18.7.2002 – 3 Ob 20/02s und OLG München, 1.7.2002 – 25 W 1526/02), in: IPRax 2004, S. 99-102.

–: Europäisches Privatrecht, 3. Auflage, Heidelberg 2012 (zitiert: *Heiderhoff,* EuPR, Rn.).

Helms, Tobias: Die Anerkennung ausländischer Entscheidungen im Europäischen Eheverfahrensrecht, in: FamRZ 2001, S. 257-266.

Henrich, Dieter: Anmerkung zu BGH, Beschluss vom 26.8.2009 – Az XII ZB 169/07 (OLG Köln), in: FamRZ 2009, S. 1821.

Herdegen, Matthias: Europarecht, 14. Auflage, München 2012 (zitiert: *Herdegen,* § Rn.).

Heringer, Anja: Der europäische Vollstreckungstitel für unbestrittene Forderungen, Schriften des Augsburger Center for Global Economic Law and Regulation, Band 11, Baden-Baden 2007 (zitiert: *Heringer,* S.).

Herresthal, Carsten: Ein Europäisches Vertragsrecht als Optionales Instrument, in: EuZW 2011, S. 7-12.

Herweg, Christian/Tschauner, Heiko: Kurzkommentar zu Art. 3 EuInsVO, in: EWiR 2004, S. 599-600.

Hess, Burkhard: Die Reform der EuGVVO und die Zukunft des Europäischen Zivilprozessrechts, in: IPRax 2011, S. 125-130.

–: Europäisches Zivilprozessrecht, Heidelberg 2010 (zitiert: *Hess,* § Rn.)

–: EMRK, Grundrechte-Charta und europäisches Zivilverfahrensrecht, in: Festschrift für Erik Jayme zum 70. Geburtstag, Bd. 1, München 2004, S. 339-359.

–: Die Konstitutionalisierung des europäischen Privat – und Prozessrechts, in: JZ 2005, S. 540-552.

–: Der Verordnungsvorschlag der französischen Ratspräsidentschaft vom 26.6.2000 über einen „Europäischen Besuchstitel“, in: IPRax 2000, S. 361-363.

–: Urteilsfreizügigkeit und ordre public-Vorbehalt bei Verstößen gegen Verfahrensgrundrechte und Marktfreiheiten, in: IPRax 2001, S. 301-306.

–: Die Integrationsfunktion des Europäischen Zivilverfahrensrechts, in: IPRax 2002, S. 391-396.

–/Bittmann, David: Die Verordnungen zur Einführung eines Europäischen Mahnverfahrens und eines Europäischen Verfahrens für geringfügige Forderungen – ein substantieller Integrationsschritt im Europäischen Zivilprozessrecht, in: IPRax 2008, S. 305-314.

–: Aktuelle Perspektiven der europäischen Prozessrechtsangleichung, in: JZ 2001, S. 573-583.

–: Europäischer Vollstreckungstitel und nationale Vollstreckungsgegenklage, in: IPRax 2004, S. 493-494.

–/Pfeiffer, Thomas/Schlosser, Peter: The Brussels I-Regulation (EC) No 44/2001, Application and Enforcement in the EU, München 2008 (zitiert: *Hess/Pfeiffer/Schlosser*, The Brussels I Regulation, Rn.).

Hilbig, Katharina: Absoluter Verbraucherschutz bei unzulässigen AGB-Schiedsvereinbarungen? in: SchiedsVZ 2010, 74-81.

Hoffman, David/Rowe QC, John: Human Rights in the UK – A general introduction to the Human Rights Act 1998, Harlow 2003 (zitiert: *Hoffman/Rowe,* S.).

v. Hoffmann, Bernd/Thorn, Karsten: Internationales Privatrecht, 9. Auflage, München 2007 (zitiert: *v. Hoffmann/Thorn,* § Rn.).

Hohloch, Gerhard: Zur Bedeutung des Ordre public-Arguments im Vollstreckbarerklärungsverfahren, in: FS Kropholler, Tübingen 2008, S. 809-818.

–: Adoptionshindernis ausländischen Rechts und Ordre public, in: JuS 2002, S. 924-925.

Holzmann, Christine: Brüssel IIa VO: Elterliche Verantwortung und internationale Kindesentführungen, Sipplingen 2008 (zitiert: *Holzmann*, S.).

Horn, Norbert: Zwingendes Recht in der internationalen Schiedsgerichtsbarkeit, in: SchiedsVZ 2008, S. 209-222.

Huber, Stefan: Entwicklung transnationaler Modellregeln für das Zivilverfahren, Tübingen 2008 (zitiert: *Huber,* S.).

Hüßtege, Rainer: Braucht die Vollstreckung über den europäischen Vollstreckungstitel eine ordre-public-Klausel? in: Festschrift für Erik Jayme zum 70. Geburtstag, Bd. I, München 2004, S. 371-385.

Illmer, Martin: La vie après Gasser, Turner et West Tankers – Die Anerkennung drittstaatlicher anti-suit injunctions in Frankreich (zu Cour de Cassation, 1ère civ., 14.10.2009 – 08-16549) in: IPRax 2010, S. 456-464.

Jahn, Isabel: Das Europäische Verfahren für geringfügige Forderungen, in: NJW 2007, S. 2890-2895.

Janzen, Ulrike: Die neuen Haager Übereinkünfte zum Unterhaltsrecht und die Arbeiten an einer EG-Unterhaltsverordnung, in: FPR 2008, S. 218-222.

Jarass, Hans D.: Bedeutung der EU-Rechtsschutzgewährleistung für nationale und EU-Gerichte, in: NJW 2011, S. 1393-1398.

Jayme, Erik: Menschenrechte und Theorie des Internationalen Privatrechts, in: Internationale Juristenvereinigung Osnabrück, Jahresheft 2 (1991/92), S. 8-25.

–: Identité culturelle et intègration: le droit international privè postmoderne. Cours gènèral de droit international privè, in: Le Recueil des cours Haagse Academie voor Internationaal Recht, S. 9-268.

–: Zum Jahrtausendwechsel: Das Kollisionsrecht zwischen Postmoderne und Futurismus, in: IPRax 2000, S. 165-171.

–: Nationaler ordre public und europäische Integration – Betrachtungen zum Krombach-Urteil des EuGH, in: Heft 6 des Ludwig Boltzmann Instituts für Europarecht, Vorlesungen und Vorträge, Wien 2000 (zitiert: *Jayme,* Nationaler ordre public und europ. Integration, S.).

–/Kohler, Christian: Europäisches Kollisionsrecht 2000: interlokales Privatrecht oder universelles Gemeinschaftsrecht? in: IPRax 2000, S. 454-465.

–: Europäisches Kollisionsrecht 2002: Zur Wiederkehr des Internationalen Privatrechts, in: IPRax 2002, S. 461-471.
– *(Hrsg.)*: Kulturelle Identität und Internationales Privatrecht, Heidelberg 2003 (zitiert: *Bearbeiter,* in: *Jayme,* Kulturelle Identität und Internationales Privatrecht, S.).
Jauernig, Othmar/Berger, Christian: Zwangsvollstreckungs – und Insolvenzrecht, 23. Auflage, München 2010 (zitiert: *Jauernig/Berger,* § Rn.).
– *(Hrsg.)*: Bürgerliches Gesetzbuch, Kommentar, 14. Auflage, München 2013 (zitiert: *Bearbeiter,* in: Jauernig, BGB, § Rn.).
Jellinek, Walter: Die zweiseitigen Staatsverträge über Anerkennung ausländischer Zivilurteile, erstes Heft, Tübingen 1953 (zitiert: *Jellinek*, S.).
Jowell, Jeffrey/Oliver, Dawn (Hrsg.): The Changing Constitution, 6. Auflage, Oxford 2007 (zitiert: *Bearbeiter,* in: Jowell/Oliver, S.).
Jud, Brigitta/Rechberger, Walter H./Reichelt, Gerte (Hrsg.): Kollisionsrecht in der Europäischen Union, Neue Fragen des Internationalen Privat – und Verfahrensrechts, Wien 2008 (zitiert: *Bearbeiter,* in: Jud/Rechberger/Reichelt, S.).
Junker, Abbo: Internationales Privatrecht, München 1998 (zitiert: *Junker,* § Rn.).
Kaye, Peter: Civil jurisdiction and Enforcement of Foreign Judgments, Abingdon 1987
(zitiert: *Kaye,* Civil jurisdiction and Enforcement of Foreign Judgments, S.).
Kasolowsky, Boris/Steup, Magdalene: Révision au fond – Einheitliche europäische Maßstäbe bei der Überprüfung von Schiedssprüchen auf kartellrechtliche ordre public-Verstöße? in: SchiedsVZ 2008, S. 72-76.
–: Ordre public-Widrigkeit kartellrechtlicher Schiedssprüche – ein Schritt in Richtung einheitlicher Entscheidungen innerhalb der Europäischen Union, in: IPRax 2011, S. 96-99.
Kälin, Walter: Menschenrechtsverträge als Gewährleistung einer objektiven Ordnung, in: BerGesVR 33 (1993), S. 9-46.
Kegel, Gerhard/Schurig, Klaus: Internationales Privatrecht, 9. Auflage, München 2004 (zitiert: *Kegel/Schurig*, S.).
Kemper, Jutta: Die Verordnung (EG) Nr. 1346/2000 über Insolvenzverfahren, in: ZIP 2001, S. 1609-1621.
Kern, Carsten: Internationale Schiedsverfahren zwischen Civil Law and Common Law, in: ZVglRWiss 109 (2010), S. 78-93.
Kindl, Johann/Meller-Hannich, Caroline/Wolf, Hans-Joachim: Gesamtes Recht der Zwangsvollstreckung, 1. Auflage 2010 (zitiert: *Bearbeiter,* in: Kindl/Meller-Hannich/Wolf, Art. Rn.).
Klingenstein, Katja: Kulturelle Identität und Kindeswohl im deutschen internationalen Adoptionsrecht, Frankfurt a.M. 2000 (zitiert: *Klingenstein,* Kulturelle Identität und Kindeswohl im deutschen internationalen Adoptionsrecht).

Knight, Chris: *Quis custodiet ipsos custodes?* Why the European Court of Justice is the EU's own worst enemy, in: (2006) 9 Trinity C.L.Rev., S. 91-102.

–: The continued rise (and future fall?) of the anti-suit injunction, in: (2009) 20 King's Law Journal, S. 137-144.

Knof, Béla: Der *Ordre-public*-Vorbehalt nach Art. 26 EuInsVO – eine Allzweckwaffe gegen *forum shopping* im europäischen Insolvenzrecht? in: ZInsO 2007, S. 629-637.

Kodek, Georg E.: Das Zivilverfahrensrecht im 21. Jahrhundert – alte und neue Herausforderungen, in: ÖJZ 2008, S. 919-925.

Koenig, Christian/Haratsch, Andreas/ Pechstein, Matthias: Europarecht, 8. Auflage, Tübingen 2012 (zitiert: *Koenig/Haratsch/Pechstein,* Rn.).

Kokott, Juliane: Grund – und Menschenrechte als Inhalt eines internationalen ordre public, in: BerGesVR 38 (1998), S. 71-114.

–/Sobotta, Christoph: Die Charta der Grundrechte der Europäischen Union nach dem Inkrafttreten des Vertrags von Lissabon, in: EuGRZ 2010, S. 265-271.

Kornblum, Udo: Das „Gebot überparteilicher Rechtspflege und der deutsche schiedsrechtliche ordre public, in: NJW 1987, S. 1105-1108.

–: Private Schiedsgerichte und Art. 177 EWGV – Zur Befugnis bzw. Verpflichtung privater Schiedsgerichte, Vorabentscheidungen des EuGH einzuholen, in: Jahrbuch für Praxis der Schiedsgerichtsbarkeit, Band 2 1988, Heidelberg, S. 102-110.

Kothe, Wolfhard: Verbraucherschutz im Licht des europäischen Wirtschaftsrechts, in: EuZW 1990, S. 150-156.

Krebber, Sebastian: Europäische Insolvenzordnung, Drittstaatengesellschaften, Drittstaatensachverhalte und innergemeinschaftliche Konflikte, in: IPRax 2004, S. 540-543.

Kroll, Kathrin: Scheidung auf europäisch? – Die (derzeit) nicht scheidbare Ehe im IPR, in: StAZ 2007, S. 330-336.

Kropholler, Jan/ von Hein, Jan: Europäisches Zivilprozessrecht, 8. Auflage Frankfurt a.M. 2005 (zitiert: *Kropholler/v. Hein,* EuZPR, Aufl., Art. Rn.), 9. Auflage Frankfurt a.M. 2011 (zitiert: *Kropholler/v. Hein,* EuZPR, Art. Rn.).

–: Internationales Privatrecht, 6. Auflage, Tübingen 2006 (zitiert: *Kropholler,* § III 1.)

Krüger, Hans Christian/Polakiewicz, Jörg: Vorschläge für ein kohärentes System des Menschenrechtsschutzes in Europa, in: EuGRZ 2001, S. 92-105.

Kurzynsky-Singer, Eugenia: Minsker Konvention und Kiewer Übereinkommen als Grundlage für die Anerkennung und Vollstreckung ausländischer Entscheidungen in Russland – Teil 1, in: WIRO 2010, S. 265-270.

Kübler, Bruno M./Prütting, Hanns/Bork, Reinhart (Hrsg.): InsO, Kommentar zur Insolvenzordnung, Band IV, Köln, Stand August 2010 (zitiert: Kübler/Prütting/*Bearbeiter*, InsO, Art. Rn.).

Kühn, Werner Miguel: Grundzüge des neuen Eilverfahrens vor dem Gerichtshof der Europäischen Gemeinschaften im Rahmen von Vorabentscheidungsersuchen, in: EuZW 2008, S. 263-266.

Lagarde, Paul: Recherches sur l'ordre public en droit international privé, Paris 1959 (zitiert: *Lagarde,* Recherches sur l'ordre public en droit international privé, Paris 1959).

Laptew, Alexej: Abschaffung der anerkennungsrechtlichen Ordre public-Kontrolle in Osteuropa; Vorbild für die EU ? in: IPRax 2004, S. 495-498.

Laukemann, Björn: Rechtshängigkeit im europäischen Insolvenzrecht, in: RIW 2005, S. 104-112.

Lavranos, Nikolaos: Das So-Lange-Prinzip im Verhältnis von EGMR und EuGH – Anmerkung zu dem Urteil des EGMR v. 30.06.2005, Rs. 450 36/98, in: EuR 2006, S. 78-92.

Leible, Stefan: Europaisches Privatrecht am Scheideweg, in: NJW 2008, S. 2558-2562.

Lein, Eva (Hrsg.): The Brussels I Review Proposal uncovered, British Intistitute of International and Comparative Law, London 2012 (zitiert: *Bearbeiter,* in: E. Lein, The Brussels I Review Proposal, S.).

Leipold, Dieter: Neuere Erkenntnisse des EuGH und des BGH zum anerkennungsrechtlichen ordre public, in: Festschrift für Hans Stoll zum 75. Geburtstag, Tübingen 2001, S. 625-646 (zitiert: *Leipold,* FS Stoll, S.)

Lenz, Carl Otto/Borchard, Klaus-Dieter (Hrsg.): EU-Verträge, Kommentar nach dem Vetrag von Lissabon, 5. Auflage, Köln 2010 (zitiert: *Bearbeiter,* in: *Lenz/ Borchard,* Art. Rn.).

Leonhardt, Peter/ Smid, Stefan/ Zeuner, Mark (Hrsg.): Internationales Insolvenzrecht, Kommentar, Berlin 2012 (zitiert: LSZ-*Bearbeiter,* Kap. Rn.).

Levitsky, Jonathan E.: The Europeanization of the British Legal Style, in: (1994) 42 Am. J. Comp. L., S. 347-380.

Liersch, Oliver: Anmerkung zu AG Düsseldorf, Beschluss vom 12.3.2004 – 502 IN 126/03, in: NZI 2004, S. 271-272.

Linke, Hartmut: Die Europäisierung des Unterhaltsverfahrensrechts, in: FPR 2006, S. 237-240.

Loewenheim/Meessen/Riesenkampf: Kartellrecht, 2. Auflage 2009 (zitiert: *Bearbeiter*, in: Loewenheim/Meessen/Riesenkampf, Rn.).

Lord Denning: The Discipline of Law, London 1979 (zitiert: *Lord Denning,* The Discipline of Law, S.).

Loritz, Karl-Georg: Rechtsfragen der notariellen Beurkundung bei Verkauf und Abtretung von GmbH-Geschäftsanteilen, in: DNotZ 2000, S. 90-109.

Losch, Bernhard/Radau, Christine: Grundrechtskatalog für die Europäische Union, in: ZRP 2000, S. 84-87.

Looschelders, Dirk: Die Ausstrahlung der Grund – und Menschenrechte auf das Internationale Privatrecht, in: RabelsZ 65 (2001), S. 463-491.

–: Internationales Privatrecht – Art. 3-46 EGBGB, Berlin, Heidelberg, New York 2004 (zitiert: *Looschelders,* Art. Rn.).

Lüderitz, Alexander: Anmerkung zu BGH, Urteil v. 11.7.1985 – IX ZR 178/84 (OLG Köln), in: JZ 1986, S. 96-97.

Ludwig, Thomas Claus: Zum Verhältnis zwischen Grundrechtecharta und allgemeinen Grundsätzen – die Binnenstruktur des Art. 6 EUV n.F., in: EuR 2011, S. 715-735.

Ludwigs, Markus: Harmonisierung des Schuldvertragsrechts in Europa – Zur Reichweite der gemeinschaftsrechtlichen Zuständigkeit für eine Europäisierung des Privatrechts, in: EuR 2006, S. 370-398.

Malleson, Kate/ Moules, Richard: The Legal System, 4. Auflage, Oxford 2010 (zitiert: *Malleson/Moules*, The Legal System, S.)

Lord Mance, Jonathan: Exclusive Jurisdiction Agreements and European Ideals, in: (2004) 120 L.Q.R., S. 357-365.

v. Mangoldt, Hermann(Begr.)/Klein, Friedrich(Fortf.)/Starck, Christian (Hrsg.): Kommentar zum Grundgesetz Band 1, 5. Auflage, München 2005, Band 2, 6. Auflage, München 2010 (zitiert: *Bearbeiter,* in: v. Mangoldt/Klein/Starck, GG II, Art. Rn.).

Mankowski, Peter: Zur Analogie im internationalen Schuldvertragsrecht, in: IPRax 1991, S. 305-313.

–: Kulturelle Identität und Internationales Privatrecht, in: IPRax 2004, S. 282-290.

–: Klärung von Grundfragen des europäischen Internationalen Insolvenzrechts durch die Eurofood-Entscheidung? in: BB 2006, S. 1753-1759.

–: Entwicklungen im Internationalen Privat – und Prozessrecht 2003/2004 (Teil 1), in: RIW 2004, S. 481-497.

–: Entwicklungen im Internationalen Privat – und Prozessrecht 2003/2004 (Teil 2), in: RIW 2004, S. 587-602.

Mansel, Heinz-Peter: Rechtsprechungsübersicht, Anmerkung zu BGH, Beschluss vom 29.6.2000 – IX ZB 23/97, in: IPRax 2001, S. 49-50.

–: Grenzüberschreitende Prozessführungsverbote (antisuit injunctions) und Zustellungsverweigerung, in: EuZW 1996, S. 335-340.

–: Anerkennung als Grundprinzip des Europäischen Rechtsraums, in: RabelsZ (70) 2006, S. 651-731.

–: Die kulturelle Identität im Internationalen Privatrecht, in: BerGEsVR 43 (2007), S. 132-211.

–/Thorn, Karsten/Wagner, Rolf: Europäisches Kollisionsrecht 2009: Hoffnungen durch den Vertrag von Lissabon, in: IPRax 2010, S. 1-27.

–: Europäisches Kollisionsrecht 2010: Verstärkte Zusammenarbeit als Motor der Vereinheitlichung? in: IPRax 2011, S. 1-30.
Markesinis, B. S.: Conceptualism, Pragmatism and Courage: A Common Lawyer looks at some Judgments of the German Federal Court, in: (1986) 34 Am.J.Comp.L., S. 349-367.
Martens, Sebastian A. E.: Ein Europa, ein Privatrecht – Die Bestrebungen zur Vereinheitlichung des Europäischen Privatrechts, in: EuZW 2010, S. 527-530.
Martiny, Dieter: Die Zukunft des europäischen ordre public im internationalen Privat – und Zivilverfahrensrecht, in: Festschrift für Otto Sonnenberger zum 50. Geburtstag, München 2004, S. 524-548.
–/Waehler, Jan Peter/Wolff, Martin K.: Handbuch des Internationalen Zivilverfahrensrechts, Tübingen 1984 (zitiert: *Bearbeiter*, Hdb. IZVR III/2, Kap., Rn.)
–: Grenzüberschreitende Unterhaltsdurchsetzung nach europäischem und internationalem Recht – Verfahrenseinleitung und –durchführung, Anerkennung und Vollstreckung-, in: FamRZ 2008, S. 1681-1690.
Marx, Ludger: Der verfahrensrechtliche ordre public bei der Anerkennung und Vollstreckung ausländischer Schiedssprüche in Deutschland, Frankfurt a.M., Berlin, Bern, New York, Paris, Wien 1994 (zitiert: *Marx*, S.)
Matscher, Franz: Der verfahrensrechtliche ordre public im Spannungsfeld von EMRK und Gemeinschaftsrecht – Bemerkungen zu den Urteilen des EuGH und des EGMR in der Sache Krombach, in: IPRax 2001, S. 428-436.
–: Grundfragen der Anerkennung und Vollstreckung ausländischer Entscheidungen in Zivilsachen (aus österreichischer Sicht) in: ZZP 103 (1990), S. 294-321.
Maunz, Theodor (Begr.)/Dürig, Günther(Begr.): Grundgesetz Kommentar, 67. Ergänzungslieferung, München 2012 (zitiert: Maunz/Dürig/*Bearbeiter*, Art. Rn.).
Mayer, Franz C.: Der Vertrag von Lissabon und die Grundrechte, in: EuR 2009 Beiheft 1, S. 0087-0101.
Mayr, Peter G./Czernich, Dietmar: Europäisches Zivilprozessrecht, Wien 2006 (zitiert: *Mayr/Czernich*, Rn.).
McClean, John David: Morris, The conflict of laws, 7. Auflage, London 2009 (zitiert: *Morris*, The conflict of laws, Rn.).
Merten, Detlef/Papier, Hans-Jürgen (Hrsg.): Handbuch der Grundrechte in Deutschland und Europa, Band VI/2 Europäische Grundrechte II, Universelle Menschenrechte, Heidelberg 2009 (zitiert: *Bearbeiter*, in: Merten/Papier, Handbuch der Grundrechte Band VI/2, § Rn.).
Mertens, Hans-Joachim: Das lex mercatoria-Problem, in: Festschrift für Walter Odersky zum 65. Geburtstag, Berlin, New York, 1996, S. 857-872.
Meyer, Jürgen (Hrsg.): Charta der Grundrechte der Europäischen Union, 2. Auflage Baden-Baden 2006, 3. Auflage Baden-Baden 2010 (zitiert: *Bearbeiter*, in:

Meyer, Kommentar zur Charta der Grundrechte der Europäischen Union, Art. Rn., Auflage).
Meyer-Ladewig, Jens: EMRK Handkommentar, 3. Auflage, Baden-Baden 2011 (zitiert: *Meyer-Ladewig,* HK-EMRK, Art. Rn.).
Mickel, Wolfgang/Bergmann, Jan: Handlexikon der Europäischen Union, 4. Auflage 2012.
Micklitz, Hans W.: The politics of judicial co-operation in the EU, Cambridge 2005 (zitiert: *Micklitz,* The politics, S.).
Mills, Alex: The Dimensions of Public Policy in Private International Law, (2008) 4 J.Priv.L., S. 201-236.
Mittwoch, Anne-Christin: Die Vereinheitlichung des Privatrechts in Europa – auf dem Weg zu einem Europäischen Zivilgesetzbuch? in: JuS 2010, 767-771.
Mock, Sebastian/Schildt, Charlotte: Insolvenz ausländischer Kapitalgesellschaften mit Sitz in Deutschland, in: ZInsO 2003, S. 396-402.
Moltrecht, Eckhard: Inlandsfolgen des ausländischen Konkursverfahrens, in: RIW 1986, S. 93-95.
Mörsdorf-Schulte, Juliane: Spezielle Vorbehaltsklausel im Europäischen Internationalen Deliktsrecht? in: ZVglRWiss 104 (2005), S. 192-256.
Moser, Berthold: Die Europäische Menschenrechtskonvention als Quelle des internationalen Privatrechts, in: ÖJZ 1974, S. 650-654.
Mosler, Hermann: Der „gemeinschaftliche ordre public" in europäischen Staatengruppen, in: Estudios de derecho internacional, Homenaje a D. Antonio de Luna, Madrid 1968, S. 372-384.
Müller-Seils, Carsten Oliver: Rescue Culture und Unternehmenssanierung in England und Wales nach dem enterprise Act 2002, Schriften zum Insolvenzrecht, 2006 (zitiert: *Müller-Seils,* S.).
Muir Watt, Horatia: Evidence of an Emergent European Legal Culture: Public Policy Requirements of Procedural Fairness Under the Brussels and Lugano Conventions, in: (2001) 36 Tex. Int'l L. J., S. 539-554.
Münchner Kommentar: Zur Insolvenzordnung, Band 3, 2. Auflage München 2008 (zitiert: MüKo InsO/*Bearbeiter,* Art. Rn.); Zur Zivilprozessordnung, Band 1, 4. Auflage, München 2013; Band 2, 4. Auflage, München 2013; Band 3, 3. Auflage, München 2008 (zitiert: MüKo-ZPO/*Bearbeiter,* § Rn); Zum Bürgerlichen Gesetzbuch, Band 10, 5. Auflage, München 2010, Band 11, 5. Auflage, München 2010 (zitiert: MüKo-BGB/*Bearbeiter,* Art. Rn.).
Munding, Christoph-David: Das Grundrecht auf effektiven Rechtsschutz in der Europäischen Union, Berlin 2010 (zitiert: *Munding,* S.).
Münzberg, Reinhard: Die Schranken der Parteivereinbarungen in der privaten Schiedsgerichtsbarkeit, Schriften zum Prozessrecht; Bd. 15, Berlin 1970 (zitiert: *Münzberg,* S.).

Musielak, Hans-Joachim (Hrsg.): Kommentar zur Zivilprozessordnung, 9. Auflage, München 2012 (zitiert: Musielak/*Bearbeiter,* ZPO, § Rn.).
Nagel, Heinrich(Begr.)/Gottwald, Peter: Internationales Zivilprozessrecht, 6. Auflage, Köln 2007 (zitiert: *Nagel/Gottwald,* § Rn.).
–/Bajons, Eva-Marlis (Hrsg.): Beweis – Preuve – Evidence. Grundzüge des zivilprozessualen Beweisrechts in Europa, 1. Auflage, Baden-Baden 2003 (zitiert: *Bearbeiter,* in: Nagel/Bajons, S.).
Nerlich, Jörg/Römermann, Volker (Hrsg.): Insolvenzordnung Kommentar, Stand: 18. Ergänzungslieferung Dezember 2009, München 2010 (zitiert: *Bearbeiter,* in: *Nerlich/Römermann,* Art. Rn.).
Newton, Justin: The Uniform Interpretation of the Brussels and Lugano Conventions, Oxford 2002 (zitiert: *Newton,* The Uniform Interpretation of the Brussels and Lugano Conventions, S.).
Niemeyer, Theodor: Das internationale Privatrecht des Bürgerlichen Gesetzbuchs, Berlin 1901 (zitiert: *Niemeyer,* S.).
Niggemann, Friedrich: Europäisches Wettbewerbsrecht und Schiedsgerichtsbarkeit: Eco Swiss und europäischer Ordre Public in der praktischen Anwendung in Frankreich, in: SchiedsVZ 2005, S. 265-273.
Nowak, Carsten: EU-Osterweiterung, Personenfreizügigkeit und staatliche Schutzpflichten im Bereich der sozialen Sicherheit, in: EuZW 2003, S. 101-107.
Ortlepp, Beate: das Vertragverletzungsverfahren als Instrument zur Sicherung der Legalität im Europäischen Gemeinschaftsrecht, 1987 (zitiert: *Ortlepp,* S.).
Ostendorf, Patrick: Wirksame Wahl ausländischen Rechts auch bei fehlendem Auslandsbezug im Fall einer Schiedsgerichtsvereinbarung und ausländischem Schiedsort? in: SchiedsVZ 2010, S. 234-243.
Oppermann, Thomas: Europarecht, 5. Auflage, München 2011 (zitiert: *Oppermann,* § Rn.).
Pache, Eckhard/Rösch, Franziska: Der Vertrag von Lissabon, in: NVwZ 2008, S. 473-480.
–: Die neue Grundrechtsordnung der EU nach dem Vertrag von Lissabon, in: EuR 2009, S. 769-790.
Paeffgen, Thomas Christian: Unlauterer Wettbewerb durch Rechtsbruch in internationalprivatrechtlicher Sicht, in: WRP 1991, S. 447-458.
Pannen, Klaus (Hrsg.): Europäische Insolvenzverordnung, Kommentar, Berlin 2007 (zitiert: *Bearbeiter,* in: Pannen, Teil Art. Rn.).
Paulus, Christoph G.: Zuständigkeitsfragen nach der Europäischen Insolvenzordnung, in: ZIP 2003, S. 1725-1729.
–: Die EuInsVO – wo geht die Reise hin? in: NZI 2008, S. 1-6.
–: Europäische Insolvenzverordnung, Kommentar, 3. Auflage, Frankfurt am Main 2010 (zitiert: *Paulus,* Europäische Insolvenzordnung, Art. Rn.).

Pernice, Ingolf: Eine Grundrechte-Charta für die Europäische Union, in: DVBl 2000, S. 847-859.
Pfeiffer, Thomas: Einheitliche unmittelbare und unbedingte Urteilsgeltung in Europa, in: Festschrift für Erik Jayme zum 70. Geburtstag, München 2004, S. 675-690.
Philippi, Nina: Divergenzen im Grundrechtsschutz zwischen EuGH und EGMR, in: ZEuS 2000, S. 97-126.
Piekenbrock, Andreas: Kann der Ausschluss des ordre public in Art. 28 Abs. 3 EuGVÜ ausnahmslos gelten? (zu EuGH, 28.3.2000-Rs.C-7/98-Krombach/ Bamberski), in: IPRax 2000, S. 364-366.
Pisani, Christian: Grenzen des anerkennungsrechtlichen *ordre public*-Vorbehalts im EuGVÜ am Beispiel englischer *conditional fee agreements,* in: IPRax 2001, S. 293-298.
Platto, Charles/Horton, William G. (Hrsg.): Enforcement of Foreign Judgments Worldwide, 2. Auflage, London 1993 (zitiert: *Bearbeiter,* in: Platto/Horton, S.).
Pocar, Fausto/Viarengo, Ilaria/Villata, Francesca C.(Hrsg.): Recasting Brussels I, Proceedings of the Conference Held at the University of Milan on November 25-26, 2011, Mailand 2012 (zitiert: *Bearbeiter,* in: *Fausto/Viarengo/Villata,* Recasting Brussels I, S.).
Potacs, Michael: Effet utile als Auslegungsgrundsatz, in: EuR 2009, S. 465-488.
Prechal, Sacha/Shelkoplyas, Natalya: National Procedures, Public Policy and EC Law. From Van Schijndel to Eco Swiss and Beyond, in: (2004) 5 Europ. Rev. Priv.L., S. 589-611.
Prütting, Hanns/Gehrlein, Markus (Hrsg.): ZPO Kommentar, 5. Auflage Köln 2013 (zitiert: PG/*Bearbeiter,* § Rn.).
Puschner, Katja: Konkurs und europäische Menschenrechtskonvention, Wien 2000 (zitiert: *Puschner,* S.).
Rabel, Ernst: Deutsches und Amerikanisches Recht, in: RabelsZ 16 (1951), S. 340-359.
Raeschke-Kessler, Hilmar: Die internationale Schiedsgerichtsbarkeit – ein Motor für ein transnationales Verfahrensrecht, in: Festschrift für Peter Schlosser zum 70. Geburtstag, Tübingen 2005, S. 713-732.
–: Die Unparteilichkeit und Unabhängigkeit des Schiedsrichters – ein transnationales Rechtsproblem? in: ASA Bulletin 1/2008, S. 1-18.
–/*Berger, Klaus Peter*: Recht und Praxis des Schiedsverfahrens, 3. Auflage, Köln 1999 (zitiert: *Raeschke-Kessler/Berger,* Rn.).
Raphael, Thomas: The anti-suit injunction, Oxford 2008 (zitiert: *Raphael,* The anti-suit injunction, Rn.).
Rauscher, Thomas: Internationales Privatrecht, 4. Auflage, Heidelberg 2012 (zitiert: *Rauscher,* S.).

– *(Hrsg.)*: Europäisches Zivilprozessrecht, Kommentar, 2. Auflage, München 2006 (zitiert: Rauscher/*Bearbeiter,* EuZPR, Art. Rn.).
– *(Hrsg.)*: Europäisches Zivilprozess – und Kollisionsrecht EuZPR/EuIPR, München 2010 (zitiert: Rauscher/*Bearbeiter,* EuZPR/EuIPR, Art. Rn.).
–: Der Europäische Vollstreckungstitel für unbestrittene Forderungen, Heidelberg 2004 (zitiert: *Rauscher,* Der Europ. Vollstreckungstitel, Rn.).
–: Der Europäische Vollstreckungstitel für unbestrittene Forderungen, in: GPR 2004, S. 286-293.
Regen, Ekkehard: Prozessbetrug als Anerkennungshindernis, Jena 2008 (zitiert: *Regen,* Rn.).
Reh, Christine: The Lisbon Treaty: De-Constitutionalizing the European Union? in: JCMS 2009, S. 625-650.
Reichelt, Gerte: „Europäischer“ ordre public im autonomen Kollisionsrecht, in: ZfRV 16 (1975), S. 217-226.
– *(Hrsg.)*: Europäisches Gemeinschaftsrecht und IPR – Ein Beitrag zur Kodifikation der allgemeinen Grundsätze des Europäischen Kollisionsrechtes, Wien 2007 (zitiert: *Bearbeiter,* in: Reichelt, S.).
Reinhart, Stefan: Zur Anerkennung ausländischer Insolvenzverfahren, Eine Besprechung des Norsk-Data-Urteils des Bundesgerichtshofs, in: ZIP 1997, S. 1734-1739.
Remien, Oliver: Europäisches Kartellrecht (Artt. 81 f. EG-Vertrag) als Eingriffsnorm oder ordre public in neueren internationalen Schiedrechtsfällen, in: FS Kropholler, Tübingen 2008, S. 869-884 (zitiert: *Remien*, FS Kropholler, S.).
Renfert, Markus: Über die Europäisierung der ordre public Klausel, Frankfurt 2003 (zitiert: *Renfert,* S.).
Rensmann, Thilo: Staatenimmunität und völkerrechtswidrige Hoheitsakte (zu Kuwait Airways Corporation v. Iraqi Airways Co., House of Lords, [1995] 1 W.L.R. 1147; [1995] 3 All ER 694), in: IPRax 1998, S. 44-48.
Ress, Georg: Supranationaler Menschenrechtsschutz und der Wandel der Staatlichkeit, in: ZaöRV 64 (2004), S. 621-639.
Riesenhuber, Karl (Hrsg.): Europäische Methodenlehre, Handbuch für Ausbildung und Praxis, Berlin 2006 (zitiert: *Bearbeiter,* in: *Riesenhuber*, Europäische Methodenlehre, S.).
Ritlewski, Kristoff: Die Lex Mercatoria in der schiedsgerichtlichen Praxis, in: SchiedsVZ 2007, S. 130-139.
Rivers, Julian: Menschenrechtsschutz im Vereinigten Königreich, in: JZ 2001, S. 127-132.
Rohleder, Kristin: Grundrechtsschutz im europäischen Mehrebenen-System, Baden-Baden 2009 (zitiert: *Rohleder,* S.).

Roth, Herbert: Anmerkung zu BGH, Beschluss v. 24.2.1999 – IX ZB 2/98 (OLG Karlsruhe), in: JZ 1999, S. 1117-1120.
–: Herausbildung von Prinzipien im europäischen Vollstreckungsrecht, in: IPRax 1989, S. 14-18.
–: Illusion und Realität im europäischen Zivilprozessrecht, in: IPRax 2006, S. 466-467.
–: Anmerkung zu BGH, Beschluss v. 29.4.1999 – IX ZR 263/97, in: ZZP 112 (1999), S. 483-491.
Roth, Wulf-Henning: Der Einfluss der Grundfreiheiten auf das internationale Privat – und Verfahrensrecht, in: Baur/Mansel, Systemwechsel im europäischen Kollisionsrecht, S. 47-63.
Ruffert, Matthias: Die künftige Rolle des EuGH im europäischen Grundrechtsschutzsystem, in: EuGRZ 2004, S. 466-471.
Sabel, Oliver: Hauptsitz als Niederlassung im Sinne der EuInsVO? in: NZI 2004, S. 126-128.
Sachs, Klaus: Use of documents and document discovery: „Fishing expeditions“ versus transparency and burden of proof, in: SchiedsVZ 2003, S. 193-198.
Sachs, Michael (Hrsg.): Kommentar zum Grundgesetz, 6. Auflage, München 2011 (zitiert: *Bearbeiter,* in: Sachs, Art. Rn.).
Samuel, Geoffrey: System und Systemdenken – Zu den Unterschieden zwischen kontinentaleuropäischem Recht und Common Law, in: ZEuP 1995, S. 375-397.
Sandrock, Otto: „Scharfer“ ordre public interne und „laxer“ ordre public international? in: Festschrift für Otto Sonnenberger zum 70. Geburtstag, München 2004, S. 615-649.
Schäfer, Jan K.: Einführung in die internationale Schiedsgerichtsbarkeit: Welche Verfahrensregeln gelten vor einem internationalen Schiedsgericht? in: JURA 2004, S.153-159.
Schack, Heimo: Internationales Zivilverfahrensrecht, 5. Auflage, München 2010 (zitiert: *Schack,* IZVR, Rn.).
Schaller, Werner: Das Verhältnis von EMRK und deutscher Rechtsordnung vor und nach dem Beitritt der EU zur EMRK, in: EuR 2006, S. 656-674.
–: Die EU-Mitgliedsstaaten als Verpflichtungsadressaten der Gemeinschaftsgrundrechte, Baden-Baden 2003 (zitiert: *Schaller,* S.).
Schilling, Theodor: Das Exequatur und die EMRK, in: IPRax 2011, S. 31-40.
–: Internationaler Menschenrechtsschutz, 2. Auflage, Tübingen 2010 (zitiert: *Schilling,* Internationaler Menschenrechtsschutz, Rn.).
–: Internationale Rechtshängigkeit vs. Entscheidung binnen angemessener Frist – Zum Zusammenspiel von Art. 6 EMRK, Art. 307 EGV und Art. 27 EuGVVO, in: IPRax 2004, S. 294-298.

Schinkels, Boris: Anmerkung zu EuGH, Urteil vom 02.04.2009-C.394/07, in: LKM 2009, S. 289819.
Schlosser, Peter F.: EU – Zivilprozessrecht, 3. Auflage, München 2009 (zitiert: Schlosser, EU-Zivilprozessrecht, Art. Rn.).
–: „Brüssel I“ und Schiedsgerichtsbarkeit, in: SchiedsVZ 2009, S. 129-139.
Schmahl, Stefanie: Grundrechtsschutz im Dreieck von EU, EMRK und nationalem Verfassungsrecht, in: EuR 2008 Beiheft 1, S. 0007-0039.
Schmitthoff, Clive M.: Internationale trade law and private international law, in: Festschrift Hans Dölle Band 2, 1963, S. 257-272.
–: Das neue Recht des Welthandels, in: RabelsZ 28 (1964), S. 47-77.
Schoch, Friedrich/Schneider, Jens-Peter/Bier, Wolfgang (Hrsg.): Verwaltungsgerichtsordnung, Kommentar, Band 1, 24. Ergänzungslieferung August 2012, München (zitiert: *Bearbeiter,* in: Schoch/Schneider/Bier, VwGO, Rn.).
Scholz, Peter: Die Internationalisierung des deutschen ordre public und ihre Grenzen am
Beispiel islamisch geprägten Rechts, in: IPRax 2008, S. 213-218.
Schlosser, Peter F.: The Abolition of Exequator Proceedings, in: IPRax 2010, S. 101-104.
–: EU-Zivilprozessrecht, 3. Auflage, München 2009 (zitiert: *Schlosser*, EuZPR, Art. Rn.).
–: Das Recht der internationalen Schiedsgerichtsbarkeit I, Tübingen 1975 (zitiert: *Schlosser,* Internationale Schiedsgerichtsbarkeit I, Rn.).
Schmidt, Jessica: Eurofood – Eine Leitentscheidung und ihre Rezeption in Europa und den USA, in: ZIP 2007, S. 405-410.
Schreiber, Wolfgang: Die Wahl zum Europäischen Parlament in der Bundesrepublik Deutschland, Neue Rechtsgrundlagen im Vorfeld der Konstitutionalisierung der Europäischen Union, in: NVwZ 2004, S. 21-28.
Schroeder, Hans-Patrick: Die lex mercatoria arbitralis, Strukturelle Transnationalität und transnationale Rechtsstrukturen im Recht der internationalen Schiedsgerichtsbarkeit, Frankfurt a.M., München 2007 (zitiert: *Schroeder,* S.).
–: Anmerkung zu EuGH, Urteil vom 27.4.2004-C-159/02 (Turner/Grovit u.a.), in: EuZW 2004, S. 470-471.
Schulte-Nölke, Hans: Arbeiten an einem europäischen Vertragsrecht – Fakten und populäre Irrtümer, in: NJW 2009, S. 2161-2167.
–: Neue Bundesregierung zum Europäischen Vertragsrecht, in: ZGS 2009, S. 529.
–: Europäisches Vertragsrecht als blauer Button im Internet-Shop, in: ZGS 2007, S. 81.
–: Wovon Europas Juristen träumen... in: ZEuP 2009, S. 673-674.
Schulz, Andrea: Anmerkung zu EuGH, Urteil v. 22.12.2010 – Rs. C-491/10 PPU, Aguirre Zarraga ./. Pelz, in: FamRZ 2011, S. 359-360.

Schulze, Götz: Anerkennung einer ausländischen Entscheidung bei Einwand strukturell ungleicher Verhandlungsstärke und nicht wirksamer Vertretung im Erstverfahren (Art. 27 Nr.1 und Nr. 2 EuGVÜ) in: IPRax 1999, S. 342-347.

Schulze, Rainer: Auf dem Weg zu einem europäischen Zivilgesetzbuch? in: NJW 1997, S. 2742-2743.

–: Kurs auf ein optionales europäisches Vertragsrecht, in: EuZW 2010, 801.

Schütze, Rolf A.: Schiedsgericht und Schiedsverfahren, 5. Auflage, München 2012 (zitiert: Schütze, Rn.).

–: Die Vorlageberechtigung von Schiedsgerichten an den EuGH, in: SchiedsVZ 2007, S. 121-124.

–: Das internationale Zivilprozessrecht in der ZPO, Kommentar, 2. Auflage, Berlin 2011 (zitiert: *Schütze,* IZPR in der ZPO, § Rn.).

Schwab, Karl Heinz/Walter, Gerhard: Schiedsgerichtsbarkeit, Kommentar, 7. Auflage, München 2005 (zitiert: *Schwab/Walter,* Kap., Rn.).

Schwank, Eberhard: Ordre public und Wandel grundlegender Wertvorstellungen am Beispiel ausländischer Börsentermingeschäfte, in: Festschrift für Otto Sandrock, Heidelberg 2000, S. 891-890 (zitiert: *Schwank,* FS Sandrock, S.).*Schwarze, Jürgen*: Auf dem Wege zu einer europäischen Verfassung – Wechselwirkungen zwischen europäischem und nationalem Verfassungsrecht, in: DVBl 1999, S. 1677-1689.

– *(Hrsg.)*: Der Verfassungsentwurf des Europäischen Konvents, 1. Auflage, Baden-Baden 2004 (zitiert: *Bearbeiter,* in: Schwarze: Der Verfassungsentwurf des Europäischen Konvents, S.).

– *(Hrsg.)*: EU-Kommentar, 3. Auflage, Baden-Baden 2012 (zitiert: *Bearbeiter,* in: Schwarze, Art. Rn.).

Siehr, Kurt: Internationales Privatrecht, Heidelberg 2001(zitiert: *Siehr*, §, S.).

v. Simson, Werner/Schwarze, Jürgen: Europäische Integration und Grundgesetz – Maastricht und die Folgen für das deutsche Verfassungsrecht, Berlin 1992 (zitiert: *von Simson/Schwarze,* S.).

Slapper, Gary/Kelly, David: The English Legal System, 7. Auflage, London 2004 (zitiert: *Slapper/Kelly,* The English Legal System, S.).

Solomon, Dennis: „Brüssel IIa“ – Die neuen europäischen Regeln zum internationalen Verfahrensrecht in Fragen der elterlichen Verantwortung, in: FamRZ 2004, S. 1409-1419.

Sonnenberger, Hans Jürgen: Privatrecht und Internationales Privatrecht im künftigen Europa: Fragen und Perspektiven, in: RIW 2002, S. 489-498.

Spegele, Christoph: Zusammenfassung der Entscheidung des OLG Hamburg vom 18.11.2008 – 6W 50/08, in: EuLF 2009, S. II 14.

Spickhoff, Andreas: Internationales Handelsrecht vor Schiedsgerichten und staatlichen Gerichten, in: RabelsZ 56 (1992), S. 116-141.

Spiegel, Nico: EuGH: Schiedssorüche und EG-Kartellrecht, in: EuZW 1999, S. 565-569.
Stadler, Astrid: Anerkennung ausländischer (Zwangs-) Vergleiche (zu BGH 14.11.1996 – IX ZR 339/95), in: IPRax 1998, S. 91-93.
–: Das Europäische Zivilprozessrecht – Wie viel Beschleunigung verträgt Europa? Kritisches zur Verordnung über den Europäischen Vollstreckungstitel und ihrer Grundidee, in: IPRax 2004, S. 2-11.
Staudinger, Ansgar: Der ordre public im Europäischen Zivilverfahrensrecht, in: EuLF 2004, S. 273-281.
Stein, Andreas: Der Europäische Vollstreckungstitel für unbestrittene Forderungen tritt in Kraft – Aufruf zu einer nüchternen Betrachtung, in: IPRax 2004, S. 181-191.
–: Der Europäische Vollstreckungstitel für unbestrittene Forderungen – Einstieg in den Ausstieg aus dem Exequaturverfahren bei Auslandsvollstreckung, in: EuZW 2004, S. 679-682.
Stein, Friedrich/Jonas, Martin: Kommentar zur Zivilprozessordnung, Band 5, 22. Auflage, Tübingen 2006; Band 9, Tübingen, 2002; Band 10, Tübingen 2011 (zitiert: Stein/Jonas/ZPO/*Bearbeiter*, § Rn.).
Stein, Ursula: Lex mercatoria, Realität und Theorie, Frankfurt a. M. 1995 (zitiert: *Stein*, Lex Mercatoria).
Steinbrück, Ben: Englische Prozessführungsverbote zum Schutz von Schiedsvereinbarungen im europäischen Zivilprozess, in: ZEuP 2010, S. 168-185.
Steindorff, Ernst: Europäisches Gemeinschaftsrecht und deutsches Internationales Privatrecht – Ein Beitrag zum ordre public und zur Sonderanknüpfung zwingenden Rechts – in: EuR 1991, S.426-441.
Steindorff-Classen, Caroline: Europäischer Kinderrechtsschutz nach dem EU-Reformvertrag von Lissabon, in: EuR 2011, S. 19-39.
Stern, Klaus/Tettinger, Peter J. (Hrsg.): die Europäische Grundrechte-Charta im wertenden Verfassungsvergleich, Kölner Schriften zum Deutschen und Europäischen Verfassungs – und Verwaltungsrecht, Berlin 2005 (zitiert: *Bearbeiter*, in: *Stern/Tettinger*, S.).
Stotz, Rüdiger: Die Rechtsprechung des EuGH, in: *Riesenhuber*, Europäische Methodenlehre, Berlin 2006, S. 532-551.
Streinz, Rudolf/Ohler, Christoph/Herrmann, Christoph: Der Vertrag von Lissabon zur Reform der EU, 2. Auflage, München 2008 und 3. Auflage, München 2010 (zitiert: *Streinz/Ohler/Herrmann*, S.).
–: Europarecht, 9. Auflage, Heidelberg 2012 (zitiert: *Streinz*, Rn.).
–: EUV/AEUV, 2. Auflage, München 2012 (zitiert: *Bearbeiter*, in: Streinz, EUV/AEUV, Art. Rn.).

Stock, Susanne: Der Beitritt der Europäischen Union zur Europäischen Menschenrechtskonvention als Gemischtes Abkommen? Studien zum Völker – und Europarecht Band 74, Hamburg 2010 (zitiert: *Stock*, S.).

Stöcker, Hans A.: Europäische Menschenrechtskonvention, Ordre – Public – Vorbehalt und nationales Selbstbestimmungsrecht, in: EUGRZ 1987, S. 473-480.

Stolz, Gerald: Die Ordre Public-Klausel des EuGVÜ in der Rechtsprechung des EuGH, in: JuS 2002, S. 541-545.

Stone, Peter: EU Private International Law, Cheltenham 2006 (zitiert: *Stone,* EU Private International Law, S.).

Storskrubb, Eva: Civil Procedure and EU Law – A Policy Area Uncovered, Oxford 2008 (zitiert: *Storskrubb,* Civil Procedure and EU Law, S.).

Stürner, Rolf: Anerkennungsrechtlicher und europäischer Ordre Public als Schranke der Vollstreckbarerklärung – der Bundesgerichtshof und die Staatlichkeit in der Europäischen Union, in: 50 Jahre Bundesgerichtshof, Festgabe aus der Wissenschaft III, Hrsg. Karsten Schmidt, München 2000, S. 677-697.

–/Bormann, Jens: Internationale Anerkennungszuständigkeit US-amerikanischer Bundesgerichte und Zustellungsfragen im deutsch-amerikanischen Verhältnis, in: JZ 2000, S. 81-87.

Stürner, Michael: Rechtsschutz gegen fehlerhafte Europäische Vollstreckungstitel, in: GPR 2010, S. 43-50.

Sujecki, Bartosz: Das Annahmeverweigerungsrecht im Europäischen Zustellungsrecht, in: EuZW 2007, S. 363-366.

–: Die Möglichkeiten und Grenzen der Abschaffung des ordre public-Vorbehalts im Europäischen Zivilprozessrecht, in: ZEuP 2008, S. 458-479.

–: Anmerkung zum Urteil des EuGH vom 2.4.2009-C-394/07 *(Marco Gambazzi/DaimlerChrysler Canada Inc. u.a.),* in: EuZW 2009, S.422-426.

–: Das Europäische Mahnverfahren, in: NJW 2007, S. 1622-1625.

Sydow, Gernot: Der geplante *Supreme Court* für das Vereinigte Königreich im Spiegel der britischen Verfassungsreformen, in: ZaöRV 2004, S. 65-94.

Temming, Felipe: Freie Rechtsschöpfung oder nicht: Der Streit um die EuGH-Entscheidung Mangold spitzt sich zu, in: NJW 2008, S. 3404-3406.

Thio, Li-ann: English public policy, the act of state doctrine and flagrant violations of fundamental international law, in: (2002-2003) 18 Conn. J. Int'l L., S. 585-594.

Thoma, Ioanna: Die Europäisierung und Vergemeinschaftung des nationalen ordre public, Tübingen 2007 (zitiert: *Thoma*, S.).

Thomas, Heinz/Putzo, Hans: Zivilprozessordnung, Kommentar, 34. Auflage, München 2013 (zitiert: Thomas/Putzo/*Bearbeiter,* § Rn.).

Thym, Daniel: Anmerkung zu EuGH, Rs. C-400/10 PPU, McB, in: JZ 2001, S. 148-152.

Triebel, Volker/Petzold, Eckard: Grenzen der lex mercatoria in der internationalen Schiedsgerichtsbarkeit, in: RIW 1988, S. 245-250.
Uhlenbruck, Wilhelm (Hrsg.): Insolvenzordnung, Kommentar, 13. Auflage, München 2010 (zitiert: Uhlenbruck/*Bearbeiter*, Art. Rn.).
Vallender, Heinz: Gefahren für den Insolvenzstandort Deutschland, in: NZI 2007, S. 129-137.
–: Das rechtliche Gehör im Insolvenzverfahren, in: Kölner Schrift zur Insolvenzordnung – Das neue Insolvenzrecht in der Praxis, hrsg. vom Arbeitskreis für Insolvenz – und Schiedsgerichtswesen e.V. Köln, 2. Auflage Berlin 2000, S. 249-284 (zitiert: *Bearbeiter*, Kölner Schrift, Rn.).
Virgós, Miguel/Garcimartín, Francisco: The European Insolvency Regulation: Law and Practice, Den Haag 2004 (zitiert: *Virgós/Garcimartín*, Rn.).
Voßkuhle, Andreas: Der europäische Verfassungsgerichtsverbund, in: NVwZ 2010, S. 1-8.
Vogenauer, Stefan: Zur Begründung des Mehrparteien Gerichtsstandes aus Art. 6 Nr. 1 LugÜ in England und Schottland (zu Canada Trust Co. v. Stolvenberg [2000] 3 W.L.R. 1376, [2000] 4 all e.R. 481 [H.L.]), in: IPRax 2001, S. 253-257.
Völker, Christian: Zur Dogmatik des ordre public, Die Vorbehaltsklauseln bei der Anerkennung fremder gerichtlicher Entscheidungen und ihr Verhältnis zum ordre public, Tübinger Schriften zum internationalen und europäischen Recht, Band 43, Berlin 1998 (zitiert: *Völker*, S.).
Wade, H.W.R.: Sovereignty – Revolution or Evolution? in: (1996) 112 L.Q.R., S. 568-575.
Wagner, Gerhard: Europäisches Beweisrecht – Prozessrechtsharmonisierung durch Schiedsgerichte – in ZEuP 2001, S. 441-514.
Wagner, Rolf: Vom Brüsseler Übereinkommen über die Brüssel I-Verordnung zum Europäischen Vollstreckungstitel, in: IPRax 2002, S. 75-95.
–: Der Europäische Vollstreckungstitel, in: NJW 2005, S. 1157-1160.
–: Die neue EG-Verordnung zum Europäischen Vollstreckungstitel, in: IPRax 2005, S. 189-200.
–: Die politischen Leitlinien zur justiziellen Zusammenarbeit in Zivilsachen im Stockholmer Programm, in: IPRax 2010, S. 97-100.
Weber, Albrecht: Vom Verfassungsvertrag zum Vertrag von Lissabon, in: EuZW 2008, S. 7-14.
Weinreich, Gerd/Klein, Michael (Hrsg.): Fachanwaltskommentar Familienrecht, 3. Auflage 2008, 5. Auflage 2013 (zitiert: FAKomm-FamR/*Bearbeiter*, § Rn., Auflage).
Weise, Paul-Frank: Lex Mercatoria, Materielles Recht vor der internationalen Handelsschiedsgerichtsbarkeit, Frankfurt a.M. u.a.1990 (zitiert: *Weise*, S.).

Weller, Marc-Philippe: Die Struktur des Erfüllungsanspruchs im BGB, common law und DCFR – ein kritischer Vergleich, in: JZ 2008, S. 764-773.

Westpfahl, Lars/Wilkens, Jochen: Kurzkommentar zu AG Düsseldorf, Beschl. v. 7.4.2004 – 502 IN 124/03, in: EWiR 2004, S. 909-910.

de Wet, Erika: Zur Zukunft der Völkerrechtswissenschaft in Deutschland, in: ZaöRV 2007, S. 777-797.

Weyer, Hartmut: Gemeinschaftsrechtliche Vorgaben für das nationale Zivilverfahren – Verpflichtung der nationalen Zivilgerichte zur Anwendung der Art. 81, 82 EGV – in: EuR 2000, S. 145-166.

Wilke, Justus: Interessenskonflikte in der Internationalen Schiedsgerichtsbarkeit: Unparteilichkeit, Unabhängigkeit und Offenlegungspflichten, Berlin 2006 (zitiert: *Wilke,* S.).

Wirth, Markus: Ihr Zeuge, Herr Rechtsanwalt! Weshalb Civil-Law-Schiedsrichter Common Law-Verfahrensrecht anwenden, in: SchiedsVZ 2003, S. 9-15.

v. Winterfeld, Achim: Noch einmal: Der deutsche ordre public in der internationalen Schiedsgerichtsbarkeit, in: NJW 1987, S. 3059-3061.

Woodhouse, Diana: The constitutional and political implications of a United Kingdom Supreme Court, (2004) 24 Legal Studies, S. 134-155.

Wuermeling, Joachim/v. Graevenitz, Albrecht: Europäisches Privatrecht: Wider den Oktroi der Uniformität, in: EuR 2001, S. 631-642.

Young, Alison L.: Parliamentary Sovereignty and the Human Rigths Act, Cornwall 2009 (zitiert: *Young,* Parliamentary Sovereignty and the Human Rights Act, S.).

Zöller: Zivilprozessordnung, Kommentar, 29. Auflage, Köln 2012 (zitiert: Zöller/*Bearbeiter,* § Rn.).

Zweigert, Konrad/Kötz, Hein: Einführung in die Rechtsvergleichung, 3. Auflage, Tübingen 1996 (zitiert: *Zweigert/Kötz,* Einführung in die Rechtsvergleichung, S.).

Zumbansen, Peer: Lex Mercatoria: Zum Geltungsanspruch transnationalen Rechts, in: RabelsZ 67 (2003), S. 637-682.